알렉산드라
페트로브나 김

역사가 지운 한인 최초 여성 사회주의자의 일대기

알렉산드라 페트로브나 김

ⓒ정철훈, 2021

초판 1쇄 2021년 1월 12일 발행

지은이 정철훈
펴낸이 김성실
책임편집 박성훈
디자인 채은아
제작 한영문화사
펴낸곳 시대의창　　**등록** 제10 - 1756호(1999. 5. 11)
주소 03985 서울시 마포구 연희로 19 - 1
전화 02)335 - 6121　　**팩스** 02)325 - 5607
전자우편 sidaebooks@daum.net
페이스북 www.facebook.com/sidaebooks
트위터 @sidaebooks

ISBN 978 - 89 - 5940 - 748 - 4 (03990)

1885~1918

알렉산드라 페트로브나 김

Alexandra Petrovna Kim

역사가 지운
한인 최초
여성 사회주의자의 일대기

정철훈 지음

시대의창

편집자 일러두기

1. 외래어는 국립국어원의 외래어 표기법에 따랐으나 일부 고유명사의 경우 널리 사용하는 표기법에 따라 표기했습니다.

2. 인용문은 원문을 그대로 실었으나 띄어쓰기와 고유명사는 현재 표기법에 따라 고쳐 표기했습니다.

3. 인용문 가운데 러시아어 자료는 지은이가 번역하였습니다.

프롤로그

2019년

나는 블라디보스토크를 출발해 우수리스크로 가는 기차 안에 앉아 있다. 창밖으로 낯선 풍경이 스쳐간다. 풍경은 제자리에 있음에도 불구하고 만화경을 들여다보듯 시시각각 바뀌고 있다. 이 조화는 영국의 탄광촌 출신 발명가 조지 스티븐슨이 1825년 스톡턴-달링턴 사이에 철도를 부설해 세계 최초의 여객용 기관차 로커모션 제1호를 운행한 이래 지속돼온 근대성의 현상일 것이다.

　풍경은 가만히 있고 기차가 움직이고 있을 뿐인데 풍경이 움직이고 있는 듯한 착시. 이때 기차는 시간과 같다. 공간은 가만히 있는데 오직 시간만이 앞으로 나아가는 기차 안에 나는 앉아 있다. 스티븐슨의 기관차가 여덟 량의 화차를 끌고 시간당 36킬로미터로 운행하던 그

블라디보스토크 역(2013, 위키미디어).

비슷한 속도로. 기차가 발명된 뒤 100년 동안 대륙엔 철도가 건설되고 풍경과 명운의 개변이 일어나 인류의 실존 환경이 변했다. 그게 진보를 의미하는지는 여전히 미지수다.

객실엔 행색 초라한 가족이 앉아 있다. 블라디보스토크 재래시장에서 산 감자 보따리를 통로에 내려놓고 창밖을 응시하는 아낙의 바지 무릎은 해져 있다. 남편은 낮술을 걸친 듯 거나해져 졸고 있다. 아이들도 행색이 별반 다르지 않다.

한인 이주민 혹은 중국인 이주민으로 보이는 동양계 잡상인이 노랑 고무줄과 때밀이 수건을 팔뚝에 걸친 채 승객 사이를 느린 걸음으로 지나간다. 그가 구사하는 러시아어는 서툴다. 서툴러도 입에 풀칠하고 사는 데 아무 지장이 없는 당당한 러시아어다. 언어를 믿고 사는 게 아니라 몸을 믿고 사는 당당함이 느껴졌다.

오래전, 살길을 찾아 두만강과 압록강을 넘어 블라디보스토크로, 하바롭스크로 혹은 만주로 떠난 이주민도 그렇게 살았으리라. 잡상인도 나도 시간과 공간의 한 좌표를 살아가는 존재일 뿐, 모든 사람은 사실 시대 상황의 포로다. 아무도 자기 시대의 바깥으로 나가지 못한다. 설혹 국경 밖으로 나가거나, 국경 안으로 들어간다 해도.

세상이 아무리 빠르게 변하고 있다 한들 객실의 모습은 19세기 후반 혹은 20세기 초반과 별반 차이가 없었다. 객실엔 유난히 19세기의 공기가 채워져 있다. 창밖으로 멀리 타이가 숲을 가로지르는 좁은 도로를 따라 나무를 가득 실은 트럭이 천천히 굴러간다. 냉대습윤기후의 축축한 삼림대는 수많은 적송과 자작나무로 빼곡하다. 대자연에 어울리지 않는 무쇠 열차의 이질감을 떨쳐내려는 듯 바람은 차창에 붙어 따라오고 승객들은 저마다 오늘이라는 신화의 주인공이 돼 풍경의 심연으로 빠져든다.

여기는 세상의 드문 장소. 이렇게 사람은 풍경 자체가 되고 신을 향해 열린다. 대지와 하나가 된 사람들. 대지는 침묵의 심연을 간직하고 있다. 그 심연 안에서 개별성과 차별성은 사라진다. 모든 민족의 위대한 전환은 늘 침묵의 심연에서 시작되었다. 인간의 영혼은 차창 밖 침묵의 자연과 물질적으로 온전히 일치될 수밖에 없다.

점심때가 됐지만 식당 칸에서 식사하는 사람은 대여섯 명. 대부분은 무표정한 익명의 상태에서 배고픔을 참으며 열차의 흔들림에 몸을 맡긴다. 이때 어린 딸과 함께 앉아 있던 옆 좌석 젊은 부부가 보자기를 풀어 찐 감자를 꺼낸다. 감자는 손에서 손으로 건네진다. 나는 노랑머리를 양 갈래로 땋은 소녀가 건넨 감자를 엉겁결에 받아 들고 껍질을 벗기면서 그 가족이 흘러온 과거와 흘러갈 미래 사이의 팽팽한 긴장 속에 어중간하게 끼어든다.

나는 여전히 그들이 아니다. 나는 그들과 혼합되지 않는다. 그들은 여전히 개별자로서의 존재적 심연이다. 어디로 가고 있는지 묻지 않는다. 다만 남루한 가족의 눈빛을 받아들일 수 있을 뿐. 이때 열차는 모든 승객을 삶이라는 한 방향으로 흘러가게 하는 강줄기와 같다. 우리는 모두 시간이 만들어놓은 풍경 속으로 유구하게 실려 간다. 그 여정이 몇 날 며칠 혹은 몇 년, 몇십 년 뒤에 끝날 지는 아무도 모른다. 피부색도 다르고 언어도 다르고 태생도 다른 사람들이 한 열차에 실려 간다. 마치 열차 안에서 태어나 열차 안에서 일생을 다할 것 같은 그런 표정으로. 스쳐 지나가는 존재의 내밀성. 그건 온갖 역경과 싸우면서도 삶의 운행을 그치지 않는 여정의 영속성을 의미한다. 치솟는 물가로 인해 감자 몇 개, 흑빵 한 덩어리로 식솔의 입을 해결해야 하는 세계 시민의 꿈이 여기에 동참하고 있다.

소녀에게 이름을 묻자 소녀는 수줍은 듯 '알렉산드라'라고 짧게 대답하며 엄마의 품으로 파고든다. 우연의 일치였을까. 이름을 듣는 순간, 온몸에 전율이 일면서 나는 100년 전 풍경 속으로 빨려 들어갔다.

김 알렉산드라의 주요 활동 지역

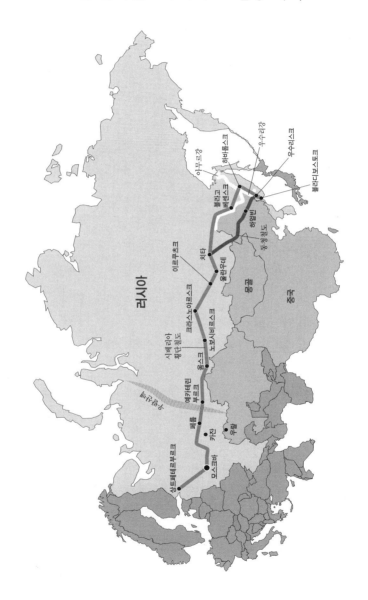

차례

1부
철길 위에서

2부
증언들

1부

철길 위에서

1. 도강

쑤이펀강(2009, 위키미디어).

*

*

1904년

1

북국은 추웠다. 잔뜩 찌푸린 회색 하늘엔 매 한 마리가 허공에 얼어붙은 듯 박혔다가 먹잇감을 발견했는지 쏜살같이 하강하더니 이내 시야에서 사라졌다. 하늘은 뭐가 그리 서러운지 눈송이를 사납게도 쥐어짰다. 언 강에 밀수입 마차가 지나가는지 방울 소리가 짤랑거리고 가끔 얼음장 트는 소리로 대기가 진동했다. 마차를 끄는 두 마리 말은 눈 위에 발굽을 찍으며 성에가 하얗게 얼어붙은 귀를 자꾸 털어냈다. 밀수입 마차가 소리도 없이 산모퉁이를 감고 사라졌다. 해 질 무렵이어서 강은 황금빛으로 반짝였다. 쩡쩡 소리를 내며 쑤이펀강綏芬河은 얼어붙고 있었다.

작은 가방을 어깨에 질끈 동여맨 수라는 강변 숲속에 몸을 숨긴 채 주변을 살폈다. 꽃 피고 나비 팔랑이는 봄을 떠올리자 언 몸이 조금은 훈훈해지는 듯했다. 숲은 쑤이펀강 절벽에서 끝났다. 절벽에는 굵은 고드름이 매달려 있었다. 발을 디딜 바위가 1미터 정도 돌출돼 있는 게 눈에 들어왔다. 소나무 가지를 붙들고 절벽 아래로 한 발 내디뎠다. 바지통으로 찬바람이 들어와 퍼덕퍼덕 휘감겼다.

국경은 온통 바람이었다. 모든 것을 얼려버릴 듯 매섭게 몰아치는 북풍. 바람결에 차르 러시아 헌병대가 풀어놓은 사냥개 소리가 점점 가까이 들려왔다. 바싹 뒤를 쫓는 카자크 아타만(대장)에게 잡히는 날이면 목숨을 부지하기 힘들다. 헌병대는 카자크 아타만을 선봉에 내세워 접경지대를 오가는 거동 수상자들을 추격하는 데 혈안이 되었다. 사냥개가 냄새를 맡은 게 틀림없었다. 절벽 밑에 내려서자 멀리 서쪽 산등성으로 붉은 해가 반쯤 지고 있었다.

차르 헌병대의 추적은 집요했지만 국경 부근에서 번번이 허탕을 치고 돌아가기 일쑤였다. 차르 헌병대가 중국과 러시아를 잇는 담비 길을 알 턱이 없었다. 담비 길은 생전에 아버지가 일러준 사냥 루트였다. 겨울이면 눈 덮인 산을 헤매며 담비를 잡던 길이라고 했다. 아버지는 청년 시절에 담비 길을 오갈 때 깨진 질그릇 조각이 밟히던 가마터가 있었다고 했다. 무너진 가마터에서 밤을 지새웠을 아버지를 떠올리자 맥박이 빠르게 고동쳤다. 깃털처럼 쏟아져 내리는 하얀 눈은 차라리 어머니의 품처럼 포근했다. 영혼 속으로 떨어지는 눈송이의 하강. 자작나무 숲은 설원을 저어 가는 삿대처럼 솟아 있었다. 숲속에 들어서자 눈 속에서 고사리의 짙은 향이 풍겼다.

모든 길이 시대의 어둠에 잠겼지만 수라의 마음엔 아무 두려움이 없었다. 눈 위의 발걸음은 기필코 어둠을 밝히고 말리라는 열띤 지향의 흔적이었다.

수라는 절뚝거렸다. 발가락에 동창이 나 곪고 있었다. 그렇다고 카단크(털신)를 벗어 상처를 살펴볼 새도 없었다. 발가락이 썩고 있었다. 카단크를 벗으면 발톱이 서너 개는 딸려 나올 터였다. 블라디보스토크에서 쑤이펀강을 따라 러-중 국경까지 오는 동안 무수히 눈구덩이에 처박혔고 개울을 건너다 얼음이 깨져 카단크에 물이 들어간 게 여러 번이었다.

도시를 빠져나올 때만 해도 말 썰매를 이용했으나 차르 헌병대의 추적을 피하기 위해 시 외곽에서 말 썰매를 돌려보내고 대로에서 벗어나 허벅지까지 눈이 쌓인 산길을 택했다. 산길로만 하루 하고도 이틀째. 기온은 영하 30도까지 곤두박질했다. 가방에 넣어둔 흑빵과 비상 식수도 꽁꽁 얼어붙어 꼬박 하루 한 입도 베어 물지 못했다. 입술은 추위와 갈증으로 갈라져 핏물을 내비쳤다. 짭짤한 피 맛이 혀에 감겼다.

카단크 매듭을 다시 동여매려고 허리를 굽히는데 눈 덮인 수풀에서 까투리가 날아올랐다. 푸드득. 수라는 그게 닭의 홰치는 소리로 들렸다. 날갯죽지가 꺾여 날지 못하는 불쌍한 닭. 오래도록 날지 못해 날개가 퇴화된 닭. 조선도, 러시아도, 중국도 노동자와 농민은 날지 못하는 닭의 신세였다. 허리가 끊어질 듯 일해도 배를 곯는 사람들. 그들의 피와 땀은 그들의 것이 아니었다. 그건 카이저수염을 기르며 한껏 멋을 낸 차르와 곰방대를 두드리며 수많은 첩을 거느린 중국의 봉건 군주를 위해 바쳐질 뿐이었다. 황궁의 전깃불은 노동자와 농민의 몸에서 짜낸 기름으로 빛을 밝혔다.

쑤이펀강은 여름이면 푸른 나무와 자작나무가 어우러져 장관을 이루었으나 겨울에는 씨알 굵은 눈발이 강을 지웠다. 강은 일출과 일몰 때마다 심홍색으로 물들었다. 가파른 절벽 위에 화강암 정계비가 세워져 있었다. 정계비 부근에 카자크 병사로 구성된 국경수비대의 초소가 있었다. 강안의 절벽 위에 지어진 초소. 진흙을 바른 외벽은 군데군데 흙이 떨어져 나가 모진 풍파의 흔적을 드러냈다. 흰 회칠은 거의 다 벗겨졌고 지붕은 바람에 날아가지 않도록 무거운 돌이 올려졌다.

카자크 병사가 문밖으로 나와 하얀 눈 위에 노란 오줌을 갈겼다. 초소 근처에 병사들이 기거하는 막사가 있었다. 막사는 기지개를 켜면 손끝이 천장에 닿을 정도로 낮고 비좁았다. 상사 한 명과 병사 열다섯 명이 조를 이뤄 막사 생활을 했다. 병사들은 한 달에 한 번씩 교대했지만 상사는 여섯 달 동안 초소를 지켜야 했기 때문에 병사들보다 훨씬 사기가 저하돼 있었다.

상사의 방에는 의자 두 개와 작은 탁자 그리고 중간이 꺼진 간이침대가 놓였다. 침대 위에는 낡은 모포가 개켜져 있었다. 난로 위에선 주전자가 끓었고 창문엔 수증기가 잔뜩 끼었다. 수라가 발소리를 죽이며 막사 뒤로 몸을 숨길 때 상사는 병사들을 일렬로 세운 채 일석점호를 취했다.

점호를 끝낸 병사들은 각자 침대로 흩어져 흑빵과 야채수프로 밤참을 먹었다. 씹으면 씹을수록 감칠맛이 나는 흑빵. 창문 너머로 몰래 지켜보던 수라는 침이 고였다.

1900년경 연해주에 주둔한 카자크 기병대.

　상사는 병사들이 따라준 보드카를 단숨에 입에 털어 넣었다. 너무 독한 나머지 흑빵을 조금 떼어 코에 대고 두어 번 냄새를 맡았다. 술판이 벌어졌다. 떠들썩한 그들의 모습에서 수라는 아버지의 묵직한 음성을 떠올렸다. 하지만 이제 아버지의 목소리는 하늘에서 들려올 뿐이었다. 동청철도 변에서 노동자들과 어울려 쑤쭈리(조선식 보드카)를 마시던 아버지였다. 러시아어로 '술랴'라고도 부르는 쑤쭈리. 소주를 증류시켜 만든 독하고 거친 술이었다. 아버지는 술을 마시면 달을 쳐다보며 노래를 불렀다.
　막사 안에서도 노랫가락이 흘러나왔다. 카자크 말이어서 알아들을 수 없었지만 가락은 귀에 익숙한 러시아정교회 찬송가였다. 얼마 지나지 않아 병사들은 졸린 눈을 비비며 잠자리에 들었고 상사도 자신의 방으로 건너갔다. 오랜만에 벌어진 술판이었는지, 그 밤은 초병도 세우지 않았다. 모두 잠이 든 걸 확인한 수라는 몸을 일으켜 초소 마당을 가로질렀다. 북풍이 눈에 찍힌 수라의 발자국을 지웠다. 수라를 쫓는 것은 오직 바람뿐. 산등을 넘어가면 중국 땅이었다.

2

중국 헤이룽장성(흑룡강성) 동령현 산차거우 남가우령. 수라는 차르 헌병대의 수배를 받고 쫓길 때마다 쑤이펀강을 건너 중국 땅 남가우령의 한인 이주민촌으로 숨어들었다. 피신할 때는 늘 남장이었다.

산등을 넘을 때 수라는 힘이 부쳤지만 걸음을 멈출 수 없었다. 가쁜 숨을 쉴 때마다 찬 공기가 기도에 달라붙어 폐부가 가시에 찔린 듯 아려왔다. 헝겊을 동여맨 발은 얼어붙어 감각이 없었다. 얼마쯤 갔을까. 수라는 비탈길에서 미끄러져 쓰러졌다. 몸은 땀으로 젖어 체온이 급격하게 떨어졌다. 더 지체하면 목숨을 잃을 수도 있었다. 힘을 두 다리에 끌어모아 또 한 걸음. 걷는다는 자의식이 무릎 근처에서 자주 꺾였다.

직립보행의 슬픔이 발바닥에서 몸 전체로 퍼져나갔다. 눈에 묻혀 보이지 않는 발목을 뽑아 한 걸음 또 한 걸음. 어디선가 방울 소리가 희미하게 들려오는 듯했다. 소리 나는 방향으로 고개를 돌리는 순간,

두 다리가 꺾이면서 수라는 눈 속에 처박혔다. 이마에서 식은땀이 비어져 나왔다. 젖은 바지며 윗도리가 세찬 바람에 얼어붙고 있었다. 소매엔 고드름이 매달렸고 의식은 점차 희미해졌다.

어둠살이 퍼지는 설원에 썰매 마차가 달려오고 있었다. 말머리에 매달린 방울 소리가 귓전을 맴돌다가 점점 아득해졌다. 불그레한 뺨 위에 눈송이가 하염없이 떨어졌다. 헛것을 보는 듯 눈동자가 파르르 떨렸다. 먼먼 블라디보스토크에서 보모와 함께 잠들었을 아들의 얼굴이 떠올랐다. 왜체! 변방으로의 피신은 수라에게도 나이 어린 왜체에게도 가혹한 일이었다.

하지만 가혹하지 않으면 혁명이 아니었다. 혁명은 태어난 순간부터 수라의 운명이었다. 당장의 외로움과 추위를 견디지 못한다면 인간은 영원히 생의 변방에 갇히고 말리라. 왜체! 아들의 이름을 되뇌며 수라는 의식을 잃었다.

눈을 뜨니 온돌방이었다. 뜨거운 구들에 언 몸이 녹으니 발끝에서 손끝까지 저리지 않은 곳이 없었다. 솜이불은 푹신했다. 대체 누가 눈밭에 쓰러진 사람을 집으로 옮기고 솜이불까지 덮어주었을까. 방 안을 둘러보았다. 눈이 얼마나 흐벅지게 내렸는지 천장에서 눈 녹은 물이 벽을 타고 번져 윗목이 흥건하게 젖었다. 물기를 빨아들이려고 갖다 놓은 듯 걸레 뭉치가 여기저기 흩어져 있었다. 손을 짚어 상체를 세우려는데 어지러워 다시 눕고 말았다.

머릿속은 온통 수염을 기른 늙은 여우들로 가득 찼다. 차르의 제복을 입은 늙은 여우들. 그들이 눈을 떠서 잠들 때까지 하는 생각이란

힘없고 배고픈 인민에게 시대적 일치감을 강요하는 억압뿐이었다. 그 건 대한제국도 마찬가지였다. 일본에 주권을 빼앗긴 채 꼭두각시로 전락한 황실의 어둠. 블라디보스토크에서도 수라는 대한제국의 내정 이 어떻게 돌아가는지 훤히 꿰뚫었다. 이주 한인들이 해마다 소식을 전해주었다.

괴나리봇짐을 이고 지고 국경을 넘어온 수많은 얼굴. 익명의 얼굴 사이에서 왜체의 모습이 손에 잡힐 듯 떠올랐다. 눈에 넣어도 아프지 않을 금쪽같은 아들. 파란 눈의 왜체를 떠올리자 목이 탔다. 수라는 팔을 뻗어 머리맡 사발에 담긴 물로 목을 적셨다.

수라는 검은 눈동자를 깜박이며 세 국가를 떠올렸다. 조선, 중국, 러시아. 한복과 치파오와 루바슈카. 수라는 세 국가에 대한 환영을 떨 쳐버리기라도 하듯 고개를 가로저었다. 단 하나의 조국이 있다면 원 시림의 바다인 시베리아일 거라는 생각이 들었다.

언젠가 횡단 열차에 몸을 싣고 시베리아 먼먼 설원을 가로지를 때 차창에 핀 성에꽃의 나라. 날이 추우면 피었다가 따스해지면 지는 얼 음꽃. 승객들이 내뿜는 날숨은 차창에 달라붙어 제각각의 무늬로 꽃 을 피웠다. 창을 열고 손에 받아본 눈송이가 물기를 남기고 사라지는 게 신기했다. 있다가도 없는 것, 없다가도 있는 것. 눈으로 만들어진 국가를 떠올리자 슬며시 미소가 지어졌다. 그것도 잠시, 수라의 커다 란 눈망울이 불현듯 크게 열렸다. 육중한 기차가 기적을 울리며 수라 의 몸을 두 동강 낼 듯 달려왔다.

악몽이었다. 두근거리는 가슴을 진정시키며 다시 눈을 감았다. 기 차는 이내 눈 덮인 산맥 속으로 멀어져갔다. 손으로 몸을 더듬어보았다. 두 동강 났을 몸은 온전했다. 어릴 때, 어머니가 들려주던 말이 있었다. 꿈은 현실과 반대란다. 사람은 죽는 꿈을 꿀 때마다 수명이 더 길어진단다. 장수하는 꿈이지. 수라는 베개를 끌어당겨 품에 안았다. 악몽도, 죽음도 마음에 떠 있는 먹구름에 불과했다.

상체를 일으키려 했으나 꼼짝도 할 수 없었다. 등짝이 무쇠 망치로 얻어맞은 듯 쑤시고 몸은 천근만근 무거웠다. 움직이는 건 무리였다. 천장의 격자무늬 벽지를 쳐다보았다. 일정한 간격으로 정방형을 그리며 퍼져나가는 격자무늬 속에서 다시 왜체의 얼굴이 떠올랐다. 그리운 마음이 벽지에 붙어 빙빙 돌았다. 눈물이 떨어져 베개를 적셨다. 집으로 돌아갈 날은 언제일까. 아무 기약도 할 수 없었다.

2. 불길

블라디보스토크 동쪽 항구 금각만 전경(위키미디어).

*
*

1906년

1

수라는 블라디보스토크의 금각만 언덕에서 도시를 내려다보았다. 러시아정교회당의 황금빛 지붕이 반짝거렸고 그 옆으로 시 청사, 루터파 교회, 지방행정사무소, 해군본부. 건물들은 차르 정부가 의도한 건축 계획에 따라 아름답게 세워졌다. 그중에서도 사람들 출입이 가장 잦은 건물은 금각만에서 그리 멀지 않은 스베틀란스카야 거리의 쿤스트알베르스 상사商社였다. 한 블록을 차지한 넓은 대지에 3층 높이로 치솟은 건물의 위용은 도시 전체에서 가장 **빼**어났다.

항구엔 세관 신고를 마치고 뭍으로 막 올라온 여행객을 따라다니는 가난한 소년들이 진을 치고 있었다. 그들은 여행객의 짐을 들어주겠다며 서로 밀치며 몸싸움을 했다. 블라디보스토크 항구는 극동 지역을 오랜 잠에서 깨워 유럽의 오데사 항과 연결하는 기나긴 대장정의 출발지였다. 이뿐만 아니라 블라디보스토크는 시베리아 횡단철도의 동쪽 출발지로서 아무르 유역에서 생산되는 물류의 풍요로운 소비지로 부상하고 있었다.

블라디보스토크에서 함경도 청진항에 이르는 간선철도를 건설하는 공사가 곧 시작된다는 소문도 있었다. 3년 뒤면 쇄빙선의 도움 없이는 꼼짝도 할 수 없는 뱃길 대신 조선으로 가는 철도가 생긴다고 했다.

4.8킬로미터의 구불구불한 해안선으로 이어져 있는 블라디보스토크는 더 이상 동토凍土의 항구가 아니었다. 인구가 급격히 늘어나자 토지 가격은 폭등했다. 1854년에 불과 600루블 정도면 구입할 수 있었던 한 필지의 땅이 40년 만인 1894년엔 2만 루블을 호가했다.

시내 중심가는 웬만한 돈으로는 살 수 없는 금싸라기 땅으로 변했다. 목가적인 1850년대의 풍경은 사라지고 병참 부대의 운송 차량이 까만 매연을 뿜으며 거리를 질주했다. 일석점호를 취하는 해군본부의 나팔 소리가 태평양 연안의 해풍을 타고 넘실댔다. 블라디보스토크는 군항으로 발전하고 있는 태평양의 진주였다.

항구나 기차역 주변에는 조선이나 중국에서 질 좋은 육류를 수입해 차르 러시아 군대에 공급하는 조선인 포트랴치크(청부업자) 사무실도 있었다. 육류 납품업은 쿤스트알베르스 사가 차르의 총애를 받던 시베리아 총독의 허가를 받아 독점했고, 다시 조선인과 중국인에게 하청을 주어 쇠고기를 납품받았다. 납품업자는 수완 좋은 거간꾼이라는 뜻의 포트랴치크로 불렸다. 포트랴치크가 되면 군대에 고기를 직접 댈 수 있는 길이 열렸다.

차르 러시아 군대는 해마다 수가 늘었다. 1872년 아무르 지방에 주둔하고 있던 해군 병력 60여 명이 연해주로 이동한 이래 블라디보스토크는 하루가 다르게 군사도시로 변해갔다. 불모지였던 혹한의 땅에 병영이 들어서자 민간인 유입도 급격히 증가했다.

거리엔 차르 러시아군이 먹다 남은 뼈다귀라도 주워 국을 끓이려는 중국인과 조선인이 차고 넘쳤다. 조선인은 차르 군대에 땔감으로 쓰이는 나무와 조개탄을 납품하기 위해 소달구지를 끌면서 근근이 생계를 이어갔다. 조선인의 소를 부리는 솜씨와 달구지를 관리하는 꼼꼼함에는 중국인이 도저히 따를 수 없는 근면성과 정교함이 깃들어 있었다.

러시아 병사들은 얼스터코트를 걸치고 규칙적이고도 빠른 걸음으로 시내를 활보했다. 시내에는 포병대 여덟 중대와 바퀴 두 개가 달린 군용 마차 스물네 대가 마치 출전을 기다리듯 잘 정비돼 있었다.

도시 중앙에서 1.6킬로미터 떨어진 언덕배기의 신한촌엔 조선인 일용직 노동자와 짐마차꾼이 집단 거주했다. 조선인과 중국인 이주민은 품팔이 노동으로 끼니를 이어갔으나 러시아인은 도박이나 육류, 어류, 과일, 야채 등 식료품을 독점했다. 물건들은 항구 근처의 너른 공터에 자리 잡은 바자르(재래시장) 네 곳에서 판매됐다. 바자르는 천막을 치고 나무판자로 좌판을 짠 조잡한 형상이었으나 블라디보스토크 시민을 먹여 살릴 생필품이 그득했다. 바자르는 인종 전시장을 방불케 했다.

거리나 시장에는 목적 없이 서성이는 행렬이라곤 없었다. 여러 민

1900년경 블라디보스토크에 주둔한
차르 러시아 병사들.

족이 섞였지만 그들의 갖가지 표정에는 자신들의 문화를 지키려는 완강함이 깃들었다. 문화는 서로 다르기 때문에 평등하다. 문화에는 열등함도 우월함도 없다. 무질서는 블라디보스토크가 여러 민족의 특성을 혼합해 발전함을 보여주는 또 다른 척도였다. 수라는 거리를 오가는 여러 민족의 얼굴에서 문화 차이를 읽어내곤 했다. 그럴 땐 무질서 속에서 여러 인종의 특성을 발견하는 비범한 관찰자가 따로 없었다.

러시아어로 '동방을 정복하다'라는 뜻의 블라디보스토크는 이름부터 차르 러시아의 동방 정책을 상징하는 근대적 도시였다. 러시아인들이 1856년부터 본격적으로 개발하기 시작한 블라디보스토크는 차르 러시아의 태평양 진출을 위한 교역항 겸 군항으로 개항된 시베리아 횡단철도의 시발점이었다. 러시아의 동방 정책 이전에는 중국 청나라 길림부도통吉林副都統에 속했으나, 1860년 중국은 러시아와 체결한 '베이징조약'에 따라 블라디보스토크를 포함한 우수리강 동쪽 약 40만 제곱킬로미터에 달하는 땅을 러시아에 내주고 말았다. 이를 계기로 러시아는 본격적인 이주 정책을 펼쳐 작은 어촌이던 블라디보스토크를 일약 시로 승격시키며 연해주의 행정 중심 도시로 건설했다.

　이즈음 한인들의 연해주 이주가 시작됐다. 1863년 연해주에 인접한 함경북도의 13개 농가가 러시아 핫산 부근의 노브고로드만으로 이주한 것이 효시였다. 1878년 블라디보스토크의 인구 통계를 보면 러시아인을 포함한 유럽인이 4952명, 아시아인이 3441명이었으니 유럽인과 아시아인이 반반씩 살아가는 유라시아 최대의 국제도시였다. 1899년 10월 21일 블라디보스토크에서 개교한 동양학원은 동시베리아에 들어선 최초의 고등교육기관이었다. 신속한 건설과 원활한 경영을 위해 동양어 능통자 양성이 그만큼 시급했다.

　일본인, 독일인, 영국인, 프랑스인, 미국인은 블라디보스토크를 통해 시베리아의 무한한 자원을 선점하러 들어온 원정대나 마찬가지였다. 그 가운데서도 대륙 진출에 눈독을 들인 일본인의 수는 빠르게 불어났다. 바자르에서 거드름을 피우며 장을 보는 일본인은 본국에 비해 높은 임금을 받는 상사 주재원이나 외교관, 혹은 그들의 가족이었다. 바자르의 목 좋은 자리는 하루가 다르게 일본인의 수중에 넘어갔다.

일본인이 블라디보스토크에 나타난 때는 1860년대 말이다. 그 후 1876년 일본 정부의 무역사무소가 설치됐고 1880년 이후 일본 나가사키와 블라디보스토크 간 정기 항로가 개설되면서 일본인 거류민은 크게 증가했다. 1900년 초 그 수는 3000명에 이르렀다. 그러다 1904년 러일전쟁이 발발해 대부분이 철수했고 전쟁이 끝난 직후인 1907년 무역사무소가 영사관으로 승격됐으며 1909년엔 총영사관으로 다시 승격됐다.

중국인 상인은 소매보다 도매에 치중했다. 이들은 최상급 물건을 최저값을 받고 팔았다. 이들은 한밑천 잡기 위해서는 서양인을 우대해야 한다는 것을 잘 알고 있었다. 중국인의 장사 수완은 놀라웠다. 그러나 바자르의 모든 수입을 다 합쳐도 은행업, 선박업, 시베리아 정착 사업에 백화점까지 개설한 독일계 쿤스트알베르스 상사에는 미치지 못했다.

블라디보스토크의 쿤스트알베르스 본사는 고정 월급을 받는 직원 수백 명을 고용했다. 그중엔 통역으로 채용된 러시아인, 덴마크인 그리고 조선인도 있었다.

쿤스트알베르스 상사는 부둣가에 인접한 광장 건너편에 석재로 지은 거대한 빌딩을 소유했다. 동시베리아에만 열여섯 지점을 거느린 쿤스트알베르스 상사는 랑가루츠라는 독일 대행 회사가 운영했다. 도시의 역동성은 블라디보스토크에서 서북쪽으로 100여 킬로미터 떨어진 우수리 지역을 향해 내뻗쳤다. 우수리 지역은 미처 사람의 발길이 닿지 않은 원시림이 펼쳐져 있었다.

수라는 석양이 질 무렵, 외투 깃을 바짝 올린 채 금각만 언덕을 내려
와 항구 노동자의 숙소인 바라크로 향했다. 바라크는 항만 가까운 넓
은 개활지에 있었다. 먼지를 뒤집어쓴 대형 천막이 다섯 개 쳐져 있었
고 천막마다 불빛이 새어 나왔다. 천막 하나에 50여 명은 족히 생활했
다. 조선인과 중국인으로 이루어진 합동 노동자 숙소였다. 안에서 누
군가 움직이는지 천막에 커다란 그림자가 어른거렸다. 마당에는 노동
자들이 삼삼오오 모여 모닥불을 지피며 연신 한숨을 내쉬었다. 어떤
이들은 몸에 담요를 둘둘 말아 안고 모닥불 옆에서 고단한 잠을 청했
다. 또 몇몇은 모닥불 주위에 쪼그리고 앉아 긴 한숨을 내쉬었다. 노
동자들의 한숨은 땅에 떨어지지 않고 눈에 보이지 않는 물방울이 돼
허공에 맺힌 듯했다.

마음 같아서는 그들 앞에 나서서 위로의 말을 건네고 싶었지만 그
냥 말로만 그들을 위무한다는 게 마뜩지 않았다. 천막에서 조선인 노
동자 두 명이 짝을 지어 오줌을 누려는 듯 바라크 뒤쪽으로 걸어가다
가 어둠 속에서 인기척을 느끼고 수라에게 다가왔다. 수라는 기왕 이
렇게 된 처지에 통성명이라도 해야 할 듯싶었다.

"안녕하세요."

"안녕은 무슨 안녕이오. 부모처자 떠나서 이 고생을 하고 있는데. 그
나저나 처자는 누구요? 누구이길래 늦은 밤에 노동자 숙소에 나타난 게
요?"

"야학에서 글을 가르치는 교원이에요. 야학 교실로 가다가 조선말 소

리를 듣고 저도 몰래 이곳까지 오게 됐지요. 밤에는 다리 없는 말이 더 멀리 들리지요."

"우린 일과를 마치고 신세타령을 하고 있던 참이오. 러시아에 가면 밥 세끼는 굶지 않을 것 같아 목숨을 걸고 월경을 했는데, 여태껏 땅 한 마지기도 장만을 못 했으니 이 설움을 어디 가서 하소연하겠소."

노동자들이 다가와 수라를 둘러싸는 동안 어디선가 〈라마르세예즈 La Marseillaise〉 혁명가를 부르는 러시아 노동자들의 우렁찬 목소리가 들려왔다. 멀리 러시아 노동자들이 대오를 이룬 채 노랫가락을 구령 삼아 팔을 힘차게 저으며 일터에서 빠져나오고 있었다.

노동자 하나가 물었다.

"저건 무슨 노래인지 아시오?"

"의로운 싸움을 위해 부르는 혁명의 노래랍니다."

"러시아인은 조선인처럼 나라를 빼앗기지도 않았는데 대체 무엇을 위해 싸웁니까?"

"자유와 평등을 위해 싸우고 진리와 정의를 위해 싸우지요."

"배가 고파 등가죽에 들러붙는 판국에 진리가 뭐고 정의가 대체 뭐란 말이오. 자유와 평등이라니. 이제 보니 교원이라서 그런지 말만 번드르르한 처자로구면. 배고픈 노동자에게 진리며 자유며 평등을 외쳐봤자 무슨 소용이오."

"배가 고프면 농사지을 땅을 소유해야 하고 땅을 소유하려면 당장 주린 배보다 자유와 평등을 알아야 해요. 그걸 알아야 땅도 빵도 해결할 수 있지요."

"어디 한번 들어나 봅시다. 어디서 어떻게 그걸 찾을 수 있는지 말 좀

해주오."

"세상은 공정하지 못해 어느 나라에나 타인을 착취하는 계급이 있는 가 하면, 착취를 당하는 계급도 있지요. 착취하는 자는 잘살고 착취당하는 자는 끼니도 잇기 어렵지요."

"잘살고 못사는 건 팔자소관이지. 팔자 좋으면 잘살고…."

"그러니 팔자를 고쳐야지요. 러시아 노동자들은 스스로 팔자를 고치려고 저렇게 구령에 맞춰 노래를 부르고 있어요. 불공정한 세상, 부당한 노동 착취를 깨버리고 공정한 세상을 세우려고 싸우지요. 여러분도 팔자타령은 그만하고 착취자에게 맞서야만 공정한 세상을 맞이할 수 있어요. 저 노래가 그 싸움의 시작이지요. 싸움을 하려면 우선 글을 배워야해요. 바라크에 야학을 열어 글공부를 시작하세요. 러시아 글을 읽을 줄알아야 러시아의 착취계급을 상대로 싸워 이길 수 있어요. 야학을 열면저라도 잠을 쪼개 글을 가르치겠어요. 러시아 노동자들이 지향하는 진리며 자유며 평등도 가르쳐주겠어요."

"그런데 러시아 노동자들이 바라크로 가지 않고 부둣가로 몰려가는군. 대체 무슨 일이람."

"옳게 보셨어요. 러시아 노동자들은 동맹파업을 위해 오늘 밤 부둣가에 집결한답니다. 저 부둣가를 내다보세요. 짐꾼이 하나도 보이지 않지요? 그게 다 하나의 대오로 뭉쳤기 때문이지요. 여러분도 어서 부둣가에서 열리는 동맹파업에 참가하세요."

"그러다 일자리마저 빼앗기면 어떡한단 말이오. 우린 살길을 찾아온사람들이니 어쨌든 일을 해야 하오. 러시아 노동자에 비해 노임이 턱 없이 싸니 야간작업을 해서라도 더 벌어야 하오."

이때 푸른 단추가 달린 루바슈카 상의를 입은 사내가 마당에 들어섰다. 수라와 함께 동맹파업에 참가하기로 한 러시아인 혁명가 이반이었다. 수라는 바라크 마당에서 이반과 만나기로 약조했었다.

"수라. 미리 와 있었군요. 오늘 밤, 한 번 더 수고해주시구려. 우선, 바라크의 조·중 노동자들에게 이 쪽지 내용을 통역해주시오."

수라는 이반으로부터 쪽지를 건네받아 모닥불 앞으로 나섰다. 노동자들이 궁금한 표정을 지으며 수라를 에워쌌다.

"우리 품팔이하는 사람들은 민족이 아니라 계급으로 하나로 뭉쳐야 합니다. 러시아인, 조선인, 중국인으로 편을 가르지 말고 유산계급과 무산계급으로 편을 갈라야 합니다. 어느 나라 사람 할 것 없이 무산자는 모두 형제입니다. 어느 나라 사람 할 것 없이 무산자는 서로 손잡고 유산자에 맞서 차별 없는 사회를 만들어야 합니다. 당장은 먼저 러시아 노동자가 일어섰습니다. 이 의로운 투쟁에서 승리하면 여러분의 형편도 나아집니다. 여러분도 오늘 그들 편에 서서 그들과 함께 싸워주십시오. 서로 단결하면 힘이 커지니 승리할 수 있습니다. 마르크스와 엥겔스는 '만국의 노동자여, 단결하라'라고 소리 높여 외쳤습니다. 서로 힘을 뭉쳐 싸웁시다!"

노동자들은 수라의 말을 듣고 웅성거렸다. 수라는 쪽지를 손에 든 채 다시 외쳤다.

"과연 이 말이 옳습니다! 참으로 옳습니다. 우리도 오늘 밤부터 동맹파업을 합시다. 러시아 노동자와 손을 잡고 정의를 위해 함께 싸웁시다! 유산자의 이익이 아니라 무산자의 이익을 위해 싸웁시다!"

노동자들은 잠시 웅성거리더니 하나둘씩 대오를 이루어 바라크를 떠나 부두 쪽으로 이동했다.

이반의 얼굴에 환한 미소가 떠올랐다.

"수라, 장합니다. 그리고 여러 노동자 동무들, 고맙습니다."

수라와 이반도 대오를 뒤따라 바라크를 떠나갔다. 어둠 속에서 〈라 마르세예즈〉 노랫소리가 더욱 크게 들려왔다.

수라는 생각에 잠겼다. 저들은 용사들이다. 장사들이다. 무쇠로, 구리로, 강철로 빚어진 무쇠 골격, 무쇠 근육의 굳센 사람들이다. 헤라클레스 같은 사람들이다. 신화에 나오는 헤라클레스가 아니라 현실의 헤라클레스들이다. 그런 장사들이, 그런 용사들이 서로 힘을 뭉친다면 유산계급을 왜 겁내겠는가. 만일 경찰의 손에 쥐어져 있는 곤봉과 차르 병사의 손에 쥐어져 있는 총을 저 용사들의 무쇠 주먹에 쥐여준다면 그 힘이 얼마나 클까. 얼마나 셀까. 그들에게 진리를 깨우쳐주리라.

해가 완전히 넘어갔는데도 쿤스트알베르스 백화점 앞 광장은 가로등이 켜져 대낮 같았다. 화려한 바로크 양식으로 지은 백화점은 블라디보스토크에서 가장 아름다운 건물이었다. 쿤스트알베르스는 이주 한인이 집단 거주하는 우수리스크와 크라스키노(연추)에도 지점을 두었다. 크라스키노에서 두만강 하구인 국경도시 핫산까지는 66킬로미터, 중국 쪽 국경에 있는 훈춘까지는 29킬로미터였다.

수라는 언젠가 크라스키노의 언덕에 올랐을 때, 포시예트만이 한눈에 들어오고 핫산과 훈춘 가는 길이 손에 잡힐 듯 보이던 풍경을 떠올렸다. 쿤스트알베르스는 중국에서 물자를 구입해 회사 소유인 기선

'하이난' 호에 싣고 아무르강으로 실어 날랐다. 하지만 쿤스트알베르스는 노동자를 착취하고 농산물을 헐값에 후려치는 전형적인 착취 기업이었다.

늦은 시간이었지만 백화점은 손님으로 붐볐다. 차르 헌병의 감시망을 피할 수 없을 바에야 차라리 사람이 가장 많이 모이는 백화점 광장에서 기습 시위를 하자고 제안한 사람은 수라였다. 수라는 여러 차례에 걸쳐 항만노조와 철도노조를 연대시켜 노동자의 임금 보장을 주장하는 동맹파업을 지도해왔지만 고용 회사들은 길거리에 차고 넘치는 게 노동자라며 집단 해고를 강행했다.

노동자는 일터별로 수백 명에서 수천 명에 이르렀지만 노조 가입의 필요성을 느끼지 못하는 뜨내기 일용직이 대다수였다. 조합원이 워낙 적다 보니 노조도 힘을 쓸 수가 없었다. 수라도 처음엔 항만노조원을 대상으로 한 야학에 참여했다. 조선에서 막 건너온 이주민이 러시아어를 몰라 항만 회사의 잡역부로 일을 하고도 임금을 떼이기 일쑤라는 소문을 듣고 이주민의 까막눈을 깨우쳐주기 위함이었다. 하지만 까막눈만 뜬다고 해서 해결될 일이 아니었다.

수라는 한 순박한 노동자의 얼굴을 떠올렸다. 야학을 시작할 무렵, 항만에서 만난 조선인 노동자 박노순이었다. 그는 처음엔 수라를 경계하는 눈치였으나 수라가 야학 교사임을 알고 나서는 차츰 마음을 열더니 자신이 살아온 이야기를 술술 풀어냈다.

저는 1896년(병신년) 음력 7월 14일에 조선 땅 함경도 덕원군 원산 당모루 밀양 박씨 농민 가정에서 태어났습니다. 제가 12세가 되던 해였습니다. 사랑하던 모친은 세상을 떠나고 아버지가 친절도 아니 한 후모를 들이는 바람에 저는 집을 떠나게 됐습니다.

원산 항구 객줏집을 전전하면서 남의 집에서 한 그릇 밥을 얻어먹으며 생명을 유지하기는 그다지 수월한 생활은 아니었습니다. 차츰 장성해 항구를 돌아다니면서 일본인 자본가들이 차려놓은 여러 기업소에서 노동하면서 나이 어린 때부터 노동자 생활을 했습니다. 어머니를 잃은 고아일 뿐 아니라 조국을 잃은 망국노의 천대를 가는 곳마다 당하게 되자 조상이 여러 대를 살아왔고 나 역시 태어나 자란 원산 지역을 하직하고 함경북도 성진에 당도했습니다. 당시 성진에는 일본 자본가가 조선의 지하자원을 마음대로 파내어 일본으로 실어 갔습니다.

확돌(돌확) 캐는 데서 노동을 했는데 저는 확돌을 돌방에서 가는 일을 했습니다. 남자 200여 명은 40코페이카씩, 여자 300여 명은 30코페이카씩 받았습니다. 날이 밝아서 일을 시작하면 해가 져서야 마쳤습니다.

우리 노동자 가운데는 조창협이라는 사람이 있었는데 심지가 굵고 조직성 있는 남자였습니다. 그의 주선으로 여섯 명이 발기해 임금을 올려달라는 한 가지 조건을 내걸고 동맹파업을 조직하는 데 저도 참가했습니다.

1910년경 블라디보스토크의 한인 이주민 모습.

처음에는 일본인들이 다짜고짜 나가라고 위협하더니 나중에는 5코페이카씩 임금을 올려준다고 해 우리는 그 말을 믿고 노동을 계속했습니다. 그 후 광산주인 일본 자본가들과 일본 경찰들이 조창협을 비롯해 우리 여섯 명을 주목했습니다. 몇 달이 지나 다시 노동자 남녀들이 총동원돼 파업을 시작했습니다.

일본인 당국자들은 우리 여섯 명을 사무실에 가둬놓고 처음엔 욕설을 퍼붓고 구타하더니 나중에는 조창협을 거꾸로 매달고 코에다 물을 붓는 만행을 감행하던 중 노동자들이 사무실 문을 부수고 들어와 우리 여섯 명을 구해냈습니다. 그 후 우리는 노동자 처소에서 축출당했습니다. 무직자가 돼 성진에서 블라디보스토크로 떠나가는 조선 목선에 앉아 영영 고국과 이별을 하고 만리타국에서 생을 위해 싸우게 됐습니다.

블라디보스토크 항구에 내려 노동을 하자니 직업회 회원만 일을 시킨다고 하며 증서를 요구했습니다. 노동을 하지 못하고 돌아다니다가 어떤 건달꾼이 직업회 증서를 받게 해줄 테니 노동을 하고 매일 얼마를 벌던 5원씩만 갖고 그 나머지는 자신에게 주라고 해서 그런 조건에서 일을 하게 됐습니다.

부두에서 노동하다가 정광금이라는 노동자를 만나 친하게 지냈습니다. 하루는 둘이서 노동을 하는데 면목을 알지 못하는 러시아인이 일터에 와서 우리 일하는 광경을 살펴보다가 과연 노동을 잘한다고 칭찬하고 성명을 물어보았습니다. 정광금 동무는 러시아말을 아는 사람이어서 사실대로 남의 직업회 회원증을 가지고 노동한다고 말해주었습니다. 그 말을 들은 러시아인이 당장 직업회에 들라고 하면서 입회 원서까지 러시아어로 써주고 직접 제출까지 해주겠다고 했습니다.

이튿날 우리는 직업회에 가입하게 됐는데 그때 보니 그 러시아인은 직업회 회장이었습니다. 그 후에는 새치재라는 섬에 가서 영국 배, 미국 배의 윤선에 실려오는 군수품을 운반하는 노동을 하게 됐는데 그 일을 시키는 통사는 한 야곱과 김풍후라는 자들인데 매번 노동자들에게서 3원(루블)씩 삯을 떼었습니다. 광금이와 나는 하루 얼마씩이나 벌고 또 한 달에는 얼마나 버는 것인가를 여러 방면으로 알아보았습니다. 하루는 마침 그 일을 총괄하는 러시아 장교를 만나서 문의했는데 그가 부기원에게 명령해 우리가 번 임금의 총액을 알게 됐습니다. 나는 무려 3000루블이나 되는 돈을 벌었습니다.

그 후 며칠이 지나 통사 한 야곱은 노동자들이 번 임금을 타왔다고 하면서 나눠주는데 제 문서를 보더니 "과연 자네가 제일 많이 벌었어, 300원이나 되는군"이라고 했습니다.

나와 광금이는 그놈에게 그런 돈은 받지 않겠다며 부기원이 적어준 종이를 내 보이고 신한촌 돌막거리로 돌아왔습니다. 그날 밤이었습니다. 우리가 거처하는 집에 한 야곱 일당이 찾아와 같이 블라디보스토크 번화가로 가자고 사정해서 우리는 그들이 타고 온 경편 마차에 앉아 큰 호텔에 갔습니다.

난생처음 여러 층 벽돌집에 들어서서 식당에 차려놓은 낯선 서양 요리에 여러 술을 마셨습니다. 야곱 일당은 우리 두 사람이 번 돈을 모두 주고도 한 사람당 케렌스키 돈을 1만 1000루블씩 더 줄 터이니 다른 노동자에게는 일절 비밀로 해달라고 해서 우리는 승낙했습니다.

그 이튿날 먼동이 틀 때 신한촌 돌막거리의 하숙으로 돌아오자 다른 노동자 수백 명이 우리 오기를 기다리고 있다가 일제히 우리를 둘러싸고 통사 놈과 무슨 비밀 약속을 했는지 실토하라고 야단이 났습니다. 우리는 하는 수 없이 자초지종을 자세히 말했습니다. 노동자들은 통사 놈들을 불러다 놓고서 자기들이 번 돈을 안 주면 좋지 못한 꼴을 당할 것이라고 윽박질렀습니다. 통사 놈들은 자기들이 그동안에 러시아인 십장이나 관리와 교제하느라 4만 원을 썼고 남은 돈을 모두 나눠주겠다고 했습니다.

우리 노동자들은 승낙하고 다시 회계해서 자기가 번 임금을 탔습니다. 나는 동료 노동자 몰래 1만 1000루블이나 되는 케렌스키 돈을 가지고 조선으로 갈 뻔한 실수를 한 것입니다. 그 후 통사 놈들이 노동

을 아니 시키니 무직자가 됐습니다. 차르 러시아에 귀화한 통사 청부
업자 원호 놈들은 자기 민족을 러시아 기관에 팔아서 착취를 하고 노
동자들이 번 돈을 10분의 1만 주고 나머지를 전부 잘라먹었습니다.

4

수라는 겨우 열댓 살밖에 안 된 박노순이 눈물을 글썽이며 털어놓던
모습이 오래도록 잊히지 않았다. 그 나이에 온갖 풍파를 타고 넘느라
잔주름이 가득한 얼굴은 서른 살은 족히 넘어 보였다. 낡은 노동복은
때가 꼬질꼬질 끼었고 그나마 아랫도리는 헐렁한 조선 한복의 허리춤
을 새끼줄로 묶은 채였다. 수라는 박노순과 헤어진 직후 그에게 직업
회 입회 서류를 대신 써주었다는 러시아인을 수소문했다.

　항만 하역 부두에서 블라디보스토크 기차역으로 이어지는 구역에
그의 거처가 있다고 했다. 철로를 가로지르자 햇빛을 받아 반짝이는
여러 선로가 한데 모였다가 다시 흩어지기를 반복했다. 철로 변에는
커다란 급수탑이 우뚝 솟아 있었다. 그의 숙소는 급수탑 근처 철로 위
에 정차한 빈 화물차였다. 폐쇄된 철로인지 벌겋게 녹이 슬어 있었다.
수라도 어렸을 적에 아버지와 함께 빈 화차에서 살았다.

　육중하게 닫힌 화물차의 문을 두드리자 안에서 인기척이 났다. 곧
이어 둔중한 문이 날카로운 쇳소리를 내며 활짝 열렸다. 화차 안에는
책상 하나, 철제 캐비닛 하나, 간이침대 그리고 의자 몇 개가 놓여 있
었다. 책상 위 달팽이관처럼 감긴 전기 코일에는 주전자가 끓고 있었

다. 바닥에는 무엇인가를 쓰다만 종이들이 널려 있었다. 다음 순간, 웬 기관사가 무개화차를 몰고 스쳐 가면서 화차 안에 있는 사내에게 손을 흔들어 보였다. 무개화차가 스쳐 가는 동안 수라의 얼굴에 찬바람이 몰려들었다.

"이 누추한 곳에 손님이 오시다니…. 이바노프라고 합니다. 그냥 이반이라고 부르세요."

짙은 콧수염의 이반은 손을 내밀어 수라를 화차 안으로 끌어올렸다. 수라는 조선인 노동자에게 입회 서류를 써준 데 대해 감사의 인사를 하기 위해 찾아왔노라고 자초지종을 말한 뒤 야학 교사라고 소개했다. 이반은 믿기지 않는다는 듯 눈을 크게 치켜떴다.

"젊은 처자가 야학 교사라니, 오히려 내가 더 고맙다는 인사를 해야 하겠군요."

이반은 수라에게 야학 교사도 좋지만 함께 노동운동을 해보는 게 어떠냐고 말을 붙였다. 수라는 즉답을 하지 않고 말없이 항구에 정박한 화물선 사이로 수평선을 바라보았다. 파도가 출렁거리는 가운데 갈매기 떼가 연신 먹이를 찾아 분주한 날갯짓을 했다.

갈매기들이 바다에서 아무런 두려움 없이 떠다니는 모습을 바라보며 수라는 잠시 상념에 젖었다. 대체 나는 어떤 땅에 살기에 미래를 두려워할까. 꿈 혹은 창세기일까. 꿈속에서 내가 죽는 꿈. 내가 나를 사냥하는 꿈. 모든 별의 운행에 대해 꾸는 꿈. 유령이, 꽃이, 나무가, 강이 그리고 바다가 스스로 자신을 찾아가는 꿈! 수라는 뿔테 안경을 쓴 사슴처럼 자신이 우스웠다.

아무것도 일어나지 않았는데 모든 게 끝난 느낌. 어찌된 일일까. 동전을 줍기 위해 몸을 구부리는 노파, 혹은 낙타, 부엌의 의자, 모자들, 창문을 흔들고 가는 바람, 혹은 여왕이 흘리고 간 식탁 위의 기름진 음식 찌꺼기…. 모든 게 자신과 연결돼 있다는 생각이 들었다. 이 이질적인 집합체가 세상이라는 괴물이라니…. 수라는 그렇게 하루하루 예전의 수라가 될 수 없었다.

"우리가 가는 곳도 수평선처럼 아름답고 평등한 곳이겠지요?"

"풍경보다 더 아름다운 곳이오. 하지만 강요할 생각은 없어요. 난 누군가를 만나면 으레 함께 노동운동을 하자고 말하곤 합니다."

"저 역시 어릴 때부터 노동운동으로 잔뼈가 굵었어요. 아버지를 따라 연해주 쑤이펀허에서 중국 하얼빈까지 잇는 동청철도 공사 현장에서 꼬박 5년을 살았어요."

"아버지는 살아 계시오?"

"동청철도가 완성되기 한 달 전인 1902년 6월, 하얼빈의 임시 거처에서 세상을 떠나셨어요. 아버지는 하얼빈에 묻혔어요. 아버지가 돌아가신 후, 제 인생도 뒤죽박죽이 됐지요. 하지만 블라디보스토크로 돌아와 학교를 마치고 교사가 되면서 다시 희망이 생겼어요."

"야학을 하기 전에는 어디서 교사 생활을 했소?"

"여학교를 졸업하고 곧바로 고향인 시넬리코보 소학교 교사로 갔어요."

"시넬리코보는 우수리스크 시 외곽의 중국 접경지대에 있지 않소?"

"맞아요. 시넬리코보에서 태어나 열세 살 때 아버지를 따라 중국령으로 떠나기 전까지 그곳에 살았어요."

"말투를 보니 책을 많이 읽었나 보오."

"블라디보스토크 여학교에서 독서 클럽을 조직해 목록을 작성하고 친구들과 토론도 벌였어요. 플라톤의 《이상국가》《유토피아》 그리고 헤로도토스, 스피노자, 헤겔, 칸트, 니체, 쇼펜하우어. 심지어는 《자본론》도 읽었어요. 보드리라는 친구 집에 모여 자주 책을 읽곤 했는데 우리는 게르첸, 도브롤류보프, 피사레프, 체르니셉스키 등의 저작을 읽었어요. 보드리는 대단히 붙임성이 있는 친구여서 나를 자주 자기 집으로 데려갔어요."

"동청철도 건설 현장에서 노동자들과 함께 사는 동안에 무엇을 느꼈소?"

"5년을 살았지만 한마디로 잘라 말할 수 없는 추상적인 느낌이에요. 뭐랄까, 주전자에서 물이 끓기 직전에 밑바닥에서 올라오는 무수한 기포라고나 할까요. 노동자들은 굶주리고 억압받고 두들겨 맞으며 분노로 들끓었지만 한 번도 터뜨리지 못하고 참아내는 밀폐된 주전자와 같았어요. 숙소도, 의복도, 음식도 엉망이어서 차마 인간의 삶이라고 할 수 없을 지경이었지만 밖으로 불만을 터뜨리지 못하고 꾹꾹 눌러 참아내더군요. 누군가 자극을 주기 전에는 그들 스스로 끓지 못하는 사람이 노동자였지요."

"바로 그겁니다. 분노야말로 노동자들을 강철처럼 단련시킬 수 있는 불꽃이지요. 분노를 이용하면 노동자들을 우리가 원하는 방향으로 이끌 수 있어요. 항만 노동자와 철도 노동자를 규합하는 데 손이 모자라오. 나와 함께 일해보지 않겠소? 야학도 좋지만 우리는 수라 같은 영특한 사람이 필요합니다."

멀지 않은 곳에서 휘파람 소리가 들려왔다. 이반은 이내 자리에서 일어나 문을 조금 열고 망을 보듯 바깥을 살폈다. 곧이어 사람들의 발소리가 들리더니 문이 활짝 열렸고 환한 빛이 화차 속으로 쏟아져 들어왔다. 수라가 빛 때문에 미간을 찌푸리는 사이 다시 문이 닫히고 화차 안에는 낯선 사내들이 서 있었다. 항만노조 간부들이었다. 통성명을 나누며 인사하는데 이반이 미소를 지었다.

"어차피 이들의 이름은 가명이오. 본명을 사용할 경우 체포됐을 때 또 다른 피해를 입을 수 있으니까. 혹시 수라도 그런 피해를 볼 사람이 주변이 있소?"

"삼촌이 한 사람 있긴 해요. 차르 헌병대에 납품을 하는 거간꾼인데 차르 헌병대와 가깝게 지내는 사람이에요."

"삼촌이 차르 헌병대와 가깝게 지낸다니 오히려 잘된 일이오. 삼촌만큼은 의심을 사지 않을 테니 혹시 체포령이 떨어지면 그의 집을 은신처로 삼기에 그만이겠군."

이반은 득의에 찬 미소를 지어 보였다.

첫 만남이 있은 지 2년이 지나 수라는 이반과 나란히 노조를 이끌고 있었다. 이반이 "타고난 혁명가"라며 칭찬할 때마다 수라는 어쩔 줄 몰라 얼굴을 붉혔다.

5

부둣가에 다다랐을 때 나팔 소리와 함께 항만 노동자들의 함성이 들려왔다.

"노동자 만세! 임금을 보장하라!"

노동자들이 부둣가의 항만노조에서 집결해 쿤스트알베르스 백화점을 향해 행진했다. 이반은 앞에서 대오를 이끌고 수라는 뒤쪽을 맡기로 했다. 만약 이반이 체포되면 항만노조를 이끌 지도자로 수라가 지명된 만큼 수라는 시위 현장에서 멀찍이 떨어져 상황을 지켜보기로 했다. 두려운 건 차르 헌병대가 아니라 대오 가운데 숨어 있을지 모를 프락치였다. 누가 노조 간부인지 모르도록 철저히 보안했지만 시도 때도 없이 차르 헌병이 나타나 특정 인물의 동향을 묻고 갔다.

항만노조가 임금 인상을 타결 지을 경우 그 인상안은 블라디보스토크의 다른 산업 부문에도 영향을 끼칠 수밖에 없기에 차르 헌병은 항만노조의 동향을 파악하는 데 혈안이 됐다. 시위가 벌어지면 차르 기마병은 말을 몰고 나타나 방어벽을 쳤다. 기마병뿐 아니라 대검을 찬 헌병 중대가 시위대를 양 옆에서 포위했다. 골목에도 착검을 한 헌병대가 진을 쳤다.

함정이었다. 대오가 백화점 앞 광장에 이르면 당장이라도 에워싸서 압박해올 태세였다. 강공에는 강공으로 맞설 수밖에 없다. 강한 것은 부러지게 마련이다. 수라는 줄을 맞춰 걷고 있는 노동자들의 발소리에 귀를 기울였다. 그건 살아야겠다는 본능의 소리였다. 부초처럼 떠다니는 가련한 사람들. 새치기 노동자가 그렇고 항만 노동자가 그렇고 광산 노동자가 그랬다.

언젠가 이반이 들려준 말이 있었다. "집단이라는 게 말이야, 가까이에서 관찰해보면 아주 우스운 데가 있어. 수라는 아직 잘 모르겠지만, 노동자들은 금방 팔팔 뛰다가도 갑자기 겁을 내고 움츠러들지. 무슨 일을 하다가도 지도자가 체포되면 금세 위축돼 뿔뿔이 흩어진단 말이야. 겁이 많은 건 개인이 아니라 오히려 집단이며 단체이지. 어디선가 무너지는 소리가 나면 전체가 다 무너지고 말아. 그럴 조짐이 있을 땐 그들의 본능을 자극해야 돼. 겁을 먹고 해산하기 전에 겁을 주는 대상을 완전히 초토화시키는 게 방법이지. 차르 헌병대가 포위망을 좁혀오면 백화점에 불을 질러서라도 조합원들의 본능을 자극해야 돼."

수라는 걸음을 늦추며 대오의 끝으로 물러섰다. 스베틀란스카야 거리는 야학을 하러 항만으로 가는 길목이어서 수라에겐 눈을 감고도 걸을 수 있을 만큼 익숙했다.

백화점 근처에 쓰레기장이 있었다. 이반이 화염병을 숨겨놓은 장소였다. 수라가 쓰레기장을 뒤져 화염병 대여섯 개를 외투에 감춘 채 백화점 앞에 당도했을 때 차르 헌병대는 시위대를 완전히 포위했다. 수라는 어찌나 황급하게 달려왔는지 무릎이 시렸다. 그나마 추위가 한 풀 꺾여 다행이었다.

스베틀란스카야 거리에 울려 퍼지는 노동자들의 발소리와 고함 소리가 바리케이드 너머에서 들려왔다. 이반은 노동자 대오 앞에서 연설을 했다.

"우리는 더 이상 속을 수 없습니다. 속아서는 안 됩니다. 항만에서 가장 큰 하역 회사인 쿤스트알베르스 상사는 노동자들의 임금을 떼어먹은 작업반장을 당장 해고하고 노동자들에게 밀린 임금을 지급해야 합니다. 그들은 알량한 임금으로 우리를 착취하면서도 임금을 제때에 지급하지도 않았습니다. 우리에겐 가족을 먹여 살릴 빵이 필요합니다. 임금은 벌써 세 달이나 밀렸지만 그들은 언제 지급하겠다는 약속도 없습니다. 우리의 파업은 정당합니다. 밀린 임금을 받지 못하면 일터로 복귀할 이유가 없습니다. 만약 우리가 순순히 일터에 돌아가면 그들은 우리를 더 얕잡아볼 것입니다. 그러니 오늘 밤 이 자리에서 결판을 냅시다. 하역 작업이 안 되면 쿤스트알베르스 상사도 더 이상 팔 물건이 없어 문을 닫아야 할 테니 조만간 협상에 나설 겁니다."

노동자들은 나팔 소리에 맞춰 휘파람을 불며 환호했다.

"더 이상 물러설 곳도 없소. 이 자리에서 끝장을 냅시다!"

노동자들은 다시 깃발을 흔들며 열광했다. 거리는 노동자들의 당당한 기세로 뒤덮였다.

헌병대장이 바리케이드 앞에서 총을 뽑아 들고 고함을 질렀다.

"당장 해산하지 않으면 발포하겠소! 해산하지 않으면 총을 사용해서라도 질서를 잡으라는 명령을 받았소!"

"파업은 우리가 시작한 게 아니오! 임금을 주지 않은 쿤스트알베르스 상사가 먼저 시작한 거요! 우리는 등짝이 무너져 내릴 정도로 일했고 이에 대한 정당한 대가를 요구할 뿐, 어떤 불법 행위도 하지 않은 선량한 노동자들이오!"

헌병대장의 입가에 싸늘한 미소가 감돌았다.

"불법이 아니라니? 집회 신고를 하지 않은 게 이미 불법이오. 그러니 당신들을 해산시킬 수밖에 없소!"

헌병대장이 허공에 총을 쏘자 착검한 헌병대가 시위대 쪽으로 움직이기 시작했다. 제복을 입은 육중한 벽이 양쪽에서 밀착해왔다. 명령이 떨어진다면 당장이라도 사격할 태세였다.

시위대는 헌병대의 진압에 눌려 점점 백화점 현관 쪽으로 밀렸다.

막다른 공간에 갇히는 게 문제가 아니었다. 심리적으로 위축되면 끝장이었다. 이반과 수라는 대오를 사이에 두고 눈길을 주고받았다.

화염병 투척 신호였다. 수라는 성냥을 그어 화염병에 불을 붙인 뒤 백화점의 대형 유리창에 던졌다. 1층 사무실 유리창이 깨지면서 유리 조각이 대로변에 흩어졌다. 시뻘건 불길이 치솟았다. 기마대가 말 옆구리에 박차를 가하며 달려왔다. 불길은 1층에서 2층으로 타올랐다. 기병대가 말을 몰아 시위대 사이를 비집고 들어왔다. 대오가 흩어지기 시작했다. 선발대가 놓친 깃발이 말발굽에 짓이겨졌다. 총소리가 광장을 뒤흔들었다. 노동자들은 피를 흘리고 고꾸라졌다. 쓰러진 노동자에 걸려 넘어진 노동자가 땅에서 굴렀다. 차르 헌병이 쓰러진 노동자의 가슴팍에 날카로운 총검을 꽂았다. 피가 분수처럼 솟구쳤다. 피를 본 사람들은 성난 짐승처럼 으르렁대며 헌병대를 노려보았다. 이들의 얼굴에서 겁에 질린 표정은 찾아볼 수 없었다. 이반이 주먹을 쥐어 허공에 뻗으며 외쳤다.

"그 어떤 것도 우리를 막을 수 없소. 동료들의 피를 헛되게 할 수는 없소. 모두들 앞으로 나아갑시다!"

광장은 꼬리 끝에서부터 터져 나온 야생동물의 포효로 메아리쳤다.

"나를 따르시오. 저들을 박살 냅시다!"

시위대는 무언가에 홀린 듯 다시 민첩하게 하나로 뭉쳤다. 그들의 발과 손은 하나였고 머리도 하나였다. 이글거리는 분노의 표정으로 모두 함께 움직였다. 거대한 파도가 거리를 휩쓰는 듯했다. 이반은 여전히 선두에 서서 대오를 이끌었다. 수라 역시 대오에 합류해 행진하고 싶었지만 이반과의 약속을 지켜야 했다.

"절대로 체포돼선 안 되오. 우리 둘 중 누군가가 체포돼야 한다면 바로 나요. 수라는 더 큰 일을 도모해야 하오. 내가 할 일과 수라가 할 일이 엄연히 다르오."

수라는 대오에서 떨어져 골목 귀퉁이에 몸을 숨긴 채 불타는 백화점을 바라보았다. 불길은 건물 내부를 집어삼킨 뒤 창문으로 치솟으며 외벽을 까맣게 그을리고 있었다. 불길은 쉽게 잡히지 않았다. 차르 헌병대가 우왕좌왕하는 모습이 멀리서도 보였다. 골목을 빠져나오는데 차르 경찰의 호루라기 소리가 들렸다. 경찰이 길을 막았다.

"여기서 뭘 하고 있는 거요?"

수라는 태연한 표정을 지었다.

"백화점에 불이 났다고 해서 나와 봤어요. 불구경이 최고잖아요."

"집이 이 근처요?"

"그럼요. 스베틀란스카야에서 태어나 지금도 살고 있어요. 못 믿겠으면 저를 따라오세요. 이곳에서 세 블록 떨어진 주택가에 우리 집이 있으니까요."

수라는 손가락으로 주택가 방향을 가리켰다. 그제야 경찰은 길을 비켜주었다.

"가도 좋소. 하지만 밤거리는 젊은 여자에게 위험하지. 더구나 오늘 밤은 노동자 시위가 벌어져 더욱 어수선하니 어서 귀가하시오. 시위자나 부랑자로 체포되면 영창에 갇힌다는 것쯤은 알고 있겠지?"

"조심할게요."

"세 블록이라면 걷기엔 좀 멀지. 마차를 잡아줄 테니 타고 가시오."

경찰은 골목 어귀에 서서 지나가는 마차를 향해 호루라기를 불었다. 마차가 다가왔다. 말 두 필이 끄는 타란타스 마차였다. 수라는 황급히 마차에 올랐다.

3. 피신

1907년 N. V. 코노발로프의 설계에 의해 새로운 샤토 스타일 건물로 재건축되고 있는 블라디보스토크 역. 9288킬로미터 떨어진 모스크바의 야로슬랍스키 역을 모방한 이 역의 지붕 위에서 이주민 소년들이 기념 촬영을 하고 있다.

＊
＊

1907년

1

타란타스는 스프링 장치가 있어 울퉁불퉁한 지형에서도 속도를 낼 수 있었다. 앞으로 나아갈수록 낡은 건물들이 나타났다. 용접소, 쓰레기장, 고물상, 어구 상점이 늘어선 옛 상업 지대였다. 달빛은 지붕 낮은 가옥의 황량하고 쓸쓸한 창을 비추었고 집들의 그림자가 거리에 늘어선 관목 아래 처량하게 드리워 있었다.

타란타스는 차가운 밤공기를 가르며 거침없이 내달렸다. 다리를 건너 왼쪽으로 접어들자 빽빽이 들어선 자작나무 숲에 오솔길이 나타났다. 지름길이었다. 자작나무들이 어둠 속에서 빛의 정령처럼 하얗게 늘어섰다. 마차가 멈춘 곳은 신한촌의 러시아정교회 마당이었다.

찬송가가 울려 퍼지는 성당은 안이 훤히 들여다보였다. 전례미사가

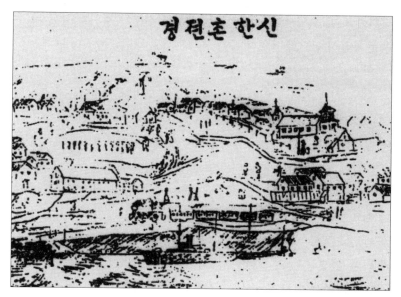

이주 초기 블라디보스토크 신한촌 전경.

끝났는지 파송을 알리는 신부의 목소리가 흘러나왔다. 수라는 성당 안으로 들어서려다 멈춰 섰다. 여러 문양이 새겨진 스테인드글라스에서 무지갯빛이 반짝였다. 일곱 빛 조각이 수라의 얼굴에 쏟아져 들어왔다. 유리에 얼굴을 대고 안을 들여다보았다.

"미사가 끝났으니 모두 집으로 돌아가 기도를 올리세요. 성부와 성자와 성신의 이름으로. 아멘."

가슴과 이마에 성호를 그은 뒤 현관 앞으로 나온 신부는 신자들과 일일이 악수를 나누며 작별인사를 하다가 층계 밑에 서 있는 수라를 발견하고 미소를 지었다. 신자들을 배웅한 신부는 주위를 살핀 뒤 수라를 황급히 안으로 들였다.

"오 신부님, 안녕하세요."

"수라, 이게 얼마 만인가요. 소식이 없어 얼마나 걱정했는지 모릅니다. 어떻게 지냈나요?"

"신부님께 긴급한 용건이 있어 한밤중에 달려왔어요."

"긴급한 용건이라니, 수라의 일이 곧 내 일이지요."

"고맙습니다. 언제나 저를 따뜻하게 맞아주시니. 제 청을 꼭 들어주셔야 해요. 어려운 청이에요. 오늘 밤 신부님이 그리스도가 돼주세요."

"난 결혼해서 아이까지 있는 사제파 신부인데 내가 어떻게 그리스도가 될 수 있겠소."

"그러신 줄은 미처 몰랐어요. 그러니까 신부님은 스텐카 라진의 후예인 셈이네요."

"그건 또 무슨 말인가요?"

"차르의 탄압에 맞서 17세기에 반란을 일으킨 스텐카 라진 추종자들이 바로 러시아정교회의 분리파가 아닌가요? 박해받는 소수 그룹이었던 분리파는 반정부 세력과 결합하면서 러시아 역사에 뚜렷한 족적을 남겼지요. 분리파 신도들은 저항 정신, 순교 정신으로 변방에 숨어 기도와 의식을 고수하는 놀라운 자생력을 보여주었지요. 도스토옙스키가 《죄와 벌》의 주인공 라스콜리니코프를 '원칙을 지키기 위해서라면 불가마 속에 들어가서도 웃을 수 있다'는 분리파 신도로 그려냈잖아요. 그러고 보니 스텐카 라진의 후예가 아니라 라스콜리니코프파라고 해야 옳겠네요. 신부님은 분리파의 한 지류인 사제파이시니 하느님의 참된 사도들을 악마에게서 구원해야 할 의무가 있어요. 분리파와 급진 정치 세력은 사촌 사이 아닌가요?"

"알쏭달쏭한 말이로군요. 하느님의 참된 사도들이라니. 악마는 또 누구란 말이오? 수라야말로 괴로워하는 몽상가인 도스토옙스키를 닮았군요. 도스토옙스키의 내면은 불가사의한 동요와 혼돈이 지배했지요. 수라를 볼 때마다 논리로는 도저히 풀 수 없는 수수께끼 같은 열정을 느낀답니다."

"도스토옙스키야말로 인간 영혼의 심연에 들어가 그것을 예술 작품으로 승화시킨 사제라고 할 수 있어요. 하느님의 참된 사도들은 도스토옙스키의 주인공처럼 정신적 시련을 통해 태어남을 신부님이 어찌 모르시나요? 그리스도가 그토록 사랑했던 가난한 백성들 편에 선 혁명가들이 바로 그 주인공들이에요."

오 신부는 내심 놀라고 있었다.

"혁명가라니, 볼셰비키 말인가요?"

"왜 그리 놀라세요?"

"볼셰비키를 하느님의 사도라 하니 어찌 놀라지 않겠소?"

"신부님, 놀라지 마세요. 착한 사람이 천당에 간다고 했으니 천당에 갈 사람은 볼셰비키뿐이에요."

"왜 그렇다고 생각하시오. 어서 말해보구려."

"빈천한 사람을 동정하는 사람은 세상에 볼셰비키밖에 없어요. 그뿐인가요. 볼셰비키는 그들의 행복을 위한 성전聖戰에 목숨을 바칠 각오로 충만한 사람들이지요."

"볼셰비키는 하느님을 부정하고 피를 더 좋아하는 사람들이 아닌가요?”

“무슨 하느님 말인가요? 러시아 땅엔 하느님이 사라진 지 오래예요.”

“그런 얼토당토한 말이 어디 있소?”

“1905년 성상을 들고 애원하는 군중을 피바다에 잠기게 한 그때부터 러시아엔 하느님이 없어요. 피를 좋아하는 흡혈귀는 볼셰비키가 아니라 차르 정부예요. 그렇지 않나요? 신부님도 니콜라이 네크라소프의 시를 읽어보면 금방 알 수 있어요.”

오 신부가 얼굴에 미소를 띤 채 반문했다.

“시인 네크라소프 말이오?”

“맞아요. 네크라소프는 오늘날 러시아에서 가장 널리 읽히는 시인이지요. 네크라소프의 시 〈아침〉에 이런 구절이 있어요.”

넌 불행해 보이는군, 마음이 아픈가 보지.

아, 난 알고 있어, 여기서 아픔은 흔해터진 걸.

자연은 거울처럼

둘레의 가난을 비출 수 있을 뿐.

한 잡역부가 도둑을 잡아 두드려 패네.

거위들은 마구 목이 잘려 나가고

위층에서는 무언가가 터지는 소리

또 한 사람이 자살했군.

“어딘가 부족해 보이는 시구이지만 그 부족한 단어의 나열에서 오히려 민중의 애환이 솟구치지요.”

오 신부는 수라의 화려한 화술에 탄복하며 말을 이었다.

"이제 나를 찾아온 진짜 용건을 말할 차례요."

"차르 헌병대가 오늘 밤 또 빈천자들을 향해 총을 쏘았어요. 블라디보스토크가 또다시 피바다에 잠겼지요. 그 현장에 있던 동지들을 피바다에서 건져달라고 이렇게 찾아왔어요."

"이제 보니, 수라는 골수 볼셰비키로군요."

"볼셰비키들만이 타 민족의 해방운동을 동정하며 진정으로 응원해요. 러시아에 있는 한인 애국자들이 진정으로 조선의 독립을 원한다면 볼셰비키들과 손을 잡아야 해요. 신부님이 앞장서서 도와주세요. 시내 전체에 계엄이 선포됐어요."

"어떻게 도우면 되겠소?"

"러시아정교회 성당이나 신부님의 사택에 쫓기는 볼셰비키들을 피신시켜주세요."

"나를 어떻게 믿고 이렇게 찾아와 그런 청을 하십니까? 내가 헌병대에 고발하면 어쩌려고?"

"저는 이미 알고 있어요. 신부님은 한인 애국지사요, 인도주의자이세요. 신부님의 양심이 볼셰비키를 동정해 제 청을 들어주시리라 믿어요."

"이제야 소문으로만 듣던 수라의 진면목을 알게 됐군요. 청을 들어주겠소. 힘이 닿는 데까지."

"신부님, 고맙습니다. 내일 밤 다시 찾아오겠습니다. 그때는 볼셰비키를 여러 명 데려올 거예요. 그럼 안녕히…."

오 신부는 알렉산드라를 배웅한 뒤 제단 앞에 무릎을 꿇었다.

"하느님도 수라의 말을 들으셨지요? 그녀는 착하고 어진 사람입니다. 저보다 더 확실하게 보이지 않는 신을 믿고 있지요. 당신은 늘 낮은 자들과 함께하셨으니 이렇게 무릎을 꿇습니다. 보이지 않는 꿈과 이상을 좇는 수라를 도와주십시오. 하느님, 당신의 전지전능을 믿습니다. 저는 오늘부터 무산자의 친구가 되려고 합니다. 제가 수라를 도움은 모두 하느님의 뜻입니다. 아멘."

성호를 긋고 일어선 신부는 제단에 켜놓은 촛불을 손가락으로 비벼 끈 뒤 사제관으로 향했다. 일상복으로 갈아입은 그는 창가에 서서 커튼을 열었다. 달빛 떨어지는 마당은 시간이 정지된 듯했다.

신부는 두툼하고 하얀 자신의 손을 바라보았다. 부잣집 샌님처럼 고운 손이었다. 마당에 나가 풀을 뽑고 흙을 만졌던 때가 언제인지 기억이 가물거렸다. 갑자기 손이 부끄러웠다. 새치기 노동을 하면서도 주일마다 미사를 드리러 오는 이주 한인들의 손은 너무도 거칠었다. 막노동을 하며 살아가는 그들에게는 송아지 냄새가 났다. 힘없이 웃으며 까만 눈망울을 두리번거리던 한인 신자들. 신한촌 귀퉁이에 움막을 짓고 합숙하며 살아가는 그들의 눈망울은 어떤 순수로부터 아득한 유배를 떠난 순례자의 모습처럼 서글펐다.

2

다음 날 저녁, 오 신부가 사제관의 페치카에 장작을 넣고 불을 지필 때 창 밑에서 노크 소리가 났다. 수라 일행이었다.

"신부님, 이분들은 제 동지들이에요. 은신처를 제공해주셔서 고맙습니다."

모두 다섯 명의 사내였다.

"여러분이 거처할 곳은 성당과 사제관입니다. 차르 헌병대라 할지라도 함부로 발을 들여놓을 수 없는 곳이지요. 차르 헌병들 가운데는 모태 신앙인이 많아 성당이 치외법권 지역임을 잘 알고 있지요. 여러분의 안전을 위해 최선을 다하겠지만 이곳에 머무는 동안 경각심을 잃지 않고 서로가 서로에게 의지해야 합니다. 계엄이 해제될 때까지 머물도록 하세요. 이 성당을 통째로 여러분에게 드리겠어요."

수라는 오 신부의 손을 힘껏 움켜잡았다.

"이제부터 이 성당에서 하느님의 보호까지 받게 됐으니 더욱 든든합니다."

동지들이 임시 숙소를 마련하기 위해 사제관 기물을 보관하는 창고의 짐을 치우는 동안 수라는 오 신부와 마주 앉았다. 난로의 열기로 얼굴이 붉게 달아오른 수라가 입을 열었다.

"이주 한인 사회가 반목이 심해 서로 원수가 되고 있으니 이 일을 어찌해야 할까요? 러시아 국적을 취득해 땅을 분배받은 '원호인原戶人'은 그들의 땅을 부치는 소작인을 '여호인餘戶人'이라고 부르며 조선 시대 양반처럼 살고 있어요. 원호인은 여호인과 서로 혼인하지 않을뿐더러 여호인과 한자리에 앉는 것조차 수치로 여기지요. 여호인의 처지는 더욱 비참해지고 있어요. 여호인은 '아재비'나 '보토재(고아)'로 낮춰 불리며 천대를 받아요. 원호인과 여호인 사이에 계급적 모순이 생겨난 것이지요. 오죽했으면 조국을 떠나 이주해 와서도 한인 자본가의 착취 아래 머슴이 돼 살까요. 이주 한인 사회는 착취계급과 피착취계급의 대립 구조가 굳어가고 있어요. 한인 부농 계층과 러시아 자본가의 착취가 심할수록 우리 볼셰비키는 그 착취에 대항하는 힘을 모아야지요.

더 큰 문제는 조선의 정치 망명자들이 러시아에 들어와 항일운동 자금 모금이라는 명분을 내세워 지주 계층에게 접근하는 모순된 현상이 벌어지고 있다는 점이지요. 그들은 조선을 일제로부터 해방시켜야 한다는 공동 목표가 있지만 노동자, 농민의 존재를 잊고 있지요. 그들의 이상은 독립된 조국이지만 봉건 체제의 존속, 즉 그들의 기득권을 유지할 수 있는 체제를 지향하고 있어요."

"수라의 말이 하나도 틀리지 않소. 한인 정치 망명자들은 이주 사회에서 원호인과 손을 잡고 새로운 특권층을 형성하고 있지요."

"항만노조에 가입한 한인 노동자들이 볼셰비즘을 수용하게 된 배경에는 이런 이주 사회의 계급적 이중성이 있어요. 게다가 이질 문화와의 접촉이 거의 없이 살아온 이주민 입장에서는 러시아 귀화의 조건인 단발과 러시아식 이름을 가져야 하는 정신적 고통을 겪어야 했지요."

"대표적인 예가 1872년 블라고스로벤노 조선인 부락에서 발생한 극렬한 저항운동입니다. 마을 주민 전체가 차르 정부의 강제 귀화 정책에 반발해 폭동을 일으켰습니다. 그 일이 있고 난 후 차르는 이주촌에 공권력을 집중적으로 배치했지요."

"러시아정교도 귀화를 부추기는 수단으로 변질되어가는 느낌이 들어요. 러시아 신부들조차 이주민을 영적인 구원을 받아야 하는 신자로 보지 않고 먼저 러시아인이 돼야 한다는 감화와 계몽의 논리로 설교하고 있으니까요. 설마 신부님도 그런 설교를 하시는 건 아닌지요?"

"나 역시 여호인 출신의 가난한 신부입니다. 연해주 포시예트 구역 농민 가정에서 태어난 전형적인 무산계급이지요. 아버지의 노동으로 겨우 생계를 유지했으나 어머니의 교육열은 대단했답니다. 교육을 받지 않으면 가난과 노동만 대물림하게 된다며 일요일에도 노동을 해서 모은 돈으로 나를 카잔시 신학교에 보내셨지요."

"근본 문제는 차르의 이주 정책이 일관성을 잃은 데서 비롯되지 않았을까요? 차르 러시아는 1861년 제정한 자유이민법을 통해 러시아인 뿐만 아니라 외국인에게도 이주 특권을 부여해 시베리아 이주를 적극 유도했지요. 이주 특권이란 이주 세대 1가구당 100제샤치나(1제샤치나 =1.092헥타르)의 토지를 분배하는 정책인데, 이게 한인 이주민에게는 지켜지지 않았어요."

"당신은 남을 감화시키는 매력이 있군요. 자신의 주장을 강요하지 않고 상대방에게 말을 시켜 스스로 이치를 깨닫게 하는 힘 말이오."

"그만 가봐야겠어요. 동지들을 신부님께 맡기니 한결 든든해요."

"수라도 몸조심하시오."

3

수라는 지친 몸을 이끌며 집으로 향했다. 발걸음마다 어린 아들 왜체슬라브(왜체) 생각뿐이었다. 아들을 본 게 언제던가. 벌써 보름이나 항만노조 일로 귀가하지 못했다. 마음이야 굴뚝같았지만 수라에게 집은 안식처가 아니었다.

현관문을 열었다. 후끈한 실내 공기가 얼굴을 어루만졌다. 왜체는 보모와 함께 잠이 들었는지 아무 기척도 없었다. 주방 쪽으로 가보았다. 술에 취한 사내가 괴테의 《파우스트》에 얼굴을 박고 코를 골고 있었다. 남편 마르크 이오시포비치 스탄케비치였다. 마르크가 인기척을 듣고 머리카락을 두 손으로 긁으며 하품을 했다. 초점 잃은 눈동자며 술에 쩌들어 까무잡잡한 얼굴이며, 게다가 얼마나 주색잡기에 빠졌는지 광대뼈가 툭 튀어나와 있었다. 취기가 도는지 고개를 좌우로 절레절레 흔들더니 혼잣말을 중얼거렸다.

"이 세상은 꿈결 같구나. 세상이 왜 이리도 소란한가. 무슨 당이 그리도 많단 말인가. 볼셰비키, 멘셰비키, 에세르(사회혁명당), 아나키스트, 모나키스트… 이런 한심한 작당들. 풍진세상이니 작당들이 우후죽순으로 자라나는 게지. 이 무정한 세상에 누굴 믿고 무엇을 바라고 산단 말인가. 사람의 한 세상이 얼마나 된다고 이런 작당들에 둘러싸여 살아야 한단 말인가. 파란곡절 많은 세상에선 닥치는 대로 살아야 하는 게지. 슬픔도 근심도 잊어버리고 하루하루 흥겹게!"

마르크는 또 술을 따라 마셨다. 핏발 선 눈동자가 눈꺼풀에 게슴츠레 덮여 있었다. 수라는 남편이 늘어놓는 푸념을 잠자코 듣고 있다가 식탁으로 다가왔다.

"그렇게 살아선 안 돼요!"

마르크가 눈꼬리를 치키며 수라를 흘겨보았다.

"그래, 어떻게 살아야 한단 말이오?"

"마르크, 이젠 새로워져야 해요. 사람은 늘 미래에 살아야지요. 기구한 세상에 속지 말고 미래를 살아야 해요."

"무슨 미래가 있으며, 무슨 희망이 있단 말이오! 술잔을 들 힘만 있다면 나는 술을 마실 테니 괜한 참견 마시오. 미래는 운명에 맡기고 고뇌의 마음을 이 술잔에 타 마시면 되련만, 당신은 무슨 고민이 그리도 많소!"

마르크는 잔이 넘치도록 술을 부으며 광기 어린 웃음을 웃었다.

"어수선한 세상일수록 맨 정신으로 살아야 해요. 당신에겐 어떤 미래도 없다는 말인가요?"

수라는 《파우스트》를 집어 들었다.

"대체 《파우스트》가 이 술병과 함께 놓인 이유가 뭔가요?"

"나도 파우스트가 되고 싶소. 파우스트처럼 귀신에게 혼백을 팔아 위안을 얻고 싶소. 그게 뭐 잘못된 일이오? 괜한 트집 잡지 마시오. 그러지 않아도 머리가 지끈거려 미칠 지경이오."

"파우스트가 되고 싶다느니, 귀신에게 혼백을 판다느니…. 당신을 보면 맨 정신인 내가 정상이 아니라는 착각이 들 정도예요. 나는 당신이 미쳐버리지나 않을까, 그게 걱정이에요. 한번 입에 술을 댔다 하면 이틀이고 사흘이고 마셔대니 당신 또한 얼마나 괴로울까요."

"대체 어쩌란 말이오?"

"내 말 좀 들어봐요. 지금은 괴테보다 게르첸을 읽어야 하고 고리키를 읽어야 하고 외젠 포티에를 읽어야 해요."

"외젠 포티에라니 금시초문이군."

"프랑스 시인이에요. 당신도 어디서든 한 번쯤 들어봤을 거예요. 위대한 혁명의 박동을 몰고 온 〈인터내셔널 찬가〉를 작사한 사람이지요. 가사는 외젠 포티에가 1871년에 썼는데 피에르 드제이테가 1888년에 곡을 붙였어요."

"대체 어떤 노래요?"

"〈인터내셔널 찬가〉는 수백만 노동자와 무산자를 정의의 투쟁에 불러 낸 혁명의 송가예요. 온 세상 만국에서 수천만 노동자가 따라 부르고 있 는 걸요."

"그렇지 않아도 노래가 없어 심심하던 차이니, 어디 한 소절 불러보 오. 내 이렇게 눈을 감고 감상할 테니."

"깨어라, 노동자여. 굴레를 벗어 던져라. 정의는 분화구의 불길처럼 힘차게 타오른다. 대지의 저주받은 땅에 새 세계를 펼칠 때 어떠한 낡은 쇠사슬도 우리를 막지 못하네. 들어라 최후 결전, 투쟁의 외침을. 민중 이여 해방의 깃발 아래 서자. 역사의 참된 주인 승리를 위해. 인터내셔 널 깃발 아래 전진하고 또 전진하세!"

"어때요. 2절, 3절도 부를까요?"

"당장 멈추시오! 그 진저리 나는 노래는 제발 그만두시오. 곡조만 들 어도 몸서리가 쳐지오. 그런 곡조가 그리도 좋다니 당신이야말로 정신 이 이상한 것이지."

"이 노래는 미래를 밝혀줘요. 우리가 누구와 함께 손을 잡고 앞으로 나아가야 하는지."

마르크는 버럭 화를 내며 술잔을 바닥에 동댕이쳤다. 그나마 은제 술잔이어서 깨지지 않은 게 다행이었다. 결혼 기념으로 시댁에서 선 물한 은제 식기 가운데 하나였다.

"당신이나 무산자의 손을 잡고 앞으로 나가시오. 나는 무산자이든 차 르든 아무 관심이 없소. 대신 내 집에서 가져온 은제 식기를 당장 내놓으시오. 그건 우리 집에서 대대로 내려오는 물건이니 소유할 권리 또한 내게 있소."

"그 많은 유산을 탕진하고 빈손으로 들어와 고작 식기 타령을 하나요? 나 역시 은제 식기 같은 건 아무 관심도 없으니 가져가든 말든 알아서 하세요. 그러나 무산자를 욕하지는 마세요."

"재수에 옴이 붙겠군. 또다시 무산자를 두둔하다니. 멀쩡한 남편을 놔둔 채 무산자 곁에 가서 일주일이고 보름이고 엎어져 있으니 대체 무슨 일을 하는지 내가 알 도리가 없지!"

"그런 말을 하려면 당장 집에서 나가세요. 가서 두 번 다시 오지 마세요! 이제부터 우리는 남과 다름없어요. 차라리 남이 나을 거예요. 남이라도 내게 이런 험담을 늘어놓지는 않을 거예요."

마르크는 불현듯 일어나 수라의 뺨을 내갈겼다. 그러고도 분이 풀리지 않는지, 머리채를 잡아 흔들고 주먹질을 해댔다. 수라는 저항하지 않았다. 뺨에는 붉은 손바닥 자국이 새겨졌고 입술은 터져 피가 흘러나왔다.

"때리고 싶은 만큼 때리세요! 때린다고 해서 당신 삶의 허위가 줄어들리 없겠지요. 하지만 마지막 기회를 줄 테니 내 말을 귀담아들어요! 이 무궁한 세월에 비하면 사람의 일생은 순간이에요. 그러니 유한한 일생을 살아가며 어찌 시간을 아끼지 않겠어요. 참된 인간은 시간을 아끼면서 살아야 해요. 파란곡절이 많은 세상일수록 인간이 세상에 요구하는 것도 많고 세상이 인간에게 바라는 것도 많지요. 그러니 제발 새롭게 삽시다. 사람답게 살아요! 우리가 한때 사랑을 했다는 게 기적처럼 느껴져요. 다시 그런 사랑을 해야 해요. 당신이 나를 미워하는 만큼 사랑하는 법도 알 터이니 세상의 풍랑쯤 사랑 안에서 얼마든지 헤쳐 나갈 수 있어요. 어서 내 손을 잡아요. 당신을 위해 내 손은 언제나 비어 있어요!"

"나를 기만하지 마! 노동자의 땀이 밴 당신의 손을 잡고 싶지 않아. 당신 말대로 난 타락한 사람이자 몰락한 귀족이지. 내게는 아무런 염원도 공상도 없어!"

"정녕 당신은 당신 자신에게 굶주렸군요. 나도 더는 참을 수 없어요. 당신의 그 유치찬란한 도모스트로이를 더는 참아줄 수 없어요!"

"도모스트로이라니! 당신 영혼이야말로 텅 빈 껍데기라는 사실을 모른단 말이야? 대체 도모스트로이가 뭣이길래!"

"도모스트로이는 16세기 러시아의 낡은 가족법이에요. 그리스도교적 가장에게 가족의 온갖 의무와 권리를 정해놓은 규범이지요. 아내가 복종하지 않으면 남자는 회초리로 사정없이 아내를 때릴 수 있는 악법이에요. 바로 당신의 손찌검 말이에요. 이것만 봐도 당신이 나를 노예 취급한다는 것을 알 수 있어요. 이게 저 중세 러시아 여자들의 운명이었지만 우리 시대는 완전히 달라졌다는 사실을 명심하세요. 지금은 20세기예요. 적어도 내 아버지는 어머니에게 존칭을 썼어요. 당신은 나를 동양인의 피가 혈관에 흐른다며 슬라브인보다 야만적이라고 생각할지 모르겠지만, 내 피는 당신 피보다 훨씬 진하다는 걸 알아야 해요. 손찌검이야말로 당신의 나약함 가운데서도 가장 허약한 치부라는 사실을 모르나요? 이 모든 치욕이 생각 없는 결혼의 결과이겠지요. 그래요. 늦었지만 이제 확신할 수 있어요. 나는 당신과의 결혼을 후회해요. 당신이 아무리 손찌검을 한다고 해도 나를 정복하지 못할 거예요. 그만 이 집에서 나가세요."

마르크는 술병에 남은 마지막 한 방울까지 입에 털어 넣고 조끼 주머니에서 시계를 꺼내 보더니 천천히 일어섰다.

"시간이 됐군. 갈 시간이야. 유일하게 나를 즐겁게 해주는 곳으로 말이야. 두 번 다시 볼 생각은 마시오. 이것으로 모든 게 끝났지만 이혼만은 해주지 않겠소. 당신과 그 못난 무산자들에게 복수하기 위해서라도 이혼은 절대 불가하오. 당신은 법적으로 영원히 스탄케비치 가문의 며느리이자 내 아내로 살아야 하오."

마르크는 주방 벽장을 열더니 은제 식기를 꺼내 가방에 마구 집어넣었다. 그러고는 너털웃음을 터뜨린 뒤 비틀거리면서 일어섰다. 가방을 들고 현관문을 나서는 마르크의 뒷모습을 말없이 바라보던 수라는 입을 틀어막았다. 손가락 사이에서 울음이 비어져 나왔다.

4. 결혼과 파경

알렉산드라(오른쪽)와 첫 남편인 폴란드계 마르크 이오시포비치 스탄케비치의 결혼사진.

*

*

1904년

1

돌이켜보면 애초에 결혼의 단추는 잘못 꿰였다. 수라의 시선은 선반 위의 결혼사진에 가닿았다. 사진을 찍었던 그날처럼 눈앞에서 플래시가 터졌다.

수라는 사진 속의 자신이 낯설기만 했다. 불과 몇 년 전의 일인데 아득한 옛일 같았다. 사진 속에서 수라는 오른쪽에, 마르크는 왼쪽에 앉았다. 카메라의 초점은 정확히 수라와 마르크의 중간에 맞춰졌다.

사진관에 들어섰을 때가 생각났다. 해 질 무렵이었다. 도로가 내다보이는 창가에 햇살이 쏟아져 들어왔다. 사진관이 들어 있는 목조 건물의 통로로 사람들이 잰걸음으로 지나가는 소리가 들렸다. 수라는 창가에 서서 사위어가는 빛을 바라보았다. 사진관 주인은 잠시 준비하는 동안 앉으라며 의자를 권했지만 마르크도 수라도 앉지 않았다. 마르크는 창가를 서성였다. 콧수염을 매만지면서. 콧수염을 매만지면 마르크가 흥분했다는 뜻이었다.

결혼식 때 다소 격앙되지 않는 남자란 없다. 하지만 그 격앙이 한 여자를 마침내 소유했다는 흥분이라면 곤란하다. 수라는 마르크가 결혼에 대해 어떤 생각을 가졌는지 알 수 없었다. 결혼식을 막 올린 남편에게 그걸 물어볼 수는 없었다. 더구나 마르크에게서 콧노래가 흘러나오고 있지 않았던가. 수라는 콧노래의 정체를 알고 싶었다.

그것은 소유의 기쁨이었을까. 갑자기 목 주위가 허전했다. 수라는 모자챙을 끌어내렸다. 두 팔을 테이블 밑으로 내리고 힘껏 깍지를 꼈다. 어느새 다가왔는지 마르크가 어깨에 손을 올리고 뺨에 가벼운 키스를 했다. 콧수염이 따가웠지만 따스하고 정직한 입술이었다. 입술의 감촉이 미처 사라지기도 전에 카메라 셔터가 눌렸다.

사진 속의 수라는 빛나고 있다. 모자챙 아래의 얼굴과 목 주위가 환하다. 그 빛은 몇 럭스일까. 사랑의 반딧불이 몇 마리 모여야 그런 빛을 낼까. 사진관 주인은 만족스러운 표정을 지으며 마르크에게 지폐를 건네받았다. 반딧불은 어떻게 몸에서 빛을 낼까. 수라는 사람에게도 스스로 발광하는 물질이 있다고 믿고 싶었다.

알몸이 그럴 것이다. 눈이 부셔 바라볼 수 없다며 수라의 가슴에 얼굴을 묻던 마르크. 신혼의 관계란 빛의 관계이기도 하다. 서로가 서로에게 눈부신 존재가 아니라면 굳이 결혼할 필요는 없다. 서로가 서로에게 반딧불이 돼야 하는 게 결혼이다. 서로의 어둠을 밝혀줄 수 없다면 붕붕 소리를 내며 숲속을 떠도는 곤충에 불과하다.

카메라가 찍은 것은 한 쌍의 부부가 아니라 그들에게서 나오는 빛의 양이었다. 신혼의 푸른 빛. 사랑의 귀결로서의 결혼이 아니라 사랑의 새로운 시작으로서의 결혼. 그러나 새로움은 언제나 낡기 마련이다. 마르크와 수라는 본질적으로 다른 사람이었다. 인종도, 기질도, 가풍도, 자란 환경도 달랐다. 하지만 결혼은 본질이 다른 사람끼리 결합하는 또 하나의 모험이라고 하지 않던가. 마르크가 청혼을 해왔을 때만해도 그의 몸에서는 빛이 새어 나왔다.

청혼을 받은 정확한 장소는 기억에 없었다. 언제 그런 빛나는 시절이 있었던가. 마르크는 여러 차례 수라에게 청혼의 눈길을 보내곤 했다. 기차 안이었을까. 마르크의 블라디보스토크 집에서였을까. 하얼빈 역이었을까. 어쩌면 아셰허 정거장에 있는 스탄케비치 아저씨의 사무실이었는지도 모른다.

청혼이라고 했지만 그것은 종달새의 지저귐보다 가벼웠다. 청혼이나 결혼이 수라 자신을 대신할 수는 없었다. 수라는 처음부터 이성 간의 사랑을 믿지 않았다. 수라는 예수의 얼굴이 아니라 하느님의 얼굴을 보고 싶었다. 마르크의 사랑은 기껏해야 예수일 뿐, 하느님은 아니지 않은가. 수라에게 사랑은 하느님의 얼굴이어야 했다. 예수가 하느님을 대신할 수 없는 것처럼 사랑은 누군가가 대신할 수 없고 대리할 수 없다. 보이지 않는 것을 믿어야 하는 종교적 모순을 수라가 이해 못 하는 건 아니었다. 보이지 않는 게 보이는 것보다 강하다는 것도 느낄 수 있었다. 죽은 어머니가 살아 있을 때의 어머니보다 더 강한 법이니까. 하지만 마르크의 사랑은 어딘지 믿음직스럽지 않았다. 그의 파란 눈이 그걸 말하고 있었다. 속을 알 수 없는 투명한 파랑.

이제 파란 눈동자는 술에 쩌들어 핏발이 섰고 초점은 흐려져 누가 봐도 병색이 완연했다. 사람이 이토록 망가질 수 있다는 게 믿기지 않았다. 결국 이렇게 끝날 풋사랑이었다면 아버지의 유언을 더럽히지나 말 것을. 그러나 후회해도 소용없는 일이었다.

어둠 속에 우두커니 앉아 있자니 속에서 슬픔이 꿈틀거렸다. 아무리 해도 잡히지 않는 슬픔의 실타래가 하염없이 풀어져 어둠 속에서 마구 흔들렸다. 그 흔들림 위에 소년 마르크의 얼굴이 걸려 있었다.

마르크를 처음 만난 곳은 북만주의 아셰허 역이었다. 하얼빈에서 북동쪽으로 30킬로미터 떨어진 아셰허 역까지 왔을 때 수라는 처음으로 살림집에서 살게 됐다. 집은 역 근처의 러시아인 마을에 있었다. 아셰허 역장네와 담장을 사이에 둔 집. 벽돌담이 두 집 마당과 경계를 이루며 서 있었다. 담장 밑에서 공놀이를 하던 아이들이 내지르는 소리가 창을 통해 왁자하게 들려왔다.

수라는 창가로 다가서서 밖을 내다보았다. 담장 너머에 서 있던 파란 눈의 소년과 눈이 마주쳤다. 다른 아이들은 깔깔거리며 장난을 치고 있었지만 소년은 시선을 돌리지 않았다. 턱을 쭉 뺀 채 넋 나간 듯 바라보던 시선. 파란 눈이었다. 수라는 자신이 소년의 파란 눈에 어떻게 비칠까 궁금했다. 그렇다고 파랗게 보이는 건 아니겠지. 마을에도 파란 눈의 사람들이 살고 있었지만 유리처럼 투명한 눈동자는 처음이었다. 어쩌면 그렇게 믿고 싶었는지도 모른다. 소년이 고개를 돌린 건 여자의 목소리 때문이었다. 어머니가 소년을 부르는 소리였다.

"마르크 이제 그만 들어오너라."

그 목소리가 지금도 이토록 생생하니 묘한 일이었다. 수라는 자신도 모르게 마르크라는 이름을 되뇌었다. 소년이 어머니의 볼에 입을 맞추고 집으로 들어간 뒤로도 수라는 한동안 창가를 떠나지 않았다. 식탁에 둘러앉아 성호를 긋고 식사를 하는 모습이 보였다. 세 식구가 오순도순 둘러앉아 음식에 열중하는 모습이 부럽기도 했다. 철도 건설 현장에 나가 사흘이고 나흘이고 돌아오지 않는 아버지의 얼굴이 떠올랐다가 사라졌다. 한 식탁에 앉아 함께 밥을 먹어본 지가 언제인지 까마득했다. 밤이 깊어져 수라가 커튼을 치러 창가에 다가섰을 때 맞은편 창가에 기대 수라를 건너다보던 소년의 모습이 눈에 들어왔다. 소년은 나쁜 짓을 하다 들킨 사람처럼 움찔 놀라며 키를 낮췄다.

　소년을 다시 만난 곳은 아세허 철도학교에서였다. 철도 노동자의 자녀가 다니는 학교였다. 누가 먼저 아는 체를 했는지는 기억에 없다. 수라와 마르크는 자연스럽게 친구가 됐다. 방과 후에는 서로의 집을 오가며 숙제를 했다. 그 시절, 마르크와 주고 받던 농담이 있었다. 어처구니없게도 의학자들이 인간의 평균수명을 늘려놓아 혹시 오래도록 살게 된다면 무슨 내용으로 그 많은 나날을 채워야 하지? 둘은 서로를 바라보며 낄낄거렸다.

　아세허 역장인 스탄케비치 아저씨가 아버지를 여의고 상심에 빠진 수라를 찾아온 때는 장례를 마친 다음 날이었다. 아저씨는 수라에게 블라디보스토크로 건너가 학교를 다녀야 한다고 권유했다.

　"중국은 더 이상 네가 머물 곳이 아니다. 러시아에서 새로운 보금자리를 만들어야 한다. 험한 노동자 사회에 남아서 언제까지 통역만 해주고 살 수는 없는 일이다. 네 아버지를 생각하면 나 역시 잠이 오지 않는다.

네 아버지에게 신세를 진 걸 생각하면 너를 이대로 놔둘 수 없다는 생각이 드는구나. 너 대신 통역을 맡아볼 사람을 구하기로 했으니 너는 하루라도 빨리 블라디보스토크로 건너갈 채비를 하거라."

"블라디보스토크에 거처할 곳이 마땅치 않아 망설이고 있어요."

"삼촌 니콜라이 세묘노비치가 거기 살고 있지 않니. 학교에 입학하면 기숙사에서 생활할 수 있으니 몇 달만 신세를 지면 될 터인데."

"그렇지 않아도 삼촌이 편지를 보내셨어요. 여비를 마련하지 못해 장례식에도 갈 수 없었다며 우편환으로 약간의 돈을 보내셨어요. 형편이 그리 녹록지 않은가 봐요. 항만에서 일하며 근근이 사시는 모양인데 저까지 얹혀서 부담을 드리고 싶지 않아요. 하지만 비관하는 건 아니에요. 지금이 아니라도 언젠가는 때가 오겠지요."

"아니다. 모든 건 때가 있단다. 네 사정이 풀릴 때까지 기다려줄 세상이라면 얼마나 좋겠냐. 하지만 세상은 너를 기다려주지 않는다. 정 그렇다면 블라디보스토크에 있는 우리 집에 머물도록 해라. 난 네가 학교를 마치고 교사가 됐으면 한다. 그 집에는 마르크도 살고 있으니 네가 가면 무척 좋아할 게다. 며칠 뒤, 내 아내가 블라디보스토크로 돌아가니 그 편에 너를 보낼까 한다. 학교를 마칠 때까지 내가 후견인이 돼줄 테니."

2

1902년 블라디보스토크에 건너온 수라는 여성사범학교에 입학했다. 마르크의 집에 신세를 질 필요도 없었다. 기숙사는 훌륭했다. 동청철도를 건설하면서 풍을 치며 살던 때를 생각하면 저택이나 다름없었다. 방을 배정받았을 때 수라는 기뻐서 방 안을 이리저리 오갔다. 맨 꼭대기인 3층 방이었다. 방은 침실과 작은 거실로 나뉘었다. 학교는 차르 러시아군에 귀리를 납품하는 군수업자가 세웠다. 군수 납품을 하며 백작 작위를 받은 그는 교육 사업가로 변신했다.

3층에서 내려다보면 학교 뒤편의 정원이 한눈에 내려다보였다. 수라는 문에서 침대까지 몇 걸음이나 되는지 헤아려보았다. 정확히 여섯 걸음. 네모반듯한 방에 정원 쪽으로 발코니가 붙어 있었다. 처음 가져보는 자신만의 특별한 공간이었다. 샹들리에가 천장에 매달려 있고 창문은 너른 정원과 밤나무를 향해 나 있었다. 반원형으로 늘어선 밤나무 군락은 봄이면 발코니 난간으로 가지를 밀어 올렸으며 무성한 짙푸른 잎사귀들은 건너편 백장미 군락지와 대비되면서 서로의 색깔을 더욱 선명하게 드러냈다.

정원에는 작은 연못도 있었다. 수라는 비가 오든 눈이 오든 하루도 거르지 않고 밤나무 숲길을 걸어 연못에 갔다. 연못에는 무지개송어 떼가 줄지어 헤엄쳤다. 수업의 시작과 끝을 알리는 종소리를 듣고 일사분란하게 움직이는 학생들이야말로 무지갯빛 꼬리를 흔드는 어린 송어 떼나 마찬가지였다. 송어와 비슷하게 예민한 감수성을 지닌 장래의 교사들은 주름치마에 하얀 블라우스를 입고 계단을 오르내렸다.

수라는 역사와 사상에 관심을 보였다. 러시아 혁명가와 사상가의 저술을 접했고 진보적인 생각을 가진 친구들과 사귀었다.

수라는 체르니솁스키가 유물론적 미학을 소설로 쓴 《무엇을 할 것인가》에 등장하는 여주인공 파블로브나의 생애를 동경했다. 《무엇을 할 것인가》는 체르니솁스키가 페트로파블롭스크 옥중에서 집필해 1863년 잡지《동시대인》에 발표한 장편소설이었다. 평등과 경제적 독립을 지향하는 여성과 엄격한 윤리관에 투철한 혁명가를 등장시켜 사회주의적 생활의 실천과 전망을 묘사함으로써 젊은 세대에게 압도적으로 인기를 끈 작품이었다.

체르니솁스키가 제시한 새로운 인간상은 러시아의 젊은 사회민주당원을 감화시켰으며 진보적인 혁명가 블라디미르 레닌에게도 막대한 영향을 끼쳤다. 《무엇을 할 것인가》는 학교 당국에서 금서로 지정한 책이었지만 진보적인 학생들이 비밀리에 조직한 독서회에서는 필독서로 꼽혔다.

세월은 무지막지한 폭풍과 같았다. 러시아 각처에서 노동운동이 일어났고 노동자들은 자유와 평등에 눈떴다. 도시에서는 산업 무산계급이 탄생했고 농촌에서는 토지를 소유하지 못한 농촌 무산계급이 출현했다. 산업 무산계급이 혁명적 사명을 갖고 계급투쟁을 벌여야 한다는 마르크스 사회주의가 러시아 전 지역을 휩쓸었다. 노동조건에 불만을 느낀 노동자들은 빠른 속도로 마르크스 신봉자가 되었다.

1903년 젬스트보(제정러시아의 지방자치 기관) 의회 의원들과 전문 직업인들의 결속으로 자유화 동맹이 형성됐다. 1904년 말 내무대신 플레베가 암살당하자 젬스트보 의회는 무산계급인 반정부 세력의 요구를 차르 정부에 정식으로 건의했다. 대의원 회의를 소집하고 헌법에 보장된 민권을 러시아 국민에게 부여하라는 요구였다. 반정부 세력인 사회민주당원들은 그들의 활동을 도시 노동자층에 집중시켜 혁명 프로그램에 대한 노동자들의 지지를 얻는 데 주력했다. 마침내 1905년

1월 9일, 노동조건 개선을 니콜라이 2세에게 탄원하기 위해 페테르부르크 궁전으로 향하던 수만 명의 노동자를 향해 군대가 발포함으로써 많은 사상자가 발생했다.

피의 일요일이었다. 피는 노동자들의 급진주의를 더욱 격화시켰고 1905년 봄과 여름 동안 러시아 전 공업지대에서는 동맹파업의 불이 빠르게 번져갔다. 공장은 무기한 파업으로 인해 전면 마비 상태에 빠졌다. 농민들은 농장을 불 지르거나 노략질을 했으며 지주를 살해하기도 했다. 블라디보스토크도 예외는 아니었다.

게다가 러시아가 일본과의 전쟁에서 패하자 시민들은 노동자와 합세해 조직적인 반정부 시위를 벌였다. 러시아는 크리미아전쟁(크림전쟁)에서 패배한 직후 군대를 정비할 틈도 없이 일본과의 전쟁에 휘말려들었다. 결과는 패전이었다. 군부 내 불만은 가중됐고 패전에 대한 치욕감이 군 내부에 축적돼 정치적 불만에 새로운 불씨를 지폈다. 패전은 제국주의 러시아의 문제점을 전부 드러내 보였다. 러시아 전역은 자유화 운동으로 들끓었다. 블라디보스토크는 중앙정부로부터 시베리아를 분리시켜야 한다는 급진 진보주의자들로 들끓었다.

독서회에 가입하면서 수라는 자유와 평등에 눈떴다. 일제 식민지로 전락한 한인의 차별적 처지와 러시아 차르 체제의 억압적인 군주제의 모순을 인식한 것도 독서회의 영향이었다. 수업 시간에도 교과서를 읽다가 한 민족이 다른 민족을 불공평하게 억압하는 대목에서 주먹을 불끈 쥐고 큰 소리를 질러 선생님과 친구들을 깜짝 놀라게 했다.

"학대 정권은 처단해버려야 해!"

수라는 러시아 사상가들의 저작을 통해 모든 권리를 원래의 자리에 돌려놓는 행위가 혁명이라는 사실을 깨달았다. 하지만 모든 권리는 원래의 자리에 있지 않았다. 자신의 주위를 둘러싼 사물의 이치를 하나하나 알아갈 때마다 수라는 계단을 오르며 휘파람을 불었다. 독서회 친구들과 매일 저녁 만나 책을 읽었고 책 한 권이 끝나면 방 안의 가물거리는 가스등 불빛 아래에서 토론을 벌였다. 눈 내리는 저녁, 베란다에서 내려다보는 정원은 숨 막힐 듯 아름다웠다. 춤을 추듯 흔들리며 떨어지는 눈송이의 궤적을 눈으로 좇다 보면 눈송이에 고매한 영혼과 우아한 리듬감이 깃든 듯했다.

수라는 신문을 통해서도 사회에 눈떴다. 도시는 끊임없이 뉴스를 생산하며 살아서 꿈틀댔다. 이 힘을 어떻게 이해할 수 있을까? 이 역동성은 어디서 나올까? 모든 힘에는 작용과 반작용의 역학이 있었다. 지배하는 사람과 지배당하는 사람 사이의 균열에서도 그런 힘을 느낄 수 있었다. 수라는 지배당하는 자의 영혼이 지배하는 자의 영혼보다 훨씬 고귀하다고 생각했다. 예속하는 자는 조롱과 경멸의 언어로 상대방을 능숙하게 압도하려고 했다. 하지만 그들이 예속하는 대상은 오로지 노동력일 뿐, 예속당한 자의 영혼은 예속의 강압이 크면 클수록 더 맹렬하게 요동쳤다. 수라는 삶에 긴장감을 주는 내적인 갈구에 늘 목이 말랐다.

3

여학교를 졸업한 수라는 고향인 시넬리코보 근처에 있는 학교 교사로 부임했다. H. M.(성명 미상)은 다음과 같이 썼다.

그는 대단재(시넬리코보)에서 소학교를 마치고 니콜스크에 와서
사범학교를 졸업하고 다시 대단재로 돌아와서 소학교의 교편을 잡
았다. 그가 교원으로 있는 동안에 학생은 물론 동리 사람들도 모두
그의 인격을 경앙했다. 그럼으로 후에 그가 학교를 사면하는 때에
동리 사람들까지도 그의 사면을 취소하기에 애를 썼다고 한다. 이
것으로 그의 숭고하고 다정한 일면을 엿볼 수가 있다.

─H. M., 〈조선의 여류주의자 김알렉산드라 약전〉, 《개벽》, 1925년 3호

H. M.은 수라가 "니콜리스크에 와서 사범학교를 졸업"했다고 썼다.
이는 수라가 블라디보스토크의 여학교에서 수학한 사실을 언급한 회
상기나 기록과는 차이가 있다. 따라서 니콜리스크의 사범학교는 블라
디보스토크 여학교의 오기로 보인다. 다만 수라가 교사직을 사직했을
때 "동리 사람들까지도 그의 사면을 취소하기에 애를 썼다"라는 내용
에 근거하면, 수라는 학생들은 물론 마을 사람들의 존경을 받는 교사
였음을 알 수 있다.

교사를 사직한 것은 마르크 이오시포비치와의 결혼이 직접적인 이
유였을 것이다. 수라는 마르크가 살고 있는 블라디보스토크에 나와
결혼식을 올렸다. 수라의 폴란드인과의 결혼은 연해주 한인 사회에
상당한 파문을 몰고 왔다.

마르크 이오시포비치 스탄케비치와 자유결혼을 하고 러시아회

랍교 큰 절당에서 등록하니 남편 성을 따서 스탄케비치가 됐다. 김 노예 딸 수라가 파란(폴란드) 총각에게 시집을 갔다는 소문은 당시 조선인 사회에서 이상한 경탄과 불안을 일으켰다.

그것은 조선 처녀가 처음으로 타국 사람한테 시집을 갔기 때문이었다. 그러나 여러 해 동안 여러 민족-합동 민족 사회에서 함께 살며 노동하고 계급투쟁에서 단련했고 민족 관념을 잊어버린 그들 가정에서는 새삼스럽지 않은 사변이었다.

—이인섭 비망록 〈러시아 3대 혁명에 참가한 알렉산드라 페트로브나 스탄케비치를
추억하면서(1957~1963)〉 이하 〈이인섭 비망록〉으로 표기

수라가 서둘러 결혼하게 된 데에는 오빠 추프로프에게 닥친 변고도 무관하지 않은 듯하다. 오빠 추프로프는 결혼해서 부인과 네 자식이 있었다. 그런데 뜻하지 않은 변고가 생겼다. 추프로프가 집을 비운 사이 중국인 강도가 집에 들어와 부인과 어린아이들을 살해하고 큰 아이 두 명만 용케 목숨을 건진 사건이 발생했다.

사건 직후 추프로프가 아이들을 데리고 블라디보스토크를 떠나 정착한 곳이 고향인 시넬리코보였다. 수라가 시넬리코보에 돌아와 교사로 부임한 것은 엄청난 사건을 치른 두 조카를 돌보기 위함으로 추정된다. 하지만 실의에 빠진 오빠 집에서 함께 생활하기란 생각만큼 쉽지 않았다. 이즈음 마르크 이오시포비치가 수라에게 청혼을 해왔다.

수라의 결혼 생활은 그러나 원만하지 않았다. 마르크는 가정생활에 충실하기는커녕 날이 갈수록 보바이카(투전 놀음)와 술추렴에 빠져 며칠씩 귀가하지 않는 일이 잦았다. 1906년 첫아들 왜체슬라브가 태어났으나 마르크의 방탕한 생활은 바뀌지 않았다.

마르크 이오시포비치 스탄케비치의 부친은 자기 아들이 어려서 자랄 때에 귀중하고 사랑하는 아들이라고 노동이라고는 전혀 가르쳐주지 아니하고 쉬운 가정 노동도 하지 말라고 했다. 그 반면에 당시에 성행되던 보바이카 판이나 술취렴 판에까지 데리고 다니면서 과자나 기타 단 음식을 사 주었다. 결과에 나이 어린 마르크는 아버지를 따라서 그런 장소로 다니면서 관습이 되고 취미를 붙이게 됐다.

—〈이인섭 비망록〉

마르크는 절제를 모르는 유형의 인간이었다. 민중의 밑바닥 삶을 외면했고 민중의 슬픔과 극빈의 처절한 아우성에 귀를 기울이지 않았다. 수라는 마르크의 방탕한 삶을 도저히 용납할 수 없었다. 게다가 마르크는 도박판에서 진 빚이 늘어나 빚쟁이로 전락했다. 수라는 결혼 생활을 끝내기로 마음먹었다. 참혹한 심정이었다. 빛바랜 결혼이 인생 전체를 삼켜버릴 것 같았다.

4

수라는 마르크를 따라 블라디보스토크의 스탄케비치 저택에 몇 번 가본 적이 있었다. 부인은 투명한 수정유리 잔에 담긴 프랑스산 포도주를 흔들며 신경과민증에 걸린 환자처럼 널찍한 거실을 끊임없이 오갔다. 벽난로에 장작을 너무 지펴서 실내는 후텁지근했다. 집 안에 들어서면 부인의 진한 화장품 냄새가 났다.

부인은 거울 앞에 앉아 자신의 시들어가는 아름다움을 애처롭게 바라보곤 했다.

"사람은 누구나 젊음을 잃게 마련이란다. 하지만 그걸 견디지 못한다면 완전한 인간이 아니지. 수라, 너에게도 이런 세월이 닥치면 자연히 나를 이해하게 될 거다."

부인은 하얼빈과 블라디보스토크로 분리된 두 집 살림을 했다. 그들이 부부 관계를 지탱할 수 있는 힘은 유산遺産인 듯했다. 그러나 유산이라니. 유산에 대한 갈구는 허망해 보였고 현실이 아니라 피상에의 도피로 보였다. 수라는 피상적인 은총보다는 현실의 삶을 동경하고 믿었다. 삶 자체가 신앙이었다.

나이 든 부인에 비해 열아홉 살 수라가 정신적으로 더 성숙하고 진지했다. 스탄케비치 부인은 귀족 가문 출신이라는 뿌리 깊은 권위 속에 안주했다. 그녀는 가문이라는 이름으로 겹겹이 포장돼 있었다. 마르크는 블라디보스토크의 명문 학교에 다녔다. 사교 모임에서도 그는 예민하고 유약한 청년이었다. 어느 해 여름, 수라가 스탄케비치 저택을 방문했을 때 마르크가 문을 열어주었다. 그의 등 뒤로 스탄케비치 부인이 서 있었다. 챙 넓은 플로렌스 모자와 팔꿈치까지 오는 하얀 망사, 장밋빛 비단 원피스와 검은 구두 차림이었다. 분명 잘 차려입었으나 어딘지 조악해 보였다. 부인은 품위 있게 걸었지만 수라의 눈에는 중세의 그림 속에서 튀어나온 오리 궁둥이 여인처럼 보였다.

벽에 많은 그림이 걸려 있었다. 귀족의 삶을 구성하는 데 없어서는 안 되는 장식품. 부인은 능란한 지휘자처럼 연주의 시작을 알리는 손짓만으로 벽에 걸린 그림들의 주인공들을 지휘했다. 마르크도 그림 속 주인공 가운데 한 사람이었다. 부인은 마르크에게 피아노 연주를 시켰다. 저녁 식사 전 커다란 거실에서였다. 마르크는 의자에 앉아 예를 갖추고 연주를 시작했다. 그는 자신의 음악을 위해서가 아니라 어머니를 위해 연주했다. 피아노 앞의 두 사람. 어머니는 눈을 감은 채 아들의 연주를 즐겼다.

건반 하나가 긴 여운을 남기며 튕겨지고 연주는 끝났다. 피아노 연주에 슬픔이 담겼다. 마르크는 하얼빈과 블라디보스토크로 분리된 부모의 관계를 아슬아슬하게 이어주는 밧줄 같았다. 줄타기 선수가 걸어가는 허공 속 외줄기 밧줄. 마르크는 그런 역할이 못마땅했으나 저항한 번 하지 못한 자신에게 화를 내곤 했다. 마르크는 점점 반항적으로 변했으며 가끔 자신의 집을 찾아오는 수라에게 점점 빠져들었다.

"사는 게 너무 힘들어. 수라, 너처럼 삶의 실감을 느끼고 싶어."

수라는 마르크를 동정했다. 그에게서 젊음이 낭비되는 느낌을 받았기 때문이었다.

"어머니가 웃는 모습을 한 번도 보지 못했어. 난 아버지와 어머니 사이를 오가야 했지. 그건 의무적인 여행이었어. 이 떨쳐버릴 수 없는 책임감이 너무 무거워. 어머니는 폴란드에서 자랄 때 친정에서 소유했던 커다란 저택을 그리워하며 언젠가는 가족 모두 폴란드로 돌아갈 날을 기다리고 있어. 그러면 그럴수록 어머니의 삶이 불완전해진다는 사실을 어머니는 모르고 있어."

마르크는 수라의 입술에 키스했다. 수라 역시 첫 키스였으나 당황하지 않았다. 그의 입술을 받아들인 게 사랑인지 동정인지 구분되지 않았다. 둘만의 시간이 쌓였고 둘만의 비밀이 생겼다. 관계는 점점 깊어졌다. 두 사람은 서로에게 최고의 걸작이 되고 싶었다.

"너에게 수라는 어울리지 않아!"

어머니의 말은 마르크의 귀에 들어오지 않았다.

"저는 제 운명을 바꿀 거예요!"

"쉽게 뜨거워진 사랑은 쉽게 식는단다. 너희 둘은 불장난을 하는 거야."

"수라는 제 운명이에요!"

마르크는 자신 안의 무질서를 바로잡기 전에 사랑으로 도피했다. 시간이 흐르면서 두 사람은 어울리는 한 쌍이 돼갔으며 스탄케비치 부인도 아들의 사랑을 더 이상 비하하지 않았다.

수라에게는 양육해야 할 여동생과 두 남동생이 딸려 있었다. 동생들의 양육을 책임질 것인가, 결혼을 할 것인가, 기로에서 수라는 동생들을 택했다. 동생들은 시넬리코보 고향 집에서 생활고에 허덕이고 있었다. 수라는 학교를 마치고 고향인 시넬리코보 소학교에서 교편을 잡았다. 한때 마을 촌장이었던 표트르 김의 딸이 교사가 돼 돌아왔으니 주민들도 수라를 가족처럼 반겼다. 수라는 섬세하게 아이들을 가르쳤다. 하지만 교사 생활은 오래가지 못했다. 마르크가 블라디보스토크에서 시넬리코보까지 찾아오리라고는 꿈에도 생각지 못했다.

"우리는 서로를 사랑하는 게 아니라 연민하는 건 아닐까요?"

마르크는 수라를 잡은 손에 힘을 주었다.

"연민이라니. 난 수라 당신 때문에 열병을 앓고 있어!"

그 말이 사실이라고 해도 수라는 마음 한구석이 걸렸다. 아무 직업도 없이 덜컥 결혼부터 하겠다는 마르크의 태도가 미덥지 않았다. 그는 건축기사가 되겠다는 꿈도 이루지 못했다. 아버지의 후광으로 블라디보스토크 상공회의소 회원이 돼 한 달에 한 번 사교 모임에 참석하는 일이 고작이었다. 저택에 기거하면서 은제 식기에 고급 포도주를 마시며 살 뿐이었다.

수라가 생각에 잠겨 있을 때 마르크의 입에서 뜻밖의 말이 튀어나왔다.

"수라, 난 요즘 블라디보스토크에서 진보주의자와 접촉하고 있어."

"진보주의자라뇨?"

"혹시 소문을 들었는지 모르겠지만 몇 해 전 사할린에서 블라디보스토크로 폴란드계 혁명가와 정치범 몇 명이 이감됐어. 그중엔 폴란드 출신의 블라디미르 필수드스키도 끼어 있었지. 그는 페테르부르크 대학 법학부 학생이었는데 혁명가 유제프 필수드스키의 동생이야. 그는 레닌의 형인 알렉산드르 일리치 울리야노프가 조직한 '인민의지(나로드나야 볼랴)당'이라는 반정부 단체에 가입한 죄로 차르 헌병대에 체포됐지."

"인민의지당은 1881년 3월 1일(러시아 구력) 황제 알렉산드르 2세를 페테르부르크 노상에서 암살한 가장 극렬한 반정부 단체가 아닌가요? 당원 베라 자술리치가 1878년 트레포프를 살해한 뒤 러시아 민중주의자 그룹으로 세상에 알려진 테러 단체잖아요?"

"맞아. 인민의지당은 자유와 민권운동을 표방하며 러시아 민중의 공감을 얻어 세를 불려나갔지. 촉망받는 인민의지당원인 블라디미르 필수드스키는 15년간의 사할린 노역에서 풀려나 블라디보스토크에서 석방

됐는데, 얼마 전 상공인 사교 모임에서 우연히 만났지. 같은 폴란드계인 내게 관심을 보이더군. 그가 말하기를 사할린에서는 러시아인도 소수민족인 니히프족, 아미노족, 오로코족 여자와 결혼한다고 하더군. 그와 이야기를 나누는 동안 나는 당신과 결혼하기로 결심했어."

"신중히 생각하세요. 폴란드에 돌아가면 귀족 대접을 받고 살 수 있을 터인데 나와 결혼하면 그 꿈을 접어야 하지 않나요?"

"나는 이미 마음을 정했으니 수라가 청혼을 받아들이기만 하면 돼."

수라는 결혼식을 올리고 남편의 성을 따 스탄케비치 부인이 됐다. 하지만 고향 마을에서는 서로 출신이 달라 결혼 생활이 원만하지 못할 거라는 말이 돌았다. 시어머니가 아들을 애지중지하는 바람에 마르크가 아무 생활력도 없을 거라는 소문도 돌았다. 사람들의 입방아는 틀리지 않았다. 마르크가 흥청망청 돈을 써대는 습관은 결혼 초부터 두 사람을 갈라놓았다.

마르크가 가장 잘하는 게 보바이카였고 제일 좋아하는 건 술추렴이었다. 시간이 흐르면서 수라는 생활 방식을 고쳐보려고 마르크를 달래곤 했으나 마르크는 도리어 잔소리를 피해 밖으로 떠돌았다.

수라에게 엄중한 결단을 내려야 할 시간이 닥쳐왔다. 무조건 복종하며 가정을 지킬 것인가. 노동자를 위한 투쟁을 계속할 것인가.

마르크는 며칠씩 집에 들어오지 않는 일이 잦았고 광기 어린 알코올 중독자로 변해갔다. 더 이상 결혼 생활을 지탱하는 건 무의미했다. 수라는 아들 왜체를 출산한 뒤 교사직을 사직하고 노동운동에 뛰어들었다. 그러나 마르크가 수시로 집까지 찾아와 난동을 부리는 통에 노조 사무실에서 밤을 새는 일이 잦았다.

5

그날도 책상에 엎드려 잠깐 눈을 붙이던 수라는 아버지 꿈을 꾸었다. 아버지는 말없이 웃었다. 기차 승강장의 손잡이를 잡고 연신 손을 흔드는 아버지. 기차는 서서히 바퀴를 굴리며 나아갔다. 멀어져가는 아버지를 쫓아가려고 있는 힘을 다했지만 거리는 좁혀지지 않았다.

아버지! 춥습니다. 지금 창가에는 겨울비가 추적추적 내립니다. 올겨울은 유난히 춥습니다. 앞을 바라보아도 뒤를 돌아보아도 제가 걸어가야 할 길이 보이지 않습니다.

저는 나아가야 할 길을 잃어버리고 지친 몸을 뉘어야 할 안식처조차 없는 형편입니다. 제 앞에 놓인 이 세상은 꽁꽁 얼어붙고 있습니다. 영혼마저 얼음장처럼 굳어가는 듯합니다.

아버지! 여기가 어딘가요? 여기가 제 삶의 끝인가요? 여기가 만약 제 삶의 끝이라면 이 세상의 끝도 보여야만 하지 않겠습니까. 그러나 아무리 둘러보아도 세상의 끝은 보이지 않습니다. 저만치 드넓은 세상만 환하게 열려 있습니다. 저는 앞으로 나아가지도 뒤로 물러서지도 못한 채 어정쩡하게 세월을 보내고 있습니다.

가슴이 찢어집니다. 제 가슴이 찢어질 대로 다 찢어져야 맑고 깨끗한 세상에 닿을 수 있을까요? 그때가 되면 올곧은 삶의 길이 보일까요? 저어기 먼 곳, 깊은 산속인지 드넓은 들판인지 분간할 수 없는 미지의 땅에서 불빛이 깜박이는군요. 저는 그 불빛을 잡으려 안간힘을 써보았습니다. 하지만 불빛은 자꾸 멀어져갑니다. 불빛을 아버지라고 믿고 싶군요. 정녕 그것이 아버지의 넋이라면 저를 인도해주세요. 아버지의 더없이 넓은 가슴으로 저를 안아주세요.

제가 고단한 몸을 기대고 있는 이 창가에는 눈물 같은 겨울비가 내립니다. 저 빗줄기는 저 자신과 너무나 닮았습니다. 이슬비가 돼야 할 것이 장대비가 돼 내리고, 장대비가 돼야 할 것이 는개가 돼 허공으로 흩날리는군요.

가끔 이런 생각을 해봅니다. 이 세상에 정의와 진실에 대한 분별력이 없다면 얼마나 좋을까. 그러면 정의와 진실을 찾기 위해 애쓸 필요도 없이 이 타락한 세상과 적당히 타협하며 그럭저럭 살아갈 수 있겠지요. 반쯤 넋 나간 사람처럼.

언젠가 아버지가 들려준 말이 생각납니다. 너는 어디를 가나 조선의 푸른 배춧잎이 돼라. 푸른 푸성귀를 먹고 살아가는 노동자들을 생각해라. 그때 저의 꿈은 배춧잎이었습니다. 이제는 제가 자작나무처럼 단단하고 거친 여자가 됐으니 제 배춧잎의 꿈은 찾아볼 길이 없군요. 시베리아 자작나무는 수없이 얼고 녹기를 반복합니다. 북풍에 얼어붙은 하얀 껍질이 무수히 벗겨지고 난 다음에야 비로소 뿌리가 깊이 박히는 한 그루 자작나무가 되어야 할까요, 아버지!

몸을 일으킨 수라는 꿈에서 마저 울지 못한 울음을 삼켰다. 내일은 집을 떠나야 한다. 한 그루 자작나무가 되기 위해, 아들 왜체에게 희망찬 미래를 안겨주기 위해서라도 떠나야 한다. 왜체도, 보모도 오래도록 보지 못하리라.

"로자 할머니!"

그녀는 보모에게 다가가 어깨를 조심스럽게 흔들었다.

"알렉산드라 페트로브나! 나를 불렀소?"

"로자 할머니, 왜체는 잠들었나요?"

"지금 잠이 한창이야."

"로자 할머니, 의자에 와 앉으세요. 긴요히 할 말이 있어요. 내 말을 깊이 들어주세요. 보모도 눈치를 챘겠지만 마르크는 영 잘못됐어요. 저는 그 등쌀에 더 이상 이 집에 머물 수 없어요. 내일 아침, 이 집을 영영 하직하겠어요. 내가 거처할 곳을 얻으면 그때 왜체와 보모를 데려갈 테니 그때까지 이 집에서 왜체를 돌봐주세요."

"어쨌든 자넨 여자 아닌가. 부부간에 어떤 불화가 생기든 여자가 참고 양보해야 하네. 왜체를 생각해서라도 참고 견뎌야지. 섣불리 집을 나가선 안 된다네."

"후회하지 않을 자신이 있어요. 우리 부부는 한계를 벗어났어요. 이제 내 양심이 시키는 대로 이 집을 떠나겠어요."

왜체가 깨어났는지 방 안에서 울음소리가 새어나왔다.

"잠에서 깼나 보군그려."

보모가 의자에서 일어났다.

"그냥 앉아 계세요. 내가 가볼게요. 한 번이라도 더 안아봐야지요. 비록 마르크와는 남남이지만 어린 왜체가 무슨 죄가 있겠어요. 낳은 정이 이리도 무섭네요."

수라는 왜체를 안고 거실로 나왔다.

"내 귀염둥이. 오늘 밤엔 엄마와 함께 자자꾸나."

수라는 왜체의 뺨에 키스한 뒤 보모의 이마에도 입맞춤했다.

"보모, 용서하세요. 모든 걸 이해해주리라 믿을게요."

수라는 왜체를 안고 침실로 들어갔다.

이제부터 시작이다. 새롭게 살아야 한다. 나를 도울 자는 나밖에 없다. 결혼 생활에서 행복을 찾지 못했으니 이제는 만인에 대한 사랑을 품고 만인의 행복을 위해 살아가리라.

초인종이 울렸다. 수라가 조용히 일어나 문을 열었다. 항만 야학 교사로 함께 일한 중국계 귀화 여성 사라가 서 있었다.

"사라, 어쩐 일이야? 이렇게 깊은 밤에."

"이반이 밖에서 잠깐 보자고 하셔서…."

"이 밤에 밖이라니, 안으로 모셔야지. 보모와 왜체는 막 잠들었으니 방해할 사람은 아무도 없어."

사라가 골목에 몸을 숨긴 이반을 부르러 간 동안 수라는 방을 정돈했다. 술잔과 술병을 치우고 탁자를 마른 수건으로 훔치고 나자 이반이 들어섰다.

"늦은 밤에 미안하오."

"안녕하세요. 이반."

"집 안에 혼자뿐이오?"

"보모가 깊이 잠들었으니 개의치 말고 말씀하세요."

"마르크는 어디 갔나요?"

"여느 날처럼 술집에서 밤을 새울 테지요."

"아직도 정신을 차리지 못했군요. 멀쩡한 사람이 주색잡기에 빠졌으니…."

"어제오늘의 일도 아닌걸요."

"마르크는 돈 그림자가 지는 집안에서 자란 사람이니 어쨌든 경계해야 할 인물이오. 우리가 하는 일은 철저히 비밀에 붙여야 합니다."

"내일 아침에 이 집을 떠나기로 작정했으니 걱정 마세요."

"수라도 짐작은 하겠지만 차르 러시아는 최후의 발악을 하고 있소. 전제주의의 회오리바람이 러시아 전역에 휘몰아치고 있지요. 그 바람에 휩쓸려 수많은 동지가 희생됐지요. 우리 아지트가 발각될 위험이 생겨 다른 장소로 신속하게 옮겨야 하오. 수라 동지가 새로운 은신처를 마련하는 중차대한 일을 맡아주기 바라오."

수라는 잠깐 생각에 잠겼다가 입을 열었다.

"중국령에 있는 한인 이주민촌이라면 안전할 텐데…. 차르 헌병대의 힘이 미치지 않는 변방이지요. 우선 피신시킬 동지들을 신한촌성당으로 보내세요. 정탐꾼이 판을 치니 암호라도 정해서 서로의 안전을 도모하고요. 저는 중국령으로 넘어가 은신처를 물색해 연락할게요."

"수라, 아무쪼록 몸조심하시오. 자칫 실수라도 하게 되면 만사가 뒤틀리게 되오. 오래 머물 수 없는 처지라 이만 일어나야겠소."

이반은 수라와 굳게 악수한 뒤 외투 단추를 채우며 집을 나섰다. 수라는 깊이 잠든 왜체의 뺨에 키스했다. 눈망울이 금세 촉촉해졌다.

5. 내 이름은 수라

알렉산드라가 태어나 성장한 시넬리코보 마을(2019년). 우수리스크에서 서북쪽으로 60킬로미터 떨어진 마을로 중국 국경과의 거리가 5킬로미터밖에 되지 않는다.

＊

＊

1885년

1

2월 22일, 러시아 연해주의 니콜스크—우수리스크에서 서북쪽으로
60킬로미터 떨어진 중국 접경 마을 시넬리코보의 첫 이주민 부락인
1물남의 눈 덮인 지붕 아래에서 갓난아이의 울음소리가 새어나왔다.
울음소리를 들은 개들이 꼬리를 감아올린 채 눈 내리는 하늘로 고개
를 치켜들고 오래 짖었다. 물남은 쑤이펀강 남쪽을 지칭하는 조선식
호칭이었다. 산파는 태어나자마자 까만 눈을 뜨고 주위를 두리번거리
는 갓난아이는 처음 받아본다며 연신 함박웃음을 지었다.

　첫딸을 얻은 어머니는 강보에 싸인 핏덩이를 안고 젖을 물렸다. 입
술을 뾰쪽하게 내민 채 야무지게 젖을 빠는 아이의 불그레한 볼에 입
을 맞추며 새 생명의 앞날을 마음속으로 축복했다. 첫아들 새별을 어

려서 잃고 둘째 아들을 얻은 뒤 몇 년 동안 자식을 보지 못한 아버지는 은근히 아들을 바라고 있었지만 강보에 싸인 천사 같은 딸을 보자 마음이 누그러들었다. 죽기 살기로 새치기 노동을 하고도 세전을 떼먹힐 때마다 두 주먹을 불끈 틀어쥐며 분을 삭이느라 멍든 가슴이 아이의 해맑은 눈동자를 보는 순간, 저절로 풀리는 듯했다.

아버지는 대문 위에 솔가지를 꽂았다. 솔가지는 나쁜 기운을 물리쳐 아이를 보호한다는 액막이였다. 마을 사람들은 괴질이 돌 때마다 대문에 금줄을 치고 솔가지를 걸었다. 아버지는 러시아정교회 신부가 지어준 대로 이름을 알렉산드라라고 호적에 올렸지만, 가족들은 두 글자 조선식 이름인 '수라'라는 애칭으로 불렀다.

시넬리코보는 러시아식 명칭이지만 한인 이주민은 영안평永安坪, 중국인은 대단재 혹은 대순자大旬子라는 각기 다른 명칭으로 불렀다. 북시베리아 총독이며 원로원 의원인 시넬리코보의 이름을 딴 이 마을은 러시아인, 중국인, 조선인이 모여 사는 다국적 마을이었다. 시넬리코보를 관통하는 쑤이펀강(러시아명은 라즈돌리나야강)은 니콜스크-우수리스크 인근의 저지대를 통과해 아무르 만으로 흘러든다.

강 상류엔 시넬리코보 발해 유적지가 흩어져 있었고 그라니트나야강, 보리솝카강, 라콥카강 등 강 지류들을 따라 수많은 한인 농촌이 형성돼 있었다. 이 지역의 중심지인 니콜스크-우수리스크는 1866년 라즈돌리나야강과 라콥카강의 합류점에 건설된 도시였다.

쑤이펀허 지역엔 부유한 입적 한인들의 원호인촌이 많았다. 이른바, 추풍 4사社로 불리는 코르사콥카(허커우河口), 크로우놉카(황커우黃溝),

푸칠롭카(육성재六城村), 시넬리코보가 대표적인 부호 원호인촌이었다. 원호인들은 쑤이펀허의 비옥하고 넓은 토지를 배경으로 부유한 생활을 영위했다. 이들은 차르 정부를 지지하며 자치 조직에 진출해 영향력을 발휘했다.

연해주 이주사의 초기에 등장하는 골치 아픈 존재가 바로 마적馬賊인 홍후즈紅鬍賊였다. 만주 지역의 홍후즈는 동북아시아 역사에, 그리고 한인 이민사에 적지 않은 영향을 준 악당이었다. 쑤이펀허 일대에 한인 이주민이 정착하는 과정에서도 홍후즈는 어김없이 등장해 재산과 생명을 빼앗았다. 이들은 현금, 식량, 채소, 의류, 가축에 이르기까지 가리지 않고 모든 것을 약탈해 갔다. 어느 때는 어른과 아이 여덟 명을 한꺼번에 몰살한 경우도 있었다. 전광석화처럼 출현하는 홍후즈의 공격에 한인 농민은 무방비로 당할 수밖에 없었다.

이에 추풍 4사의 한인 이주민들은 니콜스코예 수비대로 하여금 군초소를 설치해줄 것을 러시아 관청에 청원했다. 그 결과 푸칠롭카 마을에 스무 명이 주둔하는 군 초소가 설치됐고, 1878년에는 모든 한인 마을에 중대 규모의 부대가 체류할 수 있는 막사가 지어졌다. 이 덕분에 1882년 추풍 일대에서 홍후즈의 습격이 거의 그침에 따라 푸칠롭카 마을엔 군인 일곱 명만 머물렀고, 1884년 러시아 관청의 명령으로 군 막사에 '추풍한인회사무소'가 개설돼 추풍 4사의 사무를 관장토록 했다.

1886년엔 한인의 요청에 따라 추풍한인회사무소를 코르사콥카 마을로 이전했고, 이어 1892년 추풍한인회사무소는 코르사콥카 읍청으로 바뀌어 러시아 지방행정 체계에 부속됐다.

원호인 중심이었던 추풍 4사와 달리 러시아 국적을 취득하지 않은 이른바 여호인은 카자크 부대나 러시아인 지주 소유의 토지를 소작하며 살았다. 카자크 부대 주둔지는 시넬리코보 마을 서북쪽 쑤이펀강 상류 지역이자 중국과의 접경 지역인 콘스탄티놉스키이와 폴탑스카야(지금의 폴탑카)에 있었다. 이 가운데 콘스탄티놉스키이는 1906년 한인 83가구 300명이 거주할 정도로 규모가 큰 마을이었다.

또 러시아인 지주의 토지에 정착해 살았던 한인 마을로는 쑤이펀강과 류치헤자강 사이의 분지에 위치한 보리숍카 마을과 크로우놉카 마을 남쪽 쉬우판강 상류 지역의 야코놉카 마을 그리고 크로우놉카 서남쪽 상류 지역의 프로콥스카 등이 있었다. 크로우놉카 마을에 인접한 차피거우강 마을은 전형적인 여호촌이었다. 여호촌들은 대부분 중국과의 접경지대 산골에 위치하고 있었는데, 차피거우 마을 외에도 시베창, 다쟈골, 솔밭관, 타보오프 등이 형성돼 시베리아 내전 시기에 항일 빨치산의 근거지가 됐다.

자료에 따르면 쑤이펀강 가에 여섯 개의 한인 거주지가 형성된 때는 1860년대였다. 콘스탄티놉카(127명), 카자케비쳅카(329명), 코르사콥카(280명), 푸칠롭카(490명), 시넬리코보(93명), 포크롭카(150명)가 그것이었다. 이들 한인 거주지에 모두 330가구, 1616명이 살았다. 1869~1871년 사이에 그들에게 비상식량 비축량 가운데 3만 5000부대가 출하됐다. 북시베리아 총독 시넬리코보는 남우수리 구역으로 쏟아져 들어온 한인 이주자의 물결을 보고받고 아무르 시찰 때 연해주 지사에게 아무르 카자크 보병대대 주둔지에 한인 500명을 수용하자고 제안했다. 동시에 그는 아무르 주지사인 파다셴코 소장에게 이주민 수용을 위한 다음과 같은 의견을 전보로 통지했다.

전보 내용은 주택 건설, 이주민에게 1872년 가을 수확 때까지의 식량 공급, 종자 공급, 농민과 노동자에게 가축과 필수 도구 공급 등이었다. 한인 이주민은 러시아 이주민과 동등하게 1861년 4월 27일자 연방정부 의회 결정 사항에 의한 면세 특혜를 받았다. 그들은 20년치 주민세와 3년치 토지세·지방세를 면제받았다.

2

김두서金斗緒가 남동생 등 식솔을 이끌고 중국 훈춘을 경유해 연해주로 이주한 시기도 이때였다. 1894년 한인 이주민은 1만 명에 육박했다. 아무르 주변 바닷길을 통해 블라디보스토크로 3995명, 육로를 통해 5985명이 도착했다. 아무르 지역 행정관리인 7등 문관 체르냐예프가 1893~1894년에 수집한 정보에 따르면, 이 가운데 이주 한인 117명은 농토를 분할받았고, 336명은 카자크군 주둔지에 정착했고 1350명은 지주와 도시인 관할 토지를 대리 경작했으며, 650명은 임업국이 관리하는 땅에 정착했다.

1895년 봄부터 시작해서 남우수리 구역에 매일 새로운 한인 이주자가 나타났다. 이들은 주로 막노동자였고 대다수가 농민 출신이었다. 이들은 여름 밭일을 위해 일용직으로 고용돼 러시아 지주의 농장에 거주했고, 한인 어획선에서 일하거나 목재업자에게 고용돼 벌채를 하거나 조합에 소속돼 도시로 일자리를 구하러 가거나 자치 조직에 가입해 고기잡이를 했다.

우수리 구역에서 적당한 일자리를 찾지 못한 사람들은 하바롭스크와 우드스키 현으로 떠나가거나 아무르강에 인접한 항구도시 니콜라옙스크나 아무레로 가서 채금업에 종사하거나 아무르강 하구에서 어업에 고용됐다.

한인 이주민이 증가함에 따라 불가피하게 한인 촌락이 생겨났다. 첫 한인 촌락은 1864년 포시예트 구역의 지신허였다. 지신허는 '계심하鷄心河' 혹은 '티진헤'라고 불리던 강의 이름을 중국식 발음으로 부른 것이다. 한인이 이곳에 정착하면서 조선식 한자 발음에 따라 '지신허地信墟. 地新墟', '지신하地新河' 등으로 표기했다. 러시아에서는 1865년 한인의 정착을 당국에 보고했던 노보고로트 초소 대장인 레자노프의 이름을 따서 레자노보라고 불렀다.

1867년 이 촌락은 상上얀치허와 하下얀치허로 분할됐고, 점점 이주민이 증가하자 1867년에 시디미와 케드로바야파드 촌락, 1868년에 니콜라옙카(스챤 구역) 촌락, 1869년에 바라놉카 촌락, 1871년 파티시 촌락, 1872년 아디미 촌락, 1880년 크라스노에젤로(아름다운 마을)가 건설됐다. 1880년 지신허와 얀치허 출신 이주자와 조선으로부터 새로 도착한 이주민에 의해 압록강 분지에 자레치에(강 건너 지역) 촌락이 건설됐다. 1879년엔 암밤비, 1880년엔 라자놉카, 1882년엔 크라베, 1884년엔 페스챤나야와 클레르크, 1885년 몽구가이가 생겨났다.

1868년 러시아의 탐험가 프르제발스키는 지신허 촌락을 방문해 "가장 광활하고 오래된 한인 마을"이라고 명명했다. 지신허는 현재 비노그라드나야강으로 이름이 바뀐 티진헤강 주변에 자리했다.

내륙으로 뻗은 산들이 병풍을 두른 듯이 약 16킬로미터 길이에 폭 1~1.6킬로미터 정도의 분지를 감싸고 있다. 분지에 위치한 마을의 한가운데로는 티진헤강이 활처럼 굽이치며 흐르면서 비옥한 농토를 형성했다. 1863년에 처음 마을이 생겼을 때, 러시아 수비대 초소가 있던 탐험대만Bukhta Ekspeditsii灣과는 19킬로미터 정도 떨어졌고, 중국 땅인 훈춘은 북쪽으로 14킬로미터가량 떨어졌다.

두만강 주변에 살던 조선인이 국경을 넘어 연해주로 들어간 것은 1860년경이었다. 다만 기록에 따르면, 영구 정착을 목적으로 연해주로 이주한 것은 1863년 12월이다. 곧 함경도 무산 출신인 최운보와 경흥 출신인 양응범이 농민 열세 가구를 이끌고 처음으로 러시아 포시예트 구역에 정착하면서 지신허 마을을 개척했다. 한인들은 러시아의 국유지에 집을 짓고 살면서 자신들을 보호해줄 것을 러시아 수비대에 호소했다.

연해주 군무지사였던 카자케비치는 수비대에게 한인의 정착과 보호를 명령했고, 그 뒤 지신허 마을을 중심으로 티진헤강 주변에 대한 개척이 본격화됐다. 지신허 마을은 1864년엔 60가구 308명이 살았지만, 1868년엔 165가구로 늘었고, 1869년엔 766가구가 거주하는 대표적인 한인 마을로 성장했다. 1882년 조선 관료인 김광훈과 신선욱이 지신허 마을을 방문했다. 지신허 마을은 남북으로 수십 리, 동서로 4~5리였는데, 집이 즐비했으며 서양인이 세운 초소와 함께 서양인이 설립한 기숙학교인 서학서숙이 있었다. 1900년대에는 인구가 1600명을 웃돌았고, 의병 활동가들이 마을에서 활동 자금과 의병을 모집했다.

이주민은 함경북도에서 포시예트로 연결되는 육로를 따라 국경을 넘었으나 다른 길도 있었다. 예컨대 두만강 하구를 통하는 길과 중국 훈춘에서 국경에 이르는 길은 최단거리였다. 연해주에 가면 농사를 짓고 수확의 절반을 가질 수 있다는 소문이 퍼지자 조선 중부와 남부 지방에서도 사람들이 동해의 항구에서 기선을 타고 블라디보스토크에 도착했다. 1910년 1월, 기선 '코쿠라 마루'를 타고 일본 고베에서 블라디보스토크로 81명, 기선 '후카가와 마루'를 타고 톈진에서 블라디보스토크로 416명이 도착했다.

1904년 연해주엔 32군데의 한인 거주지가 있었고 이 가운데 31군데가 남우수리 구역 소속이었다. 이들 가운데 21개 부락은 남우수리 구역 행정 당국의 관할하에서 포시예트 구역으로 다시 편성됐다. 이 가운데 얀치허와 노보키옙스키엔 독립적인 자치향自治鄉이 형성됐고 나머지 촌락 네 곳도 점차 독립적인 자치향을 이루어 쑤이펀허 지역에 편성됐으며 향청은 코르사콥카에 있었다. 이 향청이 쑤이펀허 한인 사회 통치기관이었다.

3

세월은 빠르게 흘러 다섯 살로 성장한 수라는 감자떡을 싼 보자기를 들고 삼촌네로 잰걸음을 옮기고 있었다.

어머니는 새벽바람에 밭에 묻어둔 겨울 감자를 캤다. 수라도 어머니의 치맛자락을 잡고 들판에 나가 눈 덮인 밭을 밟았다. 눈을 걷어내자 까만 흙 속에서 감자알이 불거져 나왔다. 겨울 감자엔 성냥개비만 한 노란 싹이 움터 있었다. 한 소쿠리 그득 캐낸 어머니는 밭에 쭈그리고 앉아 부엌칼로 싹을 잘라냈다.

"수라야, 네가 벌써 감자를 다 캐는구나."

어머니는 머리를 싸맨 수건을 벗어 수라의 목에 감아주었다. 맷돌질은 언제나 수라의 몫이었다. 반쪽으로 자른 감자 조각을 맷돌에 넣고 돌리면 하얀 가루가 감자즙과 함께 방울방울 떨어지는 모습이 신기하기만 했다. 어머니는 감자 가루를 바가지로 긁어서 시루에 앉혔다. 아궁이에 잔솔가지를 지피자 어느새 가마솥 물이 끓었고 시루에서 하얀 훈김이 올라왔다.

"아침상을 차리는 동안 너는 삼촌댁에 감자떡을 전해주고 오너라."

삼촌의 이름은 니콜라이 세묘노비치, 조선식 이름은 김양재였다. 몇 해 전 블라디보스토크로 이사를 간 큰삼촌이 무뚝뚝하고 말이 없는 데 비해 작은삼촌은 정이 많아 수라가 집에 오면 삶은 옥수수를 손으로 털어 입에 넣어주곤 했다. 큰삼촌이 작은삼촌을 블라디보스토크로 데려간다는 말을 들었을 때 어린 수라는 다리가 허방에 빠진 듯 허전했다.

새치기 노동을 하며 생계를 꾸려가던 큰삼촌이 블라디보스토크 항만에서 일자리를 얻어 가솔과 함께 보따리를 쌀 때, 아버지의 눈가가 어두워지던 모습을 수라는 잊을 수 없었다. 항만 노동자로는 1년도 버티지 못할 거라며 함께 농사를 짓자고 아버지가 큰삼촌을 설득했지만 허사였다.

수라는 아버지가 땅이 꺼질 듯 긴 한숨을 내쉬며 기사년 흉년을 회고하던 장면을 기억했다. 흉년만 아니었으면 아버지가 러시아로 이주할 일도 없었을 테고 수라도 아버지의 고향인 함북 경흥에서 태어나 조선 사람으로 살았을 터였다.

수라는 삼촌네로 가면서 쑤이펀강 변을 따라 길게 늘어선 조선인 마을의 명칭을 속으로 외워보았다.

연추는 중국말로 염주鹽州지만 러시아말로는 얀치혜 또는 노보키옙스코예(지금의 크라스키노), 추풍은 쑤이펀허, 수청은 스챤(지금의 팔치산스크)……. 삼촌네로 가는 길은 마차가 속력을 내는 신작로였다. 수라는 신작로를 걸을 때마다 시야가 탁 트여 마음이 넓어지는 기분이 들었다. 주변은 비옥한 농토가 있어 옥수수가 한 길 넘게 자랐고 끝없이 펼쳐진 길가엔 억새가 나풀거렸다. 수라는 시넬리코보의 이웃 마을인 콘스탄티놉스키이나 폴탑스카야까지 걸어가곤 했다. 그곳의 러시아 학교에는 러시아인과 원호촌 조선인 아이들이 서로 섞여 앉아 공부를 한다고 했다.

쑤이펀허에는 여호촌 읍사무소가 있었다. 톰누강 연안의 쑤이펀허 마을은 하구촌, 다전자촌, 육성촌, 황구촌 등 4개 행정구역에 15개 마을을 거느리고 있었다. 수라는 비록 어린 나이였지만 모든 마을 이름을 야무지게 외울 수 있을 만큼 영특했다.

"녹둔, 서선택, 추리허, 파티시, 연추, 지신허, 행별생, 남석동, 한천구, 아지미, 강호재, 시지미, 방청동, 맹고개 그리고 안방비."

수라는 쑤이펀허의 한인 이주촌에 대해 아버지에게서 들은 적이 있었다.

"쑤이펀허는 쑤이펀허 상촌, 쑤이펀허 하촌, 시비거우촌, 유정구촌으로 이루어진 읍내란다. 쑤이펀허 지역만 해도 한인 이주민이 1만 명이 넘어섰는데 이 가운데 러시아로 귀화한 이주민은 절반이 넘었단다. 하지만 러시아 옷을 입고 러시아어를 하며, 어린아이들은 조선의 풍습을 전혀 알지 못한단다."

수라네 집은 아버지 김두서가 억새를 이어 지붕을 만들고 판자 울타리를 세워 장만한 가옥이었다. 두꺼운 송판을 단단하게 고정시킨 판자 울타리는 북풍을 막아주었다. 겨울이 다가오면 수라는 어머니와 함께 풀을 쒀서 문지방 틈새에 종이를 발라 바람이나 눈이 들어오지 못하게 막았다. 수라 밑으로 여동생 하나와 남동생 둘이 태어나 식구는 아버지와 어머니, 오빠 와실리 페트로비치 추프로프, 여동생 마리야, 남동생 N. 페트로비치와 P. 페트로비치를 합쳐 모두 일곱이었다. 근동에서는 제법 마당이 큰 집이었지만 오 남매가 뛰어놀면 마당이 작아 보였다.

어머니는 가끔 실을 감으면서 수라에게 나직한 목소리로 말했다. "살아 있는 나무를 함부로 베어서는 안 된다. 흐르는 물을 더럽혀서는 안 된다. 새나 짐승을 소중히 여겨야 한다. 노인을 공경하고 어린이를 사랑해야 한다. 저 멀리 아득히 보이는 산과 그 밑을 흐르는 물과 그 물을 먹고 자라는 수목과 풀꽃 하나하나에 신이 깃들어 있단다. 신들은 신의 나라에서 인간과 똑같은 모습으로 살고 있단다."

어머니는 첫아들인 새별을 잃은 슬픔이 차오르는지 가끔 먼 산을 바라보곤 했다. 그런 어머니가 어느 날 우물가에서 수라의 얼굴을 씻어주며 해준 말은 너무 이상했다.

"이 우물가에서 네 얼굴을 씻어준 일을 잊지 말아라. 어디서나 물을 보면 어머니를 생각해라."

몇 달 뒤 어머니는 몸져누워 앓다가 세상을 떠나고 말았다.

4

1890년대 연해주 조선인 마을을 방문한 영국 왕립지리학회 회원 이사벨라 버드 비숍은 《한국과 그 이웃나라들》(살림, 1994)에서 이주 한인의 가옥 내부를 이렇게 묘사했다.

크라스노예와 노보키예프 사이의 촌민들은 러시아 이주 한국인들의 표본이다. 길은 꽤 좋고 길과 맞닿아 있는 수로는 잘 관리되었다. 위생법은 엄격하게 실시되었고 촌장은 마을 청결에 대해 책임져야 했다. 가난하고 초라하고 불결한 반도의 한국 마을과는 달리 이곳은 한국식으로 회반죽된 진흙과 기와와 단정하게 지붕이 이어져 있고 주택 지구와 농가의 안뜰은 회반죽된 담 혹은 단정하게 짜여진 갈대로 만들어진 높은 울타리로 둘러싸여 있다. 그것들은 매일 아침 청소되는 것처럼 보인다. 심지어 돼지우리조차도 지역 경찰의 아르고스(그리스신화에 나오는 100개의 눈이 달린 거인)를 증거하고 있다.

대부분의 집은 얇은 벽과 천장, 격자무늬 세공 문과 창을 가진 네다섯 혹은 여섯 개의 방을 가지고 있었다. 문과 창은 희고 투명한 종이로 둘러싸여 있었고 정교하게 깔린 마루를 가지고 있었다.

또 한국 고위 관리의 집에서도 보지 못한 많은 가구들이 있었다. 캐비닛, 책상, 우아한 황동 장식을 한 나무로 만든 쌀통, 낮은 탁자, 걸상, 소파, 황동 사모바르(주전자), 찬장, 황동 그릇, 도자기, 찻잔, 황동 촛대, 황동 등유 램프 등등은 확실히 안락한 생활을 예증했다. 러시아 황제와 황후의 그림, 예수와 12명의 기도하는 사람의 그림이 매우 많은 집에 투박하고 서투른 가족의 수호신처럼 걸려 있었다. 문밖에는 곡식 창고, 조랑말, 망아지를 밴 암말, 개량종 검은 돼지, 쟁기 끄는 소, 블라디보스토크 시장에 내놓을 살찐 소, 손수레, 농기구들이 늘어서 있었다.

버드 비숍이 방문한 가옥은 부농에 속하는 원호인의 집이었던 모양이다. 실내는 장식장을 비롯해 매우 화려하게 채색됐고 러시아정교회로 개종한 가정이었는지 예수와 12사도의 그림이 걸렸다. 하지만 이는 귀화 한인 가운데서도 부농만이 누릴 수 있는 환경이었을 뿐, 여호인의 삶은 열악하기 이를 데 없었다. 아마도 버드 비숍은 러시아 경찰의 안내를 받아 귀화 한인의 집을 방문한 듯하다. 관할 경찰서장은 가끔 시찰을 나와 이주 한인의 청결 상태를 점검하고 가기도 했다. 원호촌의 위생 상태는 비교적 양호한 반면 여호촌은 그렇지 못했다.

경찰서장이 시찰을 나올 때마다 여호촌에는 비상이 걸렸다. 서장은 여호촌 입구에서부터 불결한 냄새가 난다고 코를 틀어쥐었는데 그건 거름을 내기 위해 볏단을 썩히는 냄새였다. 여호촌 가옥은 조선에서처럼 지푸라기로 이엉을 엮어 지붕을 인 초가집이 대부분이었고 내부도 비좁았다. 빈궁한 집은 구들장마저 고르지 못해 아궁이의 연기가 방 안으로 스며들었고, 구들장의 연기를 밖으로 빼느라 통나무 껍질을 둘둘 말아 연통으로 사용했다. 밥 짓는 시간이면 온통 매캐한 연기가 솟아 촌락 구석구석에서 기침 소리가 들렸다. 여호인 의복은 조선에서처럼 하얀 무명옷이었으며 상투를 튼 사람도 허다했다.

여호인은 러시아어를 할 줄 아는 사람이 거의 없었고 설령 할 줄 안다고 해도 단어 몇 개를 나열하는 수준에 불과했다. 시넬리코보에서 10킬로미터 정도 떨어진 중국 접경 지역의 폴탑스카야 읍내 광장엔, 이 지역부터 차르 러시아가 지배하는 땅임을 상징하듯 기품 있는 러시아정교회 성당이 세워져 있었다.

수라의 아버지 김두서의 본관은 청풍清風 김씨였으나 러시아로 귀화하면서 표트르 세묘노비치라는 이름으로 개명했고 어머니도 예카테리나 이바노브나라는 이름을 얻었다.

김두서는 함경도 경흥에서 생활고에 시달리다가 살길을 모색하기 위해 동생 김홍재(알렉세이 세묘노비치), 김양재(니콜라이 세묘노비치)와 함께 고향을 떠나 중국 훈춘 지역을 전전하며 삯일을 했다. 김두서 형제는 그들만의 농토를 장만해 농사를 짓겠다고 북만주로 넘어왔으나 삯일로는 몸만 축날 뿐, 몇 마지기 농토를 장만하기가 쉽지 않았다. 삯도 번번이 떼이기 일쑤였다. 이즈음 경흥 주민이 집단으로 두만강을 건너 러시아 연해주로 이주하고 있다는 소문이 들려왔다.

1869년(고종 5년·기사년) 7월, 함북의 조─로 국경 지역인 6진六鎭 지방은 오랜 흙비의 타격으로 한 줌의 곡식도 추수할 것이 없을 만큼 대흉년을 맞아 중국과 러시아로 이주하는 사람이 줄을 이었다. 이에 더해 민심을 더욱 흉흉케 하는 일이 발생했다. 함북 웅기에 표류한 미국 상

선의 화물을 경흥 읍민이 탈취한 사건 탓에 관청의 조사를 받을 거라
는 소문까지 퍼져 경흥 읍민은 전전긍긍할 수밖에 없었다. 그리하여
그해 겨울 경흥의 빈민 96가구가 집단으로 두만강을 건너 지신허 마
을로 이주하기에 이른다.

뒤바보(북우北愚 계봉우桂奉瑀. 1880~1959)의 《아령실기俄領實記》에 따르면,
당시 지신허, 즉 연추 지방에는 중국인 10여 호가 있어 농사를 지었
을 뿐이고 그 외에는 흑정자라는 곳에 주둔한 러시아 소부대가 있었
을 뿐이다. 이주민은 이주를 막으려는 조선 군대와의 충돌도 불사했
다. 조선 조정은 이주민을 적발할 시 참수에 처한다고 엄포를 놓았지
만 생존을 위한 이주를 막을 수 없었다.

이들 역시 지신허와 경흥을 오가던 최운보의 권유에 따라 추풍으로
옮겨갔고 다음 해 6월에도 조선 농민 60여 호가 역시 추풍으로 건너
갔다. 1869년 한 해 동안 이주민은 6500여 명에 달했다. 초기 이주민
은 기근과 질병 등 이루 말로 형언할 수 없는 역경을 극복하고 소왕영
(우수리스크), 사만리, 해삼위(블라디보스토크), 흑정자, 녹둔, 남석동, 수청
(스챤) 등지에 조선인 마을을 건설했다.

김두서가 러시아 연해주로 이주한 시기는 정확히 알 수 없다. 다
만 "두서란 어른이 처음 연추에 와서 신개척을 하고 거주하다가 그다
음 추풍 영안평으로 이전했다"는 뒤바보의 기록에 따르면 김두서는
1870년을 전후한 초창기 이주민으로 보인다.

이주 초기, 차르 정부로부터 불평등한 대우를 받던 이주 한인에 대
한 법적 지위가 마련된 때는 1888년이었다. 그해 조선 정부와 러시아
정부 사이에 체결된 협약에 따라 1884년 이전에 러시아에 이주한 사

람은 러시아 시민권을 얻을 수 있었고 이에 따라 토지를 받을 수 있었다. 당시 러시아 시민권을 얻은 한인은 20퍼센트 정도였다. 이들에게는 15제샤치나의 토지가 분배됐지만 비귀화 한인은 소작에 의존하거나 날품팔이 혹은 광산 노동 등으로 생계를 꾸려나갔다.

1917년경 이주 한인은 러시아 극동 인구의 30퍼센트를 차지했지만 이들의 토지는 0.1퍼센트도 되지 않았다. 이에 비해 극동 지역의 인구 유입을 장려하기 위해 차르가 적극적으로 이주를 권장한 러시아 이주민은 스토제샤트니키(1900년 이전에 이주해 100제샤치나의 토지를 분배받은 농민)로 불렸다. 이들은 극동 인구의 33퍼센트를 차지한 반면 점유한 토지는 97.4퍼센트에 달했다. 이후 후발 이민 세대(1901년 이후 이주해 15제샤치나의 토지를 분배받은 농민)는 극동 인구의 37퍼센트였고 이들이 점유한 토지는 2.4퍼센트뿐이었다.

김두서는 성품이 강직했다. 중국 훈춘 지역에서 소작을 하며 중국어를 익혔고, 러시아 이주 뒤 연추의 러시아 토호에게 날품을 팔면서 러시아어를 익힌 그가 시넬리코보에 정착했을 때는 조선말까지 모두 3개 국어를 구사할 수 있었다. 이주민이 러시아로 귀화하기 위해서는 상투를 자르고 러시아식 이름으로 개명해야 했으며 정교회를 믿어야 했다. 김두서도 그런 조건을 갖춰 러시아로 귀화했고 중국어와 러시아어에 능통했기에 시넬리코보 1물남 촌장으로 추대됐다. 촌장은 이주민 사회의 갈등을 해결하는 역할을 해야 했고 이를 기화로 김두서는 러시아 당국의 신임을 얻었다. 프르제발스키는 1860년대 이주 한인의 러시아 귀화 과정을 이렇게 소개했다.

우수리 지방 티젠크흐 마을 촌장은 희랍정교를 믿을 뿐 아니라 러시아어를 말할 줄 알고 러시아인 농민과 같은 옷을 입고 있었을 뿐 아니라 조선식 성명을 버리고 희랍교 대부인 러시아인 장교의 이름을 따 '표트르 세묘노프'라고 자신을 소개했다.

—프르제발스키 N. M. 〈우수리스크 지역으로의 여행, 1860~1869〉, 상트-페테르부르크 1870.

흥미로운 기록이 아닐 수 없다. 수라의 아버지 김두서의 러시아 이름과 같은 인물이 동시대에 서로 이웃하고 살고 있었으니 러시아식 작명법이 초래한 동명이인일 수도 있다. 러시아 땅에서 살아가려면 귀화가 불가피했고 귀화 조건인 정교회로 개종하기 위해서는 러시아인 대부가 필요했다. '표트르 세묘노비치'라는 김두서의 러시아식 이름 역시 '표트르 세묘노프의 아들'을 의미하는 부칭父稱이다. 당시 시넬리코보에 주둔하고 있던 '세묘노프'라는 이름의 러시아인 장교나 신부가 김두서의 대부였음을 추정할 수 있는 대목이다. 이렇게 보면 '알렉산드라'라는 이름도 러시아정교회에서 세례받을 때 신부가 지어준 이름일 가능성이 높다.

김두서의 귀화는 이주 한인 사회에서도 매우 빠른 편에 속한다. 그는 생존을 위해 귀화를 선택했고 결국 마을 촌장으로 뽑혀 러시아당국과 한인 이주민 사이의 갈등을 해결하는 역할을 도맡았다. 마을에서는 그를 '촌장'의 중국식 명칭인 '노야老爺'라고 불렀다.

당시 이주 한인 사회에서는 전문적인 포트랴치크와 통역이 선망의 대상이었다. 이들은 러시아 당국의 신임을 얻어 상당한 재산도 모을 수 있었다. 니콜리스크의 문창범과 황 카피톤, 지신허의 한익성, 맹산동의 한광택, 하바롭스크의 김태국·채두성·이인백 등은 대표적인 포

112   알렉산드라 페트로브나 김

시넬리코보에서 가까운 중국 접경 마을
폴탑카에 있던 러시아정교회당.
알렉산드라가 세례를 받은 것으로 추정되는
이 성당은 현재 남아 있지 않다.

트랴치크였다. 이들은 러시아 군대에 쇠고기 등을 납품하는 청부업으로 부를 축적한 원호민 1세대였다.

김두서는 비록 원호촌 촌장이었지만 이주민의 권익을 보호하기 위한 열정에서 통역 일을 했기에 가정 형편은 농사일을 할 때에 비해 크게 나아지지는 않았다. 그러던 차에 연해주 사회를 뒤흔드는 일대 사변이 일어났다.

6. 동청철도와 의화단 사건

1900년경 동청철도 건설 현장.

*

*

1900년

1

차르 러시아는 1896년 6월 니콜라이 2세의 즉위식에 참석한 청국 사신 이홍장李鴻章과 외무성 장관 로바노프 간의 밀약에 따라 동청철도의 청국 영토 통과 교섭을 마무리했다. 동청철도는 만주 하얼빈과 러시아의 쑤이펀허를 연결하는 시베리아 횡단철도의 지선이자 러시아의 극동 정책을 달성할 수 있는 야심찬 '식민 철도'의 의미를 띠었다.

1896년 착공한 동청철도 건설에는 중국인, 한인 등을 포함한 값싼 황색 노동력이 동원됐다. 이 때문에 중국어, 러시아어, 조선어를 자유롭게 구사하는 통역원 조달이 시급한 과제였다. 러시아 당국은 연해주 주둔군에 통역원을 선발하도록 했다.

김두서는 러시아 징집관의 심사를 거쳐 통역으로 선발된 뒤 동청철도 건설 현장으로 나가게 됐다. 러시아 군속 통역이었던 셈이다. 동청철도 건설은 언제 끝날 지 모를 대규모 장기 사업이어서 가족을 동반할 수 있었다. 1896년 열한 살인 수라도 여동생 마리야와 아버지를 따라 철도 건설 현장에서 성장했다. 아들 추프로프는 김두서가 부치던 농사일을 계속하기 위해 시넬리코보에 남았다. 성년이 된 추프로프는 이미 원호촌의 안락한 삶에 길들여져 노동판에 가는 것을 극구 반대했다.

김두서 부녀는 공사가 진행되는 동안 철도 연선에 천막을 치거나 땅굴, 혹은 나무로 얼기설기 지은 임시 움막에서 중국인과 조선인 노동자들과 함께 생활했다. 원시림으로 뒤덮인 깊은 밀림을 헤치며 철도를 건설하는 일은 너무도 위험했다. 대낮에도 호랑이가 나타나 노동자들을 공격하는 바람에 목숨을 잃는 일이 빈번했다. 수라의 동생 마리야는 이렇게 회상했다.

당시 철도를 건설하는 데 노동자들이 사용하던 유일한 기구는 곡괭이와 삽(광창우), 운반 기구는 밀차(타지카)인데 흙이나 돌을 가득 싣고 밀고 다니다가 자칫 엎어지면 발목을 삐는 것은 물론 심하면 평생 불구가 되는 일이 허다했다. 또 큰 돌을 깨어내는 기구로는 정과 망치가 전부였기에 노동자들의 손은 손톱이 남아 있지 않을 만큼 험악한 지경에 이르렀고 돌산을 허물어내기 위해 화약을 장치해 터뜨릴 때면 떨어지는 돌 뭉치에 맞아 죽거나 꼽추가 되는 일이 자주 발생했다.

러시아 노동자들은 험한 노동을 안 하면서도 임금은 더 많이 받왔고 병이 나면 병원에 보내서 치료를 했고 병신이 되면 국가로부터 연금을 받을 수 있었다. 그런데 조·중 노동자들은 병이 나면 러시아 공민증이라는 증서가 없다고 병원에서 받아주지 아니했고 만일 죽으면 그 시체를 조·중 노동자들이 떠받치고 뜨거운 눈물을 흘리면서 시체를 무연한 사막이나 광야에 가져다 묻고서 긴 한숨을 쉬고 말없이 유유한 물을, 허공을 바라보면서 자기들 고향 산천을 그리다가 헤어졌다.

그리고 러시아 말이 노동 처소에서 죽게 되면 시말서를 써서 자기들 상부에 보고하여도 조·중 노동자들이 죽으면 그가 이미 벌어놓은 임금은 유야무야 말이 없고 본체만체하는 것이 관리당국들 예사였다. 이러한 사정에서 조·중 노력자 수백만 명이 만주 정거장에서 해삼항까지, 하얼빈 정거장에서 장춘과 심양을 지나 대련과 뤼순구를 내왕하는 철도를 건설했다.

— 〈이인섭 비망록〉

수라는 동청철도 건설 현장의 다민족 노동자 사회에서 생활하는 동안 자연스럽게 '내 민족'이니 '네 민족'이니 하는 민족 관념을 초월한 국제주의적 감각을 익히게 됐다. 건설 현장에서의 험난한 삶은 중국 하얼빈 북방 아셰허 역에 이르기까지 무려 4년 동안 계속됐다.

몇 년 동안 우리는 철도 노동자들과 함께 천막 집(풍)에서 살았으며 니콜리스크-우수리스크 역에서 아셰허 역까지 이동했다. 우리 식구들은 모두 중국말을 잘 알게 됐는데 특히 그중에서도 언니 알렉산드라가 중국말을 유창하게 했다. 당시 러시아 한인 중국인 등 합동 민족 노동자 사회에서는 알렉산드라를 '수라' 또는 '어린네'라는 애칭으로 불렀고 나를 '오금네'라고 불렀다. 우리는 노동자들 사이에서 생활하면서 국제주의 사상을 배울 수 있었다. 그들은 우리를 친척처럼 사랑했으며 우리도 그들을 사랑했다.

—〈이인섭 비망록〉

철도 노동자들을 대신해 임금 교섭을 벌이는 등 권익 보호에 나선 김두서는 철도 당국의 입장에서는 눈엣가시였다. 어느 날 철도 당국은 사무실 게시판에 김두서를 통역에서 해임한다는 명령서를 내붙였다. 그걸 본 노동자들은 김두서의 해고를 취하하라며 동맹파업에 돌입했다. 철도 당국은 하는 수 없이 김두서를 다시 복무시킨다는 명령서를 게시판에 내걸고 사태를 무마할 수밖에 없었다.

쑤이펀허에서 시작한 철도 건설은 만주의 광막한 벌판에서 불어오는 바람을 뚫고 아셰허 역까지 당도했다. 김두서 부녀는 아셰허에서 집 한 채를 지급받아 천막생활을 면했다. 아셰허 역장은 폴란드계 러시아인 스탄케비치였다. 김두서 가족과 스탄케비치 가족은 한 마을에 이웃해 살았고 수라는 스탄케비치의 아들 마르크 이오시포비치와 함께 학교에 다니면서 서로 친구가 됐다.

1900년경 연해주의 철도 노동자들.

2

하지만 안락했던 생활도 오래가지 못했다. 의화단 사건의 여파가 동
청철도 건설 현장에도 밀어닥쳤다. 당시 산둥성 부근엔 청나라 중기
부터 백련교白蓮敎의 한 분파인 의화권義和拳이라는 비밀결사가 있었
다. 이들은 권법을 전수하고 주문을 외어 신통력이 생기면 칼이나 총
에도 상처를 입지 않는다고 믿었다.

1894년 청일전쟁이 끝난 뒤 열강의 침략은 중국을 분할의 위기에 몰아넣었고, 값싼 상품의 유입 등으로 농민의 경제생활은 파괴됐다. 특히 기독교의 포교는 중국인의 반감을 샀다. 의화권이 교회를 불태우고 신도를 살해하는 반기독교 운동을 전개하자 파산 지경에 이른 많은 농민이 이에 가세했다.

열강의 침략은 청국의 지배층 안에 수구파守舊派와 양무파洋務派라는 대립 집단을 파생시켰다. 수구파는 종래의 지배자이던 서태후 등 만주인 귀족층이 중심이었고, 양무파는 열강에 의존해서 세력을 다진 이홍장 등 한족 출신의 고위 관료가 중심이었다. 수구파는 양무파에 대항하기 위해 의화권을 의화단으로 개칭해 반합법화했다. 의화권도 청조淸朝를 받들고 외국을 멸망시킨다는 '부청멸양扶淸滅洋'의 기치를 내걸고 외세 배척을 투쟁 목적으로 삼았다.

1899년 말. 양무파의 위안스카이가 산둥순무山東巡務에 부임하면서 의화단을 탄압한 탓에 의화단은 이를 피하기 위해 허베이성은 물론 대운하 지역, 경한철도 연선은 물론 동청철도 현장으로 몰려들었다. 이들은 외국인과 교회를 습격하고 철도와 전신을 파괴하고 석유, 램프, 성냥 등 외국 제품을 불태웠다. 청국 조정은 의화단 사건을 역이용해 열강을 물리치고자 1900년 6월 열강에 선전포고를 했다.

베이징까지 진출한 의화단은 관군과 함께 열강의 공사관을 공격하는 등 그 세력은 절정에 이르렀다. 베이징에 집결한 의화단원은 10대 소년이 많았으며 빨강, 노랑 천을 몸에 감고 팔괘八卦로 대오를 나누었다. 동네마다 설치된 권단拳壇이 의화단의 한 단위였으며, 대사형大師兄이라고 불리는 지도자가 단의 책임자였고, 10대 소녀들도 홍등조紅燈

照라는 조직을 만들었다.

이에 영국·러시아·독일·프랑스·미국·이탈리아·오스트리아·일본 등 8개국 열강은 연합군을 조직해 톈진에서 청국 관군과 의화단을 격파했고, 8월에는 베이징에 입성해 의화단에 포위된 각국 공사관원을 구출했다. 서태후와 광서제가 위기를 느끼며 시안西安으로 피신하자 실권을 장악한 양무파는 연합군에 협력해 의화단 잔당을 학살하기에 이른다. 의화단 사건을 진압한 열강과 청국 간에 맺어진 1901년 베이징의정서(신축조약辛丑條約)로 말미암아 중국의 식민지화는 더욱 가속화됐고 청국은 막대한 단비배상금團匪賠償金 지불로 인해 오랫동안 재정 악화를 겪었다.

당시 조·중 근로자들은 조선 노동자보다 더 한 가지 위험한 처지에 당하게 됐다. 철도 건축장 근처에 있는 봉건 중국 지방 관리들은 무죄한 주민들을 마음대로 잡아다가 향마적-홍의적이라거나 의화단 지도자라거나 하는 허무맹랑한 죄명을 씌우고서 감옥에 가두고 인민들 재산을 강탈하느라고 야만적 악형을 감행하다가 심지어 그들 생명까지 앗아내었다.

그래서 철도 변 도시나 농촌의 큰 길거리를 지나다니는 사람들은 사람의 머리를 잘라 큰 거리 한복판 대문 위에 달아놓은 스산하고 몸서리치는 괴변을 자주 볼 수 있었다. 이와 같은 만행을 그 지방 봉건 당국들은 마치 자랑거리로 알았지만 선량한 주민들은 어디 가서 하소연할 곳도 없었다. (중략)

한번은 철도 건축장에서 노동하는 중국 사람 친척을 지방관청에 잡아다 가두고서 악형을 하게 됐다. 김두서는 노동자들의 청탁을 듣고서 지방 당국에 가서 그가 철도 건설 노동자니 놓아달라고 순조롭게 교섭했다. 중국 관리들은 그는 의화단 주동자이니 놓아줄 수 없다고 거절했다.

이 말을 들은 김두서는 말없이 돌아와서 철도 변을 수비하는 러시아 군대에 가서 장교와 군인 몇 명을 달라고 하여 데리고 가서 중국 관청을 둘러싸고 가치워 있는 의화단 단원인 혁명가를 놓아주고 돌아와서 먼 지방으로 망명시켰다. 이 소문은 며칠 어간에 온 철도 연변에 퍼지게 됐는데 그 후부터는 의화단 지도자들에게 신임을 받고 신의 있는 혁명적 전우가 됐고 그의 집은 혁명가들의 피신처로 됐는데 그러한 방식으로 중국 감옥에서 해방된 동지들이 여러 곳에서 수십 명이었다.

그 후부터 중국 농민 대중과 순량한 인사들은 김두서를 단지 철도 건설장 통변으로 대하는 것이 아니라 자기들 생명과 재산을 옹호하는 은인으로 존경했다. 악질적인 지방 중국 관리들은 그가 요구하는 문제는 거역할 생각도 못 했다. 그는 한곳에 있지 못하고 여러 철도 관구로 자주 떠나가서 이상과 같은 복잡한 시태를 조절하느라고 아셰허 집을 정해두고도 항상 다른 곳에 가서 사업했다. 그가 집을 떠나가고 없는 동안에는 철도 당국과 노동자들 청탁에 의하여 수라가 철도국이나 기타 장소에 가서 통역을 하여주어서 노동자들에게 극진한 사랑을 받게 됐다.

—〈이인섭 비망록〉

의화단 사건은 만주에도 파급돼 건설 중인 동청철도가 파괴되는 등 막대한 피해를 주었다. 제정러시아는 이를 구실로 만주에 대규모 군대를 파견해 군사 점령을 단행했다. 러시아군은 의화단의 동청철도 파괴와 습격에 대한 보복으로 1900년 7월 블라고베셴스크의 아무르강 변에서 수많은 의화단원을 학살하고 주민을 공포 속에 몰아넣었다.

러시아군은 만주 전역에 걸친 군대 배치 계획을 실행에 옮겼다. 군대 파병은 기존 이권에 대한 침해를 방지하고 치안을 회복하기 위한 목적이었으나 이후 철도 연선에 대한 안전이 보장됐음에도 불구하고 군대를 철수시키지 않고 오히려 군대의 강화에 주력했다. 의화단 운동으로 일시 중단됐던 동청철도 건설은 더욱 막강해진 러시아군의 보호 아래 진행됐다.

김두서는 동청철도 연선 지역으로 숨어든 의화단원을 색출하는 러시아군을 따라 만주 일대를 전전하기에 이른다. 그러나 김두서가 목격한 것은 자신과 같은 처지의 약소민족을 말굽으로 짓밟는 차르 러시아군의 잔인한 진압이었다.

의화단 사건은 살육을 불사하는 전란이었다. 만주 거주 조선인 역시 생명의 위협을 느낀 나머지 러시아나 조선으로 피란을 떠났다. 청국군과 러시아군에 쫓기는 의화단원들은 김두서에게 도움을 요청했다. 김두서는 이들을 조선 의복으로 변복시켜 왕청, 룡성, 훈춘 등 한인 집단 거주지로 떠나보내며 그 지역 조선인 촌장에게 이들의 신변을 부탁하는 편지를 써주었다. 하지만 의화단 사건이 쉽게 끝날 기미가 보이지 않자 김두서는 가족을 데리고 하바롭스크로 이주할 계획을 세웠다.

1900년 의화단 사건 때 우리는 하바롭스크에 이사하려고 했다. 당시 한인, 중국인 노동자들은 며칠 동안 일도 안 하고 도박과 술추렴으로 지냈다. 우리가 아셰허 역을 떠나기로 했을 때 한·중국인 노동자들은 10개의 선물 꾸러미와 만인산萬人傘 2개를 가져왔다.

노동자들이 우리에게 이렇게까지 해준 것은 아버지가 그들에게 해준 일의 보답이라고 할 수 있다. 그는 항상 노동자들을 도와주었으며 옹호했다. 중국 지방정부 관리들은 당시에 노동자들 사이에 숨어 있는 의화단 단원을 색출해 체포한 뒤 그들의 목을 잘라 길가에 걸어놓는 일이 자주 있었다.

어떤 노동자가 체포당하게 되면 그의 식구들이 아버지를 찾아와 도와줄 것을 부탁했다. 그럴 때마다 아버지는 지방 관리를 찾아가 노동자를 석방할 것을 요구했다. 중국 관리들이 석방을 거부하면 아버지는 러시아 군대 지휘관과 연락, 주둔군의 이름으로 공식 석방할 것을 명령하기도 했다. 그럴 때면 중국 관리들은 하는 수 없이 노동자를 석방했다.

우리가 하바롭스크로 떠나가던 날 100여 명의 중국인 노동자들이 철도 위에 누워서 기차를 가지 못하게 막으면서 자신들을 더 보살펴달라며 이사하는 것을 포기할 것을 부탁했다. 하는 수 없이 아버지는 언니 알렉산드라와 함께 아셰허 역에 남게 됐으며 나와 다른 식구들은 하바롭스크로 떠나오게 됐다.

언니 알렉산드라는 아버지와 함께 합동 민족 노동자 사회에 남아 아버지가 다른 건설 현장으로 출장을 가게 되면 그 대신 통역과 권리 보호를 위해 일하기도 했는데 노동자들은 비록 나이는 어리지만 중국어와 러시아어를 잘하는 언니를 끝까지 믿었다.

—〈이인섭 비망록〉

김두서는 수라에게 러시아로 돌아가라고 권고했지만 수라는 아버지를 홀로 중국 땅에 남겨놓을 수 없었다. 수라는 아버지와 함께 아세허 역에 남았다.

3

만인산은 선정을 베푼 군수나 현감이 다른 부임지로 떠나갈 때 고을 주민이 존경과 고마움의 표시로 만들어 전달하는 기념품이었으나 그 이상의 의미를 지닌 선물이었다. 한마디로 만인산은 명관名官만이 받을 수 있는 명예로운 기념품이었다.

대나무로 살을 만들고 비단으로 덮어 마무리한 만인산을 펼치면 고을 주민의 이름이 적힌 형형색색의 헝겊이 매달려 바람에 휘날렸다. 이임하는 현감이 만인산을 들고 행차하면 그것은 승진을 의미했기에 고을 주민은 만인산의 뒤를 따라 새 부임지까지 따라가곤 했다. 권력이나 돈으로도 만인산은 살 수 없었고 빼앗아 가질 수도 없었다. 그런 만인산을 김두서가 받았다는 것은 대단한 일이었다.

어느 날 아버지는 식구들을 모이게 한 후, 조만간 러시아와 중국

간에 전쟁이 일어날 위험이 있으니 속히 러시아로 귀환하는 게 좋겠다고 주의를 주었다. 며칠 어간에 아버지가 러시아로 떠나간다는 소문이 온 철도 변에 퍼지게 됐다. 러시아로의 귀환은 수라에게는 반가운 사실이었으나 중국인 노동자들에게는 절망적인 소식이었다. 거리가 먼 공구에서 일하는 노동자들은 전보를 쳐서 김노예(김두서)가 이사를 간다는 게 사실인가고 물어왔고 가까운 공구에서는 직접 사람을 보내 사실 여부를 확인하고자 했다.

"김노예가 떠나가면 우리는 누구를 믿고 일하며 살 것인가" "평소에도 김노예가 없이는 살 수 없는데 만일 전쟁이 나면 우리 모두 죽게 된다"면서 중국인 노동자들은 공포에 사로잡혔다. 하지만 김노예가 결심을 굽히지 않자 노동자들은 체념을 하고 선물을 가져오기 시작했다. 김노예는 선물들을 사양하다 못해 나중에는 만일 계속 선물을 가져온다면 밤중에 몰래 떠나갈 것이라고 으름장을 놓았다. 며칠이 지났다. 수라가 아버지를 도와 이사할 채비를 거의 마무리한 어느 날 여러 철도 건설 현장에서 노동자 대표들이 모여들기 시작했다. 몇 시간 어간에 집 부근에는 수백 명의 노동자들로 인산인해를 이루었다.

그들은 붉은 모ㅌ 본단으로 만든 만인산과 붉은 기를 들고 중국 음악을 연주하며 운집했다. 그들은 집 근처 공터에 감쪽같이 전별연회를 차려놓고 김노예 부녀는 물론 철도 당국자와 지방행정기관 대표들을 초청했다. 상에는 중국 러시아 조선식 음식과 과일이 차려져 있었다. 음악과 환호 소리로 적막했던 마을은 순식간에 장터처럼 활기를 찾았다. 연회는 며칠 동안 계속됐다. 여러 곳에서 찾아오는 대표들이 순차적으로 도착해 연회에 참석했기 때문이었다.
만인산과 붉은 기를 김노예에게 증정하는 예식이 진행됐다.

만인산은 받을 사람의 공적을 기리는 뜻으로 마을 사람들의 이름이
가득 써져 있었다. 마을 사람들은 새로 부임한 현감의 실정을 보고 농
사일이 잘되거나 부임 기간 동안 감옥에 갇히는 범죄자가 줄어들면
마을을 잘 다스렸다고 생각해 이임하는 현감에게 만인산을 자발적으
로 만들어주었다.

만인산 한 개는 태평령 노동자들이 가져왔고 다른 한 개는 여순
구 노동자 단체에서 가져왔다. 그리고 붉은 기 8개는 만추, 치치하
얼, 하얼빈, 무림, 창춘, 선양, 하일린, 메오래에서 각각 가져왔다.
김노예는 만인산 2개와 붉은 기 8개 등 모두 10개의 기념품을 노동
자에게서 받았다. 동청철도 관리국 대표와 지방관청 대표들은 철
도 건설 현장에서 조·중 노동자들을 영솔한 김노예의 업적에 대해
언급하고 치하했다. 조·중 노동자 대표들은 김노예에게 만인산을
건네면서 김노예가 자신들의 생명과 재산을 옹호하여 밤이나 낮이
나 구분치 않고 헌신적으로 투쟁하던 사실을 열거하며 만수무강을
기원했고 언제든지 동청철도를 볼 때마다 김노예를 추억하겠다고
소리를 높였다.

김노예는 만인산을 받으면서 진정한 감동에 넘치는 어조로 인사
를 한 뒤 만인산을 수라에게 건네며 말했다.

"수라야, 네가 장성해 자립적으로 활동하게 되면 여러 노동자들의 이해가 걸린 문제라면 물불을 가리지 말고 싸우되 무슨 일을 시작할 때는 미리 곰곰이 생각해야 할 것이고 일단 일에 착수하게 되면 최후까지 그 일을 기어코 성공시키고 마는 습관을 길러야 한다. 오늘 시작했다가 내일 던지는 일은 언제든지 성공치 못한다. 너는 돈을 벌기 위해서는 일하지 말아야 한다. 두고두고 기억하라. 지금 블라디보스토크나 하얼빈에는 수백 채의 건물을 소유한 부자들이 살고 있다. 그것을 부러워하지 말아야 한다. 재산은 오늘 있다가도 내일에는 없어질 수 있다. 그러나 오늘 수만 명 노동자들이 나에게 선사한 이 만인산은 돈을 주고서도 사지 못한다. 기념의 보물인 것이다. 그러니 수라 너도 이 만인산을 우리에게 선사한 노동자에게서 배우고 또 그들과 함께 일하고 싸워야 한다."

수라는 빨간 두 볼에 어글어글한 두 눈을 샛별처럼 뜨고서 두 손으로 만인산을 받아들었다. 노동자들은 박수로써 김노예 부녀를 환송했다. 수라가 사람들을 향하여 머리를 숙이며 인사하자 또다시 박수갈채가 쏟아졌다.

"여러 아저씨들, 정말 고맙습니다. 저도 공부를 정성껏 계속하여 아버지처럼 러시아말과 중국말과 조선말을 하겠습니다. 그리고 아버지께서 여러분과 함께 일했듯, 저도 성인이 되면 노동자들을 찾아다니며 함께 일도 하고 싸울 일이 생기면 아버지처럼 싸우겠습니다. 그러니 아저씨들은 언제든지 저를 기억해주세요. 저도 언제든지 아저씨들을 잊지 않고 아버지의 훈시를 꼭 실행하겠습니다."

러시아어, 중국어, 조선말로 간단명료하게 말하자 노동자들은 박수를 치며 수라를 칭송했다.

— 〈이인섭 비망록〉

아셰허 정거장은 김두서 부녀를 전송하기 위해 모여든 사람들로 북적였다. 마침내 김두서 부녀를 태운 기관차는 기적을 높게 뽑아 올렸다. 정거장에서 200미터쯤 갔을 때 기차가 급정거했다. 메도재(양쪽에 짐을 매단 수평봉)를 걸머진 수백 명의 중국인과 거우대(망태기)를 멘 조선인이 철길을 가로막고 서 있었다.

"김노예와 수라가 없으면 우리는 살 수가 없소."

노동자들은 철길 위에 드러눕기 시작했다. 김두서가 기차에서 내렸다. 수라도 아버지를 따라 내렸다.

"수라, 너는 어서 떠나거라."

"파파를 혼자 두고 갈 수는 없어요."

수라의 음성을 들은 노동자들은 숨소리를 죽였다. 김두서도 더 이상 말을 잇지 못했다. 전송하러 나왔던 노동자들은 얼굴에 희색을 띠며 몰려와 김두서 부녀를 에워쌌다. 김두서는 다시 의화단 진압 현장으로 투입됐고 수라는 아셰허-하얼빈 건설 구간에 아버지 대신 통역으로 일하게 됐다.

의화단 진압 현장은 차마 눈 뜨고 볼 수 없는 처참한 장면의 연속이었다.

훈춘과 간도로 떠나는 기병대에는 러시아 군복을 입은 김노예도 끼어 있었다. 두만강과 압록강 변에는 조선으로 피란 가는 중국인들로 차고 넘쳤다.

　마우재(러시아인) 군관들이 달려드는 농촌과 부락에는 불타는 팡쯔(판잣집)와 초가집에서 연기가 충천했다. 재산을 강탈당하고 발버둥치는 중국인들은 카자크 기병대의 말굽에 다시 짓밟혔다. 대담하게 달려드는 의화단 단원들의 머리는 카자크 기병대장이 휘두르는 군도에 맞아 길바닥에 떨어졌고 이를 중국 지방 관헌들이 거둬다 관청 대문 위에 매달아놓았다. 카자크 기병대들은 의화단 진압을 내세우며 지방관청에 있던 재산을 마구 강탈했으며 총검만 차고 도착한 기병대는 졸지에 부자가 됐다.

　김노예가 당도하는 도시나 농촌에는 마치 구원자가 강림한 듯이 사람들이 모다 들었다. 조선 농민 대중이 그를 환영하러 모여드는 대열에는 조선 사람으로 변복한 청국 양민도 있었다.

　하얼빈 도시에서는 수상한 인물이라고 러시아 철도 현장에서나 기타 군사 기관에서 붙잡은 중국 사람이 있다고 소식만 들으면 수라는 입술을 깨물고 두 주먹을 부르쥐고 찾아가서 "이 사람은 여러 해를 나의 아버지 지도하에서 철도 건설에 참가하던 좋은 사람이라고 보증을 했고 어떤 경우에는 아버지가 떠나면서 대면시키던 러시아 관리국 사람들을 찾아가서라도 그를 무죄방면하고야 안심했다. 그리고 차르 헌병들에게 겁을 먹고 달려온 중국 사람이 감추어달라고 하면 어떤 수단으로든지 그를 피신시키는 사변이 종종 있었다.

—〈이인섭 비망록〉

의화단 사건이 어느 정도 진정될 무렵, 하얼빈으로 돌아온 김두서는 몸져눕고 말았다. 진압 현장을 전전하면서 얻은 병 때문이었다. 시름시름 앓던 그는 1902년 6월 6일 하얼빈의 임시 거처에서 수라가 지켜보는 가운데 숨을 거뒀다.

7. 행길 총각

1902년 설립된 우수리스크 실업학교 전경. 전로한족중앙총회 결성 장소(©세계한민족문화대전, 한국학중앙연구원).

*
*

1908년

1

"왜체!"

수라의 단말마가 장지문 밖으로 새어나왔다.

밖에서 인기척이 나더니 문이 살며시 열렸다. 재빠르면서 조심스러운 움직임이었다. 수라는 자신이 지른 비명에 스스로 당황해하면서 얼른 차림새를 살폈다.

"괜찮으십니까?"

목소리엔 상대를 진심으로 배려하는 마음이 묻어 있었다.

"악몽을 꿨나 보네요. 날이 추운데 들어오시지요."

"잠시 들어가겠습니다."

준수한 외모의 청년이었으나 얼굴 한구석에 우수 어린 그늘이 고여 있었다.

"저를 구해주신 생명의 은인이시군요."

"하마터면 그냥 지나칠 뻔했습니다. 산차거우에 다녀오던 중이었는데 눈밭에 쓰러지셨더군요. 조금만 늦었다면 목숨이 위태로웠을 겁니다. 그런데 복장이 이곳 사람 같지는 않습니다?"

"러시아에서 오던 길이에요. 블라디보스토크에 살지요. 이곳은 어딘가요, 그리고 누구이신가요?"

"산차거우 동령현 외곽의 한적한 농촌입니다. 이주 한인 정착촌이지요. 저는 채행길이라고 합니다. 본시 남사당패의 미동美童이었는데 함경도를 전전하다가 먹고살 길이 막막해 두만강을 건너 중국령으로 들어왔지요. 사당패가 산차거우에서 공연하면서 한인 토호 안 사장이라는 사람의 사랑채에 머물며 식객 노릇을 반년간 하게 됐는데 밥값을 치르지 못하자 저를 안 사장 댁에 볼모로 남겨두고 떠나버렸지요. 안 사장 댁에서 머슴 생활을 한 지도 어언 14년입니다."

"긴긴 세월 동안 억울하게 착취당했군요. 지금은 행길 총각 같은 유민이 차고 넘치는 세월이에요."

"저는 일찍 부모를 여의고 남사당패에 들었다가 예까지 흘러들었습니다. 요즘 들어 부쩍 러시아로 건너갈 궁리를 하고 있습니다. 땅 마지기라도 장만하려면 러시아로 건너가는 게 상책이라던데 토지 관계는 어떻습니까? 부지런히 노동하면 땅 마지기를 소유할 수 있다는 말이 사실인가요?"

"조선에서는 '가리'라는 단위를 쓰지만 러시아에서는 제샤치나라는 단위를 써요. 1제샤치나는 조선 돈 250량이면 살 수 있어요. 1량이 20코페이카이니 러시아 돈으로 1제샤치나는 50루블이에요."

"1제샤치나에서 얻는 수입은 얼마나 됩니까?"

"1년 농사를 지으면 50루블은 족히 벌 수 있어요. 이주 한인들은 주로 보리나 귀리, 콩이나 모밀을 심고 여유가 있으면 삼도 재배해요. 또 장작 한 지게에 15코페이카에 팔려요. 러시아 농가에 건초 한 지게를 팔면 20코페이카. 밥값에 잠자리값을 뺀다 해도 행길 총각처럼 노동일을 해본 사람이면 적지 않은 돈을 만질 수 있어요. 노동자 막사에서 2코페이카로 숙식을 해결할 수 있으니, 열심히 일하면 땅도 사고 집도 장만할 수 있답니다. 고생을 해도 한몫 잡을 수 있는 기회의 땅이지요. 그나저나 이곳에서 산차거우까지는 얼마나 되나요?"

"그리 먼 길은 아닙니다. 마차로 가면 두어 시간 거리지요."

"이 집은요?"

"안심하세요. 안 사장과는 아무 관련이 없는 집입니다. 집주인이 누군지는 알 길이 없으나 이 일대에는 서너 해 농사를 짓다가 수확이 좋지 않아 러시아로 다시 넘어가거나 조선으로 귀환하는 일이 종종 있어 빈집이 가끔 나옵니다. 이 집 역시 제가 두 해 전에 발견하고 간단한 세간을 들이고 손을 보고 있는 중입니다."

"저를 구해주신 은혜를 어떻게 갚을지⋯. 기왕에 신세를 진 바에야 행길 총각에게 요긴하게 부탁할 일이 있어요. 혹시 남가우령 이주촌에 가봤나요? 그곳에 사는 분에게 제 편지를 전해주시면 고맙겠어요. 제 사정도 전해주시고요."

"누굴 찾아가면 됩니까?"

"남가우령에 사는 채광률이라는 애국지사예요."

"채광률이라고 하셨습니까? 저도 이름 석 자는 소문으로 들어 알고 있는 분이지요. 조선 독립운동에 관여하고 있다는 말을 듣긴 했는데…."

"바로 맞혔어요. 저와 알고 지낸 지 벌써 3년이 돼가는군요."

"미천한 이 사람이 작은 도움이라도 드릴 수 있다면 오히려 영광이지요. 편지를 쓰시는 대로 곧장 전하겠습니다."

"안 사장은 어떤 분인가요. 믿을 수 없는 사람이라면 저와의 관계는 비밀로 해두어야 해요."

"동령현에서 생은당이라는 한약방을 운영하는 토호입니다."

"남사당패가 진 빚은 청산을 했나요?"

"청산하고말고요. 14년을 부려먹었으니 품삯으로 환산해도 열 배, 스무 배는 갚고도 남았을 겁니다."

"그 말이 사실이라면 더 이상 머슴으로 살 이유가 없지 않겠어요?"

"그렇지만 사람 일이 그렇지 않더군요. 어린 나를 거둬 입히고 먹여준 은혜를 저버릴 수 없어 차일피일 미루다 오늘까지 붙박이게 되었습니다."

"우리가 세상에 태어난 이유는 자유롭게 살기 위함이에요. 누구의 예속을 받는다면 그건 죽은 삶이나 마찬가지이지요. 안 사장이라는 사람은 인간의 관계를 노동과 착취로 전환시킨 부르주아예요."

"부르주아라뇨? 처음 들어본 말입니다."

"부르주아는 인간과 인간 사이의 적나라한 이해관계의 끈을 끊어버리고 이윤만 추구하는 부류예요. 안 사장 같은 사람이지요. 부르주아는 개인의 존엄을 상품 가치로 바꾸고 노비 문서를 만들어 인간을 착취해왔어요."

"어렴풋이 알 것 같습니다."

"행길 총각은 노비 문서로 안 사장에게 예속되지도 않았으니 스스로 결단을 내려 착취 관계에서 풀려나야 해요."

"그렇지만 안 사장 앞에서는 말문이 막힙니다."

"내가 몸을 추스르는 대로 행길 총각을 돕도록 할게요. 우선 편지를 채광률 씨에게 전해주세요."

"무슨 일이든 시켜만 주세요. 지금껏 살아온 세월이 눈뜬 봉사와 같다니, 이제야 세상이 환히 밝아지는 느낌입니다. 제게 그럴 자격이 있는지는 모르겠지만 일을 맡겨주시면 목숨이라도 내놓겠습니다. 시대를 잘못 만난 탓만 하고 살기에 인생은 너무 짧지요."

2

행길이 수라의 편지를 채광률에게 전해준 며칠 뒤였다. 행길이 눈발에 젖은 말잔등이며 다리를 마른 헝겊으로 닦아주고 있을 때 담장 밖에서 두런두런한 말소리가 들려왔다. 밖을 내다보았다. 행장을 보아하니 보부상 차림은 분명한데 중국인도 한인도 아니었다. 머리카락도 노랬다. 모두 네 사람이었다.

"누구십니까?"

행길의 목소리를 듣고는 수라가 방문을 열고 마당에 내려섰다.

"행길 총각, 안심하세요. 러시아에서 저를 찾아온 동지들이에요. 저와 함께 노동운동을 하는 사람들이에요."

행길은 노랑머리 러시아인을 처음 보았다. 체구는 그리 크지 않았다. 머리 하나는 더 클 거라는 상상과는 달랐다.

수라는 러시아인을 차례차례 행길에게 인사시켰다. 이반, 마트닌, 슬라바. 마트닌은 항만노조, 슬라바는 철도노조의 간부였다. 길 안내를 맡은 채광률도 수라와 반갑게 인사했다. 일행은 모두 방 안으로 들어가고 행길은 망을 보았다. 이반이 정세를 설명했다.

"요즘 블라디보스토크를 비롯해 연해주 일대에서 차르 러시아에 반대하는 반정부 시위가 이어지고 있소. 차르 왕정의 폐지와 민주 사회 건설이라는 체제 전복적인 구호가 나오는 게 매우 고무적이오. 그러나 한편으로 차르 러시아는 이주 한인의 항일 투쟁을 억제하기 위한 광범위한 조치를 취하고 있다 하오. 니콜스크-우수리스크 군수 케겔만은 한인무장 부대의 조직을 분쇄하라는 명령을 내렸다지요. 관세 기관에는 국경을 통과하는 무기를 몰수하라는 명령이 떨어졌고, 조-러 국경에 배치된 특별군관구 부대에는 국경을 넘는 한인을 무조건 억류하라는 명령까지 내렸다 하오."

수라가 알 만한 내용이라며 고개를 끄덕였다. 이반이 다시 말문을 열었다.

"러시아 공민은 이주 한인에게 추호의 동정도 하지 말라는 경고문이 시달됐다는 소식도 있소. 연해주가 한인들의 항일운동 거점으로 떠오르고 무기를 조달할 수 있는 최적의 배후지가 될까 경계하는 조치가 아니겠소?"

수라가 뭔가를 골똘히 생각하다가 입을 열었다.

"아무리 거대한 제국주의라고 하더라도 약점은 있어요. 골리앗 같은 거인도 송곳의 날카로움으로 제압할 수 있지요. 만주 하얼빈 역에서 울린 총성을 모두들 알고 있겠지요? 애국 청년 안중근이 이토 히로부미 총감을 저격 살해한 사건 말이에요. 안중근은 1907년 러시아로 망명해 남우수리 지방에서 의병대에 가담했던 인물이에요. 이토 히로부미가 러시아 재무대신 코콥체프와 회견하기 위해 하얼빈에 온다는 소식을 듣고 저격을 계획했지요. 하얼빈은 청국의 관할 밖에 놓인 러시아의 조차지여서 제국주의의 심장을 뚫은 안중근의 기개는 한인들뿐 아니라 러시아 인텔리들의 동정을 샀어요. 레닌도 그의 '제국주의 노트'에 이렇게 썼다고 해요. '1909년. 이토 총감 살해당함.' 하얼빈에서 울린 총성 소식을 들었을 때 테러야말로 제국주의의 제방을 무너뜨릴 강력한 수단이라 생각했어요. 안중근이 울린 총성은 제 가슴에서 영원히 지워지지 않는 메아리가 됐지요."

이반이 말을 받았다.

"1905년 제1차 러시아혁명이 좌절된 후 차르 정권을 전복시키는 데 주력해온 레닌은 이념적으로나 현실적으로 아시아 민족의 정치적 자각이 유럽 제국주의 세력의 약화로 이어져 사회주의혁명의 좋은 조건이 만들어질 거라 기대하오. 전제 정권을 전복하는 수단으로 러시아사회민주노동당은 볼셰비즘을 강조하오. 볼셰비즘이야말로 레닌이 채택한 가장 강력한 강령이오."

"이반 동지의 말이 전적으로 옳아요. 극동의 다민족 사회를 하나로 통합해 단일한 정치 체제를 만들 수 있는 강령은 볼셰비즘밖에 없어요!"

"볼셰비즘으로 노동자 농민의 해방 투쟁에 선봉을 서야지요. 수라 동지가 선봉에 서야 하오!"

"러시아 이주 한인 사회의 갈등은 한인 봉건 세력과 신흥 토호 세력이 기득권을 확산하려는 데서 빚어졌어요. 먼저 연해주로 넘어온 함경도, 평안도의 평민 내지 머슴 계급은 러시아로 이주해 와서도 다시 한인 토호 세력의 지배와 천대를 받아야 하는 신세가 됐으니 이게 바로 계급적 모순이 아니고 무엇일까요? 여기에 차르 러시아와 일본과의 외교적 입장을 교묘하게 이용해 기득권을 보장받으려는 이기주의자와 각종 이해관계가 얽힌 망명 세력이 혼합된 형국이니 연해주 이주 한인 사회는 그야말로 약육강식의 도가니인 셈이에요."

이윽고 수라는 방문을 열고 얼굴을 내밀었다.

"행길 총각, 이분들을 동령현 석사리 한인촌으로 안내해주세요. 서둘러 가도록 하세요. 저는 동상이 낫는 대로 연락을 드리지요."

행길은 러시아인들을 태우고 마차를 몰았다. 마차를 몰면서도 자꾸 뒤를 돌아다보았다. 혼자 남은 수라가 걱정스러웠다.

보름 뒤 수라도 행길과 함께 동령현 석사리 장터에 들어섰다. 건어물 좌판에 북어가 수북이 쌓여 있었다. 굴비나 암치를 집에서 말린 뒤 새끼줄에 끼워 두름으로 파는 상인도 있었다. 차양을 두르고 흰 창호를 문어발처럼 치렁치렁 늘어뜨린 주막은 큰솥을 걸어놓고 손님을 맞았다. 화덕에 불을 지피는 아낙은 저고리 춤이 짧아 속살이 드러나 보였다. 장날이어서 화전민도 머리에 장작더미를 이고 왔다. 머리를 산발한 아이들은 부모의 뒤를 따르며 엿가락을 빨았다. 댕기, 고무신, 미투리 등을 파는 좌판에 여인네들이 몰렸다. 물장수들이 저마다 옹달샘에서 길어온 물을 한 바가지 떠놓고 물맛을 보라고 외치고 있었다. 소쿠리 장수가 지나갈 때면 좌판 상인이 뒤로 물러나지 않고는 못 배길 정도였다. 꿩이나 토끼를 지게에 지고 다니는 사람도 있었다. 누가 행길을 보고 아는 체를 했다.

"어이, 행길이 총각, 힘 뒀다 어디다 쓸 작정인가. 막걸리 사발 받아 줄 테니 장작 좀 패주련."

국밥집을 하는 도부치 김 씨였다. 오랜만에 도끼를 잡은 행길은 손바닥에 침을 뱉었다. 참나무 통장작은 장터에서 실한 값으로 팔려나갔다. 행길은 장작을 'ㅅ' 자로 쌓았다.

생은당 약방은 국밥집과 담을 사이에 두고 있었다. 막걸리 한 사발을 들이켠 행길은 도부치와 헤어져 생은당 약방 문을 밀고 들어갔다.

"어른장 계십니까?"

행길이 머리를 긁적이자 곁에 서 있던 수라가 눈총을 주었다.

"마음을 굳게 다잡도록 하세요. 머슴과 주인 관계는 이미 끝났어요. 예속된 족쇄를 끊고 자기 자신의 선언으로 맞서야 해요."

행길은 딸린 식구도 없었다. 외진 오두막에서 여러 해를 혼자 살아온 행길이었다. 그래, 러시아에 가서 땅을 장만하는 게 바로 미래를 사는 일이지. 행길은 아랫배에 힘을 주며 툇마루에 올라섰다.

안 사장이 장죽에 불을 댕기다 연기가 기도로 넘어갔는지 마른기침을 쥐어짜다가 행길을 바라보며 눈을 흘겼다.

"그래 무슨 용건이냐. 이 처자는 누구고?"

"머슴살이를 그만두겠습니다."

안 사장은 예상치 못한 말에 당황했는지 눈을 치켜뜨고 재떨이를 움켜잡았다. 당장이라도 행길의 얼굴을 향해 날릴 기세였다.

"어렸을 때부터 이골이 날 정도로 매를 맞았지만 더 이상은 맞지 않으렵니다. 더 이상 머슴으로 살 수는 없습니다. 스스로 살아갈 궁리를 했으니 제 길을 가게 해주십시오!"

"네놈이 배가 부른 게로구나. 그래 네놈 혼자 어찌 살 궁리를 했단 말이냐!"

"당장 연해주로 떠나겠습니다."

행길의 눈망울에 눈물이 가득 고였다. 수라가 행길의 눈물을 보다 못해 한마디 거들었다.

"만나고 헤어짐이 본디 사람의 일일진대 사내가 눈물을 보여선 안 되지요. 어렸을 때부터 한 지붕 아래 한 솥밥을 먹으며 연을 맺었지만 그건 진정한 인간관계가 아니라 녹슬고 낡아빠진 악습에 불과해요. 인간의 신성함은 누구라도 모독할 수 없는 법이에요."

얼굴이 붉게 변한 안 사장이 곰방대를 들어 수라에게 휘두르려는 순간, 행길이 재빨리 낚아챘다. 수라는 비장한 표정을 지으며 말했다.

"이따위 곰방대를 잡고 휘두를 때 우리는 총을 잡을 것이오! 대명천지에 인간이 인간을 소유하다니, 행길 총각에게 이 무슨 짓이오!"

수라는 행길을 앞장세워 밖으로 나섰다. 투명한 공기가 기도를 따라 흘러 들어왔다.

8. 블라디보스토크 나고르나야 14번지

블라디보스토크 조선사범학교 수업 장면(1910년경).

＊

＊

1909년

1

수라의 여동생 마리야는 왜체를 포대기에 업고 방 안을 서성거렸다. 몇 달째 언니는 돌아오지 않았다. 세찬 바람이 낙엽을 창문에 붙여놓고 가면 괜스레 눈물이 나왔다. 보모 대신에 왜체를 맡아 키운 지도 여러 달이었다.

"왜체야, 네가 내 말을 알아듣는다면 얼마나 좋겠니. 네가 성장하면 엄마가 어떤 사람인 줄 알게 될 거야. 시국이 얼마나 무서운지 너는 아직 어려서 알지 못하겠지만…."

마리야는 쓸쓸한 마음을 달래듯 중얼거렸다.

"왜체야. 지금은 러일전쟁에 출정했던 군인이 겨우 목숨을 부지한 채 돌아오고 노동자는 동맹파업으로 시위를 벌이는 위험한 나날이란다. 네

알렉산드라가 살았던 블라디보스토크 나고르나야 14번지 일대(2019년).

엄마는 러시아 혁명가들과 어디선가 모여 회의도 하고 삐라도 쓰고 있겠지.”

마리야가 고개를 돌려 곤히 잠든 왜체의 얼굴을 물끄러미 쳐다보았다. 친아들을 대하듯 다정한 눈길이었다.

“이곳은 나고르나야 14번지란다. 언덕길 14번지라는 뜻이야. 사람들의 삶이 투명하게 보이는 언덕이지. 이 얼마나 가슴 떨리는 거리 이름이니. 언덕길 열네 번째 집. 네 엄마는 이 거리에서 인민을 위한 위대한 꿈을 꾸었단다. 엄마의 동지들이 집에 올 때는 한 사람씩 따로따로 왔고, 갈 때도 한 사람씩 조심해 나갔단다. 그들이 회의하고 글을 쓸 동안 나는 방 안에 앉아서 유리 창문으로 누가 오는지 멀리 살피곤 했지.

우리가 하는 일은 절대 비밀이니 주의하라는 언니의 부탁을 나는 명심해 실행했단다. 네 외할아버지 생전에도 우리 집에는 조·중 노동자들이 자주 찾아와 가만가만 속삭이듯 이야기를 나누었단다. 나는 비밀을 지키는 게 습관이 됐단다. 차르 헌병대와 경찰이 밤낮없이 거리를 순찰하다가 수상한 사람을 보면 호각을 불면서 쫓아왔고 만일 달아나면 단총으로 사격하는 괴변은 날이 갈수록 늘어만 가고 있구나. 사태가 이와 같아서 러시아 혁명가들은 네 엄마를 더 자주 찾아와 함께 회의도 하고 삐라를 만드느라 더 분주히 지내니, 이 또한 당연한 일이겠지."

왜체가 칭얼거리자 마리야는 포대기를 풀어 품에 안고 어르기 시작했다. 한참 응석을 피울 나이에 어미 품에서 떨어져 있어야 하는 왜체가 안쓰러워 가끔은 언니가 미워지기도 했다.

그럴수록 언니가 무슨 일을 하는지 궁금했지만 묻지 않는 게 상책이라 말 한마디 건네지 못한 자신의 소심한 성격이 후회스러웠다. 후회와 미움을 지우기라도 하듯 마리야는 나직한 음성으로 혼잣말을 중얼거리고 또 중얼거렸다.

"하루는 러시아인들이 찾아와서 한참 무슨 글을 쓰노라고 숨도 크게 쉬지 않는데 창밖에 머리를 내놓고 망을 보던 사람이 휘파람을 획 불더구나. 언니는 방 안에서 글 쓰던 사람들과 함께 뒷문으로 빠져나가더니 어디론가 사라지고 집 안에는 나만 남았지. 거리에서 경찰들이 달려와 집을 둘러싸고 문을 열라고 호통을 치더구나. 나는 입회자를 데려오기 전에는 문을 열어줄 수 없다고 응수한 뒤 그 짬을 이용해 언니가 글을 쓰던 방에 들어가 삐라를 모두 거둬 가슴속에 품은 뒤 책상 위에 교과서와 공책을 펼쳐놓고 산수 문제를 풀지 못해 애를 쓰는 듯 앉아 있었단다.

경찰들이 입회자를 데리고 와서 내가 문을 열어주니 그들은 들어와 이 방 저 방을 수색했으나 아무 단서도 찾지 못하자 나중에는 내 몸을 수색하려들더구나. 사세는 급하게 됐단다. 나는 '레프 페트로비치 김(병학)의 처제인데 이 집에 와서 학과를 복습하다가 산수 문제를 풀지 못해 공부하는 중이라며 누구든지 좀 도와달라'고 청하니 한 경관이 '학생 몸 수색은 하지 말라'며 나가더구나. 레프 페트로비치는 사촌 형부로 지방 행정기관에 널리 알려진 포트랴치크란다.

다음 날 나는 신한촌 너머에 있는 대칭거우재로 향했단다. 언니가 은 거하고 있는 철도 변의 러시아 노파네 집에 갔단다. 언니에게 자세한 사 변을 말하고 가슴에 감추었던 삐라를 전해주었지. 그 후 언니는 오케안 스크 역(새관정거장) 근처 러시아 노파 집으로 옮겨가 공작을 했단다. 그 날 밤, 나는 언니가 부탁한 대로 너를 안고 나고르나야 14호에서 마르 콥스카야로 건너갔단다. 마르콥스카야에는 시집간 사촌 언니네 집이 있 었는데 그의 남편이 바로 큰 재산가인 레프 페트로비치였어.

그런데 며칠 뒤에 블라디보스토크에서 벌어진 시위에 조선에서 퇴각 해 돌아온 러시아 병사들이 합세해 차르 헌병대와 큰 충돌을 벌였단다. 중앙대로의 행정기관과 상점에서 불이 치솟고, 폭동을 진압한답시고 수 많은 노동자를 향해 발포하는 바람에 전 시가지가 혼돈 천지였어.

수많은 카자크 기병대와 헌병대는 혁명가를 수색하느라 혈안이 됐지. 언니는 여러 날 동안 집으로 돌아오지 않아 나는 가슴 조리고 있었단다. 어느 날 훤히 동이 터올 무렵, 그 집 후원에 언니와 러시아인 다섯 명이 나타나서 나는 깜짝 놀라서 어리둥절했단다.

'마리야. 이 동지들을 어서 피신시키거라!' 한마디 부탁을 하고 언니는 어디로 갔는지 또다시 종적을 감췄지. 나는 어찌할 줄을 몰랐단다. 그 순간에 삼촌 니콜라이 세묘노비치가 마치 기다리고 있었던 것처럼 그곳에 나타났지. 삼촌은 태연하게 창고를 지키던 러시아 늙은이 자웨라를 부축해 일으킨 뒤 추운데 주방에 들어가 몸을 녹이라며 안채로 데리고 들어갔지.

'마리야. 너는 어서 자웨라에게 술병을 쥐어주고 아침을 차려주거라.' 내가 얼른 주방에 들어가 자웨라에게 독한 술을 꼬박꼬박 부어주니 그는 한잔 두잔 받아 마시더니 꾸벅꾸벅 졸다가 잠이 들더구나. 털가죽 옷을 덮어주고 다시 밖으로 나가 보니 삼촌이 러시아 동지들을 창고 안에 숨기고 문을 잠근 뒤 사슬에 매어두었던 커다란 개를 마당에 풀어놓더구나. 창고 선반에 있던 털신, 털가죽, 풍(천막)을 모두 꺼내 동지들에게 나눠준 것은 물론이란다.

나는 그때 언니의 비밀 혁명 사업은 단지 나만 알고 삼촌은 알지 못하는 줄로만 알았던 점이 도리어 미안했단다. 나는 음식을 장만해 창고 안에 있는 러시아 혁명가들을 대접하느라고, 삼촌은 그들을 다른 곳으로 보낼 준비를 하느라고 분주하게 지냈단다.

일주일쯤 지났을까. 언니에게 전갈이 왔더구나. 러시아 혁명가들을 곧 중국령으로 피신시켜야 하니 그들을 장사꾼 차림으로 변복시키라는 전갈이었어. 하루 밤중에 나는 삼촌과 함께 러시아 혁명가 다섯을 한인으로 변복시켰단다.

솜바지저고리를 입히고 솜버선과 칼로시(장화)를 신기고 갓을 씌우고 나니 영락없는 한인이 되더구나. 그리고 그 집 쌍마파리(말)에 푸근푸근하게 짚을 깔아 그들을 앉히고 털가죽 옷을 덮고 풍으로 씌웠단다. 그들을 태운 마파리는 시퍼렇게 언 강 판에 네 발굽을 찍으며 먼 산천이 얼씬얼씬하게 달렸단다.

그런지 사흘 뒤에 마파리를 몰고 갔던 사람이 돌아와서 그들을 러-중국경 지대의 한인촌에 내려놓고 왔다는 말을 들은 연후에 나는 겨우 안심했단다. 혁명가 다섯 가운데 한 사람의 이름이 와실레프라는 게 지금도 기억에 남아 있구나. 그들을 아무리 변복시켜도 눈이 우묵하고 코가 덩실한 것이 서양 사람은 영락없이 서양 사람이어서 떠나보내고도 근심하던 일이 엊그제 같구나.

러시아 혁명가들이 은신했다가 떠나간 일주일 뒤 집주인인 사촌 형부 김병학은 자기 장인으로부터 구한 약담배(아편)를 피우고 보드카까지 마셔 정신이 얼망하고 하늘이 콩짝만 해 부지세상이었고 창고지기 자웨라는 날마다 술을 양껏 마시고 얼큰한 김에 잠만 자고 있었단다. 차르 헌병과 경찰은 혁명가를 색출하느라 노동자 부락을 가가호호 찾아다니며 수색하느라고 발악을 했단다.

나는 언니를 찾아보기로 했단다. 이전에 언니가 비밀공작하던 집들을 찾아다니면서 알아보았으나 보았다는 사람은 없더구나. 감옥에나 가지 않았는지, 혹은 총에 맞아 죽지는 않았는지, 근심하고 번민하다가 나중엔 의기소침해 수심 가득히 말을 잊었더란다.

모두 잠든 깊은 밤중이었단다. 삼촌 니콜라이 세묘노비치가 나를 불러놓고 '너는 요즘에 조심성 없이 어디를 그리 쏘다니느냐'라고 묻더구나. 그래 자초지종을 말했단다. 삼촌은 미소를 띠면서 '아무 근심도 하지 말거라. 네 언니는 안전한 지대에 가 있으니. 블라디보스토크는 안전하지 못하니 너도 왜체를 데리고 시넬리코보 고향 집으로 갈 채비를 하거라'라고 이르더구나. 이튿날 새벽, 나는 너를 얼싸안고 쌍마파리에 앉아 얼어붙은 강을 지나 시넬리코보까지 무사히 당도했고 마파리꾼 왕노우라는 중국인은 블라디보스토크로 돌아갔단다.

고향 집에 온 지 사흘 만의 일이란다. 아닌 밤중에 언니가 찾아와서 나는 고사하고 왜체 너도 마마를 만나게 됐단다. 네가 그걸 기억할 수는 없을 테지만. 언니가 진행하던 사업은 심지어 집안 식구에게도 절대 비밀이었단다.”

2

마리야가 언니를 기다리는 나날은 불안의 연속이었다. 촛불처럼 자신의 젊음을 태우며 사방을 환하게 밝히는 언니에 비해 칭얼대는 조카나 돌봐야 하는 자신이 초라해 보이기도 했다. 마리야는 열정적으로 생을 끌고 가는 언니가 부러웠다.

삼월과 사월은 많은 비를 뿌리며 지나갔다. 겨우내 말라죽은 듯 엎드렸던 잔디가 다시 초록으로 옷을 갈아입었다. 수라 일행은 포시예트만을 경유해 블라디보스토크로 넘어가기로 결정했다. 차르 헌병대가 산차거우 관청에 주거가 의심스러운 러시아인을 색출해달라고 통신문을 보냈다는 정보를 입수한 직후였다.

일행은 여러 구릉과 개울을 건너 해안 마을을 통과했다. 소금을 만드는 마을이었다. 소금은 갈대 바구니에 담겨 중국과 러시아로 실려갔다. 당나귀가 끄는 소금 마차가 긴 행렬을 이루며 러-중 국경 지대를 넘는 게 눈에 들어왔다. 언덕은 어느새 초록빛 풀들로 가득 덮였다. 언덕의 풀밭 위에 목련이 하얀 솜털 같은 꽃대궁을 내밀었다. 일행 중엔 행길 총각도 있었다. 그들은 잠시 풀밭에 앉아 다리의 뭉친 근육을 손으로 주물렀다.

계곡은 평평하고 넓었다. 여기저기 피어난 애스터(국화과)가 봄바람에 떨렸다. 바람에서 온기가 느껴졌다. 비옥한 흙은 식물이 썩어 만들어졌다. 봄이 됐으니 지상은 이내 흑토로 덮이리라. 곡물은 그 위에서 경작되리라. 언덕 너머 길가에 건초 더미가 흩어져 있었다. 겨우내 우리 안의 가축을 먹이고 남은 건초였다.

건너편 러시아의 경작지는 이에 비해 초라했다. 한인들은 그들이 기르는 가축의 분뇨를 이용해 토질을 최상으로 유지했다. 그들은 땅을 뒤집어 농작물을 윤작하는 방법을 알았다.

일행은 국경을 따라 난 해변의 긴 백사장을 걸어갔다. 해안선 근처의 오솔길을 돌아서자 멀리 블라디보스토크가 눈에 들어왔다.

집을 떠나온 지 어느덧 6개월. 수라의 눈에 왜체의 모습이 어른댔다. 불쌍한 마리야. 마리야는 잘 있겠지. 시집갈 나이가 됐음에도 조카를 돌보며 살림을 도맡아 하는 동생이었다. 왜체를 언제까지나 동생에게 맡길 수는 없는 일이다. 마리야도 제 인생을 찾아야 한다. 좋은 혼처만 있으면 당장이라도 혼사를 시켜야 한다. 그렇게 생각하자 느닷없이 떠오르는 인물이 있었다. 수라는 내심 행길을 마리야의 베필로 점찍어놓았다.

블라디보스토크 시가지에 도착한 수라는 이반에게 일행을 신한촌

성당으로 안내해달라고 부탁한 뒤 나고르나야 14번지로 발걸음을 재촉했다. 행길은 말없이 뒤따랐다.

작은 마당을 지나 현관에 들어서자 탁자에 꽃병이 놓인 실내가 훤히 들여다보였다. 꽃은 막 꺾어온 듯 신선해 보였다. 허름한 가구와 의자 네 개가 딸린 탁자, 유리 진열장, 오래된 촛대 하나가 식탁 가운데 놓였고 벽난로 위에도 장식품 몇 개가 있었다. 인기척을 들었는지 마리야가 창가에 다가와 살피는가 싶더니 얼굴이 해바라기처럼 벙긋 벌어져 문을 열고 뛰어나왔다.

"언니, 이게 얼마 만이야. 요즘 언니가 꿈에 보이더니, 참말로 돌아왔네!"

"마리야, 나 때문에 네가 고생이 많구나. 왜체는?"

"왜체는 자고 있어. 하루 종일 칭얼대다가 빵 조각을 우유에 찍어 주니 몇 번 받아먹다가 이내 졸린지 눈을 부비더라고. 왜체가 엄마 얼굴이라도 잊지 않으면 다행인데."

수라는 행길을 마리야에게 통성명시킨 뒤 왜체가 자는 안방으로 들어갔다. 잠든 왜체를 보니 세상의 모든 사물이 비로소 의미를 갖게 된 듯 감격스러웠다. 만감이 교차했다. 오뚝한 콧날이며 선명한 인중이며 이마는 조각도로 깎은 듯 반듯했다. 왜체의 뺨과 이마에 오래도록 입을 맞춘 뒤 수라는 거실로 나와 덧창을 열었다.

나무 사이로 신선한 바람이 불어왔다. 이내 어둠이 내려앉았다. 수라는 팔짱을 끼고 창가에 서서 멀리 시가지의 음영을 바라보았다. 다시 실내로 눈을 돌려 사물 하나하나를 물끄러미 쳐다보았다. 작은 응접실에 놓인 허름한 가구들. 생명 없는 물체라 할지라도 인간의 씀에 따라 생생한 의미를 부여받았다.

"마리야, 행길 총각에게 대접할 게 있니?"

마리야는 사모바르에 뜨거운 물을 담아 왔다. 찻잔을 꺼내놓고 차가 우러나길 기다리는 동안 수라가 말문을 열었다.

"마리야, 이리 와서 앉아라. 할 말이 있단다."

마리야가 수라 옆으로 다가와 앉으려 하자 수라가 건너편 행길 옆에 앉으라고 자리를 권했다. 마리야가 행길 옆에 조심스럽게 앉자 수라가 얼굴 가득히 미소를 지었다.

"난 요즘 네 나이를 자주 생각한단다. 언제까지나 조카나 돌보며 살 수는 없으니 혼인해서 네 아이를 길러야 하지 않겠니?"

수라는 눈길을 들어 행길과 마리야를 번갈아 쳐다보았다. 행길도 마리야도 쑥스러운지 얼굴을 붉힌 채 고개를 들지 못했다.

"아버지께서 유언하시기를 우리 자매가 결혼하려거든 부모 없는 고아와 혼인해 같이 살아야 한다고 하셨단다. 난 아버지 유언을 거역하고 파란 눈의 마르크에게 시집을 간 탓에 이렇게 비극을 겪고 있으니 입이 열 개라도 할 말이 없지만, 너라도 아버지의 유언을 받들었으면 좋겠구나. 너는 배우자가 될 사람으로 무엇을 보느냐. 사람은 심덕이 최고란다. 재산도 외모도 가문도 다 쓸 데 없지. 심덕 하나만 보면 사람됨을 알 수 있단다. 내가 겪어보니 행길 총각의 심덕은 꽃무더기가 핀 언덕과 같더구나. 이런 사람은 흔치 않단다. 아버지가 말씀하시기를 남의 노력을 착취하는 자는 장래에 착취당하는 사람의 발에 밟히고 지금 천대받는 사람이 나중에 세상의 주인 노릇을 하게 된다고 하셨단다. 행길 총각이 아버지가 유언하시던 사람이라고 생각되는구나."

언니의 말을 들은 마리야는 얼굴을 붉힌 채 작은 소리로 속삭였다.

"언니, 아버지의 유언대로 할게."

수라가 행길 총각과 마리야의 손을 포개주었다. 이것이 결혼 서약이었다.

3

이듬해 겨울, 수라는 다시 중국령으로 떠났다. 마리야 부부가 근심으로 나날을 보내던 어느 날, 남가우령에 사는 채광률이 이들 부부를 찾아왔다.

"수라 동지가 중국 관청의 수색을 피해 밤중에 쑤이펀강을 건너다가 물에 빠지는 바람에 두 발이 동상에 걸려 지금 포크롭스크 러시아 농촌 빈농 집에서 고생하고 있습니다."

행길은 마파리를 몰고 가서 수라를 집으로 데려왔다. 두 발의 동상이 어찌나 험상스러운지 수라는 꼼짝 못 하고 겨울 내내 치료받았다. 행길은 수라를 대신해 긴긴 겨울 동안 국경을 넘나들며 혁명가들에게 편지를 전했다. 동상으로 고생하는 동안에도 수라는 짬만 나면 선전문을 작성했다. 마리야는 대체 무슨 글을 쓰는지 물었지만 수라는 그저 빙그레 웃을 뿐이었다.

"언니의 조심성은 알아줘야 해. 피를 나눈 동생에게도 비밀로 하다니."

"마리야, 섭섭했다면 미안하구나. 네가 알게 되면 위험해질 수 있거든. 차라리 모르는 게 약이지."

하루 밤중에는 포크롭스크 구역 기관에서 일하는 오빠 추프로프가 찾아왔다.

"지금 러시아 당국에서 누이를 체포하자고 수색하니 빨리 피신해야 해! 너를 돕는 건 어쩌면 이게 마지막일지도 모르겠구나. 난 관청의 하급 직원으로 어렵사리 들어갔으니 앞으로는 네 문제로 내 앞길을 막지 말아다오. 오늘부터 너와 나는 서로 모르는 사람이다. 너 때문에 우리 가정에 변고가 생기는 걸 더 이상은 두고 볼 수 없다. 내가 관청에 들어간 건 가세가 기운 집안을 바로잡기 위함이니 날 원망 말아라."

마리야는 뾰로통한 표정을 지으며 따지듯 대들었다.

"오빠는 언니에게 그런 말을 할 자격이 없어요! 대체 아버지가 남겨주신 전답이며 가산을 어디에 탕진하고 이제 와서 관청에 일자리를 얻었다며 도리어 큰소리를 치나요? 동청철도 건설 현장에서 뼈골이 빠지도록 일한 대가를 한 푼도 쓰지 않고 고스란히 모아 달마다 오빠에게 보냈는데 그 많은 돈이 지금 어디에 있나요? 허구한 날 친구들과 어울려 도회지를 쏘다니거나 기차를 타고 모스크바로, 페테르부르크로 유람하고 다닌 걸 내가 모를까 봐요? 아버지가 보낸 돈이면 집 서너 채를 사고도 남았을 거예요. 대체 무슨 면목으로 언니에게 지청구를 해대는지 알다가도 모를 일이군요."

추프로프는 주먹으로 탁자를 내리치며 자리에서 일어났다.

"오늘부터 너희들과는 남남이나 마찬가지니, 그리 알아라! 다시는 내 앞에 나타날 생각도 하지 마! 나도 너희를 찾지 않을 테니."

며칠 뒤 미명에 수라는 또다시 행장을 꾸렸다.

"왜체를 잘 부탁해. 너는 이모가 아니라 친엄마나 마찬가지야."

"언니, 우리 언제 다시 만날 수 있을까. 난 언니와 작별할 때마다 이게 마지막일 거라는 불길한 생각이 들어."

"마지막이란 말은 하지 마. 죽기 전에는 마지막이란 없단다. 살아 있으면 다시 만날 날이 있겠지. 그리고 네 남편 행길도 더 이상 내 일에 개입시키지 않으려 해. 날이 갈수록 시국이 험악해지니 이쯤에서 너희 부부는 따로 살아갈 궁리를 해야지. 여력이 생기면 부모 잃은 고아들을 데려다 고아원을 운영해도 좋겠지. 지금 와 생각하니 아버지가 우리 자매에게 가난한 총각에게 시집가라는 유언을 남긴 건 그런 앞날까지 내다보았기 때문이 아닌가 하는 생각이 드는구나. 어디에 있든 간간이 소식을 전할 테니 부디 몸조심하거라."

수라는 그 길로 집을 나서서 걸음을 재촉했다. 광장 한쪽엔 한 무리의 사람들이 모여 있었다. 새벽 어스름 속에서 날품팔이들이 담배를 말면서 잡담을 나누며 하루 일당을 벌기 위해 인력거간꾼을 기다렸다. 멀지 않은 곳에서 휘파람 소리가 들려왔다. 왼손에 신문을 접어 든 사내가 노동모를 벗어 몇 번 흔들더니 앞장서 걷기 시작했다. 이반이 보낸 접선조였다.

9. 다시 찾아온 사랑

1909년 완공된 우수리스크 고리키 명칭 인민극장.

＊

＊

1910년

1

시내엔 집회 불허 포고령이 내려졌다. 소총을 어깨에 멘 차르 헌병들
이 시내 곳곳을 순찰했다. 사내는 시내 한복판의 허름한 건물 앞에 멈
춰 섰다. 이반의 임시 거처였다. 수라가 들어서는 것을 본 이반의 얼
굴에 희색이 돌았다.

"기다리고 있었소. 이미 눈치를 챘겠지만 시세가 험악하기 짝이 없소.
놈들은 골목골목을 수색하면서 조금이라도 거동이 수상한 자는 즉각 체
포해 격리시키고 있소. 반항이라도 하면 발포도 불사할 듯 으르렁대는
꼴을 보면 파업 분자를 색출하라는 명령이 떨어진 게 분명하오. 노동자
들은 임금 삭감 조치에 몹시 분개하고 있지만 지금 당장은 집회가 불가
능하니 잠시 활동을 접는 게 나을 듯하오."

"지상 조직만이 조직은 아니에요. 지하에서도 얼마든지 사람들을 조직할 수 있어요. 항만노조 가운데서도 하역 인부들의 불만이 차오를 대로 올랐어요. 우선 하역 인부들 속으로 파고들어 임금 삭감 문제를 거론해야 합니다. 이틀, 사흘, 일주일 계속하다 보면 노동자들 입에서 저절로 파업하자는 말이 나올 테니 그때 가서 대규모 집회를 열어 담판을 짓는 게 좋겠어요."

"문제는 그때까지 은거할 장소가 마땅치 않다는 점이오. 여러 명이 한꺼번에 몰려다니면 눈에 띄기 십상이고. 일단 우리 조직은 뿔뿔이 흩어져 숨어 지낼 수밖에 없소. 수라 동지도 임시 거처할 곳을 물색하시오."

"이반 동지도 몸조심하세요. 이제 중국령에도 마땅한 피신처를 찾기 어렵게 됐으니 차라리 시내에 은신처를 구하는 게 차르 경찰의 의표를 찌르는 묘책이 될 수도 있어요."

그렇게 말은 했으나 수라도 갈 곳이 마땅치 않았다. 어디로 갈 것인가. 몸을 의탁할 장소가 떠오르지 않았다. 어느 곳으로 가든 위험을 나눠 갖게 될 것이다. 일단 시내를 돌아다니기로 했다. 마침 저녁이 돼 거리에 불이 켜졌다. 차가운 불빛이었다. 얼마나 걸었는지 다리가 저려왔다. 어두운 공원 벤치에 앉아 다리를 주물렀다. 장딴지가 탱탱하게 굳었고 동상에 걸렸던 발가락이 욱신거렸다. 수라는 거리의 불빛 하나하나에 눈을 맞췄다. 불빛 속에 어린 시절이 손에 잡힐 듯 반짝였다.

2

어린 시절에 대한 기억은 언제나 아릿하다. 생각해보면 어릴 적에서 하나도 크지 않은 것 같다. 아이까지 딸린 성인이 됐지만 마음은 여전히 그 시절이 느껴졌다. 감성은 자라지 않는다. 감성은 발현될 뿐이다. 성장한 눈동자 안에 어린 눈동자가 그대로 남아 있다. 그것은 항상 새로운 눈이다. 어린 시절은 늘 어머니와 함께였다. 어머니의 손은 따스했다. 꽉 움켜쥔 어머니의 두 손을 펴 보면 군밤이 있었다. 어머니의 손에서는 음식이 나오고 잠자리가 나왔다.

그런 어머니가 느닷없이 고향에 가보고 싶다고 했다. 당신의 몸을 갈라 핏덩이를 뽑아낸 땅. 내 태가 묻힌 땅에 가보자고 했다. 당신이 가장 아름다운 시절을 보낸 곳. 올빼미가 자작나무 가지에서 날아오는 곳. 그곳에서 내가 태어났다고. 뒷산에 한인 이주민의 공동묘지가 있는 곳. 생명과 죽음이 같이 있는 곳. 그곳은 시넬리코보 외딴 마을. 수라가 태어났을 때는 온통 눈에 덮인 척박한 들판이었다.

어머니는 혼자라도 물 건너 고개 넘어 그 땅에 가고 싶다고 했다. 한번은 어머니가 오빠는 걸리고 나는 업어서 아버지의 고향인 경흥에서 이주해온 아주머니 댁이 있는 시넬리코보를 방문했다. 산과 계곡이 깊어 마을에도 가끔 호랑이가 나올 때였다. 어떻게 어린아이를 하나도 아닌 둘씩이나 데리고 갈 생각을 했는지, 어머니에겐 남자들이 엄두도 내지 못하는 놀라운 결단력이 있었다.

어린 시절에 어머니가 두고두고 하던 얘기가 있었다. 내가 눈병이 나서 굿을 했다는 이야기. 그러고도 낫지 않아 찔레꽃 가시를 꺾어

"네 눈에 박힌 가시를 뽑아줄 테니 이 눈에 박힌 가시는 가져가라"라고 주문을 외웠다고 했다. 눈병이 심해지자 어머니는 우물가로 날 업고 가서 두레박 물로 눈가를 씻어주었다. 물을 긷는 두레박 소리가 눈꺼풀에 까실까실 맺히는 것 같았다. 어머니는 내 두 손을 꼭 쥐어주었다. 우물물이 영험을 부렸는지, 눈만 나은 게 아니라 그 뒤로도 감기 한 번 걸린 적이 없었다. 나무들이 기지개를 켜던 봄날이었다. 나는 어머니의 등에 기대어 나무들이 내는 소리를 다 듣고 있었다. 아버지는 그날 우물가로 마파리를 몰고 왔다.

"수라는 좀 어떻소?"

함지박만 한 웃음을 지으며 아버지가 나를 내려다보았다. 마파리를 타고 집으로 돌아가는 길에 흥얼거리는 노랫소리가 아버지의 입에서 흘러나왔다. 나무와 새 떼, 바람에 흔들리던 억새들이 지금도 눈에 잡힐 듯했다.

3

얼마나 벤치에 앉아 있었을까. 수라는 검은 그림자가 앞을 가로막는 느낌이 들어 얼굴을 들었다. 차르 경찰이었다.

"처자가 이런 곳에 혼자 앉아 있으면 위험하니 어서 집으로 돌아가시오. 지금 계엄이 내려진 걸 모른단 말이오?"

"그렇지 않아도 가려던 참이에요."

다시 일어나 걷는 수라의 머릿속은 집이라는 단어로 꽉 들어찼다.

어디로 가는지 의식하지 못한 채 두 다리가 걷는 대로 내버려두고 싶었다. 얼마 뒤 수라는 어느 집 앞에 도착해 문을 두드렸다.

웬 부인이 문을 열더니 수라를 물끄러미 바라보았다. 뺨은 붉고 둥실둥실한 얼굴에 가슴이 풍만한 여자였다. 윗니가 두 개나 빠져 말할 때마다 발음이 샜다.

"신부님, 안에 계신가요?"

오 신부가 반색을 하며 현관으로 나서며 부인을 소개했다.

"신부님, 조용히 얘기 좀 했으면 해요."

오 신부가 눈치를 채고 부인에게 말했다.

"자리를 좀 비켜주었으면 싶구려. 아이들 데리고 옆집에 가 있던지."

부인은 불만스러운 표정으로 오 신부를 쏘아보았다. 부인을 쳐다보는 오 신부의 눈에도 정겨운 기색은 없었다. 부인은 토끼털로 만든 짧은 재킷을 걸쳐 입고 아이들을 앞장세워 옆집으로 건너갔다.

"그럼 담화들 나누세요. 당신 말대로 옆집에서 놀다 올 테니!"

벽난로의 이글거리는 장작이 불꽃을 튀겼다. 불꽃을 보자 피곤이 가시는 듯했다.

"신부님이 사택을 시내로 옮겼다는 소식은 들었지만 이렇게 찾아오게 될 줄은 몰랐어요."

"무슨 섭섭한 말씀이오. 우리가 마지막으로 만난 게 벌써 2년 전의 일이니, 이렇게 찾아온 것만으로도 무량한 기쁨이지요."

"드릴 말씀이 있어요. 은신처를 찾다가 마땅한 거처가 없어 이곳까지 오게 됐지요. 그런데 부인에 아이들까지 있는 집에 제가 잘못 찾아왔다는 생각이 들어요. 오지 말았어야 했는데…."

"그게 무슨 말이오? 수라가 중국령에 피신했다는 소식을 들었을 때 나야 말로 쥐구멍을 찾고 싶을 정도였소. 피죽도 끓여먹기 힘든 노동자의 임금을 삭감하는 자본가의 횡포가 날이 갈수록 포악해지는 마당에 과연 무엇으로 세상을 구할 수 있는가 하는 자문자답을 수없이 했소."

"신부님은 블라디보스토크에서 봉직하는 사제들 가운데 가장 선진적인 혁명 사상을 가진 분이에요. 카잔시 신학교를 마치고 모스크바의 샤납스크 인민종합대학까지 졸업했으니 신부님은 우리 한인 이주민의 자랑이지요. 인간의 영혼을 구원하는 일은 세상을 구원하는 일과 같아요."

"속내를 털어놓자면, 요즘 난 종교적 신비주의에 대한 회의가 들기도 합니다. 성서의 내용을 목판에 그린 이콘icon만 해도 그렇지요. 이콘엔 농민이나 노동자를 전교하기 위한 차르의 국가주의적 인위성이 개입됐다는 생각이 요즘 부쩍 들곤 해요. 맹목적인 숭배와 섬김의 강요는 러시아정교가 신비주의적 경향으로 기운다는 증거일 수 있지요. 인간을 초월한 영적 존재로서 신을 의식하고자 하는 종교적 경향성이나 사고방식 자체가 신비주의를 낳고 있지요. 문제는 하느님을 현실과 동떨어진 세계에 존치시키며 신비적 현실로 받아들이라고 강요하는 데 있지요. 현실을 현실로 받아들이지 않고 신비주의로 해결하려 할 때 인간의 이성은 그 가치를 상실하고 말아요. 서구 사회가 과학 문명과 인간중심 사상을 발전시켜가는 이때, 러시아 사회는 차르 왕권의 강요 탓에 정치적·종교적 신비주의에 빠져 허덕이는 건 아닐까요?"

"게르츠, 체르니솁스키, 트카초프 등 인민주의자들은 일찍이 지식인의 노력을 통해서만 농민 대중의 우둔함을 극복하고 이상 사회를 실현시킬 수 있다고 했어요. 신부님의 말씀을 듣고 있으니 신부님이야말로 인민주의자라는 생각이 드는군요. 우리는 노동자, 농민을 위시한 프롤레타리아의 사회적 가치에 관심을 집중해야 해요. 러시아에서의 사회주의 운동은 산업 노동자들의 수적 열세와 혁신에 대한 농민층의 혐오로 정체되고 있어요. 이들 조직은 구심점이 없어 파업을 해도 강제 진압 당하기 일쑤예요.

그 대안이 레닌이 태동시킨 러시아 마르크스주의지요. 레닌도 청년 시절엔 인민주의자였습니다. 그러나 인민주의에 대한 환멸을 맛본 레닌은 정통 마르크스주의보다는 러시아 현실에 맞는 사회주의로 민심을 유인하고 있어요. 혁명 엘리트에 의한 운동이 아니라 아래로부터의 혁명을 기대하지요. 전제주의 체제를 전복시켜야 한다는 사명감에서 인민주의자들은 알렉산드르 2세를 암살하는 데는 성공했으나 혁명의 실마리를 찾기는커녕 반동 정치의 강화를 야기해 인민의 희생을 초래한 예도 있지 않나요? 신부님이야말로 최 목사라는 분이 러시아 헌병대에 체포됐을 때 그를 석방시켰다고 들었는데, 신부님이 할 수 있는 일은 그처럼 혁명의 배후가 돼주시는 거예요."

"날더러 배후가 돼달라고 하니 우선은 수라, 당신의 배후가 되는 일부터 해결해봅시다. 차르 헌병대가 당신을 체포하려고 혈안이 됐으니 당분간 이 집에 머물면서 위급한 시기를 넘기세요. 만약 차르 헌병이 와서 물으면 부부라고 할 테니 수라도 내 안식구처럼 행동해야 합니다."

어색한 한순간이 그들 앞에 놓였다. 두 사람은 두 자루 촛대에서 흔들리는 불빛처럼 서로의 눈동자를 쳐다보았다. 그건 오랫동안 본능의 욕구를 억누르며 살아온 남녀의 눈빛이었다.

"우린 다시 젊어지지 않겠지요?"

수라는 그 말을 듣는 순간, 가슴을 저미는 한 줄기 연민이 스쳤다. 한편으로는 두려운 생각이 들었다. 어쩌면 이 사람을 사랑할 수도 있겠구나.

그사이 진눈깨비가 내려 실내가 눅눅해졌다. 오 신부가 헛기침을 하며 일어나 페치카에 마른 장작을 밀어 넣었다. 불꽃이 일어나 두 사람의 얼굴을 밝혔다.

눈이 수북하게 쌓인 다음 날 아침은 오히려 푸근했다. 오 신부는 새벽 미사를 위해 성당에 가고 없었다. 수라는 거실로 나가고 싶었으나 부인과 아이들의 잠을 방해할까 봐 그대로 침대에 누워 물끄러미 창을 바라보았다. 유리창에 성에꽃이 인간의 마음처럼 여러 문양으로 서려 있었다.

10. 깃발소리

우수리스크 남성복지관.

*
*

1911년

1

이반으로부터 전갈이 왔다. 쪽지에는 단 한 줄이 적혔다. "철길 위 안
전가옥으로 오시오." 짐작이 갔다. 이반을 처음 만난 장소가 아니던
가. 이반이 '움직이는 노동조합'이라고 명명한 곳이었다.

　화차 문을 열고 안으로 들어가자 이반은 간이침대에 누웠고, 낯익
은 동지들이 침대 옆에서 근심 어린 표정을 짓고 있었다.

　"위원장이 부상당했습니다."

　수라가 깜짝 놀라 침대로 다가갔다. 옆구리를 감싼 붕대에 피가 흥
건히 배었다.

　"심하게 다쳤군요. 대체 어찌된 일인가요?"

　이반은 손을 저으며 말했다.

"죽지는 않을 모양이니 너무 걱정하지 마시오. 하바롭스크 지부에 삐라 뭉치를 보낼 일이 있어서 우체국을 찾아간 게 실수였소. 우체국 직원이 내용물을 확인한다며 포장한 문건을 뜯어 보더군. 그러더니 무게를 저울에 달아야 정확한 금액을 산출할 수 있다며 기다리라더니…. 그때 눈치를 챘어야 했소. 우체국마다 사복 경찰이 잠복하고 있을 줄이야. 내 잘못이요.

느닷없이 사복 경찰들이 나타나 양쪽 겨드랑이에 손을 넣고 어깨를 거머쥐더군. 꼼짝없이 체포될 판이었지. 그 순간, 내 어깨를 낀 두 경찰을 지지대로 삼아 두 발로 창구 유리창을 깨뜨렸지. 당황한 경찰이 순간적으로 손을 놓는 바람에 용수철처럼 튀어나오는데 한 놈이 총을 쏘더구먼. 총알이 옆구리를 관통해 갈비뼈가 으스러졌지. 밖에서 대기하던 동지들의 부축을 받아 겨우 피신하기는 했으나 총상이 나으려면 시간이 한참 걸릴 것 같소. 당장 내일 항만노조와 철도노조의 연대 문제를 논의하기 위한 대의원회의가 잡혀 있지 않소? 나를 대신해 수라가 회의를 주재해주었으면 좋겠소. 위임장을 써놓았으니 그 일을 맡아주시오."

"미숙한 제가 어떻게 회의를 주재할 수 있겠어요? 회의를 연기하든지 해야지요."

"아니오. 수라, 당신은 이미 많은 일을 체험했고 배웠소. 그만하면 자격이 충분하오. 블라디보스토크 노동자들은 동지의 얼굴은 몰라도 '수라'라는 이름은 익히 알고 있으니 이제 지하운동을 접고 당당하게 나설 때요. 대의원회의는 경찰 감시망을 피하기 위해 우수리강 변의 밀영에서 열기로 했소. 마트닌과 슬라바가 동지를 도울 것이오.

부디 몸조심하시오. 동지마저 체포되면 몇 년 동안 기다려온 연대가

물거품이 되고 말 것이오."

수라는 마트닌과 슬라바를 따라 밖으로 나왔다. 미리 시동을 걸어
놓은 자동차가 대기하고 있었다. 차는 시내를 빠져나가 우수리강 상
류로 향했다. 한 시간쯤 달렸을 때 농장으로 빠지는 외길이 나타났다.
차는 어두컴컴한 길로 접어들었다. 속도를 줄였으나 헤드라이트가 몸
을 떨듯 흔들렸다. 갑자기 정면에서 서치라이트가 대낮처럼 불을 밝
혀 앞이 보이지 않았다. 차가 급정거하는 바람에 일행은 일제히 앞으
로 몸이 쏠렸다. 한 무리의 사람들이 불빛 뒤에서 나타났다. 불빛 속
에서 목소리가 튀어나왔다.

"파업 분자다. 어서 체포해!"

마트닌이 문을 열면서 나지막하게 말했다.

"놈들은 내가 따돌릴 테니 어서 빠져나가시오."

마트닌은 몇 걸음을 나아가서 큰 소리를 질렀다.

"대체 무슨 일입니까. 왜들 이러시오?"

"잔말 말고 손을 머리 위에 올려! 당장 쏴버리기 전에."

수라는 슬라바와 함께 슬금슬금 뒷걸음치기 시작했다. 다행히 상대
편에서도 차량에서 마주 비추는 불빛 때문에 이쪽이 잘 보이지 않았
다. 얼마나 뛰었을까, 슬라바가 수라의 손목을 이끌고 급경사진 언덕
밑으로 몸을 던졌다. 그 순간, 둑방 위에서 총소리가 들리고 호루라기
소리가 밤공기를 찢었다.

몸을 숨기고 올려다보니 곤봉을 쥔 경찰들이 호루라기를 불며 둑방
길을 내달렸다.

"저쪽이다. 둑방 밑을 비춰라!"

슬라바가 수라를 이끌며 강변 억새밭 사이로 몸을 숨겼다. 호루라기 소리가 억새를 뚫고 뒤따라왔다. 내딛는 걸음마다 땅에 금이 가는 듯했다.

"슬라바, 아무래도 들통난 모양이에요. 이반도 우체국 직원의 신고로 봉변을 당한 게 아니라 이미 동태를 파악한 경찰의 습격을 받은 게 분명해요. 그렇지 않고는 철저히 비밀로 해두었던 대의원회의 장소까지 급습할 리 만무하지. 아무래도 내부에 첩자가 있는 것 같아요. 나는 혼자서 피신할 수 있으니 이반 동지에게 달려가 다른 장소로 피신하라고 전해주세요."

슬라바는 고개를 끄덕이며 멀어져갔다. 수라는 억새밭에 몸을 묻고 숨을 죽였다. 호루라기 소리가 점점 가까이 들려왔다. 차가운 성에가 얼굴에 들러붙었다. 무수한 발자국들이 곁을 스쳐 지나갔다.

얼마나 엎드려 있었을까. 바람이 거셀수록 수라는 깃발이 파닥파닥 휘날리는 소리가 들리는 것 같았다. 가족과 함께 아버지를 따라 광활한 만주 벌판을 헤치며 생활하던 동청철도 건설 현장에 나부끼던 무수한 깃발 소리를 수라는 떠올렸다. 귀환을 늦춰달라고 애원하며 철도 위에 드러누운 노동자들의 모습들. 오늘은 환각처럼 그들이 들었던 붉은 기가 억새밭에 몸을 숨긴 수라의 머릿속에서 하염없이 나부꼈다.

2

동이 트는지 하늘이 붉게 물들기 시작했다. 환하게 빛나는 동녘 하늘을 배경으로 둑방이 시커먼 형체를 드러냈다. 햇살에 깨어난 새 떼가 날아올라 허공 속으로 박히듯 날아갔다. 억새밭엔 아직도 어둠이 가시지 않았다. 날아갔던 새들이 다시 돌아와 내려앉는 것으로 봐서 경찰이 더 이상 수색하는 것 같지는 않았다. 수라는 강둑으로 올라와 다시 오 신부 집으로 향했다.

문을 열고 들어서는 수라를 보고 오 신부의 부인이 못마땅하다는 듯 쏘아붙였다.

"대체 무슨 일로 밤이슬을 맞고 다니는 게요? 경찰에 쫓긴다는 그 잘난 소리를 또 풀어놓을 거요? 당신 탓에 우리 아이들까지 잘못될 수 있으니 당장 이 집을 떠나요! 당신도 아이를 키우는 어머니가 아니오? 당신은 엄마가 될 자격도 없는 사람이오!"

"진정하세요. 부인은 대체 내가 무슨 일을 한다고 생각하시나요? 여기서 밀리면 우리 모두의 희망은 사라지고 말아요. 아이에 대해서는 더 이상 언급하지 마세요. 내겐 눈에 넣어도 아프지 않을 자식이니까요. 어머니라면 누구나 자식을 돌보고 싶어 한다는 점을 모르세요? 나도 당신처럼 한 지붕 아래서 자식을 위해 밥을 짓고 빨래를 하는 평범한 엄마가 되고 싶지 않겠어요?"

부인은 싸늘한 시선으로 응수했다.

"그래. 당신 말대로 노동자 세상이 오기라도 했단 말이오? 사람에게는 누구나 타고난 운명이 있는 거요. 당신처럼 운명을 거역하고 살다가는 제명에 죽지 못할 거요. 당장 이 집에서 나가요!"

고함 소리에 잠이 깬 오 신부가 황급히 거실로 나와 부인의 말을 잘 랐다.

"수라는 내가 청한 손님이오. 이 무슨 무례한 처사란 말이오. 수라, 아내를 대신해 내가 사과하리다. 조만간 아내는 친정으로 갈 것이요. 차라리 잘된 일이지. 올가가 입학할 나이가 돼 학교 근처의 친정집에서 통학시키기로 결정했는데 좀 앞당겨 가면 되겠군. 당신은 어서 가방을 꾸리시오. 내가 친정에 데려다줄 테니. 수라가 하는 일을 비하해서는 안 되오. 수라가 하는 일은 인간 해방에 있으니 우리가 하지 못하는 일을 대신하고 있소."

오 신부가 부인과 딸을 데리고 밖으로 나간 뒤 수라는 거실에 우두커니 앉아 생각에 잠겼다. 세찬 바람에 창문이 덜커덩거렸다. 좁은 틈새로 들어온 바람이 커튼을 허공으로 부풀렸다. 수라는 마음도 몸도 커튼처럼 가볍게 날아올랐으면 좋겠다고 생각했다. 그러다가 자신도 모르게 중얼거렸다. 바람이 불면 사람들은 더 뜨거워지지. 삶의 조건을 탓할 필요는 없을 거야. 오히려 삶의 모든 조건을 이용해야 해.

빗줄기가 창문을 핥고 있었다. 길거리를 오가는 사람들이 소낙비를 피하려고 머리에 손을 얹은 채 잰걸음을 옮겼다. 잿빛 안개의 장막 뒤로 가로수가 희미하게 어른거렸다. 처마에 매달린 빗방울이 똑똑 소리를 내며 빠르게 떨어졌다. 움직이지 않는 것이 없었다. 세상은 살아 있었다.

11. 새 생명

니콜스크–우수리스크 전신국.

*
*

1911년

1

수라는 부엌의 석탄 난로 위에 보르시(러시아 수프) 솥단지를 안쳐 놓고
거실에 앉아 타자를 쳤다. 맑고 투명한 눈동자는 가끔 타자 종이에서
벗어나 문 쪽을 넘겨다보았다. 부엌에서 끓고 있는 솥단지를 제외하
곤 실내는 너무 조용했다. 멀리 떨어진 길에서 들려오는 마차 소리로
인해 실내의 적막은 더욱 두드러졌다.

　수라는 벽시계를 쳐다보았다. 오 신부가 돌아오려면 한 시간 정도
남았다. 부부로 위장해 함께 산다는 게 애초에 잘못된 일이라는 생각
이 들었다. 하지만 오 신부를 떠올릴 때마다 꺼칠한 수염의 촉감이 동
시에 느껴지는 건 어쩔 수 없었다.

　어느 날 밤 두 사람은 키스를 나눴다. 오지 말아야 할 순간은 느닷

없이 오고야 만다. 후회해도 소용없었다. 장작이 스러지면서 파란 불꽃을 피워 올리던 밤이었다. 수라의 까만 눈동자는 비밀을 담은 상자처럼 스르르 눈꺼풀에 덮였다.

오 신부의 입술은 뜨거웠다. 서로의 가슴을 더듬고 웃옷 단추를 풀어헤쳤다. 허벅지를 더듬어오는 키스는 강렬했다. 침대는 격렬하게 흔들렸다. 새벽녘에 깨어난 두 사람은 서로를 쳐다보지 못했다. 그러다 다시 포개져 서로의 입술을 더듬었다.

"결국 이렇게 됐어요."

"운명이랄 수밖에….."

수라는 타자를 치다 말고 오 신부와의 첫날밤이 떠올라 얼굴이 붉어졌다. 타자기는 자주 오탈자를 냈다. 바닥엔 타자 용지가 흩어졌고 공기는 후끈했다. 촛불 하나가 접시 받침대 위에서 자기 몸을 사르고 있었다. 그날 밤을 생각하면 손에 땀이 배었다. 솥단지에서 하얀 김이 피어올랐다.

수라는 부엌으로 가 보르시를 휘젓고 집게로 갈탄을 이리저리 옮겨 숨구멍을 냈다. 고기를 썰어 넣은 뒤 빨간 무를 채 써는데 속이 울렁거리며 헛구역질이 올라왔다. 늘 먹던 보르시 냄새가 역겨웠다. 입덧이었다. 왜체를 가졌을 때도 보르시 냄새를 맡고 헛구역질을 했었다.

그때 오 신부가 문을 열고 들어왔다. 외투를 벗어 벽에 거는 신부를 수라가 뒤에서 껴안았다.

"수라, 별일 없소?"

오 신부가 수라의 눈동자를 뚫어지게 바라보았다.

"언제 보아도 비밀이 가득한 눈이오. 이 검은 눈동자엔 무엇이 들어 있을까."

부엌에서 보르시 냄새가 풍겨오자 오 신부는 시장기를 느끼며 창자에서 꾸르륵 소리를 냈다.

"오늘 저녁은 혼자 드세요."

수라는 순간, 입맛이 없어졌다고 해야 할지, 입덧을 한다고 해야 할지 망설였다. 언젠가는 알게 될 일이라면 감출 이유가 없었다. 수라의 말을 들은 오 신부의 표정이 굳어졌다. 양쪽 눈 아래 살이 펑퍼짐하고 광대뼈 사이가 널찍한 얼굴에 적막이 감돌았다.

"축복해야 할 일이면서 동시에 난감하군. 이 노릇을 어떻게 한다지. 신부가 유부녀와 관계를 맺어 아이까지 낳았다면 누가 성당에 나오겠소? 당신이나 나나 아내와 남편에게 얽매인 몸이 아니오. 비록 별거는 하고 있지만 말이오. 방법은 하나밖에 없소. 내가 신부복을 벗어던지고 자유인이 되겠소."

"남들 손가락질을 두려워하지 마세요. 난 당신의 축복을 받고 싶어요. 나는 이 아이를 낳아 떳떳하게 키울 새로운 세상을 꿈꿀 테에요. 새로운 세상, 새로운 사회질서는 남성과 여성의 순수한 사적인 관계를 보장해야 하지요. 나는 우리 관계에 책임을 지고 싶어요. 그게 최선이에요. 당신과의 사랑을 증명하기 위해서라도 아이를 낳아 기르겠어요. 누가 손가락질해도 상관없어요. 당신은 나를 다시 여자로 느끼게 해주었지요. 그러니 대가를 당당히 치르겠어요. 사랑이라는 지고한 가치를 위해 목숨도 내놓겠어요."

"아이를 낳으면 입적을 시켜야 하는데 당신과 나는 공식적으로 결혼한 사이가 아니어서 호적에 기재할 수도 없지 않소. 이 문제를 어찌 처리하려고 하시오."

"그 문제는 제게 맡겨 두세요. 물론 이혼하지 않은 상태에서 당신과 관계를 맺은 건 잘못이지요. 하지만 마르크가 이혼해주지 않겠다고 버틴다 해서 내 인생을 포기할 수는 없어요. 복수심에 불타는 인간에게 나를 묶어둔 채 죽은 듯 살아갈 바에야 차라리 죽는 편이 나아요. 누군가를 사랑할 수 없다면 그것이야말로 모순이지요. 나는 결혼을 덫으로 만든 마르크의 손아귀에서 더 이상 희생당하고 싶지 않아요.

나는 당신을 사랑하고 내 뱃속엔 그 사랑의 씨가 자라고 있으니 당당하게 아이를 낳겠어요. 아이를 어떻게 입적시켜야 할지에 대해서도 고민해보겠어요. 시간이 조금 필요할 뿐이에요. 우리는 서로 시간이 필요해요. 각자의 시간 말이에요. 이 모든 게 우리의 사랑을 완성하기 위한 시간이라고 생각하세요. 그러니 내가 임신했다고 해서 나를 동정할 필요는 없어요. 어떤 시련이 닥친다 해도 나는 내 길을 갈 겁니다. 아이를 낳아 키울 테니 그렇게 아세요."

"진정으로 당신을 사랑하오. 우리 서로 용기를 냅시다. 우리에겐 무엇보다 용기가 필요하오."

"가엾은 와실리. 지금 내가 얼마나 두려운지 당신은 모를 거예요. 우리의 사랑이 이토록 애처로우니."

"당신 뜻에 따르겠소. 그 아이는 우리 두 사람의 고해이자 성체라고 생각하겠소."

"당신과 함께한 시간은 비록 짧았으나 내겐 가장 행복한 시간이었어요. 내게 가족과 가정을 새롭게 일깨워주었으니까요. 가정의 냄새가 이토록 향기롭다는 것을, 내게도 의탁할 곳이 있음을, 중국령으로 피신하지 않고도 블라디보스토크 한복판에 삶과 사랑의 터전이 있다는 사실을 요. 당신은 나를 한 인간으로 대해주었고 나는 당신을 위해 식탁을 차렸으니 이게 바로 축복이 아니고 무엇이겠어요. 두 번의 삶을 살게 해준 이런 축복은 어떤 여자도 느껴보지 못할 거예요."

수라의 얼굴에서 한 줄기 눈물이 길게 흘러내렸다.

2

산달이 다가오면서 수라는 부쩍 어머니를 떠올렸다. 어머니는 저녁이면 설거지를 마친 뒤 성상 앞에 무릎을 꿇고 기도를 했다.

"청해라, 그러면 주실 것이다. 찾아라, 그러면 얻을 것이다. 문을 두드려라, 그러면 열릴 것이다. 누구든지 청하는 이는 받고, 찾는 이는 얻고, 문을 두드리는 이에게는 열릴 것이다."

어머니의 낭랑한 목소리가 들리는 듯했다. 그립고 그리운 어머니의 음성. 꿈 속에서 수라가 손을 잡으려고 다가갔지만 어머니는 뒤로 물러섰다.

수라는 커다랗게 불러온 아랫배를 손으로 받치고 일어나 촛불을 켰다. 죽음 앞에 켜는 촛불. 촛불은 아름다웠고 촛불 속에서 빛나는 성모상은 더욱 신성을 띠었다.

하나의 촛불을 봉헌해 하나의 죄가 사해진다면 얼마나 좋을까. 수라는 천 개의 촛불을 켜서라도 세상에서 지은 모든 죄를 씻고 싶었다. 가슴속에서 뜨거운 것이 복받쳐 올라왔다.

수라는 로사리오의 기도(묵주 기도)를 바쳤다. 뱃속의 아기를 위해 한 묶음의 기도를 바치고 싶었다. 창문 너머 하늘에 달이 고즈넉했다. 그때 갑자기 알게 됐다. 새벽부터 내내 울고 싶었던 이유는 생의 순간순간이 죽음을 건너가는 길목이기 때문임을.

어머니는 어디로 가셨을까. 어머니의 죽음을 처음 발견한 건 천사였겠지. 수라가 그다음이었다. 수라는 어머니가 죽었으리라 생각하지 못했다. 그저 언제나처럼 아침 기도를 하고 있는 줄만 알았다. 그래서 그날 아침, 수라는 방문을 조용히 닫고, 어머니 대신 앞치마를 두르고 동생들에게 아침을 차려주었다. 토스트에 버터와 딸기잼도 바르고 차도 끓였다. 아침을 먹은 다음 마리야의 머리를 두 갈래로 따주었다.

수라는 어머니를 여읜 뒤로 툇마루에 앉아 대문을 빤히 쳐다보는 습관이 생겼다. 어머니가 살아 있을 때 학교에 데려다주면서 무슨 이야기를 하긴 했는데 한마디도 떠오르지 않았다. 어머니에게도 자기만의 세계가 있었을 텐데. 눈에 안 보이는 슬픔으로 만들어진 자기만의 세계가. 어머니가 돌아가신 뒤 식구들은 말이 없어졌다. 슬픔이 차올라 모두들 말문을 닫아버렸다.

어머니를 생각하면 수라는 아무 때고 눈물이 났다. 눈시울을 찰랑찰랑 넘실대는 눈물. 남에게 눈물을 보이는 게 싫어 이를 악물었다.

밤에 진통이 시작되고 새벽에 양수가 터졌다. 수라는 고통으로 몸부림쳤다. 두 번째 해산은 첫 아이 때보다 순조롭다는 말은 거짓이었다. 수라는 병원으로 달려갔다. 분만실로 들어가려는데 창가에 빗줄기가 비스듬히 쏟아졌다. 사선으로 들이치는 빗줄기를 보는 순간, 수라는 다시 어머니를 떠올렸다. 여자로 태어난 이상 피할 수 없는 일이 해산의 고통이었다.

수라는 누구에게도 알리고 싶지 않았다. 와실리가 오는 것도 싫었다. 수라에게 유일한 위안은 빗줄기였다. 힘을 들이지 않고 자식을 얻을 수는 없는 일이다. 자식은 하늘에서 떨어지지 않는다. 죽음의 위험을 겪어야 비로소 탄생의 울음을 들을 수 있다는 엄연한 사실이 그토록 생생하게 느껴진 적이 없었다. 통증이 올 때마다 수라는 이를 악물었다.

이윽고 분만실에서 우렁찬 울음이 터져 나왔다. 의사가 아이의 탯줄을 잘랐다. 수라의 몸은 육지에 작은 배 한 척을 안착시키고 뒤로 물러나는 썰물처럼 조용해졌다. 아들이었다. 핏덩이 아기를 품에 안자 엄마가 아끼던 이콘 그림이 떠올랐다. 예수가 양을 안은 그림이었다. 수라는 아기에게 보리스란 이름을 지어주었다.

와실리가 뒤늦게 입원실로 달려왔다.

"우리가 새 생명을 얻었군요."

와실리 역시 이 말이 수라에게 위로가 되지 않음을 알았다.

"당신이 곁에 있으니 더 목이 메어요."

수라는 와실리의 등을 떠밀었다. 와실리는 수라의 손을 꼭 그러쥐고 고개를 끄덕였다. 빗줄기가 핥아대는 유리창에 낙엽 한 장이 붙어 미끄러졌다. 생은 빗물에 젖어 미끄러지는 낙엽과도 같았다.

몸조리를 끝낸 수라는 새로운 거처로 옮겼다. 집은 오래된 석조 건물의 2층에 있었으며 시장과 가까웠다. 아래층은 여러 상점이 붙어 있었다. 건물 앞에는 자갈이 깔려 행인들이 지나갈 때마다 발소리가 들렸다. 와실리에게는 보리스가 어느 정도 성장할 때까지 찾지 말라고 당부해두었다. 서로를 볼 수 없는 상황은 무척이나 힘들었다. 그러나 김노예의 딸이 푸른 눈의 폴란드 남자에게 시집을 가더니 이제는 신부와의 사이에 아이까지 낳았다는 비난을 듣고 싶지 않았다.

3

수라는 왜체를 데려와 보리스와 한 지붕 밑에서 키우리라고 결심을 했다. 보모가 새 집으로 왜체를 데려왔다. 곧 세 살이 되는 왜체는 좁은 거실을 아장아장 걸어다녔다. 갓난 보리스는 보모의 품 안에서 조막만 한 손을 꼼지락거렸다.

창가에 서면 시장이 한눈에 들어왔다. 굵은 눈송이가 하늘에서 깃털처럼 떨어지는 블라디보스토크 변두리의 재래시장. 눅눅한 저기압이 대지를 짓누르는 혹한이었지만 겹겹의 옷을 껴입고, 머플러로 머리를 칭칭 감싼 몸집 큰 아낙들은 어김없이 장을 보러 왔다. 아낙들은 눈보라를 일으키는 세찬 바람에도 종종걸음을 치지 않고 한결같은 보폭으로 걸었다. 그 가운데 한 아낙이 눈에 들어왔다. 아낙은 한 아름이나 되는 허리에 2미터가량 되는 긴 끈을 묶은 채 러시아식 전통 썰매 산카를 끌었다. 산카에는 갓난아기가 누워 있었다.

커다란 눈동자를 깜박이는 아기를 덮은 건 겨우 홑이불 한 장이었다. 굵은 눈송이는 하염없이 떨어지고 양 볼은 터질 듯 얼어붙는데 아이는 그저 배시시 웃고 있을 뿐이었다. 자신이 산카에 실려 있다는 실감은커녕 어디로 가는 줄도 모르는 아이의 천진스러운 얼굴은 천상에 살다가 지상으로 미끄러져내린 천사의 모습이었다. 아낙도 묵묵히 산카를 끌 뿐, 좀처럼 아기를 돌아보지 않고 장바닥을 헤쳐 나갔다.

가끔 짐수레나 용달차가 눈길을 헤치며 지나가면 움푹한 바퀴 자국에 썰매 날이 파묻혔다. 그때마다 아낙이 힘을 주는지 상카를 묶은 줄이 더욱 팽팽해졌다.

수라는 시선을 거두어 보리스의 눈동자를 들여다보았다. 어둠의 바다를 건너 생명의 대륙에 막 도착한 순결한 눈동자. 수라는 아이의 양육과 노동운동에 대한 걱정으로 잠을 이루지 못했다. 엄마 노릇도 제대로 하지 못하는데 그렇다고 해서 양육을 포기하고 세상을 향해 걸어갈 수도 없는 일이었다. 가정과 사회. 두 세계는 서로 충돌해 불꽃을 튀겼다. 수라는 우울증 환자처럼 가슴에 먹구름이 드리울 때면 알렉산드르 블로크의 시집을 펼쳤다.

그날은 오리라

그날은 오리라—그리고 위대한 것이 실현되리라,
미래에 있을 영혼의 위업을 예감한다.

그대는—딴 여인, 말없고 평범한 여인,
몸을 감추었다. 그리고 조용히 요술을 부린다.

그러나, 그대는 그 무엇으로 변하리라—나는 알아보지 못한다,

그리고 내가 그대의 것이 될는지, 그대는 모른다.
헌데 하나가 된 무서운 영혼에 대한 승리로
사람들은 바로 그곳에서 즐기고 있다.

1901년 11월 23일

시집 뒤에 붙어 있는 블로크에 관한 짧은 해설이 인상적이었다. 출신, 가족과 친척 관계, 친구 교제에 있어서 시인은 낡은 러시아의 인텔리 그룹에 속해 있었다. 그의 가까운 친척들은 거의가 학자이거나 문학가였다. 아버지는 법학 교수이자 철학자였고 할아버지는 식물학 교수였으며 할머니와 어머니 그리고 두 숙모는 작가이자 번역가였다. 블로크는 대학총장 집안에서 태어났다. 이는 결과적으로 그가 시인이 된 아주 중요한 계기가 됐다. 푸시킨의 친구로 알려진 그의 증조모가 장차 위대한 시인이 될 손자의 출생을 직접 맞았다. 시인의 탄생 직후 그의 부모는 이혼한다. 그는 잘 정돈된 페테르부르크의 할아버지 집과 모스크바 근교의 샤흐마토보 별장에서 어린 시절을 보냈다. 1889년 블로크의 어머니는 근위대 장교와 재혼했다. 그 당시 블로크는 중학교에 들어갔는데, 조용하고 말이 없던 소년은 학교생활에 잘 적응하지 못했다. 1897년 어머니와 함께 독일의 요양 도시를 여행했다. 거기서 블로크는 처음으로 청년의 강렬한 사랑을 체험했다.

수라는 왜체와 보리스 가운데 누구라도 블로크와 같은 시인이 돼주길 바랐다. 시인은 반동의 시대에 가장 위대한 빛을 발하지 않는가. 1905년 1차 러시아혁명의 실패로 부르주아 문학이 정체와 쇠퇴의 난

항을 겪고 부르주아 작가들이 자유를 위한 투쟁에서 뒷걸음칠 때 블로크는 특별한 위치를 차지하고 있었다. 시인은 자기 과거의 탐구에 대해 환멸을 느끼자 끈덕지게 새로운 길을 찾았다. 시인은 혁명의 실패를 체험했지만 미래의 감정을 잃지 않았다.

수라는 '미래의 감정'이라는 대목에 밑줄을 쳤다. 누구나 블로크의 시를 사랑하고 암송했으나 수라는 블로크의 시가 자신을 위해 써졌다고 믿고 싶었다. 시인의 길과 혁명의 길은 다르지 않았다.

블로크 시집은 수라에게 희망의 거처이자 삶을 지탱하는 어휘 사전이었다. 집회, 토론, 늦은 바람, 바람은 씽씽거린다! 오, 심장이여, 너는 얼마나 사랑했던가! 오, 이성이여, 너는 얼마나 불타올랐던가! 이 모든 어휘가 가정과 거리에서 동시에 솟아올랐다.

수라는 "바람은 씽씽거린다"라는 시구를 되뇌며 주민등록소를 찾았다. 마르크의 호적에 보리스를 입적할 수밖에 없었다. 주민등록소에서 나오는 수라의 손에는 출생증이 들려 있었다.

〈출생증명서〉

보리스 마르코비치 스탄케비치가 1910년 7월 19일에 출생했음을 확인함.

등록 연월일: 1911년 8월 3일 주민등록소

부: 마르크 이오시포비치 스탄케비치
모: 스탄케비치 알렉산드라 페트로브나

수라는 가슴이 찢어지는 듯했다. 사람에게도 모조품이 있는가. 아버지를 아버지라고 부르지 못하는 우스꽝스러운 모조품으로서의 사람. 모든 사람에게서 모조품의 냄새가 나는 듯했다.

아교가 채 마르지 않은 시큼한 냄새. 실밥이 미처 제거되지 않은 투박한 인형으로서의 사람. 세상이 금이 가고 무너져 내리는 듯했다. 그러나 그것도 한순간에 지나지 않았다. 세계는 다시 고요한 표면으로 돌아왔다. 이 세계를 어떻게 만져야 할까.

손을 대면 파도 하나가 출렁 솟아올라 손가락 사이로 빠져나가 버릴 것만 같다. 손가락 사이로 빠져나가는 보리스. 수라와 와실리의 몸에서 시작된 혈육. 불쌍하기 그지없는 피붙이. 누군가의 존재에 탄생의 문제보다 더 절박한 것은 없다.

보리스의 운명은 너무도 안타까웠다. 자명함과 모호함 사이에 놓인 인간의 운명. 그것은 또 하나의 인간 현상이다. 보리스 역시 그것을 알게 될 날이 있으리라.

삶에서 어차피 약속된 땅은 없다. 인간은 삶이라는 무대에서 살아가는 배우일 뿐이다. 배우와 무대 사이의 갑작스러운 절연이 수시로 일어나는 삶은 얼마나 부조리한가. 그러나 불가해한 삶의 조건을 붙들고 애면글면하기엔 인생은 얼마나 짧은가. 인생의 절연을 경험한

사람은 부조리의 감정이 삶을 강타하기 전에 부조리에 대항해 싸워야
한다. 수라는 블라디보스토크를 떠날 때가 다가왔음을 직감했다.

12. 우랄을 향해

1890년대에 설립된 우수리스크 쿤스트알베르스 상점 앞 중국인 거리.

*
*

1914년

1

3월의 마지막 며칠은 싸락눈이 내렸다. 하늘은 변화무쌍했다. 그게
불길한 전조가 아니기를 수라는 마음속으로 빌었다. 난롯가에 앉아
와실리와 논쟁을 벌이던 지난겨울은 너무 길었다. 와실리는 허무맹랑
한 소리는 입 밖에도 내지 말라고 수라를 다그쳤다.

"우랄로 떠나겠다니 대체 아이들은 어떡하고⋯. 게다가 지금은 전쟁
중이 아니오? 건장한 사내도 목숨을 잃기 십상인데 우랄로 떠나겠다니.
수라, 당신은 이 보금자리를 왜 깨려고 하시오."

"위험하기 때문에 떠날 수 없다는 말은 크나큰 모순이에요. 내가 가야
하는 이유는 오히려 위험 때문이에요. 말도 통하지 않는 조·중 노동자
들이 벌목공으로 채용되어 우랄로 떠나는데 저라도 함께 가야 하지 않

겠어요? 그러지 않으면 나는 나 자신을 비겁자로 자책하며 평생을 죄인처럼 살아야 할지도 몰라요. 내가 그들을 외면한다면 이 세상을 향해 눈을 감는 꼴이 되고 말 거예요. 보리스의 양육은 걱정하지 마세요. 보모가 맡아서 키워준다고 했으니. 우랄에서 중노동을 하는 소수민족을 위해, 노동자를 위해 내가 할 수 있는 작은 선善을 실천하고 싶어요."

"그렇게까지 고집을 부리니 무슨 말을 해도 소용없는 일이지. 블라디보스토크 한민회에서도 당신을 우랄로 파견하자는 의견이 있었소. 미리 말을 하지 않은 건 당신의 안전을 염려해서였소. 당신의 의지를 꺾을 수 없으니, 더는 말릴 수 없겠지. 보리스 걱정은 하지 말고 무사히 다녀오오. 나 또한 이렇게 될 줄 알았다오."

아이들과 헤어져야 한다는 사실은 너무도 가슴 아팠다. 보리스는 이제 다섯 살, 왜체는 학교에 들어갈 나이가 됐다. 엄마가 가장 필요한 시기에 엄마 없이 지낼 아이들을 생각하면 엄두가 나지 않았지만 한편으론 지금이야말로 공상의 조용한 피란처를 버리고 세상 속으로 뛰어들어야 할 때였다. 혁명은 서쪽에서 동쪽으로 밀려오고 있었다. 그러니 혁명을 마중하기 위해서라도 서쪽으로 가야 했다.

2

블라디보스토크 항만으로 연결되는 고갯마루. 한인 노동자와 중국인 쿨리(중국과 인도의 노동자)가 모여 사는 바라크에서 노동자들이 모여 모닥불을 쬐었다.

"시대를 잘못 타고 태어났지. 이놈의 전쟁이 언제 끝나 태평 시절을 맞을 것인고. 그것도 세계 전쟁이라니!"

"이러다간 블라디보스토크도 전쟁의 불길에 휩싸이는 건 시간문제일 뿐이야."

노동자들은 창백한 얼굴로 서로를 쳐다보며 혀를 찼다.

"딴은 사는 게 전쟁이잖나. 전쟁 때문에 일자리가 생기면 우리 같은 노동자들에게는 기회가 될 수도 있지 않겠나. 젊은이들이 모두 군인으로 뽑혀 전선으로 나가니 우리 중늙은이들에게도 일자리가 돌아온 게 아닌가."

"노동자들의 처지는 매일반이지. 같은 처지에 있는 조·중 노동자끼리 뭉쳐야지요."

"세상엔 고개가 많기도 하오. 우랄 벌목장으로 가는 고개, 돈바스 탄광으로 가는 고개, 무르만스크 철도 공사장으로 가는 고개, 전선 참호 공사로 가는 고개…. 별의별 고개가 많기도 많소만 어느 고개를 넘든 간에 목숨 하나는 부지해야지요."

"우리는 서로 고락을 나누며 여러 해를 함께 지냈으니 어디로 가든지 같이들 갑시다. 여러 고개 가운데서 그중 낫기는 우랄 벌목장이 제일 낫다던데. 거기면 얼마든지 목돈 벌이가 된다고 합디다."

수라가 바라크 마당에 그림자를 끌며 나타났다.

"안녕들 하세요."

"수라 동지, 마침 잘 오셨습니다."

"무슨 새 소식이라도?"

"우리보다 동지가 소식을 먼저 알고 있을 테지만 우리 말을 들어보시오. 조·중 노동자들끼리 함께 우랄로 돈벌이를 가자고 논의를 하는 중이었소. 전쟁 통이라 일자리가 많이 생겼다는데 우랄 벌목장 임금이 제일 좋다는 소문이 있더군요."

"도시 전체가 우랄 이야기로군요. 좀 더 원칙적으로 접근해야 될 것 같아요. 품을 팔아서는 돈을 모을 수 없는 게 사실이에요. 어딜 가든 마찬가지예요. 전쟁 통에 어떻게 돈이 모아질까요? 돈을 버는 게 아니라 길에 뿌리는 격이에요."

"우리 밑천은 이 빈주먹이니 어딜 가나 잃을 것도 밑질 것도 없소."

"동지들이 우랄로 간다면, 저도 함께 가겠어요."

"연약한 여자가 어찌 그리 험한 곳에 가려고 하오?"

"한인, 중국인 수천 명이 여러분처럼 우랄로 간답니다. 그러니 통역이 필요할 테지요. 제가 통역을 맡겠어요."

"수라 동지가 우랄로 함께 간다면야 우리로서는 참말 행운입니다. 기왕이면 수라 동지가 타는 열차로 함께 가겠소."

떠나기 전날 밤은 진눈깨비가 몰아쳤다. 바람이 먹구름을 하늘에서 낮게 끌어내리고 먹구름은 회오리를 만들어 진눈깨비를 감아올렸다. 수라는 잠이 오지 않아 방 안에 흩어진 보리스의 옷가지를 집어 개키다가 손가락을 좁은 소매며 바지에 끼워보았다. 너무 빨리 자라지 않고 서서히 어른이 됐으면. 세상이 좀 더 살기 좋은 때를 기다려 성장했으면. 손가락이 좁은 소매를 빠져나와 움찔거렸다.

다음 날 아침, 블라디보스토크 역 대합실은 우랄로 떠나는 노동자들 물결로 발 디딜 틈조차 없었다. 대합실 바닥에 한 무리의 사람들이

아예 드러누워 몸을 뒤채며 기침을 해댔다. 한꺼번에 수많은 목소리
가 뒤섞이는 바람에 대합실은 벌통처럼 진동했다. 살아야겠다는 외침
이었다.

"출장증명서가 있어야 해요."

짐꾼 소년의 목소리였다. 노동자들의 시선이 일시에 소년에게 향
했다.

"무슨 증명서라고?"

"저쪽 인력거간꾼에게 가서 출장증명서를 발급받아야 해요. 그게 없
으면 기차표를 구할 수 없어요. 물론 돈을 조금 내야 하지만. 그래도 낙
관적으로 생각하는 편이 나아요. 돈만 내면 안 되는 게 없는 세상이니까
요. 잔돈푼을 아까워하지 마세요. 우랄에 가면 수백 수천 배는 벌어올
수 있어요. 아참, 보드카도 잊지 마세요. 그게 없으면 보름 어간을 기차
안에 쪼그리고 앉아 손가락만 빨아야 해요."

대열은 금세 무너졌다. 사람들은 출장증명서를 떼느라 인력거간꾼
사무실 앞에 길게 늘어섰다.

어디선가에서 수프 냄새가 진하게 풍겨왔다. 누군가 도시락을 열어
수프를 떠먹는 모양이었다. 창자가 쪼르륵거렸다. 점심때를 놓친 것
도 모르고 지루한 탑승 수속을 밟고 있자니 어느새 해는 기울어 지상
에 늦은 오후의 그림자를 눕혀놓았다.

아버지와 기나긴 작별을 하기 위해 배웅 나온 철모르는 아이들이
동전치기를 하고 있었다. 1코페이카가 바닥에 굴렀다. 아이들도 알고
있었다. 그건 동전이 아니라 삶이라는 것을.

노동자들은 우랄행 기차표가 다 팔렸다는 말에 역사무소에 몰려가

임시 열차라도 편성해달라고 아우성을 쳤다. 매표 담당자가 임시 열차 편성은 불가하나 대신 입석표를 판매하겠다는 대책을 내놓으면서 출발 시간이 늦춰졌다.

표를 구하려고 우왕좌왕하며 떠들어대던 노동자들의 목소리가 잠잠해졌다. 폭풍이 물러난 듯했다.

"수라!"

뒤에서 목소리가 들렸다. 오 신부와 이반이었다.

"기나긴 작별이 되겠군요. 성당도, 사택도 정이 듬뿍 들었는데 이젠 떠날 시간이네요. 만나고 헤어짐이 인간의 정리일지언정, 영영 이별은 아닐 거예요."

"나 역시 섭섭하지만 할 수 없는 일이구려. 하루라도 빨리 무사귀환하길 바랄 뿐, 아무것도 묻지 않으려오."

이반이 두 사람의 대화에 끼어들었다.

"수라 동지는 어딜 가더라도 백 사람 몫은 해낼 겁니다. 그곳이 총알이 날아다니는 전선일지라도. 우리 볼셰비키 정신은 전선에서 더욱 빛나는 법이지요. 어딜 가도 볼셰비키 정신을 잊지 마시오."

"수천 명의 노동자들이 떠난다니 블라디보스토크가 텅 비겠네요. 적적한 마음이 들 때마다 두 분 얼굴을 천천히 떠올리겠어요. 동지들도 부디 몸조심하세요. 그리고 이반 동지, 신부님을 잘 부탁드려요. 신부님은 우리 노동자들의 진정한 은인이에요. 차르 헌병대에게 쫓길 때마다 우리에게 은신처를 제공해주었지요. 참으로 많은 추억을 갖고 갑니다."

"아직도 나를 신부라고 부르는구려. 이제는 동지라고 부르세요. 수라와 이반. 당신들과 더불어 혁명 동지가 된 일이 내게는 큰 자부심이고 자랑입니다."

"용서하세요. 버릇이 됐나 보네요. 신부님이 동지가 되어 우리도 얼마나 마음 든든한지 모르실 거예요. 신부님의 성당이 혁명의 전당이 됐으니까요. 시작이 있으면 끝이 있는 법. 전쟁이 끝나는 날이 꼭 오겠지요. 그날이 오면 다시 만나요. 일찍이 레닌 동지는 말했어요. 이 전쟁의 불길을 다른 데로 돌리라고요."

오 신부가 의아한 표정을 지으며 반문했다.

"전쟁의 불길을 다른 데로 돌리라니요?"

"전쟁 때문에 날마다 수만 명이 목숨을 잃는 판국에 백만장자는 전쟁 물자를 팔아 어마어마한 이윤을 남기고 있지요. 서부 전선에서 벌어진 세계대전을 하루라도 빨리 끝내야 하는 이유이지요. 세상 어느 민족도 어느 국가도 전쟁을 좋아하진 않아요. 저는 전쟁을 하러 가는 게 아니라 전쟁을 끝내기 위해 가는 거예요."

"옳습니다. 어딜 가든지 수라의 염원이 이루어지길 기도하겠소."

"그곳이 전선이든 후방이든 전쟁의 불길을 다른 데로 돌려야 마땅해요."

오 신부가 한마디 거들었다.

"병사들이 그런 진리를 안다면 얼마나 좋을까요. 그렇게 된다면 전쟁도 끝나고 볼셰비키 혁명도 이룰 수 있겠지요. 하지만 당신이 이렇게 떠난다니 난 날개 잃은 새 같기만 하구려. 하지만 당신을 떠올리며 나는 더욱 강해지겠소."

"과분한 말씀이에요."

"아니요. 전혀 지나치지 않아요. 처음 만난 날부터 줄곧 내 마음에 담아둔 말이었다오. 당신의 의지는 강철도 녹이고 말 것이오."

"억지로 나를 밀어내시는군요. 이러니 더 머물지 못하고 떠날 수밖에요. 어딜 가도 제가 신한촌 한민회에서 파견한 통역이라는 사명감을 늘 가슴에 새길 겁니다. 세계대전이 발발해 극동에 거주하던 조·중 노동자들은 군수품을 제조하는 우랄 공장 지대의 노동자로 팔려 가는 신세가 되었어요. 이들을 우랄로 소개해준 자들은 다름 아닌 한인 부르주아 계층이에요. 그들은 같은 민족의 노동을 싸게 공급해 차르 정부의 환심을 사려고 혈안이지요. 이주 한인 사회는 무엇보다도 내부의 적 때문에 붕괴되고 있어요. 우랄 지방에는 전쟁 발발로 인해 유럽 전선에 나가는 러시아 군대에 무기와 군수품을 조달하거나 목재를 공급하는 군수공장이 밀집돼 있어요. 그 가운데 우랄 페름 공장 지대는 극동 노동자들이 대거 송출되는 곳이에요. 한인 노동자들만 해도 페름 지역에 수천 명이 고용돼 있는 실정이지요."

오 신부가 고개를 끄덕이며 덧붙였다.

"지금 극동의 정세는 최악이라오. 세계대전 발발 직후 러시아 당국은 한인 독립운동을 탄압하기 시작했소. 1914년 5월 22일 러일조약 체결과 연이어 7월 세계대전의 발발로 러시아와 일본은 본격적인 동맹국이 됐으니까요. 일본의 압력을 받은 러시아 정부는 한인 자치기관인 권업회와 기관지 《권업신문》마저 폐간시켰다오. 이뿐만 아니라 국경과 인접한 연추, 포시예트, 녹도(크라스노셀로) 등지에 살던 한인 운동가들을 대대적으로 추방했다지요."

"올해는 러일전쟁이 일어난 지 10주년이 되는 해이고 양국 간에 다시 개전의 조짐이 임박했다는 설이 널리 퍼졌지요. 이주 한인 지도자들은 러일전쟁이 다시 발발할 경우 러시아와 연합해 일제를 무력 공격하고자 준비했으나, 1차 세계대전의 발발로 이 같은 기대를 포기할 수밖에 없었어요. 오히려 러시아가 일본과 손을 잡고 우방국이 됐으니 10년 전의 적대 관계가 하루아침에 동맹 관계로 바뀌었지요. 1911년 러-일 간에 비밀리 체결된 러-일 범죄인인도조약은 그때까지만 해도 잘 지켜지지 않았는데, 우방국이 되면서 러시아는 일본의 요청을 거절할 수 없게 됐어요."

수라의 말을 이반이 이어받았다.

"1914년 9월 권업회가 해산당하고 《권업신문》도 126호를 끝으로 폐간당했소. 권업회 회장 이종호가 블라디보스토크 밖으로 퇴거 명령을 받았고 치타에서 국민회를 이끌던 이강, 정재관 등도 러시아 헌병대에 체포당했다고 하오. 국민회 기관지인 《대한인정교보》도 일본을 비방하는 논설을 실었다는 이유로 폐간당했소. 차르 당국의 탄압으로 블라디보스토크에서 권업회를 중심으로 활동하고 있던 이동휘, 이상설, 이종호, 유동열, 유홍렬 등 정치 망명자들은 북간도, 상해, 북경, 청도, 만주 동령현 등지로 축출되고 말았소."

"이렇듯 러시아 정세가 급변하니 이동휘 동지가 러시아에서 독립운동을 포기하고 북간도 나자거우에 사관학교를 세웠지요."

"그나저나 김병학이라는 자의 악명이 자자하던데 대체 어떤 사람이오? 수라 동지와 먼 친척이라 들었소만?"

"공교롭게도 제 사촌 형부예요. 시베리아 철도 공사를 청부해 재산을 모았는데 러일전쟁 때는 군용 용달 사업을 했고 권업회 외무부장으로 선임되기도 했지요. 그는 세계대전의 발발과 함께 군수품을 제조할 노동력 수요가 급증하자 조·중 노동자 모집을 청부했지요. 지금 이 대합실에 몰려든 노동자들도 김병학과 계약을 맺은 사람이 상당수 섞여 있을 거예요. 수천 명의 노동자들을 우랄로 파송한 그는 계약 기간을 임의로 1년에서 2년으로 연장하고 노임의 절반을 미리 선불로 받아 챙겼다는 소문까지 돌고 있어요. 노동자들이 우랄에서 돌아오지 못하고 붙들린 배경에는 김병학의 이중 계약이 있다고 봐요. 제가 우랄로 떠나는 것도 노예 처지에 놓인 조·중 노동자들을 구출해 고향으로 돌려보내기 위함이지요."

오 신부가 저간의 사정을 설명했다.

"조·중 노동자들은 우랄에서 나오려고 해도 여비가 없어 나올 수가 없게 됐고, 임금을 받지 못해도 일하지 않을 수 없는 신세가 되고 말았습니다. 신한촌 민회는 구제책을 강구했지요. 그들이 일하는 공장이나 우랄의 케렌스키 정부에 대표자를 보내 밀린 임금을 지불할 것과, 그들을 돌려보낼 것을 여러 경로로 교섭했으나 모두 실패했습니다. 그런데도 노동자들은 자본가에게 속아 우랄로 가는 겁니다."

이반이 말을 받았다.

"수라 동지, 후방은 우리에게 맡기고 마음 편히 떠나시오. 나는 신부님과 후방에 남아서 세력을 규합하겠소. 전쟁 탓에 우리 대오가 일시적으로 흩어지지만 닥쳐올 판갈이 싸움에 대한 준비를 착착 진행하겠소."

세 사람은 손을 맞잡았다. 수라는 가슴속에서 뜨거운 것이 솟았으나 내색하지 않고 작별 인사를 건넸다. 오 신부가 수라의 뺨에 키스하며 귓속말을 했다.

"왜체와 보리스는 걱정하지 말아요. 내가 신한촌 러시아정교회당에 부속학교를 만들 작정이라오. 우리 아이들도 그 학교에서 공부하게 하리다.”

“참으로 잘된 일이군요. 마음이 든든해요.”

3

대합실에 모여 있던 노동자 대열은 거대한 유체처럼 움직이기 시작했다. 기관차가 수십 량의 열차를 매달고 승강장으로 다가왔다. 군중들은 일제히 뛰기 시작했다. 대오는 무너졌다. 서로 밀치면서 먼저 기차에 오르기 위해 내달렸다.

수라 역시 인파에 휩쓸려 차량 복도까지 밀려 들어왔다. 통로 바닥에는 입석표를 끊은 사람들의 짐이 수북하게 쌓여 통행을 방해했다. 인상을 찌푸리며 욕을 해대는 부류는 좌석 표를 끊은 사람들이었다. 시간이 흐르자 통로가 어느 정도 트이기 시작했다. 좁다란 통로의 좌석 칸을 지나자 4인용 침대가 있는 쿠페가 나왔다. 신한촌 민회에서 수라를 위해 예약해놓은 자리였다. 기차가 언제 출발했는지 알 수 없었으나 차창의 풍경이 바뀌고 있었다.

간이역에 잠시 정차할 때마다 플랫폼에는 승객들에게 물건을 팔려는 잡상인들이 길게 늘어섰다. 여윈 노파는 딱딱한 흑빵 덩어리를 형겊에 싸 들었고 뚜껑 달린 유리컵이며 사각 설탕이며 차르의 제복 따위를 들고 나온 사람도 있었다. 노동자들은 플랫폼에 내려서 담배를 빨아댔다. 어찌나 힘껏 빠는지 그렇지 않아도 홀쭉해 보이는 양 볼이 움푹 팰 정도였다. 우랄로 가는 노동자나 철도 변 서민이나 처지는 마찬가지였다.

이틀이 지났지만 열차는 아직 극동을 벗어나지 못했다. 차창 밖은 온통 눈 천지였다. 은색 들판을 지치며 달려가는 검은 철마. 드문드문 나타나는 마을은 눈 속에 파묻혀 있었다. 기관사는 탈선하지 않도록 속력을 줄여 달렸다. 수라는 다행히 쿠페 2층 침상에 자리를 잡고 기차가 달리는 방향으로 시선을 둘 수 있었다.

기차가 완만한 경사로를 지나고 있을 때였다. 인적도 없는 황량한 설원에 기차는 멈춰 섰다. 급수가 모자라 화통이 불덩이처럼 달아오른 탓이라고 했다. 다행히 간이역 급수탑이 멀지 않았으나 확인한 결과 급수탑의 물은 꽁꽁 얼어 물 한 방울 나오지 않았다. 급기야 차량 사령은 물통을 승객들 손에 들려주었다.

"물을 퍼 옵시다!"

승객들은 물통을 손에 그러쥐고 급수탑 뒤에 있는 우물까지 길게 늘어섰다. 우물이 깊어 얼지 않은 것이 천만다행이었다. 물통을 손에서 손으로 전해 급수통을 채우는 데 100여 개가 넘는 물통이 필요했다. 물통이 연신 오가는 광경은 엄중한 삶의 한 장면이었다. 잠깐 동안에 기관차 급수 통엔 맑고 차디찬 물이 넘치도록 차올랐다. 승객들은 물통을 쥔 채 얼음판에 미끄러지고 자빠져 물투성이가 되었고, 의복과 신발은 얼어붙었다. 수염에는 고드름이 매달렸지만 모두들 함지박만 한 웃음을 지었다. 청년들은 눈을 뭉쳐 던지고 달리는 싸움을 하다가 적막을 깨치는 기적 소리에 기겁하며 차량에 올랐다.

눈길을 헤치며 굴러가는 소리가 적막강산을 뒤흔들었다. 밤새 달음

질치던 기차는 동틀 무렵 다시 멈췄다. 차량에서 노동자들이 눈을 부비며 내렸다. 이번에는 화목이 떨어졌다고 했다. 노동자들은 차량 사령이 나눠준 긴 톱, 짧은 톱을 받아들고 눈에 묻혀 얼어붙은 나무를 잘라 기관차 화목을 장만해야 했다.

청년들은 톱을 메고 산으로 올랐다. 잎갈나무, 잣나무, 소나무가 연이어 쓰러졌다. 나뭇가지를 따는 청년, 나무꼭지를 자르는 청년. 슬렁슬렁 톱질 소리에 나무가 뭉텅뭉텅 토막이 돼 썰려나갔다.

"나무통 내려간다!"

위에서는 나무통을 잘라 굴리고 밑에서는 나무통을 받아 톱 틀에 올려놓고 화목을 자르느라 이마에서 땀방울이 떨어졌다.

"하나 둘 셋, 들어라, 올려라!"

화차에 화목을 그득 채우고도 객차의 남은 공간에까지 무던하게 실었다. 호각 소리에 청년들이 차량에 오르자 기차는 천천히 눈의 바다를 헤치며 장달음을 쳤다. 적막하던 무인지경이 메아리로 흔들렸다.

기차는 40여 개의 터널을 지나 바이칼호수를 끼고 있는 이르쿠츠크에 당도했다. 검열 군의관이 대합실에 마련된 임시 샤워장에 가서 목욕을 하라고 명했다. 그러나 동복을 입은 사람들은 바이칼 찬바람에 밖으로 나서기를 망설였다. 모두 우둘우둘 떨고 이빨을 딱딱 부딪치면서 대합실의 시뻘겋게 단 난로 곁에 서서 움직이지 않았다.

조국을 잃고 부모처자와 생이별을 하고 차르의 호전가들에게 팔려 짐승처럼 대우를 받는 비참한 시베리아에서 고향 생각은 별빛처럼 더욱 간절했다. 정거장마다 군도를 찬 경비병이 기차 옆을 지키고 섰다. 눈에 보이는 것은 하늘과 맞닿은 백면 강산뿐이었다.

통로에 나가 바깥 풍경을 바라보고 있자니 한 무리의 노동자들이 수라에게 다가와 통성명을 했다. 수라가 통역을 하러 우랄까지 간다 하니 모두 놀란 표정을 지었다. 그중 나이가 가장 많아 보이는 사람이 말을 붙였다.

"블라디보스토크에서 인력거간꾼과 계약할 때는 기차 안에서 하루 세 끼를 제공하고 겨울 외투까지 준다더니 외투는커녕 하루에 한끼밖에 주지 않으니 대체 어찌된 영문인지 모르겠군요. 전선으로 나가는 병사와 똑같은 처우를 해준다더니."

"계약서는 갖고 있나요?"

"그걸 챙길 겨를이 있었겠소? 경황도 없었지만 그게 그렇게 중요한 서류인 줄도 몰랐지요."

"사정이 정말 딱하게 됐군요. 이렇게 해보면 어떻겠어요. 조금 가면 시마 역에 잠깐 정차하는데 모두 내려서 하루 세 끼 식사와 동복 그리고 신발까지 전선으로 나가는 병사와 똑같이 제공하라는 조건을 걸고 시위를 벌일 수 있겠어요?"

"처자가 시키는 대로 하리다. 시마 역에 당도해서 요구 조건을 내걸고 꼼짝도 하지 않겠소."

수라가 종이에 요구 조건을 러시아어로 써 주자 노동자들이 즉석에서 선출한 대표가 받아 쥐고는 차량 사령에게 전달하겠다며 품에 넣었다.

시마 역에 당도하자 반수 이상이 플랫폼으로 내려섰다. 모두 이구동성으로 따뜻한 빵과 수프를 하루 세끼씩 제공하라고 외쳐댔다. 당황한 경비병들은 시위대를 둘러쌌다. 차량 사령이 승강장 손잡이를 잡고 소리를 질렀다.

"점심은 다음 정거장에서 줄 터이니 어서 차에 오르시오!"

"우리 요구를 들어주지 않으면 여기서 한 발짝도 움직이지 않을 것이오!"

기차는 기적을 내뿜고 차장들은 호각을 불어댔다. 그 기세에 눌려 순진한 중늙은이들은 슬금슬금 옆 사람의 눈치를 보며 기차에 오르고 기차는 바퀴를 굴려 50여 미터를 나갔다. 이대로 가면 전부 열차에 오르고 말 것이다. 수라는 재빨리 기관차에 뛰어올라 제동기를 잡아당겼다. 기차는 급정거했다. 순식간에 벌어진 일이었다. 플랫폼에 내려선 노동자들이 동시에 함성을 높였다.

"죽어도 같이! 살아도 같이!"

한 무리의 청년들이 기차에 올라 의자에 앉은 사람들을 향해 밖으로 나가라고 호통을 쳤다. 먼저 올라탄 중늙은이들이 머리를 긁적이며 내려섰다. 차량은 텅 비었다. 철도 변은 인산인해였다. 역무원이 호각을 불며 달려왔으나 아무 조치도 할 수 없었다. 시마 역은 삽시간에 아수라장으로 변했다. 대합실에서 기차를 기다리고 있던 사람들도 무슨 일이 벌어졌는지 궁금해 모여들었다. 늙은 역무원이 수라에게 물었다.

"대체 무슨 일이오?"

수라가 자초지종을 자세히 들려주자 역무원은 고개를 끄덕였다. 그는 러일전쟁에 참전한 노병 출신으로 이주 노동자들의 처지를 어느 정도 알고 있는 눈치였다.

"하루 세끼 식사에 동복과 신발을 제공하겠다는 약조를 지키지 않으니 시위를 벌일 수밖에요."

"아무래도 인력거간꾼이 동복이며 신발을 빼돌린 것 같습니다. 동복과 신발은 모르겠지만 하루 세끼 식사라면 제 직권으로 제공할 테니 이만 농성을 풀고 기차에 오르세요."

수라가 통역을 하자 승객들 사이에서 불만이 터져 나왔다.

"거간꾼이 동복이며 신발까지 떼먹었다는 게 말이 되오?"

시마 역이 발칵 뒤집혔다. 늙은 역무원이 앞에 나섰다.

"역사무소에 여분으로 보관하는 빵과 수프와 통조림을 모두 기차에 실어 오늘 점심때부터 하루 세끼를 제공할 테니 이만 농성을 푸세요."

모두 수라를 쳐다보았다. 수라가 그렇게 하자고 고개를 끄떡이자 모두 의기양양한 표정을 지으며 기차에 올랐다.

차량 사령과 경비병은 한구석에서 담배만 피워댔다. 짧은 해는 서산을 넘어가고 기나긴 밤은 요란했던 시마 역의 소동이 언제 있었냐는 듯 별무리를 하늘에 풀어놓았다. 이윽고 샛별이 동천 창공에 나타났다. 동이 틀 무렵 기차는 칸스크에 당도했다. 아침 식사로 빵과 스프와 연어 통조림까지 식판에 흡족하게 받아들고서 모두 흐뭇하게 웃었다. 기차는 다시 기적을 뿜고 떠나가는데 승객들은 정신없이 음식을 먹느라 말없는 침묵의 세계였다. 기차는 밤중에 크라스노야르스크 역에 잠깐 섰다가 다시 떠났다. 모두 배불리 먹었는지 코를 골았다. 천장에 달린 전등까지도 끔벅끔벅 조는 듯했다. 오직 기관차만이 시베리아 낯선 광야에 쌓인 눈을 좌우로 쓸며 달리고 또 달렸다.

수라는 잠이 오지 않았다. 우랄에서 몇 해를 두고 헤맬 일을 생각하니 잠이 영영 달아나고 말았다.

13. 페름의 강철 여성

19세기 말 건축된 우수리스크 호텔 전경. 이 호텔은 1997년 재건축됐다.

*
*

1915년

1

열차가 속도를 늦췄다. 페름 역에 거의 당도한 듯했다. 창밖을 내다보
니 건널목 간수가 깃발을 들고 서행 신호를 보내고 있었다.

　페름은 우랄산맥 서부 카마강 유역의 공업 도시였다. 우랄의 풍부
한 자원을 기반으로 목재와 철광이 발달했지만 얼마 전만 해도 페름
으로 간다 하면 유형에 처해진다는 말이나 마찬가지였다. 말이 노동
대오였지, 우랄 깊은 산중으로 호송돼 가는 죄수 무리나 진배없었다.
우랄로 이송된 죄수들의 운명은 입과 입으로 전해졌다. 한 무리의 죄
수가 시베리아로 호송되면, 갈 때는 모두 같이 가지만 도중에 어딘가
에서 누구는 슬며시 사라지고 무리는 줄어든다. 사라진 쪽이건 남아
있는 쪽이건 운명이 뒤바뀌는 땅이 우랄이었다. 그날 페름 역에 도착

한 것은 동쪽에서 온 기차만이 아니었다. 5분 간격을 두고 서쪽에서 달려온 열차가 하얀 김을 뿜으며 플랫폼에 정차했다.

출구에는 우랄의 각급 공장에서 나온 관리인들이 새로 전입하는 노동자를 인솔해 가기 위해 장사진을 이뤘다. 공장 사무직원들은 공장 이름이 적힌 피켓을 높이 치켜들거나 노동자 명부를 들추며 출구 쪽을 향해 시선을 보냈다. 기차에서 내린 노동자들은 출구로 나오는 동안 자연스럽게 두 줄로 늘어섰다.

공장 직원들은 노동자들을 인솔해 넓은 대합실에 열을 맞춰 앉혔다. 대합실은 순식간에 노동자들로 들어찼다. 그 옆으로 아낙들이 음식물을 손에 든 채 늘어섰다. 병에 든 오이며 덩어리 우유뿐만 아니라 소금을 쳐서 말린 돼지고기며 기름에 튀긴 흑빵 그리고 여러 종류의 차가 아낙들이 바닥에 깐 헝겊 위에 펼쳐졌다. 공장 직원들은 줄을 이탈해 물건을 사려는 노동자들을 통제했다.

"여러분이 계약한 공장의 피켓을 따라 이동해주시기 바랍니다."

줄을 잘못 설 경우 엉뚱한 공장으로 갈 수 있기에 노동자들은 우왕좌왕하며 계약서를 꺼내 들고 다시 훑어보았다. 출구 쪽에서 와자지껄한 목소리가 들려왔다. 서쪽에서 도착한 열차에서 내린 사람들이 또 한 그룹으로 뭉쳐 있었다. 그들은 허름한 군복을 입었고 러시아 병사들의 엄중한 감시를 받았다. 서부 전선에서 붙잡힌 포로병이었다. 그들은 러시아 병사의 구령에 발을 맞춰 손을 앞뒤로 크게 흔들며 역사를 빠져나갔다.

"제기랄, 하필이면 이 시간에 포로 수송 열차가 도착할 게 뭐람."

공장 직원들은 포로병을 행해 불만스러운 표정을 지었다.

"어차피 공장에서 다시 만나게 될 포로병이지 않나?"

"그건 그렇지만, 이러다간 페름이 인종 전시장이 될 판이야. 포로병만 해도 그래. 오스트리아군, 영국군, 독일군은 물론이고 저쪽에 철퍼덕 앉아 있는 오합지졸은 또 뭔가. 중국인에, 한인에, 포로병에 온통 잡탕 노동 부대가 아닌가. 대체 이놈의 전쟁이 언제나 끝날지 원."

이윽고 조·중 노동자들도 피켓을 따라 역사를 빠져나갔다. 역 광장은 블라디보스토크 역 광장과 닮았다. 세상의 모든 광장이란 얼마나 닮았는가. 주변에는 상가들이 밀집돼 있었다.

광장에는 수백 대의 트럭이 시동을 건 채 대기했다. 한꺼번에 내뿜는 매캐한 매연 때문에 광장의 대기는 뿌옇게 흐려졌다. 조·중 노동 대오를 태우고 갈 트럭이었다. 수라도 트럭 짐칸에 올라섰다. 먼저 트럭에 탄 노동자들이 손을 내밀어 끌어올려 주었다.

수라는 수천 명 노동 대오 가운데 유일한 여자였다. 노동력을 팔고 사는 인력 시장의 최후 막장이 우랄이었다. 과연 과업을 해낼 수 있을지 의문스러웠다. 짙은 회색 하늘이 수라의 어깨를 짓눌렀다. 가게 간판과 포스터에 적힌 키릴 문자들. 똑같은 문자인데 어딘지 극동과는 달라 보였다. 수라는 그 낯섦의 정체가 궁금했다.

주변의 모든 것이 연극 무대에 올려진 세트처럼 인공적이었다. 노동 대오는 피곤했는지 덜커덩대는 짐칸에서도 코를 골았다. 수라는 트럭이 내뿜는 연기를 우두커니 바라보았다. 뒤에 남겨진 것은 실로 저 연기뿐이란 말인가. 지나온 길과 가야 할 길의 어느 쪽도 실재하는 세계 같지 않았다. 살아 있음의 비애가 극동에서 우랄로 이어지고 있었다.

페름은 생각보다 더 높은 지대에 위치했다. 산에서 내려오는 바람을 막느라 마을엔 어김없이 방풍림이 심어졌다. 산굽이를 돌아 한 시간쯤 들어가자 공장 지대가 나왔다.

울타리 너머로 공장을 들여다보려고 일어서는데 현기증이 일었다. 노동 대오들이 내뿜는 열기와 냄새로 짐칸에는 아지랑이가 일었다. 그래도 일어서서 신선한 공기를 마시자 속이 트였다. 이 공기는 지구 끝까지 이어졌을 테지. 그렇게 생각하는 순간 낯익은 정경이 눈앞에 펼쳐졌다. 해풍으로 말끔해진 블라디보스토크 전경이었다. 눈이 시렸다. 먼 블라디보스토크가 머릿속에서 사라지지 않았다. 블라디보스토크와 페름의 모습이 교차하면서 수라는 언젠가 페름에 살아본 듯한 느낌이 들었다. 그곳은 낯선 곳이었고 도착한 지 얼마 되지 않았지만 모든 풍경이 너무도 친숙했다.

공장 도시 페름. 노동자의 가없는 실존적 투쟁만이 남은 곳. 페름에 와서야 수라는 살아온 세월이 전쟁처럼 느껴졌다. 전쟁은 지상에서 한 번도 끊인 적이 없었다. 그러나 전쟁 중에도 꽃은 피어나고 계절은 바뀐다. 강은 흐르고 산은 초록색으로 옷을 갈아입는다. 고단함 속의 작은 평화. 인생의 전쟁이 벌어지는 동안 수라는 늘 패배한 쪽에 속했다. 마르크와의 결혼이 그랬고 오 신부와의 짧은 사랑이 그랬다. 왜체와 보리스는 패배의 상처 속에서 피어난 꽃이었다. 어릴 때 고향을 떠나 동청철도 변으로 이주하면서부터 이미 패배에 길들여졌는지도 모른다.

트럭이 공장 지대에 멈춰 섰다. 그곳은 실재적 장소가 아니라 차라리 추상적 공간에 가까웠다. 아무것도 볼 수 없는 칠흑 같은 밤. 밤이 돼도 별은 뜨지 않았다. 공장 굴뚝이 쉼 없이 뿜어내는 연기로 밤하늘은 더욱 어두웠다. 굴뚝이 쉬지 않고 뿜어내는 오렌지색 연기가 하늘 가득 퍼져나갔다. 노동자들은 그제야 하품을 하며 짐칸에서 일어나 난간을 잡은 채 자신들이 일하게 될 괴물 같은 공장을 바라보았다. 산을 가릴 만큼 엄청난 규모의 목재소 안에서 커다란 톱날이 쉴 새 없이 돌아가며 불꽃을 튀겼다.

교대 시간을 알리는 종소리가 나자 수많은 노동자가 열을 지어 정문을 빠져나왔다. 정문을 나서는 저마다의 손에는 도시락과 물이 들려 있었다. 노무 직원이 확성기에 대고 소리를 질렀다.

"이곳은 페름 나제진스크 목재소요. 모두 내려서 줄을 서시오!"

조·중 노동자들에 섞여 마당에 내려선 수라에게 직원이 다가왔다.

"통역이 따라온다는 것은 알았지만 여성인 줄은 몰랐소. 처음부터 여성이 온다는 사실을 알았다면 거절했을 거요. 하는 수 없지. 이제와 돌려보낼 수도 없으니. 당신이 이곳에서 얼마나 버틸지 모르겠지만 스스로 두 손을 들고 극동으로 돌아가겠다고 애원할 때가 있을 거요."

노무 직원은 수라를 못마땅한 눈초리로 쏘아보았다. 수라에게 배정된 숙소는 공장 식당의 여성 잡역부들이 기거하는 바라크였다. 바라크는 허술하기 짝이 없는 판잣집이었다. 지붕은 까만 루핑을 둘러 겨우 비를 면할 정도였다.

판잣집의 빈 방 하나가 수라의 차지가 됐다. 페인트가 벗겨진 벽에 합판으로 만들어진 책상 하나, 낡은 침대가 놓여 있었다. 공동 화장실

은 곰팡이가 피어 있었고 벽에 샤워꼭지가 달려 있긴 했으나 뜨거운
물이 나오지 않아 겨울엔 사용하지 않았다. 수라는 짐을 푼 뒤 찬물을
물통에 받아 샤워를 했다. 전신에 소름이 돋고 정신이 바짝 들었다.

다음 날 아침, 노무 직원들이 명부에 적힌 이름을 하나씩 호명하며
수를 센 뒤 식당 앞으로 인솔했다. 간단한 면접도 신체검사도 없었다.
우랄 노동자 구역은 공장과 감옥의 결합체 같았다. 높다란 철조망이
주위를 둘러쌌다. 검은 연기를 내뿜는 거대한 보일러실이 하루 종일
돌아갔다. 낡은 의복을 껴입은 노동자들이 바쁜 걸음으로 마당을 가
로질러 공장 안으로 들어갔다. 공장은 사람의 노동으로 운행되는 괴
물 같았다.

현관에 매달린 종이 식사 시간을 알렸다. 공장 관리자들과 노동자
들의 줄은 달랐다. 관리자들은 언제나 충분한 배식을 받았다. 노동자
에게는 허용되지 않는 배식량이었다.

3

바라크에는 평생을 막노동으로 살아온 더벅머리의 사람들이 수용됐
다. 수라는 그들이 낯설지 않았다. 동청철도 건설 현장이나 우랄이나
다민족 인종 전시장이긴 마찬가지였다. 러시아인, 한인, 중국인, 오스
트리아 포로병, 영국 포로병…. 그들의 국적은 달랐지만 하루 벌어 하
루 먹는 극빈 하층민이라는 점에서 닮았다. 집단생활을 하게 되면 인
종을 불문하고 비슷한 냄새가 나기 마련이다. 똑같은 음식을 먹고 똑

같은 노동을 하고 똑같은 땀을 분비하는 노동의 생리는 각 인종이 가진 유전자적 변별력을 뭉개고 만다. 그들에게서 나는 냄새는 흙이나 나무 냄새와 흡사했다.

이들 가운데는 불구자도 있었다. 열에 하나 꼴로 어느 부분이건 상하지 않은 사람이 없었다. 손가락이 없는 이는 흔했다. 팔이 하나뿐인 사람, 다리를 저는 사람, 허벅지 살점이 떨어져나가 목발을 짚은 사람. 한 젊은 중국인은 머리 한쪽이 함몰된 채 손을 떨었다. 그는 벌목장에서 육중한 나무둥치에 맞아 두개골이 함몰됐어도 거뜬히 살아남아 다시 나무 자르는 일을 하고 있었다. 그들은 자신의 신체 일부를 벌목장에 떼어주고도 살아남은 사람들이었다. 톱날에 손가락이나 손목 그리고 팔이 잘려나간 사람들은 다른 손으로 갈고리를 잡고 나무를 찍은 뒤 반 토막 손목에 의지해 통나무를 날랐다. 그들은 톱날에 들어간 몸통만 한 나무가 판자로 변하듯 변형된 삶의 내면을 묵묵히 채워갔다. 톱날과 운명의 이빨에 물어뜯겼지만 최소한의 수분이 있는 한 죽지 않는 나무처럼 일어섰다.

수라는 조·중 노동자들의 수를 아침저녁으로 세었다. 숫자를 헤아리는 일이 곧 그들의 생존을 기원하는 주문이나 되는 것처럼. 수라는 자신의 모습 역시 그들과 다를 게 없다는 사실을 알고 전율했다. 사랑에의 패배, 엄마로서의 실패, 아내로서의 파멸, 딸로서의 불효, 언니로서의 자괴감이야말로 수라 자신의 불구였다. 신체의 일부를 떼어주고도 다시 생존을 위해 날카로운 톱날과 싸우고 있는 사람들. 강제수용소와 같은 인생 막장에서도 희망의 근거는 있었다. 그 근거는 그들 자신의 얼굴이었다. 손상되고 찌든 얼굴들, 주름지고 피곤에 찌든 표정, 이빨이 전부 빠진 채 잇몸을 뒤집으며 웃는 순박한 사람들, 합죽한 입으로 옥수숫가루나 빵을 오물거리는 사람도 있었다.

누구는 신체가 상했고 누구는 겁에 질렸으며 누구는 술주정꾼이 돼 살아갔지만 그들에 비해 뒤죽박죽 엉킨 세상이 가장 엉망이었다. 공장은 더 이상 수용소가 아니었고 더 이상 삶의 수렁이 아니었다. 공장에도 삶을 지탱하는 장엄한 드라마가 있었다. 수라는 그 드라마에 구미가 당겼다. 그것은 생을 지탱하려는 마지막 강렬함이었다. 약자에게서 분출되는 강렬함. 그건 환경에 적응할 수밖에 없는 본능에 의해 배양됐다.

공장 사이렌 소리가 우랄의 새벽을 찢으면 사람들은 희끄무레한 바라크에서 거리로 쏟아져 나왔다. 침울한 표정에 하품을 해대는 노동자들의 신세는 물이 새는 독에 가둬놓은 물고기나 마찬가지였다. 잠은 부족했고 팔다리는 뻣뻣했고 동틀 무렵의 한기로 목은 한껏 움츠러들었다. 군데군데 매달린 전등이 진창길을 밝혔다. 공장이 가까워지자 육중하게 돌아가는 기계음에 귀가 먹먹했다.

목재소의 굴뚝 연기는 붉은색에서 오렌지색으로, 다시 청록색으로 바뀌면서 소용돌이치며 쉼 없이 피어올랐다. 바라크 지붕은 온통 불그스레한 먼지로 뒤덮였다. 톱밥은 흙먼지에 섞여 붉게 반짝였다. 바람이 먼지를 날리면 노동자들은 웅크리고 앉아 눈을 가렸다. 먼지가 눈에 들어가면 낭패를 보기 십상이었다. 까칠한 톱밥 하나가 모든 시신경을 파고드는 고통의 역설. 그처럼 작은 알갱이가 왜 그렇게나 크게 느껴지고 눈을 쓰라리게 하는지. 바람이 심하게 부는 날이면 연기와 함께 하늘로 뿜어진 톱밥들이 진눈깨비처럼 바라크 유리창에 떨어졌다.

수라는 바라크를 돌아다니며 바닥에 물을 뿌렸고 난로 위에 주전자를 올려놓고 물을 끓였다. 톱밥 분진을 사람이 들이마시지 않도록 물방울에 엉켜 붙게 하기 위함이었다. 어떤 날은 짙은 연기 탓에 사물을 제대로 분간할 수 없었다. 마치 계곡을 거대한 뚜껑으로 덮은 채 안에서 끊임없이 연기를 피워대는 것 같았다. 그런 날은 공장 지대의 모든 노동자가 하루 종일 기침을 해댔다.

해가 지면 공장은 지친 노동자들을 쏟아내고 해가 뜨면 잠이 모자란 노동자들을 삼키듯 빨아들였다. 노동자들의 얼굴은 먼지투성이에 끈적끈적한 기름 냄새를 풍겼다. 허기진 입에서는 악취가 났다. 기계를 돌리는 데도 사람의 근육이 필요했다. 하루의 노동이 끝나면 먹고 자는 일만이 유일한 안식이었다. 시간은 공장의 기계 소리와 함께 흘러가고 날은 저물어도 인간에게는 아무 남는 게 없어 보였다. 그나마 공장 주변의 몇몇 선술집에서 술을 들이켜는 게 유일한 낙이었다. 일주일에 한 번 있는 휴일에 러시아 노동자들은 정교회 미사에 참석하기 위해 외출했지만 조·중 노동자들은 축적된 피로 탓에 식욕까지 잃은 나머지 하루 종일 잠을 잤다. 저녁이 돼서야 그들은 삼삼오오 짝을 지어 시내를 어슬렁거리거나 푼돈을 모아 잔술을 마셔댔다. 그러고 나면 다시 노동판이었다. 근육에 경기를 일으키는 나날들. 조·중 노동자들은 잔술에 취해 말다툼을 하거나 주먹질로 코가 깨지는 경우도 있었다. 사소한 말꼬리를 잡아 시작된 싸움은 피를 보는 격투로 변했고 심한 경우엔 상처를 입히거나 살인을 저지르기도 했다.

4

지도상에서 페름의 작은 마을 나제진스크는 시간대가 열한 개인 거대한 러시아 내륙에 위치한 작은 점에 불과하다. 깊은 내륙이어서 외부와 접촉이 별로 없어 보이지만 실은 험난한 산맥이 내달리고 카마강이 북에서 남으로 가로지르는 벌목의 도시였다.

10만여 명의 노동자를 거느린 제철소와 목재소가 강안의 넓은 부지에 자리 잡았다. '조국의 강철심장'이라는 선전 문구답게, 페름은 차르 러시아 최대의 철강 생산지이자 목재를 공급하는 전쟁 배후 도시였다. 거대한 제철소가 건설된 때는 풍부한 양의 철광이 발견된 직후였다. 우랄 제철소는 무기와 장갑차를 만드는 강철 생산에 결정적 역할을 담당했다. 나제진스크 제철소 당국은 노동자들에게 전쟁에 필요한 각종 무기에 소요되는 철강을 생산한다는 자부심을 심어주면서 인간 강철이 되기를 종용했다.

출근 시간에는 숙소와 작업 현장을 오가는 노동자들의 발걸음 소리가 도시를 깨웠다. 노동자들은 제철소나 목재소의 공동 식당에서 보드카를 반주 삼아 점심을 먹었다. 취기가 없으면 온몸이 쑤셔 일을 할 수 없었다.

제철소가 있는 카마강 좌안의 대기오염 상태는 심각했다. 노동자들은 공장 매연에 속수무책으로 노출됐고, 매연의 유독 성분으로 인해 건물들은 페인트가 벗겨졌다. 카마강 우안은 노동자 거주 지역이었다. 그곳에도 대기 중에 띠구름이 끼었다.

카마강 우안에 러시아정교회 성당이 있었다. 성당 꼭대기의 황금빛

돔과 십자가도 매연 때문에 청록색으로 퇴색했다. 일부 노동자들은 일요일마다 성경을 들고 성당에 모였다. 성경책은 밑줄이 여기저기 그어져 있었고 낙서도 있었다.

"러시아인을 긁어봐라, 그러면 타타르족이 나올 것이다."

1812년, 러시아를 침공해 모스크바까지 진격했다가 퇴각한 나폴레옹이 1816년 유배지 세인트헬레나에서 한 말이다. 나폴레옹의 눈에 러시아인은 유럽인으로 보이지 않았다. 사실 러시아인도 자신들에게 아시아적인 면이 있음을 인정하고 그것을 수치스럽게 생각했다.

1248년 러시아의 모체인 키예프대공국을 함락한 뒤 240년이나 러시아를 통치했던 타타르족은 아시아적 전제주의 문화를 이식시켰다. 러시아인은 이것이 자신들을 괴롭혀온 후진성의 원인이라고 생각했다. 이로 인해 러시아에서 '아시아적'이라 하면 '후진적'이라는 말과 동일시됐다.

우랄 지역은 러시아인이 아시아 콤플렉스를 극복하는 하나의 본보기로 육성됐다. 러시아의 후진성을 극복하는 방편으로 공장 관리들은 조·중 노동자들을 닦달했다. 공장 관리들은 늘 이렇게 말하곤 했다.

"템포를 늦춘다는 것은 뒤처진다는 것을 의미한다. 뒤처진 자는 얻어 맞게 마련이다. 그러나 우리는 맞기를 원하지 않는다. 러시아의 역사를 보라. 몽골 한汗에게 얻어맞고, 터키 귀족들에게 얻어맞고, 스웨덴 봉건 군주에게 맞았다. 그다음에는 폴란드, 리투아니아 귀족들에게 얻어맞았다. 영국, 프랑스 자본주의자들에게 또 맞았다. 그리고 일본에게 얻어맞지 않았는가. 우리는 군대의 후진성, 문화적 후진성, 정부의 후진성 그리고 산업의 후진성, 농업의 후진성 탓에 얻어맞았다. 이것이 우리가 더 이상 후진적일 수 없는 이유다!"

관리들은 러시아는 절대로 아시아가 되지 않을 것이라는 구호를 반복적으로 외쳐댔다. 그러나 우랄 조·중 노동자들에게 아시아는 후진적이지 않았다. 그들에게 아시아는 모스크바에서 멀리 떨어진 이질적인 변방이 아니라 거대한 러시아를 구성하는 엄연한 실체이자 생활의 한 부분이었고, 무엇보다도 러시아의 다민족적 정체성의 한 개체였다. 러시아인이 주류이기는 했지만 타타르족, 우크라이나인, 바슈키르인, 중국인 그리고 한인도 엄연히 우랄의 주민이자 러시아의 국민이었다.

그럼에도 불구하고 조·중 노동자들은 다른 도시로의 통행이 금지됐다. 페름에서 타 지역으로 연결되는 길에는 공장 당국이 고용한 민간 경찰이 초소를 세우고 검문을 했다. 공장장이 발급한 통행증을 소지하지 않은 사람은 외부로 나갈 수 없었다.

5

수라가 일과를 마치고 판잣집으로 돌아온 어느 저녁이었다. 노동자들이 흥분해 떠드는 소리가 왁자지껄 들려왔다. 떠드는 소리는 더 크게 변했다. 바라크 마당에 나가보았다. 벌목장에서 일하는 조·중 노동자들이 둘러앉아 있었다.

"매일 사선나무를 100그루씩 베는 조건으로 한 달에 22루블을 받기로 계약했는데, 막상 일을 시작해보니 아무리 애를 써도 작업량을 달성할 수 없더군요. 흠뻑 젖은 이파리, 질퍽거리는 길, 특히 산마루로 오르는 길은 너무 가팔라 나무 베기가 불가능할 정도이지요. 땅에는 이끼가 잔뜩 끼어 걷기조차 어려운데 어떻게 작업량을 채울지 막막해요. 더구나 장대비가 오는 날에도 벌목을 강행하니 톱이 자꾸 미끄러져 사고가 빈발하지요. 그런 처지에서 하루에 열여섯 시간을 노동해도 목표량 달성은 불가능하더군요. 할당량을 채우지 못하면 그만큼 임금을 깎는다니 돈벌이는 고사하고 식대까지 빚을 지는 노동자들이 부지기수지요."

"수많은 노동자가 동맹파업이라도 해야겠다고 떠들어대지만 당장 파업을 하면 식료 공급을 중단할 테니 굶어 죽지 않으려면 공장 당국에 무조건 복종할 수밖에 없어요."

"처음 느낌은 '이곳이 과연 사람 사는 곳인가'였습니다. 사람들은 다 헤진 동복에 단추도 다 떨어져 나가고 남루한 거지꼴이었지요. 합숙소라고 해야 송판으로 얼기설기 지은 임시 막사인데 바닥엔 판자만 깔아놓고 난로 하나를 피워놓은 것이 고작이잖습니까."

"합숙소 한 동에 100여 명이 기거하는데 너무 비좁아 잠을 잘 수가 없어요. 이불을 보니까 솜이 딱딱하게 뭉쳐진 똥솜입디다. 해도 너무한다는 생각이 들었지만 불만을 늘어놔 봤자 소용없는 일이니 옷을 껴입은 채 뜬눈으로 밤을 지새우지요. 견디다 못해 탈출한 사람들은 반나절도 못 돼 경비대에 붙들려 영창에 갇히니 죄수나 진배없지요."

"저는 운전수로 배치된 사람입니다. 식당이 엉망인 건 말할 것도 없고 벽에 하얀 서리가 끼어 냉동고에 들어온 것처럼 싸늘하고 추워요. 밥을 먹는데 목에 넘어가질 않아요. 식도가 얼어붙어 먹질 못하겠더라고요. 의무실도 참으로 한심하지요. 통나무 틈새로 바람이 새어드니 환자들이 감기에 걸려 오히려 병을 키우게 되지요. 어떻게 살아갈지 너무 막막합니다!"

"비누가 공급되지 않으니 이불은커녕 의복도 제대로 빨아 입지 못하고 있어요. 목욕탕이라고 지어는 났는데 목욕하는 사람이 없어요. 난방을 하지 않아서지요. 목욕탕 문을 열어봤더니 대소변이 쌓여 악취를 풍기더군요. 우랄에 온 지 반년이 됐지만 제대로 씻어본 적이 없습니다. 처음에 합숙소에 들어갔을 때 코를 틀어쥐었는데 그건 씻지 못해 나는 냄새 때문이었지요. 이제는 냄새도 맡지 못할 정도가 됐으니 영락없는 벌목꾼이 되었군요. 간부들 방에 가보았는데 참 별세상이더군요. 온수도 나오고 이불도 괜찮고 난방 보일러까지 돌고 있더군요."

"운전수들은 차디찬 합숙소에 들어가지 않고 차에서 잠을 자는 사람이 많아요. 엔진에 열이 남아 있으니 초저녁에는 눈을 붙일 만하지요."

"아침에 식당에 가보니까 사람들이 모두 밥을 받아 밖으로 나갑디다. 왜 밖으로 나가느냐고 물었더니 식당이 무슨 소용인가고 되묻더군요. 식당이란 게 돼지우리보다 못해요. 노천에 덩그마니 지어났으니 추위를 견딜 수 없지요. 반찬도 양배추 수프에 염장 무 하나였어요. 밥도 색깔이 검어요. 반쯤 썩은 쌀로 밥을 지어서 그런 거지요."

"벌목차가 다니는 산판 길은 좁기가 손바닥만 해요. 마주 오는 차와 비켜 지나갈 때는 정말로 피가 말라요. 가파른 언덕길이나 내리막길에서 서로 부딪쳐 벼랑으로 차가 떨어지는 경우도 허다하지요. 내리막길에서 브레이크가 파열되기도 하고요. 적재량이 통나무 서른 개인데 그걸 초과해 오십 개를 실으니 하중이 커져 브레이크가 박살 납니다. 핸들을 꺾어 나무를 들이박고 겨우 멈춰서긴 했으나 다음 순간 차가 옆으로 기울면서 벼랑으로 떨어졌어요. 우리 사업장에서만 이번 달에 다섯 명이 죽었지요."

"그래도 운전직은 벌목공보다는 나은 셈이지요. 산판에서 일하는 벌목공은 하루하루가 눈물의 세월이지요. 넘어지는 나무에 맞아 죽거나 톱날에 손목이 잘리는 경우가 비일비재하지요."

"인권이란 것은 눈 씻고 찾아봐도 없습니다. 벌목장 감시는 첫 6개월 정도는 아주 극심합니다. 그때는 밖으로 나오고 싶어도 나오지 못합니다. 사업장 밖으로 나가려고 공장장에게 돈을 바치는 일이 종종 있지만 사업장 밖으로 나온 사람들은 길거리에서 만나도 서로에 대해 물어보지 않습니다. 어떻게 나왔냐고 물어보는 것은 금기시돼 있습니다. 만약 길거리에서 경찰에게 붙들리면 공민증까지 빼앗긴 채 감옥으로 갑니다. 러시아인은 한인을 개 쳐다보듯 합니다. 상점에 들어가면 도둑놈으로 오해받아 막무가내로 내쫓깁니다. 지치고 헐벗고 배가 곯아서 다시 벌목장으로 돌아오게 마련입니다. 돌아왔다가도 적응을 못 해 자살하는 사람도 부지기수입니다."

수라는 그들 가운데 한 사람을 유심히 살폈다. 말투에 교양이 묻어 있는 게 막노동을 할 사람은 아닌 듯싶었다. 다가가서 말을 붙였다.

"언제 우랄로 오셨나요?"

"1915년 11월에 왔습니다."

"극동에서는 무슨 일을 하셨어요?"

"중국 북만주에 있던 나자거우 사관생도였습니다."

"러시아 국경에서 7킬로미터쯤 떨어진 나자거우 무관학교 말씀인가요?"

"바로 맞혔습니다. 처자가 그걸 어찌 압니까? 이동휘 선생이 주축이 돼 1914년에 설립한 무관학교입니다. 생도는 모두 70명으로 교장은 이종호, 교사는 장기영, 오영선, 홍우만, 한흥, 김성남, 김립 등 6명이었고 조응순이 학교 재정을 마련하기 위해 각지를 돌아다니며 경비 조달과 생도 입학을 맡았지요. 그러나 사관학교는 설립한 지 1년 만인 1915년 5월에 중국 당국의 탄압과 경비 문제로 문을 닫고 말았지요.

그게 다 일본 제국주의의 탄압 때문입니다. 1914년에 세계대전이 시작되자 만주 일대에서는 한인에 대한 일제의 탄압이 더욱 악랄해졌습니다. 특히 만주에 조직된 명동중학교, 광성중학교, 창동학교 등 조선 학교를 노골적으로 탄압했는데 한번은 북간도 국자가에서 춘기운동대회가 열려 조선 학교들이 전폭적으로 참가했습니다. 운동회가 성황리에 끝나자 일본은 중국 지방정부에 북만주의 조선 중학교를 폐교할 것을 요청했습니다. 조선 학교는 폐교를 맞았습니다. 조선 학교의 배일사상으로 인해 일본과의 외교 문제가 발생하므로 폐교한다는 것이었습니다.

결국 명동중학교를 제외하고 광성중학교와 창동학교는 문을 닫았지요. 더구나 광성중학교 교원 김하석이 일본영사관 순사에게 체포돼 조선으로 압송당하자 다른 교원들도 피신할 수밖에 없었고 두 학교에서 공부하던 장년 학생들은 뿔뿔이 흩어지고 말았습니다.

이에 이동휘 선생이 나서서 나자거우에 사관학교를 설립하고 학생들을 받아들였지요. 군부대신 이용익 선생이 1907년 블라디보스토크에서 사망하고 재산이 러시아 유학생이던 손자 이종호에게 인계된 사실을 알게 된 이동휘 선생이 이종호를 찾아가 나자거우 사관학교를 후원해달라고 설득했습니다. 이종호가 기부한 재정으로 사관학교를 열었는데 장기영, 계봉우, 오영선 선생을 모셔와 학생들을 가르쳤지요."

"폐교된 광성중학교와 창동학교 학생들이 대거 입교했겠네요?"

"그렇습니다. 두 중학교 학생 가운데서도 특히 철혈광복단 단원들이 주축을 이뤘는데 이 단원들은 조선 독립을 위해 최후까지 헌신하겠다 맹세한 애국청년들이지요. 저 역시 철혈광복단 출신입니다. 그러나 개교한 지 불과 4개월 만에 계봉우 선생이 일본 경찰에 체포돼 조선으로 압송당했지요. 이에 우리 철혈광복단원들은 사관학교를 정탐한 일본 밀정 두 명을 처단했습니다. 훈춘 일본영사관에서는 밀정이 살해됐다며 학교를 수색해 우리 단원 세 명을 체포하고 뒷마당에서 밀정들의 시체를 발굴했습니다. 시체는 일경이 나자거우 마을에 심어놓은 첩자 염재관과 그의 조카 그리고 김광언이라는 매국노였습니다. 사관학교가 문을 닫자 일부는 각 지방에 있는 조선 학교의 체육 교원을 목표로 하고 흩어졌으나 나머지 30여 명은 어디에서든지 집단적으로 행동하겠다 약조하고 연해주로 넘어오게 됐습니다."

"우랄까지 어떻게 오게 되었나요?"

"연해주로 건너온 생도들은 러시아가 치르고 있는 1차 세계대전의 와중으로 휘말려 들었습니다. 전쟁이 나자 블라디보스토크에서는 김병학, 오봉화, 김 야곱, 함세윤 등 포트랴치크들이 인력 송출 회사를 설립하고 각 전선과 공장에서 요구하는 노동자들을 모집해 우크라이나와 백러시아 전선으로 파송했지요. 마침 이때 니콜스크-우수리스크에서 오성묵, 원세훈, 이인섭, 한구현 등이 상업합자회사인 '복창호'라는 중국식 간판을 내걸고 농산물 판매를 시작했는데 조·중 노동자들이 우랄로 징모돼 간다는 소식에 사업을 접고 통역을 자처해 페름으로 건너왔습니다. 우리 사관생도들도 우랄에 가서 노동을 해 무기 구입 자금을 모으겠다는 일념으로 인력 회사와 계약을 맺고 페름에 왔는데 그때 이인섭이 통역으로 따라왔습니다. 블라디보스토크에서 떠나올 때는 1년 계약이라고 했으나 1년이 되니 또 1년을 더 일해야 밀린 임금을 주겠다고 강압하는 바람에 벌써 2년째 발이 묶였습니다. 처자는 이곳에 어떻게 오게 되었습니까?"

"저는 블라디보스토크 신한촌 한민회에서 통역으로 파견됐어요. 처음에는 나제진스크 벌목장에서 공장장이 하달하는 조·중 노동자들의 업무 내용을 통역했으나 제가 노동자들의 처우 문제를 제기하자 해고하더군요. 지금은 페름 볼셰비키 조직인 노동사무소에서 러시아인들과 함께 일하고 있어요.

신한촌 한민회는 우랄로 떠난 한인 노동자들 가운데 나자거우 사관학교에서 공부하던 학생 30여 명이 포함됐다는 사실을 뒤늦게 알게 됐어요. 사관생들이 떠나간 뒤에 하도 소식이 없자 민회에서는 김진 동지를 우랄로 파견해 소식을 알아보았지요.

그런데 김진 동지는 페름에 도착해 나제진스크로 들어간다는 전보를 민회에 띄운 뒤 소식이 끊기고 말았어요. 그는 여러 달 후에 블라디보스토크 감옥에서 석방됐는데 페름에서 나제진스크 노동 지대로 들어가는 도중에 경찰이 거동 수상자로 체포해 페름 감옥에 수감했다더군요. 다른 감옥으로 이감되기를 여러 차례, 시베리아 각 도시의 감옥을 전전하다가 블라디보스토크 감옥에까지 와서야 석방되었어요.

그가 민회에 보고하기를 나제진스크는 인간 생지옥으로 노동만 착취당하는 게 아니라 차르 러시아 민족주의자들로부터 오랑캐 자식이라고 하대를 받는 정신적 고통까지 겪고 있다고 했어요. 그래서 제가 진상을 파악하기 위해 우랄로 파견되었어요. 그런데 공장장에게 항의는 해보았나요?"

"항의하고 싶어도 말이 통하지 않으니 감히 엄두도 내지 못하고 있습니다."

"제가 공장장을 만나보겠어요."

"무슨 수로 공장장을 설득해 우리를 방면시킬 수 있겠습니까?"

"제가 하는 말을 귀담아들으세요. 러시아 2월 혁명의 파도는 이 궁벽한 우랄 지역에도 밀어닥쳤답니다. 저는 러시아 볼셰비키들과 연계해 이 문제를 풀어가려고 합니다."

6

수라는 공장장을 찾아가 노동자의 처우를 개선해달라고 항의했지만, 공장장은 눈 하나 까닥하지 않았다. 이에 수라는 러시아사회민주당(볼셰비키) 페름위원회를 찾아가 노동자의 권익을 보호해달라고 요청했다. 공장장을 비롯한 거의 모든 간부는 차르를 지지하는 왕당파이거나 부르주아를 지지하는 멘셰비키와 입헌민주당 계열의 사람들이었다. 입헌민주당은 1905년 창당 이후 미진한 개혁성으로 인해 폭넓은 지지를 받지 못할 뿐 아니라 보수 정당인 10월당과 함께 제1차 세계대전 참전을 지지하는 호전파였다.

사관생도들은 페름의 볼셰비키와 접촉하는 수라를 전폭적으로 지지했다. 수라의 말이라면 죽는 시늉까지 할 정도였다. 수라를 찾아와 상담하는 노동자도 점차 늘었다. 한인 노동자는 물론 중국인 노동자도 있었다. 수라는 유창한 중국어로 중국 노동자들이 궁금해하는 노동 조건에 대해 자세히 설명해주었다. 노동자들은 젊고 해박한 수라를 날이 갈수록 존경했다. 수라는 얼굴에 미소를 띤 채 모든 사람을 똑같이 대했고 그들의 이야기를 하나도 놓치지 않고 자세히 들어주었다. 자세히 듣는 일이야말로 노동자들이 처한 문제들을 풀어내는 기초가 됐다.

공장장은 수라에게 경계의 눈빛을 던졌다. 노무 직원들도 수라에게는 말을 삼갔다. 그들은 수라가 볼셰비키와 연계해 공장을 들락거린다는 것을 알고 있었다.

수라 대신에 통역으로 채용된 최가라는 한인은 공장장의 신임을 받았다. 케렌스키 임시정부를 지지하는 청부 회사에서 파견한 최가는 간을 어디에 빼놓았는지, 공장장의 비위를 맞추며 비굴할 정도로 허리를 굽혔다.

수라는 벌목장에서도 가장 궁벽한 곳에 위치한 노동자 합숙소를 찾아갔다. 페름 시 볼셰비키들의 요청에 따라 노동자들을 규합하기 위해서였다. 그런데 바라크에 도착했지만 아무 인기척이 없었다.

수라는 황량한 바라크를 다시 한 번 둘러보았다. 땀 냄새에 절은 공기며 조잡하기 이를 데 없는 나무 침대, 그 위에 낡은 모포가 아무렇게나 개켜져 있었다. 노동자들의 삶을 구성하는 냄새, 세상이 타락할수록 노동자들은 훨씬 더 땀을 흘려야 하리라. 그 순간, 뒷덜미의 머리카락이 쭈뼛 섰다.

정적이 무엇인가를 암시했다. 천장에서 무슨 소리가 들리는 듯도 했다. 수라는 한동안 몸을 움직일 수도, 숨을 쉴 수도 없었다. 유령이라도 사는 건가. 터무니없는 생각이 떠올랐다. 정적 속에서 소리가 들렸다. 쥐가 나무를 갉는 소리, 마룻바닥에서 툭툭 불거지는 소리…. 추운 날씨 탓에 수축된 마룻바닥이 내는 소리였다. 하지만 수라는 여전히 어떤 존재를 느꼈다. 누군가 자신을 지켜보는 듯했다. 검은 그림자가 등 뒤에 서 있는 것만 같아 별안간 뒤를 돌아보기도 했다. 아무도 없었다. 신경이 저절로 곤두섰다.

다음 순간, 경첩 소리가 나면서 문이 슬그머니 열렸다. 웬 러시아인이 가까이 손짓을 했다.

"쉬잇! 놀라지 마세요. 저는 페름 시 볼셰비키당에서 나온 사람입니다. 지금 공장 당국이 보낸 밀정들이 당신을 암살하려고 바라크 주위를 에워쌌습니다. 이 바라크의 노동자들을 다른 곳으로 옮긴 것도 공장 당국이지요. 공장에 심어놓은 볼셰비키 세포가 조금만 늦게 연락했다면 당신은 이미 이 세상 사람이 아닐 겁니다. 이쪽으로 와서 바깥을 내다보세요."

수라는 몸을 숨기고 창밖을 내다보았다. 건너편 수풀에 인기척이 있었다. 검은 그림자들이 건너편 수풀 속에서 움직이는 게 보였다. 얼핏 보아도 십여 명은 되는 듯싶었다. 수라는 위기를 느끼며 몸을 낮춘 채 뒷문으로 이동했다. 그림자들도 몇 걸음 더 바라크에 다가섰다.

"놈들은 총을 갖고 있어요. 당신을 바라크에 몰아넣고 총알 세례를 퍼붓겠다는 심산인데, 총격전이 벌어지면 승산이 없지요. 일단 여기서 빠져나갈 방법을 강구합시다."

수라가 낮은 목소리로 속삭였다.

"뒷문으로 나가서 옆 동의 노동자들을 마당으로 불러내세요. 가능하면 많이요. 사람들이 모여 있으면 함부로 총질을 할 수는 없을 테지요. 나는 그동안 벽에 걸린 노동복으로 갈아입고 남자로 가장한 뒤 부상당한 것처럼 꾸미겠어요."

"그렇게 합시다. 지금으로선 최선의 방법인 것 같군요. 나는 노동자들과 함께 나무를 실어 나르는 마차를 뒷문으로 몰아올 테니, 그때까지는 변복을 마쳐야 합니다."

수라가 위험에 처했다는 말을 들은 합숙소 노동자들은 즉각 행동에 나섰다. 일부는 시치미를 뗀 채 마당을 서성거렸고 일부는 부상당해 누워 있는 동료의 피 묻은 붕대를 풀어 수라에게 건넸다.

"이것으로 머리를 감싸면 진짜 부상자처럼 보일 겁니다."

바깥에서 요란한 발자국 소리가 났다. 심장이 빠르게 요동쳤다. 수라는 피 묻은 붕대로 머리와 얼굴을 감쌌다. 노동자들이 뒷문으로 마차를 몰고 왔다. 수라는 마차에 눕혀진 채 허름한 이불에 덮였다. 총을 꺼내든 암살조가 다가왔다.

"합숙소에 들어온 처자를 못 보았소? 분명 들어가는 걸 보았는데."

"우린 부상자 때문에 경황이 없소. 벌목장에서 나무 등걸에 맞아 머리가 깨졌는데 출혈이 심해져 급히 의무실로 옮겨야 하니 어서 길을 비키시오."

암살조는 눈을 번뜩이며 자리를 떴고 수라는 마차에 실려 벌목장을 무사히 빠져나왔다. 이 소식을 전해들은 페름 시 볼셰비키들은 그날

이후 수라가 이동할 때마다 경호원을 붙여주었다.

7

가을은 벌목의 절정기여서 산간 도로엔 수많은 트럭이 꼬리를 물고
오갔다. 합숙소 앞에 빈 트럭이 멈추면 5분도 되지 않아 짐칸은 노동
자들로 채워졌다. 트럭은 가을 숲을 향해 빨려 들어갔다. 현장에 도착
하면 노동자들은 경사가 완만한 지대에 위치한 나무를 차지하려고 숨
을 헐떡거리며 뛰어갔다. 작업반장이 그들을 통제하려고 했지만 대오
는 이미 오합지졸이었다.

  그럼에도 경험 많은 사람들은 느긋하게 담배를 빼어 물었다. 산에
서 벌목한 나무를 차량까지 끌어오려면 힘이 곱절이나 들었다. 그보
다는 가파른 비탈의 나무를 넘어뜨리면 제 무게를 못 이기고 아래로
곤두박질해 평지에서도 몇 마장을 더 굴러가는 바람에 상차하는 데
훨씬 수월했다.

  벌목장 감독은 분지에 차곡차곡 쌓이는 통나무들을 세는 데 여념이
없었다. 나무 개수를 파악하는 단순한 일과였다. 수척한 중국인 노동
자가 그 일을 거들었는데 이름 대신 장가라고 불렸다. 베어진 나무 밑
동에 도장밥을 매기면서 나아갈 때 절단면이 잘 보이도록 나무를 들
썩거려주는 게 장가의 일이었다. 하루는 장가가 허리통 굵기의 나무
둥치를 들고 있다가 갑자기 놓쳐버리고 말았다. 그 바람에 목재가 굴
러서 하마터면 감독의 발등을 찧을 뻔했다. 감독은 버럭 화를 냈다.

"이런 빌어먹을 화상! 지옥에나 떨어져!"

감독은 장가의 엉덩이를 걷어찼다. 장가는 앞으로 넘어지면서 쌓아둔 목재에 얼굴을 부딪치며 쓰러졌다. 머리가 깨져 피가 흘렀다. 장가의 얼굴은 톱밥 가루와 피로 범벅이 됐지만 감독은 그래도 분이 풀리지 않는지 득달같이 달려와 발로 옆구리를 걷어찼다. 장가는 그 자리에서 다시 고꾸라졌다. 감독은 여전히 분에 겨워 씩씩거렸다. 인부들이 작업을 중단하고 달려와 장가를 부축했다. 입술은 뭉개지고 이빨은 서너 개가 부러진 상태였다. 인부 한 명이 장가의 가슴에 귀를 갖다 대더니 고개를 가로저었다. 인부들이 욕설을 퍼부으며 감독을 에워쌌다.

그 순간, 호각 소리가 요란하게 들려왔다. 벌목장 경비대였다. 경비대는 감독을 호위하며 현장을 빠져나갔다. 경비대가 들고 있는 총이 문제였다. 총만 아니었다면 누구라도 달려들어 감독을 짓밟아놓고 말았을 것이다. 소식을 듣고 노동자들이 밀물처럼 몰려들었다. 몇몇 중국인 노동자가 장가의 사체에 거적을 덮고 울먹였다. 망자와 한 합숙소를 쓰는 노동자들이었다.

"개자식들, 사람을 때려죽이다니!"

수라가 그들에게 다가갔다.

"장가의 죽음을 헛되게 하지 않으려면 우리가 힘을 합쳐 노동자장으로 장례를 치러야 해요. 이 억울한 죽음을 보고만 있을 수 없지 않겠어요? 중국인도 삼일장을 치르니 이틀 뒤에 합숙소 마당에서 장례를 치릅시다!"

노동자들은 이내 고개를 끄덕이며 응답했다.

"머나먼 우랄 땅에서 비명횡사한 영혼을 달랠 수만 있다면 그까짓 노동자장이 대수겠소? 그보다 더한 짓도 하라면 하겠소. 감독 놈의 목을 따라면 딸 것이오!"

"당장은 흥분을 가라앉혀야 합니다. 우리의 분노는 이틀 뒤 노동자장에서 한꺼번에 분출해야 해요. 지금은 분노와 흥분의 에너지를 한껏 몸속에 저장해두세요. 일단 망자를 관에 안치하도록 합시다. 우리에게는 눈물이나 한숨보다 단결된 힘이 필요해요. 장가가 땅에 묻힐 때 우리는 일어서야 합니다!"

함성이 터져 나왔다. 군중은 요동치고 있었다. 사체는 중국인 노동자들이 어깨에 떠멘 채 합숙소로 운반됐다. 누구도 선도하지 않았으나 모두 보폭을 줄여 발을 맞췄다. 길게 늘어선 노동 대열이 천천히 움직였다.

합숙소 앞마당의 연단 위에 관이 놓였다. 사람들은 합숙소 앞을 오갈 때마다 망자에 대한 애도의 표시로 모자를 벗고 고개를 숙였다. 야생 꽃을 꺾어 바친 사람도 있었다. 관 위에 돈을 놓고 가는 사람도 있었다. 이틀 뒤 아침, 마당은 노동 대오로 발 디딜 틈이 없었다. 운구를 맡은 사람들이 관 옆에 붙어 섰다. 수라가 연단에 오르자 사람들은 뜨거운 박수를 보냈다. 수라는 군중의 숨소리가 들리는 듯했다. 그건 살고 싶다고 외치는 심장박동이었다.

"여러분, 관 속에 누운 사람은 우리의 친구였으며 우랄에서는 이름도 없이 그저 장가로 불린 불쌍한 사람이었습니다. 그는 이틀 전까지만 해도 우리와 함께 울고 웃으며 집으로 돌아가길 원했던 사람이었습니다.

그는 머나먼 동쪽에서 온 사람이었습니다. 해 뜨는 동쪽에서 태어나 해지는 서쪽에서 숨을 거뒀으니 우리 조·중 노동자는 저 태양을 따라 우랄까지 온 똑같은 운명의 사람들입니다!"

함성이 하늘을 찌를 듯 울려 퍼졌다.

"우리 노동 대오의 오랜 동지가 살해됐습니다. 다른 사람도 아닌 새파란 감독에게 얻어맞아 숨을 거뒀습니다! 우리는 이 사람을 묻으러 가려합니다. 그는 우리의 동료였고, 우리의 가족이었습니다. 그는 죽어서도 다시 동쪽으로 가고 싶을 겁니다. 그를 대신해서 우리는 보란 듯이 고향 땅으로 돌아가야 합니다. 이 살벌한 노동 현장을 떠나야 합니다!

우리는 임금을 벌기 위해 하루하루 일하지만 케렌스키 정부와 공장 당국은 전쟁을 치르느라 돈이 없다며 임금을 내주지 않고 있습니다. 전쟁은 우리의 생존을 가로막는 또 하나의 장애물입니다. 지금이라도 케렌스키 정부는 전쟁을 중단하고 밀린 임금을 지불해야 하며 고향으로 돌아갈 특별 열차를 편성해야 합니다!

여러분, 여기 통나무 등걸에 얼굴이 으깨어진 시신이 관에 안장돼 있습니다. 객지에서 비명횡사했습니다. 그러나 더욱 흉측한 건 승산 없는 전쟁을 계속하고 있는 케렌스키 정부의 호전주의자들입니다. 그들이 전쟁을 지속할수록 우리의 귀환은 늦어집니다. 우랄산맥의 모든 천연자원은 오로지 전쟁을 수행하는 데만 쓰일 뿐, 그것을 캐내고 자르고 다듬어 울타리 밖으로 내보내는 우리는 나무 한 그루보다 못한 존재로 전락하고 있습니다. 공장장이 볼 때 망자는 있으나마나 한 사람이었습니다. 왜냐하면 누군가 죽는다고 해도 감쪽같이 사람이 채워지는 곳이기 때문입니다. 인명 따위에는 조금의 동정도 관심도 없는 집단이 우리를 착취하고 있습니다. 우리는 망자를 땅에 묻고 돌아와 총파업에 들어가야 합니다!"

수라의 말을 단 한마디도 놓치지 않겠다는 듯 사람들은 연단을 향해 조금씩 밀려들었다. 연단이 허공에 떠 있는 듯했다. 그것이 군중의 힘이었다.

"죽은 자는 비록 말이 없지만 우리가 하나로 뭉치기를 원하고 있습니다. 그는 자신이 아니라 우리를 위해 숨을 거두었습니다."

"미친개한테는 몽둥이가 필요합니다!"

누군가의 말에 모두 그쪽을 돌아다보며 함성으로 응답했다. 군중은 흥분했다. 공기에서 유황 냄새가 났다. 흥분한 군중에게 자제를 요청하는 짓만큼 어리석은 일은 없으리라. 운구 행렬이 움직이기 시작하자 경비병들은 바싹 긴장한 채 감시의 눈초리를 번득였다. 경비병의 머리 위로 석양이 깔렸다. 태양은 우랄산 너머 적란운의 끄트머리에 걸쳐졌다. 하늘에 피 묻은 계란이 떠 있는 듯, 지상의 모든 것이 불안하고 불길해 보였다.

운구가 도착한 곳은 합숙소 뒤 벌목을 끝낸 민둥산 자락이었다. 한 줄로 늘어선 브라스밴드가 지상의 마지막 보행이 될 망자의 영혼을 달래며 쓸쓸한 장송곡을 연주했다. 사람들은 보드카를 들고 풀잎을 헤쳤다. 공동묘지는 망자와 고양이의 처소였다. 이름 없는 무덤이 봉긋봉긋 솟아 있을 뿐, 어디를 둘러봐도 묘비 같은 건 찾아볼 수 없었다. 구덩이에 관을 내려앉힌 뒤 흙을 덮을 때 사람들은 보드카 마개를 비틀었다.

1916년 가을. 망자가 도달한 세월의 끝은 거기까지였다. 묘지 주변에 서 있던 자작나무들도 희미한 그림자를 땅에 뉘었다. 멀리 우랄산맥이 병풍처럼 세워져 있었다. 묘지에서 시간의 연속성은 부서져 내렸다.

8

며칠 뒤 노동자 숙소의 담장마다 큼직한 포스터가 붙었다.

"파업으로 일치단결해 공장장의 착취에 본때를 보이자!"

일터로 가려고 숙소를 빠져나온 노동자들은 포스터 앞에 모여 웅성거렸다.

누군가 수라의 판잣집을 두드렸다.

"수라 동지! 노동자들이 들고 일어났습니다. 마당에 모두 모여 있습니다!"

수라가 마당에 들어서자 사람들이 양옆으로 갈라지며 길을 내주었다. 수라는 마당 한쪽의 나무 더미에 올라섰다. 그리고 웅성거리는 사람들을 향해 두 주먹을 불끈 쥐었다.

"동지들, 우리는 일어나야 합니다. 정의를 위해서! 1코페이카 동전은 둥글지만 우리의 돈엔 피와 땀이 묻어 있습니다. 그러니 우리에겐 공장장의 돈 1루블보다 우리의 피땀이 묻어 있는 1코페이카가 더욱 중하고 값집니다. 이것은 누구도 바꿀 수 없는 진실입니다."

수라의 말은 군중을 향해 힘 있게 뻗어 나갔다.

"옳소! 그 말이 맞소!"

함성 소리가 마구 터져 나왔다. 공장의 육중한 기계 소리, 김을 내뿜는 소리, 벨트가 돌아가는 소리도 군중의 함성에 묻혀 들리지 않았다. 사람들은 손을 흔들며 수라의 말 한마디 한마디에 호응했다. 사람들의 얼굴에 희망의 기색이 엿보였다. 눈동자는 불이 붙은 듯 빛났다. 하얀 이빨이 번쩍였다.

"여러분! 우리는 승리할 것입니다! 우리의 노동을 착취해 사리사욕을 채우는 탐욕스러운 권력가들에 대항해 일어설 때가 됐습니다. 우리 스스로 우리를 방어해야 합니다. 우리 말고 아무도 우리를 도와줄 사람은 없습니다. 개인은 모두를 위해, 모두는 개인을 위해! 이것이 우리의 행동 지침입니다!"

수라는 두 주먹을 높이 쳐들면서 외쳤다.

"우리는 이제 공장장을 불러내야 합니다. 즉시 요구해야 합니다. 우랄산 귀신이 되지 않으려면 서로 뭉쳐 당국과 싸워야 합니다. 우리의 자유를 위해! 우랄노동자동맹의 승리를 위해! 모두 뭉칩시다!"

수천 명의 노동자가 하나의 물결로 앞으로 나아갔다. 함성이 여기저기서 터져 나왔다.

"공장장을 불러냅시다!"

"대표를 보냅시다! 이리로 데려옵시다!"

"그래, 대표를 보냅시다!"

수라는 나자거우 사관생도 출신 한인을 한 사람씩 호명했다. 파업 지도 간부로 김시약, 주진술, 임국종, 이시몽, 한영옥 동지가 선출됐다. 공장장에게 보낼 대표는 조응순과 손풍익이었다. 이것이 우랄에서 조직된 첫 노동자 단체인 '우랄노동자동맹'이었다.

군중은 환호로써 지지를 보냈다. 호명된 대표들은 앞으로 걸어 나와 군중을 향해 인사했다. 수라는 그들에게 주의 사항을 들려주었다.

"절대로 물리적인 힘을 써서는 안 됩니다. 공장장에게 폭력을 쓰거나 윽박질러서도 안 됩니다. 만일에 폭력을 행사한다면 공장장은 그걸 트집 잡아 차르 경찰에게 신고할 수 있으니 각별히 주의하세요."

조응순과 손풍익은 엉겁결에 군중을 향해 경례를 붙였다. 수라가 사관생도 출신이라 경례 붙이는 게 습관이 된 모양이라고 말하자 군중은 박장대소했다.

수라를 비롯한 우랄노동자동맹 대표들이 공장장에게 가서 담판을 짓는 동안 벌목장 너른 운동장에서는 사관생도 출신의 한인 노동자와 오스트리아 포로병 간의 축구 시합이 열렸다.

1917년 봄이었다. 제1차 세계대전에 참가했던 오스트리아 포로병을 한편으로 하고 조선 사관학생들을 다른 편으로 하고 나제진스크 운동장에서는 풋볼 시합이 시작됐다. 오스트리아 포로병은 건강한 장교나 군인들인데 군복을 입고 운동화를 신은 보기에도 늠름한 남자들이었고, 조선 팀(사관학생)들은 초신(짚신)을 신고 허술한 노동복을 입고 피곤해 창백색이 나는 청년들이었다. 참관하던 대러시아 착취계급들은 조선 팀을 보고서 미개한 호자들이 어찌 문명한 오스트리아 팀을 당하겠는가 하고 미소했다. 호각 소리가 나자 풋볼 시합이 시작됐다.

오스트리아 팀에서 볼을 힘껏 차서 허공에 둥실 떴다가 내려오는 볼을 또 오스트리아 선수가 받아치니, 볼은 허공에서 또한 허공으로 떠돌고 있었다. 관중들 가운데서도 대러시아 관료들이 미개한 호자들이 문명한 오스트리아 팀을 당하지 못한다고 비소했다. 그러던 시각에 허공에 떴던 볼은 눈 깜짝할 새에 땅에 떨어지더니 초신을 신은 조선 선수들 발끝에서 방글방글 붙기 시작했다. 이 선수 발길에서 저 선수 발길로 옮기어 붙는 볼은 여러 선수들 발길에서 앵앵 돌며 굴러 운동장을 헤매었다.

그러던 중에 볼은 부지불각에 허공에 둥실 떠서 오스트리아 팀 문을 향했다. 이것은 박호극 선수가 차서 허공에 띄운 볼이었다. 그는 자기가 차서 허공에 떠서 가던 볼이 땅에 떨어지기 전에 문 앞에 당도하자마자 두 발로 땅을 힘껏 굴러 차며 뒤에서 내려오는 볼을 머리로 힘껏 박아놓았다. 볼은 문 안에 떨어지고 호극이는 달라 들던(달려 들던) 오스트리아 장교 어깨에 떨어졌다. 사방에서 "우라" "만세" 소리가 터지고 요란한 박장 소리가 터지었다. '0:2'. 조선 팀이 승리했다고 광고했다.

두 번째 시합이 시작된다는 호각 소리가 나자 오스트리아 팀에서는 전투 방법을 고치었다. 조선 팀에서 사용하던 전술로 넘어가서 볼을 자기들끼리 넘겨주고 몰고 다니기 시작했다. 볼은 또한 운동장 한복판에서 어마어마한 시합이 벌어졌다. 말문이 무겁고 몸집 큰 곰처럼 튼튼하게 생긴 맹훈 선수가 힘껏 차서 둥실 떴다가 내려오는 볼을 주동찬이가 차서 문 안에 떨어지자 히죽히죽 웃었다. 꼬박꼬박 두 개를 먹은 오스트리아 팀은 사기를 잃었고 미개한 조선 사람 팀이라고 비아냥거리던 러시아 착취계급은 말문이 막혔다.

세 번째 시합이 시작되자 일반 관중들 시선은 조선 팀으로 집중 됐다. 조선 선수들도 튼튼한 자신감을 가지고도 명심했다. 키가 작 은 사람들이 볼을 모느라고 재빨리 내달리는 것을 재미있게 보던 순간에 키가 장대한 사람이 허공에서 내려오는 볼을 받아 차려고 발길을 힘껏 들었다가 헛방을 치고 넘어지고 말았다. 승부를 가리 기 어려운 순간이었다. 볼 한 개를 서로 차려고 대들다가 3명의 선 수들이 나뒹구는 어마어마한 순간에 관중들은 "우라" 하고 박수하 기 시작했다. 볼은 어느새 문 안에 들어가 오스트리아 팀 문지기가 끌어안고서 서운하게 서 있었다. 0:3으로 조선 팀이 승리했노라고 광고하자 관중들은 말하기를,

"문명 정도가 높다던 오스트리아 팀을 연거푸 3개나 먹였으니 조 선 사람들은 문명 정도가 오스트리아 사람들보다 높다"라는 평론 이 전파되기 시작했다.

그 후부터 알렉산드라 동지는 사관학생이던 청년들과 더욱 친밀 한 관계를 가지려고 주의했고 여러 민족 노동자들도 조선 노동자 들을 이전처럼 멸시하지 못하는 시초를 지어주었다. 그리고 자주 시합되는 풋볼 경쟁에서 여러 민족들이 친선하게 됐고 "호자"라는 비소는 차츰 "따바리쉬(동무)"라는 말로 고쳐지게 됐다. 이 풋볼 시 합에 대한 기사는 2월 혁명 이후에 해삼(블라디보스토크)서 발간되 는《한인신보》에 게재돼 독자들에게 널리 알려졌다.

—〈이인섭 비망록〉

1915년에 우랄 나제진스크 벌목장에서 열린 이 축구 시합은 한인과

오스트리아인 간에 열린 최초의 국제 친선 대회라고 할 수 있다. 이는 1929년 10월 서울 휘문고보 운동장에서 경성중학이 주축이 된 경성 팀과 평양 숭실학교가 주축이 된 평양 팀 간의 시합인 경평축구대회 보다 14년이나 앞선 것이다. 그나마 경평축구대회는 국내 대회였던데 비해 우랄에서의 축구 대회는 1차 세계대전 때 차르 러시아군에 의해 포로로 잡혀와 벌목장에서 노역을 하던 오스트리아 병사들과의 시합 이었다. 이인섭이 마치 라디오 생중계를 하듯, 볼의 행방과 선수들의 움직임을 구체적으로 포착한 점도 특기할 만하다.

9

축구 시합이 끝나고 공장 당국에서 올 소식을 기다리는 동안 노동자 들의 푸념은 식을 줄 몰랐다.

"이 만리타향까지 무엇을 바라고 왔단 말인가. 우랄에 온 지도 어언 2년. 시간이 갈수록 살길은 더욱 막연해지고 고역에 지쳐 우랄산 귀신 이 될 것만 같소."

"어쨌든 전쟁이 빨리 끝나야 돌아갈 것 아닌가. 그렇지 않으면 산 채 로 우랄산 귀신이 되고 말겠지."

"그러기에 우리는 수라 동지의 말을 경청해야 하오."

여기저기서 '수라'를 연호하는 함성이 들려왔다.

"애초에 수라 동지가 뭐라 했소? 당국자와 맞서 싸우라고 하지 않았 소."

노동자들이 웅성거리기 시작했다.

"당국과 싸우다니 그게 대체 무슨 말이오?"

"연약한 처자의 말을 듣다간 경을 칠 거요. 고래 싸움에 새우 등 터진 다고 잘못 덤볐다가는 목숨을 부지하기 어렵지."

"그럼 가만히 앉아 당하자는 말이오? 미리부터 떨 건 뭐요. 그러면서 어찌 조선 독립을 하겠소? 수라 동지 보기가 부끄럽지 않소?"

"그 말이 맞습니다. 우랄산 귀신이 되지 않으려거든 당국과 싸웁시다. 우리의 자유를 위해. 우랄노동자동맹으로 우리 모두 뭉칩시다!"

이때 마당 한 귀퉁이에서 우렁찬 노랫소리가 들려왔다. 〈인터내셔 널 찬가〉였다. 노동자들은 일제히 시선을 돌렸다.

"저들은 이웃 벌목 현장에서 일하는 노동자들 아니오? 언뜻 보아도 수천 명은 될 것 같군."

"맨 앞에 선 사람이 수라 동지 같소만…. 러시아 사람들이 수라 동지 를 호위하고 있소. 군복을 입은 오스트리아 포로병도 있소. 붉은 기를 든 러시아 노동자들이 대열의 첫머리에 서서 오고, 그 뒤로 오스트리아 포로병이 따라오고 있잖소?"

이윽고 대열의 행진은 멈추었다. 수라가 다시 나무 더미 위로 올라 갔다. 노동자들은 손을 높이 치켜들고 "수라, 수라"를 외쳐댔다. 주춤 거리던 일부 노동자들도 가세했다. 러시아 노동자 대표가 나무 더미 위에서 손을 치켜들었다.

"여러분, 우리는 수라 동지를 중심으로 한 사람도 빠짐없이 우랄노동 자동맹에 가입해야 합니다! 수라 동지와 함께 당국에 맞서 싸웁시다! 우 리의 자유와 권리를 위해 싸웁시다!"

수라가 앞으로 나섰다.

"이제 우리는 외롭지 않습니다. 우리는 우랄에 와서 노동의 형제들을 만났고 투쟁의 참된 동지들도 만났습니다. 우리는 우랄에서 다시 태어 났습니다. 러시아 노동자도, 중국 쿨리도, 오스트리아 포로병도 모두 우리의 동무이고 벗입니다. 여러분의 형제입니다! 노동의 형제요, 계급의 형제요, 언제 어디서나 서로를 도울 전우들입니다!"

"한인 노동자 만세! 중국 노동자 만세! 오스트리아 병사 만세! 노동의 형제 만세! 계급의 형제 만세!"

"레닌 동지가 선봉에 선 볼셰비키를 중심으로 전제의 암흑 세상을 무찌르고 광명한 새 세상을 이룩합시다! 차르, 전쟁, 기아. 이 세 가지 악을 없애치웁시다! 우리는 이미 차르를 없앴습니다. 어둡던 대지에 자유의 서광이 동트고 있습니다. 그러나 아직 전쟁은 계속되고 우리는 군수품을 조달하는 노동에 휘둘립니다. 투쟁은 이제부터 시작입니다!"

중국 노동자 대표가 단상에 나섰다.

"러시아 인민이 차르를 타도한 일은 참으로 위대한 사건입니다. 우리 모두 손잡고 노동자의 자유와 권리 그리고 인류의 평등과 친선을 위해 싸웁시다!"

오스트리아 포로병 대표가 다음 순서를 이어받았다.

"우리는 포로병입니다. 우리는 하지만 포로이기 전에 우리 조국에서는 노동자와 농민이었습니다. 러시아 병사들도 실은 병사이기 전에 노동자와 농민이었습니다. 우리는 적이기 전에 이미 노동의 형제요, 계급의 형제입니다. 서로를 죽일 이유가 우리에겐 없습니다. 우리는 자발적으로 포로가 됐습니다. 전선에서의 죽음은 너무도 헛됩니다. 누구를 위해 우리가 서로의 가슴에 총부리를 겨눈단 말입니까! 우리도 조국으로 돌아가면 여러분처럼 싸우겠습니다! 총부리를 압박자들에게 돌리겠습니다!"

수라는 자신의 이름을 연호하는 군중을 향해 손을 흔들었다.

"여러분, 서로의 얼굴을 쳐다보십시오. 얼굴은 다르고 피부색도 다르고 국적도 다르지만 우리는 무산자로서 하나입니다. 노동자들은 배를 곯지 않고 헐벗지 않고 교육을 받을 정상적인 '사람살이'를 쟁취해야 합니다. 승리는 이미 우리 손안에 있습니다. 주먹을 쥐어보십시오. 다섯 손가락이 하나의 손바닥 안에 단단하게 쥐어집니다. 우리는 하나의 손에 달린 다섯 손가락입니다. 만세를 부릅시다. 우라! 만세! 완쉬!"

대열의 함성이 우랄을 흔들었다. 삐쭉 솟은 노동자의 머리가 용의 비늘처럼 반짝이며 꿈틀거렸다. 우렁찬 〈라마르세예즈〉가 우랄의 숲속으로 퍼져나갔다.

수라는 군중의 얼굴을 찬찬히 뜯어보았다. 시선에서 광채가 번뜩였다. 심장이 고동쳤다. 수라의 말 한마디 한마디가 마른 땅에 물이 스며들듯 군중 속으로 빨려 들어가 사라졌다. 모두 공장장 사무실 쪽을 뚫어지게 바라보았다. 문이 열리고 조응순과 손풍익이 공장장을 앞장세우고 운동장으로 걸어왔다.

"공장장이 온다!"

군중은 눈을 흘기면서 공장장에게 길을 내주었다. 얼굴에 기름기가 돌고 배가 튀어나온 사람이었다. 공장장은 고개를 길게 뺀 채 능멸의 시선으로 노동자들을 쏘아보았다. 그가 앞에 나서자 군중은 순식간에 잠잠해졌다.

"다들 해고당하고 싶어 안달이 났군."

수라가 공장장 앞으로 나섰다.

"나는 노동자들로부터 임금 체불과 귀환 문제를 위임받았소."

공장장은 눈을 부라리며 수라를 비하하듯 쳐다보았다. 수천 명의 노동자들이 두 사람을 에워쌌다. 수라가 연설을 시작했다.

"여러분, 케렌스키 임시정부는 당장 주권을 소비에트에 넘기고 전쟁을 중지해야 합니다!"

수라는 먼저 러시아어로 말한 뒤 중국어와 조선어로 한 대목씩 반복했다.

"멘셰비키가 임시정부를 장악하고 전쟁을 계속함으로써 자본가와 지주의 이익만을 옹호하는 일에 온통 정신이 팔렸습니다. 그러니 2월 혁명의 결과는 우리 노동자에게 아무 의미도 없습니다. 그러나 볼셰비키는 노동자병사소비에트를 조직해 전쟁 중단을 요구하며, 인민에게 빵과 자유를 주자고 주장합니다. 인력거간꾼과 맺은 계약은 차르 정권이 없어지면서 자동적으로 소멸했다는 사실을 여러분에게 선포합니다! 우리 노동자들은 고독하지 않습니다. 우리 노동자들은 다민족 전선을 형성해 마침내 승리하고 말 것입니다. 온 세계의 무산자들은 단합해야 합니다! 모든 주권을 소비에트로! 볼셰비키 만세!"

수라의 연설은 러시아 착취계급인 멘셰비키에게 계급투쟁을 선포하는 최후통첩이었다. 공장장이 전율이 이는 얼굴을 진정시키며 소리쳤다.

"케렌스키 임시정부의 지시에 따라 전쟁이 끝나기 전까지는 계약을 해지할 수 없다! 나는 단지 케렌스키 정부의 지시에만 복종할 뿐, 소비에트의 지시에는 복종할 수 없다!"

수라는 권총을 꺼내 공장장의 가슴을 겨눴다.

"소비에트의 명령에 불복하는 자는 총살할 수밖에 없소!"

노동자들이 수라의 주위를 에워싼 채 외쳤다.

"전쟁을 끝내라! 노동자를 해방시켜라!"

공장장은 하얗게 질려 바닥에 주저앉았다.

"계약을 해지할 테니 제발 살려…."

공장장은 말을 잇지 못했다. 수라는 요구 사항을 공장장에게 받아 적게 했다.

1. 노동자들의 귀환 여비와 일체의 수속은 공장 당국에서 책임진다.
2. 귀환 열차에 식료를 원만하게 보장한다.
3. 귀환 도중의 보건과 안전 문제를 보장한다.

14. 스베르들로프와의 만남

우수리스크 네크라소프 거리의 야로슬랍스키 골목 풍경.

*

*

1916년

1

벌레 울음소리는 페름 지역 관할 행정기관이 있는 예카테린부르크 시 중심가에서도 들려왔다. 새들의 날갯짓이 유난히 분주한 초가을이었다. 주택가 베란다에는 빨래 건조대가 도로를 향해 걸려 있었다. 페름 공장 지역에서는 오염 때문에 상상도 할 수 없는 풍경이었다. 수라가 예카테린부르크에 온 건 처음이었다. 거리에 전등이 켜지고 길가 레스토랑의 불빛도 현란했다.

수라는 백화점에 걸린 커다란 시계를 쳐다보았다. 6시 30분. 약속 시간까지 30분이 남았다. 백화점과 상점이 들어찬 상업 구역을 벗어나자 인적 드문 거리가 나타났다. 행정기관이 모인 중앙 통이었다. 널찍한 거리를 퇴근을 서두르는 관청 직원들이 오갔다. 수라는 행인에게 다가가 러시아사회민주당 예카테린부르크 시당위원회의 위치를 물었다. 행인은 뒤로 돌아서더니 잘 정비된 가로수 너머 커다란 벽돌 건물을 손가락으로 가리켰다. 5층 높이의 화려한 바로크 양식의 건물이었다. 우랄 지역을 관할하는 볼셰비키 본부가 있는 곳이었다. 현판을 확인한 뒤 현관문을 열고 들어서자 철망 깔개가 놓여 있었다. 제복을 입은 수위에게 용건을 말하자 어디론가 전화를 걸더니 손가락 세 개를 꼽아 보였다.

위원장실은 3층에 있었다. 수라는 가장자리에 놋쇠를 댄 나무 난간을 잡고 계단을 올라갔다. 난간은 수많은 사람의 손때가 묻어 반짝거렸다. 복도엔 군데군데 작은 등이 켜져 있었고 두껍고 푹신한 양탄자가 깔려 있었다. 길고 어두운 복도 가운데 오직 한 곳의 문틈에서 불빛이 새어나왔다. 수라는 문에 붙은 위원장실 현판을 다시 한 번 확인한 뒤 노크했다. 부관이 문을 열었다.

"알렉산드라 페트로브나입니다."

"7시 정각에 도착하셨군요. 위원장님이 기다리고 계십니다."

부관이 내실의 문을 열고 안으로 안내했다. 전망 좋은 창가 책상에서 서류 더미를 읽던 위원장은 인기척을 듣고도 고개를 들지 않았다. 사무실은 철제 파일이 한쪽 벽면을 거의 다 차지했고 책장엔 여러 종류의 책이 그득 꽂혀 있었다. 사무실 한쪽엔 화려한 문양으로 장식된 의자 네 개가 탁자를 중심으로 널찍하게 놓였다. 탁자엔 사모바르가 끓었다. 사모바르가 부글부글 소리를 내지 않았다면 너무 적막해서 노동이 끝난 페름 산판이나 마찬가지였을 것이다.

위원장이 고개를 들었다.

"알렉산드라 페트로브나?"

"그렇습니다."

위원장은 검정색 가죽점퍼 차림이었다. 수라는 볼셰비키들이 평소에 입고 다니는 가죽점퍼 때문에 사람들로부터 '가죽옷의 사람들'이라고 불린다는 사실을 기억해냈다. 이는 오랜 지하활동을 반영한 복장이었다. 가죽옷은 격변 시기엔 갑옷과도 같았다. 위원장의 노랑머리는 왼쪽과 오른쪽이 3대 7 비율로 가르마가 타져 있었다. 위원장의 눈매는 날카로우면서도 지적이었다.

2

수라는 며칠 전 전보 한 통을 받았다.

"동지의 보고서를 검토했습니다. 예카테린부르크 시당위원장은 동지가 직접 방문해줄 것을 요청합니다."

수라가 몇 달에 걸쳐 보낸 보고서에 대한 회신이었다. 전보를 손에 쥔 수라는 가벼운 전율을 느꼈다. 예카테린부르크 시당위원회는 우랄의 혁명 사령부나 마찬가지였다.

위원장은 펜에 잉크를 묻혀 무언가를 쓴 뒤 허리를 세우고 기지개를 켜면서 다시 수라를 쳐다보았다. 그가 서류 한 장을 손에 들고 수라에게 다가오더니 환한 미소를 지었다. 모습만으로는 백계 러시아인이었다. 그는 손에 든 서류에서 눈을 떼지 않은 채 입을 열었다.

"무척 흥미롭고 선진적인 활동가이군요."

위원장은 세련된 손짓으로 수라에게 의자를 권했다. 위원장이라면 나이 지긋한 사람일 거라는 예상과 달리 수라 또래밖에 되지 않아 보여 의아스러웠다.

"차 한잔 하시겠습니까?"

위원장은 사모바르의 뜨거운 물을 찻잔에 부으며 말했다.

"당신의 보고서를 정밀하게 검토했습니다. 나는 당신을 러시아사회민주당원으로 추천하고 싶군요. 상급 위원회에 보고서가 제출되면 당신을 당원으로 받아들일지 가부가 결정되겠지만, 당원으로서의 모든 자격을 갖췄다는 내 의견을 참고할 것입니다. 몇 가지 질문을 하겠습니다. 긴장하지 말고 평소 생각대로 대답해주세요."

그는 찻잎을 몇 개 떨어뜨린 잔을 수라에게 건넸다. 잔을 건네는 그의 손이 수라의 손에 닿는 순간, 찻잔이 기울어지면서 몇 방울이 흘러내렸다. 수건을 꺼내 흘러내린 물을 닦는 수라의 얼굴에 엷은 홍조가 퍼졌다. 위원장은 의자를 바싹 당겨 앉았으나 여전히 서류를 읽고 있었다. 손으로 머리를 받치고 사색하는 듯한 자세로 서류를 넘기며 펜으로 무엇인가를 적었다.

부관은 여전히 정자세로 서서 정면을 응시했다. 어찌나 경직됐는지 눈동자 움직이는 소리가 들리는 듯했다. 한순간, 가죽옷 차림의 위원장이 창가에 다가서더니 바지 주머니를 뒤져 뭔가를 꺼냈다. 빵 부스러기였다. 그가 빵 부스러기를 창틀에 흩뿌리자 비둘기 서너 마리가 삽시간에 날아들어 빵 부스러기를 쪼아댔다. 그는 살며시 창을 닫고 다시 수라에게 다가왔다.

"야코프 미하일로비치 스베르들로프라 합니다."

위원장이 수라에게 손을 내밀었다. 수라는 자신보다 두 배가 커 보이는 그의 손에서 따스하고 섬세한 느낌을 받았다. 그러고 나서야 그의 이름이 복기됐다. 야코프 미하일로비치 스베르들로프.

이름을 들은 적이 있었다. 레닌의 총애를 받는 촉망받는 혁명가. 레닌의 오른팔이라는 소문이 자자했다. 그가 예카테린부르크 시당위원장으로 와 있을 줄은 꿈에도 상상하지 못했다. 수라는 러시아사회민주당 페름 지부에서 읽었던 한 문건을 떠올렸다. 레닌이 스베르들로프에 대해 쓴 문건이었다.

볼셰비키 운동이 보유한 이 최상의 조직가에 관해서는 아주 조금밖에 알려져 있지 않다. 그는 명실공히 당의 최고 조직가다. 최고의 조직가라는 명칭은 전무후무할 것이다. 우리의 혁명 과정에서, 노동자 혁명의 정수를 보다 완전하고 보다 포괄적으로 표현한 인물은 다른 누구보다도 스베르들로프였다. 이론가도 문필가도 아니며 비합법 활동을 하던 한 겸손한 노동자가 단숨에 비할 바 없는 권위를 획득한 조직가로 성장했다. 나는 그와 대화를 나누면서, 우리가 성공할 수 있는 주요 조건 가운데 하나에 관해 적어도 한 차례 이상, 그것도 늘 새롭게 만족감을 느끼면서 서로 이야기한 바 있다. 그것은 곧 지도 그룹 내의 통일성과 연대였다. 여러 사건과 장애물이 가공할 만한 압력을 가했고, 경험해보지 못한 문제들이 등장했으며, 날카로운 실천적 불일치가 때때로 발생했다. 그럼에도 우리의 작업은 대단히 순조롭고, 우호적이며, 중단 없이 진척됐다. 지도 그룹의 통일과 연대로 문제를 해결해나갈 수 있었기 때문

야코프 미하일로비치 스베르들로프(위키미디어).

이다. 중앙 기구의 결속과 일치단결에 가장 주요한 전문가는 스베르들로프다. 그의 기예가 갖는 비밀은 간단하다. 대의라고 하는 단하나의 이해관계에 따르는 것. 이렇게 함으로써, 당을 지지하는 노동자 가운데 어느 누구도 당 간부층으로부터 음모가 자행될 것이라는 두려움을 전혀 갖지 않게 됐다. 스베르들로프가 가진 권위의 토대는 성심誠心이었다. 그러한 자질을 겸비한 누군가를 찾아야만한다고 가정해볼 때, 스베르들로프를 대체할 수 있는 사람은 없다. 이 말은 결코 과장된 미사여구가 아니다.

레닌이 그토록 칭찬을 아끼지 않은 혁명의 지략가와 마주 앉아 있다는 사실이 믿기지 않았다.

"서류에 적힌 생년을 보니 나와 동갑이군요. 1885년 2월 2일생 맞지요? 내 생일이 6월 3일이니 누님이라고 불러야 되겠습니다."

수라는 금세 얼굴이 붉게 물들며 쑥스러운 표정을 지었다. 스베르들로프의 강하면서도 부드러운 목소리는 긴 여운을 남겼다.

"혁명은 의로운 일이지만 외로운 일이기도 합니다. 선례가 없기 때문이지요. 따를 만한 선례도 없고, 아직 규칙도 없으니 모든 영역에서 개척자가 요구됩니다. 개척자는 거대한 혼돈의 한복판에서 자신의 두 손과 두 발을 믿고 일을 하는 사람이지요. 우리 볼셰비키당은 모든 긴박한 상황에 대처할 수 있는 영기 있는 개척자들을 찾고 있습니다. 물론 상급위원회에 당신에 대한 보고를 해야겠지만 나는 이미 결정을 내렸습니다. 다만 한 가지 질문이 있습니다. 볼셰비키가 되면 무엇을 하려고 합니까?"

다음 순간, 잠시 뭔가를 골똘히 생각하던 수라가 스베르들로프의 두 눈을 바라보며 말했다.

"저는 어렸을 때부터 노동자 사회에서 성장했어요. 노동자들, 그러니까 프롤레타리아는 매일 자신의 노동을 팔아야 겨우 입에 풀칠을 했어요. 그들은 이전 시대에는 노예의 모습이었지만 지금에 와서는 사회적 경쟁의 긴장을 일으키는 시민사회의 구성원으로 편입됐습니다. 프롤레타리아가 하나의 인격체로 인정되었지요. 프롤레타리아는 대개 도시에 살면서 고용주와 금전적 관계를 맺고 있지만 그들은 사회를 구성하는 선의 입장을 견지하는 계층이에요. 저는 선의 입장이 이 사회에서 승리해야만 역사가 진보할 수 있다는 신념을 스스로 검증하고 싶습니다."

"당신은 시인처럼 말하는군요."

"시인과 혁명가는 다르지 않다고 생각해요. 시인의 예언자적인 정서가 소시민적이고 생기 없는 세계에 활기를 불어넣듯 혁명가 또한 시대의 한계를 극복하려는 의식의 소유자이지요. 시인이 데카당의 추상적인 언사를 못 견뎌하듯 혁명가도 자본가의 허위와 부정을 못 견뎌합니다. 저는 사회주의혁명만이 오늘날 러시아의 사회적 모순을 치유할 수 있다고 믿어요. 러시아의 프롤레타리아는 물론 세계의 모든 프롤레타리아는 지금 절망의 심연 속에서 신음합니다. 프롤레타리아의 인격을 매장하는 모든 체제는 붕괴돼야 해요. 미래에 있을 위대한 변화들을 기대하면서요. 저는 어떤 주의主義를 믿기보다는 인간 현상을 관찰하면서 프롤레타리아의 선이 사회적 우위에 설 그날을 위해 싸우고 싶습니다. 그것이 제가 우랄 페름에서 싸우고 있는 이유입니다. 우리는 우리의 눈으로 우리의 뒤를 이어 미래에 무엇이 와야만 하는지를 보여주어야만 해요."

"당신은 막중한 임무를 맡게 될 겁니다. 감옥을 제집처럼 드나들 듯해야 하고 극한 경우에는 목숨까지 잃을 위험이 닥칠 수 있지요."

"이미 극동에서 노동운동을 하던 시절에 러-중 국경을 넘나들며 동상에 걸려 죽을 고비를 몇 차례나 넘겼어요. 하루하루 최선을 다해 살아갈 수 있다면 최후의 순간이 다가온다 한들 후회할 게 없을 거예요. 저기 창문 밖을 내다보세요. 떨어지는 낙엽 한 장에도 전 인류에 대한 사랑이 융합돼 있다는 것을 느낍니다."

그는 수라의 잔에 뜨거운 물을 부어준 뒤 입당 원서를 건넸다.

"알렉산드라 페트로브나, 당신에게 당원의 권리를 알려주겠습니다.

당원이 되면 모든 회의에 참석할 수 있고 투표할 권리를 갖게 됩니다. 그리고 당 사업을 조직하고 추진할 자금을 지원받지요. 이뿐만 아니라 혁명의 임무와 그것을 완수할 장소도 부여됩니다. 당신의 혁명 현장은 극동의 심장인 하바롭스크입니다. 나는 당신을 러시아사회민주당 하바롭스크 시당서기로 천거합니다. 이제 우랄에서의 임무를 접고 극동 연해주에 가서 일할 때가 되었습니다."

"저는 우랄노동자동맹을 조직했을 뿐인데 그런 막중한 책무를 맡긴다는 것은 당으로서도 대단한 모험이 아닐까요?"

"나는 직관을 믿습니다. 어떤 일이 주어졌을 때 그 일을 맡을 인물들에 대한 세부 사항들, 가령 어떤 사람이 어떤 상황에서 어떻게 처신했는지를 떠올리고 적합 여부를 판단합니다."

"문제는 그런 판단이 결과적으로 옳았냐는 점이겠지요."

"물론 실책이 없었다고 말할 수는 없습니다. 그러나 내가 천거한 인물들은 현장의 뒤죽박죽된 과제들, 엉켜 있는 난관, 수적 열세 등 열악한 상황에 직면해서도 임무를 수행해냈습니다. 지치지 않는 낙관으로 무장하고 있다는 점이야말로 혁명을 추진하는 나만의 방법입니다. 당연한 말이겠지만, 문제는 이러한 방식으로 100퍼센트 해결됐습니다만 단지 10퍼센트만 해결됐다 하더라도 만족할 만한 일입니다. 10퍼센트로 미래를 보장할 수 있다면 말이지요."

스베르들로프는 신념을 굽히지 않았다. 그에게서 무거운 책임감과 역할로 인한 긴장감이 느껴졌다.

"당신은 누구보다도 당의 임무를 완수할 자질을 갖췄습니다. 당의 지원도 받지 않고 당신 혼자서 우랄노동자동맹을 조직해 노동자들을 해방시켰다는 사실만으로도 당신은 이미 훌륭한 혁명가입니다. 당신은 상대방을 설득하는 특별한 자질을 갖추고 있습니다. 중국어와 조선어에 능통하고 영어까지 구사할 수 있는 당신과 같은 인재를 우리 당원으로 천거할 수 있어 오히려 영광이지요. 이제 극동 연해주에서 당신이 능력을 한껏 발휘하길 기대하겠습니다.

당신은 단순히 노동자들을 규합해 볼셰비키 혁명 세력으로 조직화하는 데 그치지 않고 그들의 사상과 생활까지 바꾸는 일을 해냈습니다. 현실은 이상을 끊임없이 수정하는 교사라고 할 수 있지요. 우랄에서 그것을 가차 없이 달성했다면 극동에서도 당신의 신념에 따라 가차 없이 혁명을 완수해주기 바랍니다. 당신이 우랄에 왔을 때는 한 방울의 휘발유였지만 이제 극동에 돌아가면 거대한 유전이 돼 세상을 바꾸는 불길로 타오를 것입니다."

3

극동으로 출발할 날이 다가왔지만 수천 명의 벌목 노동자 가운데 짐을 꾸린 사람은 나자거우 사관생도 출신을 포함해 절반이 조금 넘었다. 나머지는 목돈을 손에 쥘 때까지 잔류하기로 결정했다. 수라는 잔류 노동자들을 위한 재계약 체결을 앞장서서 도와주었고 공장 당국으로부터 귀환자들을 위한 해지명령서와 여행증명서를 받아냈다.

페름 볼셰비키당에서는 수라에게 침대칸(쿠페) 차표를 끊어주었지만 수라는 침대칸을 나이 든 노동자에게 양보하고 칸막이가 없는 3등 객차

에 몸을 실었다. 모두 고향으로 돌아갈 생각에 들떠 있었다. 그 부산
함으로 객차 안에 먼지가 자욱하게 일었다.

창밖으로 다차(별장)의 텃밭에 씨를 뿌리는 사람들이 간간이 보였다.
5월 말부터 6월 초 사이 씨를 뿌리고 나면 모든 건 흙의 생명력에 위
임됐다. 끝없는 자작나무 숲이 뒤이어 나타났다. 시베리아 끝까지 길
동무가 될 나무들이었다. 겨울이 물러가고 연푸른 잎을 달기 시작하
면 자작나무는 시베리아를 다시 흰색 물결로 물들였다. 열차는 간이
역의 급수탑을 스치듯 지나갔다. 3년 전 겨울, 급수탑이 얼어붙어 노
동자들이 추위에 떨며 물통을 나르던 모습이 떠올랐다. 세월은 화살
처럼 빨랐다.

맑은 공기를 마시려고 나간 승강장 입구에서 20대 후반의 몽골 여
인과 우연히 이야기를 나눴다. 결혼한 지 한 달 만에 남편이 우랄로
돈을 벌려고 떠났다며 훌쩍거렸다. 남편도 찾지 못하고 다시 이르쿠
츠크로 가는 길이었다.

"제 처지와 비슷한 중국계 여자들은 주로 치타, 이르쿠츠크, 울란우데
에 모여 살아요."

오랜만에 말이 통하는 사람을 만나서였는지, 신세 한탄은 하염없이
이어졌고 격정을 참지 못해 붉은 볼에 눈물이 흘러내렸다.

"그렇게 국경을 넘어 이주한 여자들은 시베리아 철도역을 근거지로
하루하루를 살아가요. 보따리에 이것저것 싸들고 역전에 좌판을 만들어
겨우 생계를 유지하고 있어요. 케렌스키 당국이 암거래상을 단속한다며
가끔 역전에 나와 장사를 훼방하지 않는 한, 어느 정도 자리를 잡아가고
있답니다. 용케 장사에 필요한 러시아말을 몇 마디 배웠어요. 손님을 부

르면 러시아인에게는 그게 큰 구경거리인 모양이에요. 동양 사람이 러시아어로 소리를 지르니 구경거리라도 난 듯 쳐다보다가 물건을 사주기도 해요. 그러다 단속이라도 뜨는 날이면 모두 불법체류자로 추방되곤 한답니다. 그럴 때마다 돈을 쥐어주고 풀려나는데 당국자에게 우리 같은 여인네는 봉이나 다름없어요. 물건을 팔면 20퍼센트는 꼬박꼬박 자릿세로 뜯겨요. 그런데 케렌스키 화폐의 시세가 계속 떨어진다는 게 더 큰 문제예요. 힘들게 벌었는데 케렌스키 화폐값이 떨어져 본전에도 못 미치거든요."

몽골 여인이 들려준 이야기는 한인 이주민에게도 해당했다. 수라는 자리로 돌아오는 도중에 몇 번이나 뒤를 돌아다보았다.

우랄의 공장 지대에서 생산된 각종 물품은 육로로 페름에 집산된 뒤 다시 선박을 이용, 카마강~볼가강을 따라 러시아 중부의 도시로 운반됐다. 페름을 출발하자 이내 실바강이었다. 길이 500킬로미터의 실바강을 따라 한 시간여 동안 그림 같은 우랄의 절경이 펼쳐졌다. 우랄 지역의 마지막 역은 쿠르간이었다. '입산 신고'란 뜻의 쿠르간은 산악 지형인 우랄 지대에 어울리는 이름이었다.

차창 밖으로 맑게 내리쬐는 6월 햇살 아래 실바강이 보석처럼 빛났다. 강변에 늘어선 별장 지붕에 흰 페인트로 커다랗게 '프로다유(팔겠다는 뜻)'라고 써놓은 글씨가 눈길을 끌었다.

열차가 숨 가쁜 행진을 계속하자 지금껏 보이지 않던 새로운 수종이 나타났다. 야생화가 흐드러지게 피어 있었다. 열차는 예카테린부르크에 정차했다. 귀환자들은 극동으로 가는 열차로 갈아타기 위해 예카테린부르크 역에서 내려 대합실로 이동했다. 여비가 부족한 몇몇은 예카테린부르크 역에서 발을 동동 구르며 어쩔 줄 몰라 했다. 최관평, 박호극, 조훈, 김승한 일행을 포함해 스무 명 남짓이었다. 모두 그들을 동정했으나 그렇다고 여비를 내줄 만큼 여유는 없어서 한숨만 내쉬었다. 연해주로 갈 승객들은 차표를 다시 구입하기 위해 매표 창구 앞에 길게 줄을 섰다. 그때 처음 보는 러시아인이 숨을 헐떡이며 다가왔다.

"페름에서 극동으로 가는 분들입니까? 우리 예카테린부르크 볼셰비키당이 열차 한 량을 전용으로 배차했으니 차표를 사지 말고 기다리시오."

가뭄에 내린 단비 같은 말이었다. 여비가 부족해 예카테린부르크에 잔류하려던 사람들도 얼굴 가득 미소를 지었다.

"이미 차표를 샀는데요?"

"어째서 차표를 샀습니까. 우리가 준비한 전용 열차를 타고 가세요. 어서 차표를 물리도록 하세요. 식사도 하루에 세끼씩 공급됩니다."

이튿날 아침, 전용 열차로 튜멘 역에 당도하자 흰 위생복을 입은 여자 두 명이 열차에 오르더니 사방을 두리번거렸다.

"아픈 분은 없나요?"

그들은 튜멘 볼셰비키당에서 나온 간호사였다.

일행은 이르쿠츠크까지 매일 세끼씩 식사를 공급받았고 이르쿠츠크에 와서는 대합실에 모여 의사에게 진찰을 받았고 간단한 샤워까지 할 수 있었다.

1917년 6월, 차창 밖에는 새로운 생명이 움텄고 봄바람이 파도처럼 출렁거렸다. 수라는 가슴에 희망을 안고 멀고 먼 극동으로 향했다.

전용 열차엔 2년 혹은 3년 만에 고향으로 돌아가는 노동자들의 웃음소리가 끊이지 않았다. 수라가 볼셰비키당의 중책을 맡아 귀환한다는 소문은 시베리아 철도 변에 빠르게 전파됐다.

15. 우랄노동자동맹

1913년 건축된 우수리스크 중국인극장. 당시 연해주의 중국인 이주민 사회는 그만큼 활성화됐다.

＊

＊

1917년 봄

1

첫 기착지는 옴스크였다. 옴스크에서 담배 장사를 하던 이인섭 일행
이 수라의 귀환 소식을 듣고 승강장 앞까지 나와 서성거렸다. 수라는
이인섭 일행과 일일이 악수를 나눈 뒤 통성명을 했다. 일행 가운데 몇
몇이 알렉산드라를 어릴 때의 애칭인 '수라'라고 호칭하자 이인섭이
한마디 거들었다.

  "'수라'라는 호칭은 이제 볼셰비키당원이자 어엿한 하바롭스크 시당
비서로 임명된 분에게 어울리지 않으니 모두 '알렉산드라 페트로브나'로
호칭하는 게 좋겠습니다."

  이인섭의 제안에 모두 고개를 끄덕이며 수긍했다. 이후로는 '수라'
라는 애칭 대신 '알렉산드라'라고 불렀다. 이인섭은 일행을 소개했다.

평남 안주군 안흥학교 출신의 최영훈, 안창호가 평양 대성학교 교장으로 있을 때 학생이었던 안경억, 옴스크 조선인 국민회 회장 김봉준 등이었다.

안경억이 역 대합실에서 알렉산드라에게 말을 붙였다.

"저는 평양에서 러시아로 망명해 치타에 정착했습니다. 치타에는 이강 선생과 정재관 선생이 1911년 국권회복운동 차원에서 만든 대한인국민회 시베리아지방총회가 있었는데 그곳에서 사무를 보았지요. 이강 선생은 러시아정교회로 귀의하고 기관지 《대한인정교보》를 발행했습니다. 그런데 1914년 2월, 스물세 살의 이광수가 치타에 도착했습니다. 이광수의 목적지는 미국이었지요. 샌프란시스코에서 발행되는 《신한민보》의 주필로 가기 위해 시베리아를 횡단한 뒤 유럽에서 대서양을 건너는 배를 탈 예정이었지요. 그런데 미국에서 보내주기로 한 여비가 계속 지체됐습니다. 뾰족한 수 없이 기다리던 7월, 유럽을 불바다로 만든 1차 세계대전이 터지는 바람에 이광수는 미국행을 포기하고 치타에서 《대한인정교보》 편집을 도왔지요. 그때 저와도 친교했습니다. 그해 6월 치타에서 개최된 시베리아 국민회 대의회에서 이광수는 《대한인정교보》의 주필로 임명됐습니다. 요즘 소식을 들어보니 이광수는 1916년 조선으로 돌아가 멜로 소설 《무정》을 쓰고 있다는데, 그게 치타에서의 경험을 바탕으로 한 것이라 합니다. 이광수가 조선으로 떠나고 저는 이곳 옴스크로 옮겨왔지요."

알렉산드라는 이인섭의 안내로 옴스크 한인애국청년 조직인 '드루즈바(우정)' 사무실을 찾아갔다.

드루즈바는 아르치메르스카야 14번지 건물 2층에 세 들어 있었다.

스무 명이 한꺼번에 앉아 회의를 할 수 있을 만큼 제법 넓은 사무실이었다. 담화 내용을 필기하려고 모두 공책을 책상 위에 펼쳤다.

"드루즈바 회원들을 먼저 소개하겠습니다. 이쪽부터 이인섭, 안경억, 최영훈, 조구봉, 손풍익 동지입니다. 조선 독립운동에 참가했다가 지금은 정치 망명자 생활을 하는 청년들인데 이중에는 평양 대성학교와 숭실학교 출신도 있습니다. 우리는 요즘 조선이 일제에 강제 합병된 이유에 대해 논의하고 있습니다. 알렉산드라 동지는 그 이유가 어디에 있다고 보십니까? 강제 합병은 이완용, 송병준이라는 매국노가 나라를 팔아먹은 데서 비롯하지 않았습니까?"

"그보다는 러일전쟁에서 원인을 찾아야 해요. 러시아 자본주의는 시베리아 원동에 시장을 창설하고 이어서 만주 일대까지 그들의 시장을 만들겠다고 대들었다가 일본 자본주의와 맞서게 되었어요. 일본 자본가들은 섬나라에 갇혀 낙후될 수밖에 없는 경제 시장을 조선과 중국에서 쟁취하려고 발악했지요. 그 결과 1904~1905년에 러일전쟁이 벌어졌어요. 러일전쟁이 시작되기 전 일본 당국은 차르 러시아와 교섭을 했지요. 일본이 '만주는 러시아가 차지하고 조선은 일본이 차지하겠소'라고 하자, 차르 당국이 대답하기를 '만주는 물론 우리의 것이오. 하지만 조선은 두고 봅시다'라며 야욕을 드러냈답니다.

조선은 러시아와 일본 자본가들이 자신들의 시장으로 흥정하는 반도가 돼버린 셈이에요. 그러니 조선은 러일전쟁 당시에 이미 식민지로 전락했다고 봐야 해요. 일본이 승전해 조선이 일본 제국주의자들에게 강점됐을 뿐, 만일 러시아가 승전했다면 차르 러시아에 강점됐을 거예요."

알렉산드라의 명쾌한 답변에 옴스크 한인 청년들은 크게 감동을 받았다.

"문제는 합병의 원인에 있는 게 아니라 독립을 쟁취한 다음에 어떤 정권을 수립하느냐에 집중돼 있어요. 여러분 생각은 어떻습니까?"

"우린 조국 해방 이후까지는 미처 생각도 못 해봤습니다."

"오늘 이 자리에서 마르크스·엥겔스의 《공산당 선언》을 조선말로 번역해 읽도록 하겠습니다. 필기하실 분은 얼마든지 받아써도 좋습니다. 선언의 내용도 내용이지만 문장 자체가 명문이에요."

하나의 유령이 유럽을 떠돌고 있다. 공산주의라는 유령이. 옛 유럽의 모든 세력이 연합해 이 유령을 잡기 위한 성스러운 몰이사냥에 나섰다. 교황과 차르. 메테르니히와 기조. 프랑스 급진파와 독일 경찰이.

정권을 잡은 반대파에게서 공산주의적이라고 비난받지 않은 야당이 어디 있으며, 좀 더 진보적인 반대파나 반동적인 적수에게 공산주의라는 낙인을 찍으며 비난하지 않는 야당이 어디 있겠는가?

이러한 사실에서 두 결론이 나온다. 공산주의는 모든 유럽 세력에게서 이미 하나의 권력으로 인정받았다. 그러므로 공산주의자들은 자신들의 견해와 목적 그리고 의도를 공공연하게 전 세계에 밝히고 공산주의 유령이라는 동화童話에 당 자신의 선언으로 맞서야 할 적기가 바로 지금이다. 이런 목적으로 온갖 국적의 공산주의자들이 런던에 모여 영어, 프랑스어, 독일어, 이탈리아어, 플랑드르어, 덴마크어로 발표된 다음 선언문을 기초했다.

1. 부르주아와 프롤레타리아

이제까지 사회의 모든 역사는 계급투쟁의 역사다. 자유민과 노예, 세습 귀족과 평민, 남작과 농노, 동업자 조합원과 직인, 요컨대 억압자와 피억압자는 부단히 대립했으며, 때로는 은밀하게 때로는 공공연하게 끊임없이 투쟁을 벌여왔다. 이 투쟁은 항상 전체 사회의 혁명적인 개조로 끝나거나 투쟁 계급의 공동 몰락으로 귀결됐다. 지난 시대를 돌아볼 때 우리는 거의 어느 시기에나 사회가 여러 계층으로 완전히 구분돼 있으며 사회적 지위는 다양한 등급으로 나뉘었음을 보게 된다.

이것은 알렉산드라의 입을 통해 조선어로 번역된 마르크스·엥겔스의 첫 《공산당 선언》이었다. 이인섭이 필기를 마치고 감격해하며 입을 열었다.

"전에는 드루즈바 청년 당원들끼리 만나면 말하기를 볼셰비키는 노동복이나 군복을 입은 러시아 사람들이고 멘셰비키는 의복을 잘 입은 부자나 러시아 장관들이라고 생각했습니다. 무슨 정당이 있는지조차 알지 못했는데 《공산당 선언》을 번역해 쓰다 보니 모든 사실을 명확하게 알 것 같습니다."

알렉산드라는 그 자리에서 긴급 안건을 상정했다.

"드루즈바를 우랄노동자동맹 옴스크 지부로 확대 개편하는 문제를 논의해주셨으면 해요. 저는 극동에서 다른 임무를 맡아 수행해야 하므로 우랄의 배후 지역인 옴스크에서 여러 청년 회원이 우랄노동자동맹과 관련된 연락과 지원 업무를 맡아주었으면 합니다."

이인섭이 먼저 언권을 청했다.

"논의할 게 뭐 있습니까. 우리 청년 회원들은 이날을 손꼽아 기다려왔습니다. 알렉산드라 동지의 발의가 없었다면 우리가 먼저 그 안건을 상정하려고 했으니 지금은 논의를 할 게 아니라 당장 거수를 해서 찬반을 가리는 편이 낫다고 생각합니다."

즉석에서 임원을 선출한 결과 이인섭이 회장, 안경억이 부회장으로 피선됐다. 알렉산드라가 일어서서 발언했다.

"저는 2월 혁명 직후, 수천 명의 조선 노동자를 우랄에서 만나 조선이 독립하면 무슨 주권을 세우겠느냐고 여러 차례 물어보았어요. 그들은 '무슨 주권을 세우겠는지 무식한 우리들이야 알 수 있소? 선생님이 알지요'라고 대답하더군요. 그런데 무식하기는 마찬가지인 러시아 노동자들에게 질문하면 '모든 주권을 소비에트로 돌려야 합니다'라고 서슴지 않고 대답합니다. 여러분은 그 원인이 어디에 있다고 보시나요?"

모두 처음 듣는 문제여서 눈만 말똥거리며 말이 없었다.

"그럼 제가 설명하지요. 우리는 조선이 일본 제국주의자들에게 강제 합병당한 이후 오늘까지 독립을 달성하는 데 장애 요인이 되는 문제를 놓고 수많은 토론을 해왔어요. 그런데 오늘의 상황이 조선 말엽의 노론·소론·동인·서인으로 갈려 당파 싸움을 하던 당시나 마찬가지인 것은, 조국을 떠나 국외 지역을 떠도는 해외 정치 망명자들이 러시아와 중국에서 광복단·국민회·독립단을 조직하고도 다만 단체 규약만 정해 청년들에게 배일애국사상을 고취시켜 조선을 독립시킨다고 해두었을 뿐, 독립한 뒤에는 어떤 주권을 세운다는 구절은 없었기 때문이에요. 단체 지도층도 완전한 정강이 없이 단지 배일 운동만 주장했고 나중에 조국

을 해방시킨 뒤에 어떤 주권을 세울지에 관한 깊은 연구가 없었던 데에
서 기인하지요. 이런 현실은 우리에게 유일 정당이 없는 데서 비롯한 것
이기도 합니다. 그러나 앞으로 우리는 러시아 볼셰비키당과 연계된 한
인 볼셰비키당을 조직해야 합니다.

현재 극동 한인 사회는 심각한 이중구조로 분열되고 있는 실정이에
요. 노동자와 농민은 소비에트 정권과 러시아 프롤레타리아를 옹호하는
반면, 입헌군주제 대표자와 부유층은 케렌스키 정부를 옹호하지요. 원
호인 중심의 전로한족회(고려족중앙총회)가 '조선독립선언'을 공포했지만
이 선언에는 일본 제국주의자에 대한 강경한 경고가 단 한마디도 담기
지 않았습니다.

2월 혁명 후 극동 한인 사회는 계급적 대립이 첨예화되고 있어요.
1917년 5월 1일 블라디보스토크에서 제1차 극동소비에트대회가 열렸
으나 103명의 대표위원 가운데 12명만이 볼셰비키였어요. 멘셰비키 사
회혁명당원들의 우세 속에서 케렌스키 정부 수립과 세계 전쟁을 옹호해
야 한다는 주장이 채택된 것을 봐도 극동에서 볼셰비키의 영향력은 멘
셰비키에 비해 매우 열악한 상황입니다. 이런 정세하에서 저는 극동으
로 가서 볼셰비키의 영향력을 증대시키고 조직을 확대하는 임무를 수행
할 것입니다. 하바롭스크에 도착하면 우선 러시아와 중국에 흩어진 한
인 정치 망명자들을 규합해 정당을 조직해야 합니다."

이날 알렉산드라의 제의에 따라 시베리아 각 지방에 한인 볼셰비키 대표를 파견키로 했다. 페름 시에 전윤언·이제·임채학, 예카테린부르크에 조응순, 튜멘에 안룡학이 각각 떠나기로 했다. 이인섭은 '드루즈바'를 《한인신보》 옴스크 지사장 안경억에게 위임하고 알렉산드라를 수행해 하바롭스크를 향해 출발했다.

옴스크를 떠나 극동으로 향하는 열차에도 우랄에서 해방된 조·중 노동자들이 타고 있었다. 이르쿠츠크 역을 거쳐 열차는 곧장 남하한 뒤 바이칼 호수 남단을 향했다. 출발 30분 만에 샬리호프 역을 지났다. 이어 기차는 이르쿠츠크강 뒤편의 산을 감싸고 돌았다.

한 시간쯤 지나자 차창으로 바이칼 호수가 나타났다 사라졌다를 반복했다. 산 정상에 있는 파스 역을 지나며 처음으로 터널을 지나갔다. 바이칼 호수의 항구 도시인 쿨툭에서 두 번째 터널을 지나면 곧 슬류단카 역에 도착한다. 이곳에서 바이칼 순환선과 시베리아 철도가 만나 하나로 합쳐진다. 산을 넘는 동안 열차 앞뒤로 각각 2대씩 기관차가 붙어 끌어주고 밀어주었다.

열차는 때로 호수 쪽으로 바짝 붙었다 떨어졌다 하며 기막힌 경관을 눈앞에 펼쳐주었다. 호수에는 때로 높은 파도가 치기도 했다. 철로를 보호하기 위해 호숫가에 쌓은 방파제가 곳곳에 있었다. 바이칼은 호수가 아니라 바다였다. 기차는 이르쿠츠크와 부랴트공화국의 경계인 스네지나야강을 지났다. 호수 동안東岸을 따라 오르다가 마침내 오바르트 역을 통과해 바이칼 호수를 뒤로하고 동진했다. '오바르트'는

'방향을 돌린다'는 뜻으로, 셀렝가강이 호수로 흘러들면서 형성된 거대한 삼각주에 셀렝긴스크 역이 있었다.

알렉산드라는 열차에서 차장으로 일하는 자바이칼 출신의 카자크 노병과 몇 마디 말을 나누었다. 그에 따르면 자바이칼은 바이칼 뒤쪽이란 뜻으로 부랴트자치공화국과 치타가 자바이칼에 해당됐고, 자바이칼은 일명 '다우리아'라고도 하는데 자바이칼 지방 특유의 스텝(온대 초원 지대)을 일컫는 말이다. 스텝 덕분에 이 지역은 러시아 전역에서 손꼽히는 밀 주산지가 됐다.

카자크 노병은 그들의 생활에 대한 흥미로운 이야기도 들려주었다. 카자크는 몇 부류로 나뉘는데 군복 바지 옆의 줄 색깔로 소속을 구분했다. 자바이칼 카자크는 노란색 줄, 이르쿠츠크 카자크는 붉은색 줄, 돈 카자크는 청색 줄, 카자흐스탄과 우랄의 카자크는 녹색 줄을 달았다.

이들은 현재 행정이나 군대 조직과 완전 별개인 용병이었지만 철저한 자체 규율과 조직을 유지했다. 각 지역에는 아타만이라고 부르는 사령관이 있고 그 밑에 각급 지역별로 지휘관이 세분됐다. 대부분 국경수비대의 척후병 임무를 맡아 생계를 꾸려나갔다. 철도 보안 요원이나 관공서 경비 업무로 살아가는 사람도 있었다.

"블라디보스토크와는 다른 방향인 울란우데행 기차의 종착지 블라고베셴스크가 아무르 카자크의 중심이자 자바이칼 카자크의 총본부지요."

카자크 노병은 말을 마친 뒤 종종걸음으로 승강장으로 나갔다.

기차가 자바이칼 터널을 통과하려고 기적을 길게 내뿜을 때 창문으로 바이칼 호수를 바라보던 알렉산드라는 가슴을 한 손으로 자근 누르면서 사르르 옆으로 쓰러졌다.

주근깨가 약간씩 박힌 수척한 얼굴은 이내 하얗게 질려갔다. 옆 좌석에 앉은 이인섭이 황급히 일어나 알렉산드라의 이마를 짚었다. 체온이 떨어졌다. 얼굴도 시시각각 창백해졌다. 이인섭은 알렉산드라를 의자에 눕힌 뒤 가슴을 자근 눌렀다. 가쁜 숨을 몰아쉬는 알렉산드라의 이마에 식은땀이 돋아났다.

"약을 구해올까요? 차장에게 가면 약을 구할 수도 있을 겁니다."

이인섭의 말을 듣고 알렉산드라는 잔잔한 미소를 지으며 손을 가로저었다.

"좀 쉬면 괜찮아질 거예요."

"약도 안 먹고 어쩌려고 그러십니까?"

"가끔 심근경색이 오는지, 왼쪽 가슴께가 송곳으로 찌르는 듯 욱신거리고 아프지만 큰 병은 아니에요."

알렉산드라는 일부러 미소를 지으며 일행을 바라보았다.

"심장이 정상으로 뛰고 있으니 모두 자리로 돌아가세요. 여러분과 함께 수행해야 할 과업이 내게 주어진 만큼 한시바삐 원기를 회복할 테니 걱정 마세요."

그 말에 조금 안심됐는지 일행은 모두 자리에 돌아갔다.

오후 늦게 치타에 도착했다. 동양계 사람들이 플랫폼 곳곳에 삼삼오오 모여 이야기를 나누는 모습은 너무 낯익은 정경이었다.

"알렉산드라 동지, 창밖 좀 내다보세요. 환영 피켓을 든 인파가 우리 일행을 마중 나와 있습니다. 제가 아는 얼굴도 있는데 치타 이주 한인들의 대표자인 고성삼 씨도 보이는군요."

역전에 한인 동포들이 마중 나와 있었다. 일행은 고성삼의 집으로 이동했다. 마차에 오르자 이인섭이 간략하게 설명했다.

"고성삼 씨는 치타 한인 사회에서 고 대표로 불리는 인물입니다. 시베리아 극동에서 이주 한인 회의가 열릴 때마다 빠지지 않고 치타 대표로 참가하는 열정의 소유자이지요. 차르 당국은 시베리아 일대에서 한인들의 신문 잡지 발간을 금했습니다만, 치타에서만큼은 《종교월보》라는 한글 잡지를 발간하고 있습니다. 주필은 미국에서 건너온 이강이란 사람이고 잡지를 총괄하는 사람은 치타 러시아정교회 김 오르만 신부입니다."

고성삼의 집에서 환영 만찬이 열렸다. 권하순, 태용세, 이강, 김 오르만 신부가 참석했다. 고성삼은 옴스크의 안경억에게 전보를 받고 일행을 기다렸다고 말했다. 김 신부는 알렉산드라와 일면식이 있었다. 그는 길게 길렀던 머리를 시원하게 깎아버리고 목에 걸었던 십자가와 신부복까지 죄다 벗어던지고 수수한 양복에 중절모를 쓴 젊은 신사로 변해 있었다. 알렉산드라가 놀란 기색을 하며 물었다.

"머리는 언제 자르셨나요?"

김 신부는 자세를 고쳐 앉으며 의기양양하게 말했다.

"알렉산드라 동지, 오늘부터 나를 신부라고 하지 말고 타바리시(동무)라고 불러주세요. 당원들만 혁명 사업을 하라는 법은 어디에도 없지 않습니까? 나도 2월 혁명 후에는 이전처럼 비밀리에가 아니라 내놓고서 여러 선생님 또는 타바리시와 함께 혁명 사업에 임한다는 증표로 머리를 깎았습니다. 나뿐만이 아닙니다. 하바롭스크에 가면 오 와실리 신부가 우리 신부들 가운데서 제일 먼저 머리를 깎고 성당을 떠나 지금은 한

민회에서 사업을 하고 있습니다. 그뿐인가요? 사말리 채 신부, 강어재
강 신부, 연추 양 신부 등 모든 한인 신부가 머리를 깎고 한인 사회에서
혁명 사업을 열성적으로 전개하고 있지요."

와실리라는 이름이 거명되자 알렉산드라는 얼굴이 붉어졌다.

"그들은 모두 제가 잘 아는 분들이에요."

김 신부의 말은 허언이 아니었다. 채 신부는 하바롭스크 공산대학
교 고려과 교수를, 강 신부는 상해에서 발간하던 《공산》 《효종》 잡지
번역원을, 양 신부는 포시예트 구역 소비에트 초대 위원장을 맡고 있
었다. 그들은 신부로서 원호촌에 있을 때부터 정치 망명자들과 연계
해 반일 사상을 전파했다.

3

알렉산드라 일행은 한밤중에 치타 역을 떠났다. 간밤에 계속 비가 내
렸고 이튿날 아침, 체르니솁스키 역에 도착했다. 어느덧 평원이 사라
지고 조그만 언덕과 강이 계속 이어졌다. 극동 지역의 전형적인 풍경
인 '소프키'라고 부르는 낮은 산들이 나타나면서 시베리아 횡단도 막
바지에 이르렀다. 창밖 산천이 눈에 익었다. 열차는 금광 지대인 모고
차 역에 잠시 정차했다.

동포 민우상 씨가 어린 학생 10여 명을 데리고 나와 일행을 맞이했
다. 간이역이어서 기차가 멈추는 시간은 단 10분밖에 되지 않았다. 알
렉산드라를 잠깐이라도 만나보려고 민우상은 자신이 가르치는 학생

과 함께 기다리고 있었다. 아이들은 시베리아 각 도시에서 공부하기 위해 모여든 자구뱅이(혼혈아)였다. 이주 한인 가운데 러시아 여자와 결혼한 사람들의 자녀들에게 조선말을 가르치기 위해 조직한 자구뱅이 학교가 있었다.

알렉산드라는 아이들에게 둘러싸여 기념 촬영을 했다. 아이들을 보자 왜체와 보리스가 생각나 가슴이 아팠다. 아이들과 헤어져 열차에 오르는 알렉산드라는 눈물이 고였다. 참고 참았던 그리움이 몸속 어디선가 터져버린 듯했다. 철길 너머로 한 소년의 모습이 눈에 들어왔다. 옷자락을 펄럭펄럭 흔들며 손짓했다. 알렉산드라는 소년의 모습이 보이지 않을 때까지 우두커니 시선을 고정시켰다.

기차는 다시 동쪽을 향해 미끄러졌다. 보치카레와 역에서 알렉산드라는 하바롭스크로 직행하고, 이인섭은 김용환(태준)과 동행해 웃고로드(흑하)라고도 불리는 블라고베셴스크로 향했다. 이인섭 일행은 블라고베셴스크에서 알렉산드라가 당 기관에게 보내는 서신을 전한 뒤 도심에서 활동하는 한인들을 만나보기로 했다. 그동안 서신으로만 소식을 주고받던 사람들이었다. 블라고베셴스크 국민회 회장이자 충직하고 열렬한 직업 혁명가 이원해, 나지무리촌 조선중학교 학감 한자문, 키는 작아도 야무지고 강경하고 해족해족 웃기를 좋아하는 방국춘…. 10여 명의 정치 망명자가 블라고베셴스크에 살았다.

알렉산드라는 모고차 역을 떠나 아무르 주 경계를 향해 나아갔다. 모고차 시는 아무르 철도 건설 때 만들어진 도시였다. 아무르 철도는 이 부근에서 아무르강과 나란히 달려 하바롭스크까지 연결됐다. 한때 모고차 시는 시베리아 금광의 수도로 불릴 정도로 금광이 많은 곳이었다. 모고차라는 이름도 '황금의 바닥'이라는 뜻의 예벵키어였다. 오후 6시경 마침내 치타 주 마지막 역인 '작은 대장장이'란 뜻의 말러 코발리 역을 지났다. 이로써 시베리아와는 작별을 고했다. 이제부터는 극동이 시작됐다.

실카강 변에 있는 스레텐스크 시를 지났다. 1915년 시베리아 철도의 아무르 구간이 완공되기 전까지 스레텐스크 시는 시베리아 횡단철도의 종착역이었다. 이전에는 모스크바에서 싣고 온 화물과 승객은 이곳에서 실카강의 증기선으로 갈아타고 아무르강을 따라 하바롭스크로 갔다. 그러나 아무르 구간이 완공된 뒤 스레텐스크 시는 수상 도시의 면모를 잃고 인구 1만 명의 쇄락한 도시로 전락했다.

동진을 계속하던 열차는 아무르 주의 스코보로디노에서 남쪽으로 급회전해 하바롭스크로 연결됐다. 실개천이 뻗어나간 들판이 끝없이 이어졌다.

아무르 주에 이르러 아무르강은 마침내 대하로 변해 중-러 국경을 이루었다. 마찬가지로 하바롭스크부터 연해주 남쪽으로는 우수리강이 양국 국경이었다. 아무르 주의 첫 번째 역인 예로페이 파블로비치는 하바롭스크를 정복한 개척자 예로페이 파블로비치 하바로프 장군의 이름을 딴 마을이었다.

밤중에 알렉셉스크 역을 스쳐갔다. 황제 니콜라이 2세의 아들인 알렉세이 왕자의 이름을 딴 곳으로 제야강을 따라 남서쪽으로 블라고베셴스크로 연결되며 한때 금광 행정 본부가 있었다. 블라고베셴스크는 항구도시여서 활발한 국경무역이 이뤄졌다. 겨울에 아무르강이 얼어붙으면 그 위를 걸어 중국과 러시아 상인들이 오갔다. 시베리아에서 가장 큰 중국 시장이 있었다.

  알렉산드라는 차창에 붙어 앉아 아무르강의 물결을 하염없이 바라보았다. 길고 긴 여정을 오로지 하늘만 바라보고 누워 은빛으로, 금빛으로 반짝이며 흘러왔을 아무르강의 물결. 강은 위대한 뒤척임이요, 위대한 움직임이었다. 쉬지 않는 흐름. 그 흐름 옆에서 농사를 짓고 마을을 이루며 도시를 건설한 게 인간의 문명이 아니고 무엇이던가. 하바롭스크에 다가갈수록 왜체와 보리스를 만날 수 있다는 생각이 더욱 간절해졌다.

16. 하바롭스크 포폽스카야 귀때기집

1907년 건축된 우수리스크 니콜라옙스키 거리의 그랜드호텔.

*

*

1917년 여름

1

열차는 하바롭스크 대철교를 덜컹대며 건너갔다. 아무르강의 반짝이는 물결에 눈이 부셨다. 6월이라 강물은 높게 불어 있었다. 강물은 쉬지 않았다. 강물은 상류와 하류의 물결을 윤회처럼 이어주었다. 강물처럼 우리도 여러 번 죽고 여러 번 태어난다. 그러나 물 위에 떠 있으면 시간도 정지된다. 시간은 실은 흐르는 것도 아니다. 강물 위에서는 강물 이외의 모든 것은 정지돼 있다. 수면 위에 강변을 따라 지어진 건물의 실루엣이 희미하게 비쳤다. 열차가 속도를 줄였다.

"하바롭스크!"

알렉산드라는 입술을 슬며시 깨물었다.

출구에 한 무리의 신사들이 서 있었다. 먼저 오 와실리 신부가 눈에

극동소비에트 정부 외무위원이자
하바롭스크 시당비서 시절의
알렉산드라.

들어왔다. 그 옆으로 오하묵, 오성묵 그리고 이한영(알지몬), 이한신 동
지가 손을 높이 흔들며 다가왔다. 알렉산드라는 와실리와 수줍은 눈
인사만 나눴다. 오랜만의 재회였지만 주위 사람의 시선을 의식해 눈
빛을 나누는 것으로 그리운 시간을 증발시켰다.

오하묵은 와실리의 조카였다. 차르 군대에서 복무하다 2월 혁명 이
후 제대해 오 신부가 회장으로 있는 한민회에서 노문서기로 일했다.
오성묵은 북간도 동명학교 교원으로 있다가 길림성 연길부 교육감학
원으로 일한, 중국어에 능통한 정치 망명자였다. 안홍근 부자父子도

마중 나왔다. 안홍근은 이토 히로부미를 총살한 안중근 의사의 사촌 형제이자 이완용을 저격하려다 미수에 그쳐 일본 감옥에 수감된 안명근의 동생으로 아랫농평에 살고 있었다. 이한신 역시 정치 망명자로 석판인쇄 글씨를 곱게 쓰기로 유명한 재사였다.

이들은 모두 알렉산드라를 고대하다가 만나게 돼서 마치 구면처럼 스스럼없이 시국에 관한 얘기를 나눴다.

"극동 각 도시의 볼셰비키와 연대해 모든 주권을 볼셰비키로 집중하는 데 힘을 합쳐야 합니다. 여호촌 빈농민들에게 요원을 파견해 멘셰비키의 모순을 폭로하는 사업을 진행해야 합니다. 멘셰비키는 차르 시대와 마찬가지로 한인을 비롯한 소수민족에게 토지와 자유를 보장해주지 않아 불만을 사고 있어요."

"레닌이 영도하는 볼셰비키는 노동자병사소비에트를 조직해 민족을 가리지 않고 토지를 무상으로 농민들에게 분배할 것입니다. 여호촌 농민들은 예전처럼 지주의 토지에서 농사를 지어 수확의 절반을 세금으로 바칠 게 아니라 러시아인 지주처럼 자신의 토지를 갖는 농민이 돼야 합니다. 또 모든 한인 노동자들은 직업동맹에 가입해 임금을 보장받고 자녀의 교육과 의료 문제도 보장받아야 합니다."

와실리가 근심 어린 표정을 지으며 한숨을 내쉬었다.

"동지가 우랄에 머무는 동안 극동에서도 많은 변고가 있었습니다. 하바롭스크에서 활동하던 수많은 러시아 볼셰비키가 케렌스키 지방 당국에 감금되었지요. 이동휘 선생도 아무르 주 알렉셉스크(자유시) 군옥에 수감되고 말았습니다. 케렌스키 임시정부가 저지른 만행이랍니다. 극동에서 볼셰비키의 활동은 행정력과 경찰력을 장악하고 있는 케렌스키의 억압으로 진통을 겪고 있어요."

"하지만 소비에트가 권력을 장악할 날이 머지않았으니 당장의 고통이야말로 역설적으로 희망의 근거입니다. 이동휘 선생의 혐의는 무엇인가요?"

"독일 정탐 누명을 쓰고 감금됐다고 하오. 자세한 경위는 좀 더 알아봐야겠지요."

"지금 당장 시급한 문제는 이동휘 선생의 석방입니다. 와실리 동지와 이한영 동지는 당장 알렉셉스크로 가서 이동휘 선생을 면회한 뒤 자세한 상황을 전해주세요. 나 역시 선생을 조속히 석방시킬 수 있는 방도를 찾아보겠어요."

알렉산드라는 일행과 헤어져 거리로 나왔다. 거리엔 가판대가 즐비했고 사람들은 물결처럼 밀려오고 밀려갔다. 비둘기 떼가 보도블록 위로 솟구쳐 날아올랐다.

땅에 주저앉았던 지붕이 한순간 하늘로 둥실 떠오르는 느낌이었다. 비둘기 떼의 비상을 보면서 알렉산드라는 문득 자신이 철로를 따라 동서를 오가는 순례자 같다는 생각이 들었다. 어린 시절부터 동에서 서로, 서에서 동으로 이동해야 했던 순례. 그러고 보니 개인적 삶에 집착하며 살았던 적이 한 번도 없는 것 같았다. 개인을 희생하지 않으면 혁명은 불가능할까. 주위를 바라보았다. 관청 건물들이 사방에서 광장을 옹위하는 여긴 대체 어디인가. 행인들이 종종걸음을 걸으며 귀가를 서두르고 비둘기 떼가 어둠속으로 사라지는 것을 물끄러미 지켜보던 알렉산드라의 머릿속에 블로크의 시 한 줄이 새겨졌다.

"삶이 고될수록 저녁 속에서 너는 웃으며 귀가하리라."

광장 한쪽에서 벽돌을 나르던 노동자들이 담배를 피우며 잠시 휴식을 취하고 있었다. 진리가 저들의 휴식처럼 마을의 지붕 아래로 퍼져 나갈 수 있다면 더 이상 바랄 게 없겠다. 까칠한 턱수염을 쓰다듬는 그들의 손은 어두웠고 꼭 다문 입가에는 피곤함이 묻어났다. 하지만 그들은 고달픈 운명임에도 그걸 조금도 내색하지 않았다. 인생은 확실히 부당하게 그들의 어깨에 짐이 돼 얹혀 있었다.

　아무르강이 눈에 들어왔다. 유람선이 푸른 물결을 가르며 미끄러지고 있었고, 강변에는 너른 백사장이 펼쳐졌다. 강 너머 짙푸른 백화나무 숲이 청정한 하늘 아래 펼쳐졌다. 하늘이 금방 어둑해지더니 가랑비가 흩날렸다. 가방에서 우산을 꺼내 펼쳤다. 비를 맞아 풀잎이 더욱 파릇파릇하게 변하는 모습을 보면 신이 존재하는 듯했다. 강물에 떨어지는 빗줄기가 수많은 보조개를 만들어냈다. 어김없이 위에서 아래로 떨어지는 낙하의 법칙처럼 명징한 질서를 이 세상에 세울 방도는 없을까. 바삐 움직이는 시민들 속에서 알렉산드라는 외로웠다. 인생은 타인들 사이로 난 오솔길을 홀로 걷는 여행이었다. 여행자가 즐거운 호기심으로 그 오솔길을 지나가면서도 가끔씩 외로움을 느끼는 현상을 어떻게 설명할 수 있을까? 언덕길에 철제 난간이 길게 설치돼 있었다. 난간 너머는 일망무제—望無際. 가랑비가 묻어나는 동풍에 몸이 떨렸다. 이마에 후끈한 미열이 짚어졌다.

　계단을 올라가면 하바롭스크의 중심 도로였다. 광장 너머로 박물관, 주 정부 건물, 은행, 식당, 극장, 대학교가 있었다. 적벽돌 건물들이 고풍스러웠다.

2

하바롭스크 포폽스카야 귀때기집 2층. 집 안에는 보잘것없는 장농한 개, 걸상 몇 개가 놓여 있었다. 걸상에 올라가 거실 장롱 위의 사진을 꺼내든 왜체가 보모 할머니의 치마를 잡아당겼다.

"할머니, 마마는 언제 와?"

"마마가 보고 싶어 그러는구나."

보모는 벽시계를 쳐다보았다.

"마마가 올 때가 됐구나."

"할머니, 마마가 총을 가지고 다녀? 총은 사람을 죽이잖아."

"너는 아직 어려서 이해 못 하겠지만 곧 저절로 알게 될 게다. 마마가 누구며 왜 총을 차고 다니는지."

"나도 빨리 크고 싶어. 어떻게 하면 빨리 커?"

"마마의 말을 잘 들어야 빨리 큰단다. 많이 먹고 오래 자야 빨리 크지."

"벌써 많이 먹고 오래 잤는걸."

계단을 오르는 소리가 들리더니 문이 활짝 열리고 알렉산드라가 두 팔을 벌린 채 다가갔다. 왜체가 엄마 품에 안겼다.

"마마!"

알렉산드라는 왜체를 껴안고 키스를 퍼부었다.

"왜체, 내 귀염둥이. 이게 얼마 만이냐?"

왜체가 알렉산드라의 허리에 채워진 권총을 어루만졌다.

"마마, 나도 크면 이런 총을 차고 다닐 거야. 마마의 말을 잘 들으면 빨리 커서 이런 총을 찰 수 있지?"

"얼굴이 수척하구나. 네가 크면 이런 총이 필요 없는 세상이 돼야지. 총 없는 세상을 만들려고 엄마가 바쁜 거란다."

문 두드리는 소리가 났다. 단정한 머리에 양복을 차려입은 와실리였다.

"알렉산드라, 역에서의 짧은 해후가 못내 아쉬워 찾아왔다오."

"잘 오셨어요. 정녕 오 신부님이 맞나요? 긴 머리를 깎았다는 소문을 듣긴 했지만 이렇게 다를 줄은 짐작도 못 했어요. 사람을 이렇게 놀라게 해도 되나요?"

두 사람은 감격스러운 포옹을 나눴다.

"보리스는 어디에 있나요? 꿈에도 잊을 수 없는 아이인데, 아직껏 얼굴을 보지 못해 가슴이 아파요. 엄마 얼굴을 기억이나 하고 있을지…."

"걱정 말아요. 보리스는 내가 보육원에 맡겨 키우고 있으니."

"보리스와 왜체를 한 지붕 밑에서 키우고 싶어요. 그래야 나중에 형제끼리 서로 의지하고 우애도 두터워질 수 있어요."

"이제 당신이 돌아왔으니 불가능한 일은 아무것도 없다오. 그나저나 객지에 나간 사람이 소식 하나 없다가 이렇게 불쑥 나타나 사람을 놀라게 하는 게요? 난 당신이 우랄로 떠난 뒤 한 달이 멀다 하고 전보를 쳤는데 답신이 없어 혹시 잘못되지 않았는가, 얼마나 걱정한 줄 아오?"

"우랄 노동자 지대에는 우편이 닿지 않아요. 우랄 전체가 멘셰비키와 볼셰비키 간의 전선 없는 전쟁터였어요. 우체국과 전신국을 죄다 멘셰비키가 장악했으니 전보를 받을 수 없었지요. 그동안 어떻게 지내셨나요?"

"알렉산드라, 내 모습을 자세히 보시오. 나는 겉뿐만 아니라 속도 완전히 달라졌다오. 당신이 우랄로 떠난 직후에 긴 머리를 깎고 신부 옷을 벗어던졌다오. 블라디보스토크 신한촌에서 발간되는 《한인신보》 발기인으로 활동한다오. 《한인신보》는 여호인이나 원호인을 가리지 않고 모든 이주민의 대동단결을 지향한다오."

"이제부터는 볼셰비키 조직을 연해주에 재건하는 일에 역점을 두어야 해요. 정세가 얼마나 복잡한지는 짐작하겠지요. 칼미코프 대장이 이끄는 백위군과 일본을 필두로 한 국제간섭군들이 하바롭스크를 향해 진격할 태세예요. 왜체도 안전한 곳으로 피신시켜야 해요. 하긴 시베리아 일대가 곧 내전 상태에 빠질 테니 안전한 곳이 따로 있지도 않겠지만."

"그 문제라면 보육원이 있으니 그곳에 맡기면 안전할 게요. 보리스도 그곳에서 무럭무럭 자라고 있으니…."

"보리스를 당장 보러 가고 싶은데 시간이 없네요. 오늘 저녁에 극동소비에트에 가봐야 하니 내일쯤이나 보육원에 갈 수 있겠어요. 왜체도 보육원으로 데려갈 수 있도록 보모에게 짐을 꾸려두라고 일러둘게요."

와실리는 더는 참지 못하겠다는 듯 성큼 다가와 알렉산드라를 껴안고 뺨을 비벼댔다.

며칠 뒤 와실리가 이한영과 함께 극동소비에트 사무실로 알렉산드라를 찾아왔다. 알렉셉스크 군옥에서 이동휘를 면회하고 돌아온 참이었다.

"이동휘 선생은 허리가 좋지 않아 고생하면서도 우리가 진행하는 사업에 절대적 지지 의사를 표했습니다. 알렉산드라 동지에게도 진정에

찬 문안과 사업의 성과를 축하한다고 전해달라고 하셨습니다. 하지만 투옥 생활이 5개월째로 접어들면서 얼굴이 많이 상하셨더군요."

"혐의 내용과 수감된 경위를 자세히 들려주세요."

"북만주 하마탕에 망명하고 있던 선생은 러시아 2월 혁명 소식을 듣고 올 4월 블라디보스토크로 건너오셨는데, 러시아 헌병대 한인 정탐꾼 구덕성에게 체포돼 블라디보스토크 군옥에 수감되고 말았지요. 죄목은 나자거우 사관학교 시절, 독일인을 고용해 동청철도 파괴 공작을 모의했다는 혐의라고 하더군요. 4월 15일 블라디보스토크 푸시킨극장에서 열린 연합기독교전도회에 얼굴을 비친 다음 날 체포됐으니 일본 밀정들이 주도면밀하게 작전을 펴 이동휘 선생을 체포한 게 틀림없습니다."

이한영이 말을 거들었다.

"1916년 12월 남만주 대련에서 일본인이 발행하는《만추리안 데일리 뉴스》가 이동휘를 지도자로 하는 한인들이 동청철도 파괴 공작을 모의했다는 거짓 기사를 게재하면서 일제의 체포 작전이 시작되었습니다. 동청철도를 관리하는 러시아로서는 이동휘 선생을 위험인물로 확신한 셈인데, 일본 정탐꾼의 허위 제보에 속아 넘어간 꼴이지요. 이동휘 선생의 수감은 연해주 한인 사회의 고질적인 파벌 싸움의 소산이기도 합니다. 이동휘 반대파들이 일본 신문의 허위 보도를 계기로 러시아 헌병대를 움직여 이동휘 선생을 체포하도록 한 게 분명해 보입니다."

"구덕성은 어떤 인물인가요?"

"구덕성은 일찍이 제정러시아 때 이상설, 이범윤, 문창범 등의 주선으로 러시아 각지의 헌병대에 배치된 한인 청년 가운데 한 명입니다. 그는 페테르부르크 군관학교에 유학하던 중 러일전쟁이 일어나자 만주에 출

정한 러시아 군대에서 복무한 인물이지요. 러시아군 참모부 소속 정탐
장교로 근무하다가 전쟁이 끝난 뒤 블라디보스토크로 돌아와 지역 군사
기관에서 활동한 전력이 있습니다."

"서글픈 이야기군요. 이주 한인 사회가 이토록 분열되고 반목하다
니…."

와실리가 보충해 설명했다.

"한인 정탐들은 기호파 출신이 많은데, 이들은 러시아 헌병대의 힘을
빌려 서도파나 서북파 인사를 탄압한 사건에 깊게 관련됐고, 이 때문에
기호파 수령 격인 이상설이 이주 한인 사회의 비난을 받아왔어요. 이동
휘 선생의 체포도 이들 기호파 정탐들이 러시아 정보 당국에 은밀히 고
발한 결과랍니다. 결국 이동휘 선생의 체포는 제정러시아와 일본의 동
맹 관계를 활용한 일본 관헌의 언론 조작과 연해주 한인 사회의 이동휘
반대파의 파당적 음해의 소산이라오."

와실리가 알렉산드라에게 문건 하나를 건넨 뒤 말을 이었다.

"우리 한민회에서 블라디보스토크 사회공안위원회에 이동휘 선생의
석방을 요구하는 청원서입니다. 나자거우 사관학교에 독일인 교사를 고
용했다는 것은 사실 무근이라는 주장을 담았어요. 더 시급한 문제는 블
라디보스토크 일본총영사관 외교관인 추보가미 테이지가 연해주 지방
외교사무관 쿠렌코프에게 이동휘를 일본에 넘겨달라고 요청한 일이지
요. 이어 케렌스키 정부의 사회공안위원회 마트베예프 위원장에게도 같
은 요청을 했다고 합니다. 다만 마트베예프는 일본총영사관에 "이동휘
는 독일 정탐 혐의를 받고 있어 쉽게 석방할 처지가 아니며 시베리아 오
지로 이감할 가능성이 크다"고 답변했답니다. 지금은 볼셰비키의 압력

에 따라 케렌스키 사회공안위원회가 해산을 준비하고 있고 케렌스키 정부의 지방 정권도 볼셰비키 조직인 노동자병사소비에트에 의해 장악돼 있기 때문에 우리에게 유리하다고 판단됩니다.

올여름부터 케렌스키 정부의 권력이 약화되고 소비에트의 영향력이 커져가고 있다는 게 한 가닥 희망인 셈이지요. 신한촌 한민회와 한인군인회가 러시아 관청을 방문해 이동휘 선생의 석방을 탄원하자 케렌스키 정부는 사태가 악화될 것을 우려해 이동휘 선생을 블라디보스토크에서 하바롭스크 감옥으로 이감시켰지요. 그러나 하바롭스크 한민회가 유 스테판(러시아장교), 전태국(한민회장) 등을 중심으로 소학교 학생들까지 참여한 대대적인 석방 운동을 전개했고 수청 지역에서는 이동휘 가족 후원 운동까지 일어나 100여 루블을 모금한 뒤 북간도 하마탕에 살고 있는 가족에게 전달했습니다. 사태가 심각해지자 케렌스키 정부는 또다시 이동휘 선생을 알렉셉스크 군옥로 이감했지요."

"이동휘 선생의 가족은 언제부터 북간도 하마탕에 살았나요?"

"이동휘 선생은 1915년 중국과 일본 관헌의 탄압을 피해 부친 이승교를 비롯한 가족들과 함께 중-러 국경 지대의 오지인 왕청현의 하마탕으로 이주했지요. 하마탕은 이동휘 선생과 북만주에서부터 고락을 같이 해온 구춘선, 김학규, 계봉우, 임병극 등 동지들이 새로운 근거지로 개척한 곳으로, 선생은 그곳에서 학교를 운영하고 우수리강 연안의 동포들을 순방하며 기독교 전도 활동을 하셨습니다. 1916년 11월 이동휘 선생은 부인 강정혜 여사의 생일을 맞아 집에 돌아왔는데, 용정의 일본영사관은 선생이 하마탕 본가를 방문한다는 첩보를 입수해 6, 7명의 형사를 급파해 본가를 덮쳤으나 동네 청년들의 제보를 들은 선생이 미리 빠져나와 겨우 체포를 면했답니다. 그때 이동휘 선생과 함께 있었던 계봉우가 체포돼 국내로 압송됐지요. 선생은 하마탕 부근의 한인 마을 상촌에 은거하면서도 아무르강 연안의 동포들을 심방하며 활동을 계속했답니다."

"제가 듣기로는 이동휘 선생은 러시아 2월 혁명이 가져다준 새로운 혁명적 상황에 대한 기대와 희망을 안고 블라디보스토크로 들어온 것으로 알고 있어요. 그런데 블라디보스토크에 도착하자마자 연해주 한인 사회의 균열을 파고든 일제의 첩보 공작에 의해 체포됐으니, 눈앞의 적은 일본이 아니라 연해주 한인 사회에서 주도권 다툼을 벌이고 있는 이주 한인들의 당파성이라는 생각이 드는군요.

불행 중 다행인 것은 1917년 여름 이후 러시아 케렌스키 임시정부의 권력이 약화되고 소비에트 권력의 영향력이 증대하고 있다는 점입니다. 여호인들의 입장을 대변하고 있는 《한인신보》가 얼마 전 〈이동휘 선생을 위해〉라는 논설에서 이동휘 선생의 수감에 대해 '증오할 원수의 중상에 의한 것을 듣고 분개하지 않을 수 없다'라고 쓴 것도 이러한 여파라고 볼 수 있어요.

저 역시 극동소비에트에 이동휘 선생의 석방을 탄원하겠습니다. 우선 노동자농민병사소비에트 위원인 네이브트, 수하노프, 우트킨과 접촉해 구명 운동을 전개하겠습니다. 아울러 석방 권한을 갖고 있는 연혜이룽주 군관사령관 코곤도코프에게도 공문을 보내겠습니다. 케렌스키 정부 장관인 루사노프도 이동휘 선생의 혐의가 허위임이 드러나면 석방을 반대할 명분이 없겠지요."

3

와실리 일행을 배웅하고 돌아온 알렉산드라가 서류를 들여다보다
가 초인종을 눌렀다. 응접실에 있던 비서 마루샤가 들어왔다.

"이반 동지에게서 연락이 있었나요?"

"곧 도착한다는 전갈이 왔습니다."

알렉산드라는 옷매무새를 만지는 마루샤를 유심히 바라보다가 미
소를 지었다.

"마루샤, 오늘따라 옷을 살뜰히 차려입었군요."

"오늘처럼 큰 명절은 없을 겁니다. 극동에 소비에트 정권이 들어서고
새 세상이 움텄으니 이보다 더 큰 명절이 어디 있을까요? 요샌 너무 들
떠서 잠도 안 옵니다."

"나 역시 요즘 시절이 꿈결 같기만 합니다. 하지만 새 세상은 저절로
오는 건 아니지요. 새 세상을 만들기 위해서는 더 많은 피와 땀을 흘려
야 한다는 건 자명하지요. 우리 손에 피를 묻혀야 할 위기가 언제라도
닥쳐올 수 있으니까. 지금 이 순간에도 일본군은 러시아 백위군을 돕는
다는 명분으로 블라디보스토크에 상륙해 있고, 미국·영국·프랑스 등
제국주의 열강도 앞다퉈 몰려들고 있어요. 차르의 지주와 자본가는 잃
어버린 자신들의 세상을 다시 찾으려고 발악하고 있지요. 어디 그뿐인
가요. 외국 침략자들도 이걸 기화로 시베리아에 대한 영향력을 행사하
려고 달려들고 있어요. 마루샤, 지레 겁낼 필요는 없지만 만사에 조심
하세요. 소비에트가 새 세상을 만드는 일은 이전엔 없었던 혁명이니까
요."

이때 이반이 들어왔다. 알렉산드라는 일어나 반갑게 맞이했다. 마루샤가 차를 준비하러 응접실로 나갔다.

"다른 동지들은 아직 오지 않았군요."

"곧 도착할 겁니다. 우선 기쁜 소식을 알려드리리다. 헝가리, 오스트리아 포로병들과 소수민족 노동자들이 소비에트 정권을 지지하기로 했답니다. 그들은 곧 적위군에 합류해 소비에트 사수에 힘을 합칠 것입니다."

"큰일을 해냈군요. 국제주의적 단결의 힘은 어느 때보다 우리에게 용기를 주고 있지요. 2월 혁명 이후 블라디보스토크(3월 23일), 블라고베셴스크(3월 25일), 하바롭스크(4월 16일), 수청(4월 20일) 등 극동의 주요 도시에서 볼셰비키의 지하조직은 '지하'에서 벗어나 합법적으로 세력을 확장하고 있어요. 아직 볼셰비키의 힘은 미약하지만 4월 이후에 크라스노쇼코프, 네이브트, 칼리닌, 쿠시나리예프, 니키포로프, 구벨만 등 쟁쟁한 활동가들이 미국과 오스트레일리아 등 망명지와 시베리아 유형지로부터 귀환해 세력이 크게 강화됐지요. 여기에 독일, 오스트리아, 헝가리, 체코 등 전쟁 포로들이 우리 볼셰비키를 지지하기로 했다니 이보다 더 큰 지원군이 있을까요."

"힘을 하나로 뭉쳐야 합니다. 우선 민족별 부대를 편성하고 그 부대들을 하나로 연합해 합동민족적위군을 조직할 것입니다. 동지의 생각은 어떠하오?"

"이견이 있을 수 없지요. 적위군 병사들이 묵을 병영을 곧 마련해야겠군요."

"그렇지 않아도 막사를 알아보고 있는 중입니다. 이제 극동소비에트

가 조직됐으니 소비에트 명의로 중국 상인과 협정을 체결하면 식량 문
제도 조속히 해결될 것입니다."

한 무리의 외국군 포로병 대표단이 마루샤의 안내를 받아 사무실로
들어왔다.

"코미사르(당 정치위원) 동지, 안녕하십니까? 극동소비에트 창립을 축
하드립니다."

"고맙습니다. 동지들."

"극동에 소비에트 정권이 수립되고 질서가 잡히고 있으니 우리 포로
병들도 볼셰비키와 국제주의적 친선을 맺고 합동민족의 깃발을 힘껏 올
리겠습니다. 우리도 적위군에 편성해주십시오."

"정말 장하십니다!"

"우리 포로병 가운데는 코미사르 동지와 함께 우랄에서 온 사람도 있
습니다. 모두들 적위군에 합세한다며 들떠 있습니다. 무기만 있으면 당
장이라도 출정할 기세입니다."

"여러분의 국제주의적 연대를 높게 평가하며 형제적 우호를 약속합니
다. 여기 모인 동지 가운데는 우랄에서 함께 일했던 분들도 있지요. 우
리는 우랄에서부터 죽을 고비를 함께 넘자고 약조했습니다. 소비에트
러시아는 무산자들의 조국이니 노동자, 농민, 병사는 국적을 막론하고
합동민족적위군이라는 이름 아래 뭉쳐야 합니다."

"코미사르 동지에게 특별히 요청할 게 있습니다. 적위군을 양성할 교
관을 선발해주십시오."

"걱정하지 마세요. 지략과 용기를 갖춘 교관을 배치하겠습니다."

알렉산드라는 대표단을 배웅하고 돌아와 이반에게 말했다.

"이반, 교관을 김 이고르에게 맡기면 어떨까요? 페테르부르크 사관학교 출신의 이주 한인 2세인데, 여러 사람이 추천하더군요."

"나도 이름을 들어본 적이 있소. 러일전쟁 직후 퇴역한 장교라고 하더군요."

"당장 연락하지요. 마루샤, 이고르에게 전화를 넣어 극동소비에트 사무실에서 보자고 전하세요. 난 이반 동지와 함께 다녀올 곳이 있으니, 혹시 이고르가 먼저 도착하면 기다리라고 전해주세요."

알렉산드라가 이반과 함께 나간 뒤 마루샤는 응접실에서 타자를 치면서 문서를 만들었다. 두 시간쯤 뒤 왼쪽 팔에 붕대를 감은 이고르가 들어왔다.

"이고르 동지, 안녕하세요? 부상당한 팔은 좀 어떤가요?"

"괜찮습니다. 팔만 나으면 곧 전선으로 달려갈 겁니다. 전선에 가질 못하니 몸이 근질거려서, 원."

"단추가 떨어졌네요. 달아줄 테니 이쪽으로 오세요."

"마루샤, 고맙지만 내 손으로 달겠습니다. 마저 타자나 치시오."

"한 손으로 어떻게 달아요?"

마루샤는 이고르의 상의를 받아 들고 단추를 달았다.

"마루샤, 난 전선에서 싸우면서도 늘 당신 같은 처자를 그려보곤 했습니다."

마루샤가 단추를 단 뒤 얼굴을 붉히며 일어섰다.

"마루샤, 대단히 고맙소. 난 첫눈에 당신에게 반했소."

이고르가 마루샤의 손에 입을 맞추고는 마루샤를 끌어안았다. 마루샤가 뿌리치면서 뒤로 물러섰다.

"이러지 마세요. 어쩜 이리도 점잖지 못해요?"

"용서하십시오. 내 다혈질이라 끓어넘치는 피를 참지 못해…."

이고르는 주머니에서 비단 수건을 꺼내 마루샤에게 건넸다.

"보잘것없는 선물이지만 받아주십시오."

"이걸 어찌 받겠어요? 선물을 한 번도 받아본 적 없어요."

"무슨 말인지? 난 당신을 사랑할 자격이 없다는 뜻입니까?"

"그건 아니지만…."

"그럼 받아주십시오."

복도에서 발소리가 나더니 알렉산드라와 이반이 들어왔다. 이고르는 황급히 일어나 거수경례를 했다.

"코미사르 동지, 안녕하십니까. 무슨 일로 저를 부르셨습니까?"

"팔을 다치셨군요."

"곧 완치되면 전선으로 갈 겁니다."

"전선이 따로 있나요? 여기도 전선이에요. 적위군이 훈련을 잘 받아야 전선에서 싸울 수 있지 않을까요? 극동소비에트는 외국 포로병들을 합동민족적위군으로 조직할 계획입니다. 이고르 동지가 군사훈련을 담당해주셨으면 합니다."

이고르는 언짢은 표정을 지었다.

"저로서는 이해할 수 없습니다. 외국 포로병을 어떻게 믿고 무기를 준다는 말씀입니까."

"지휘관의 입에서 그런 말이 나오다니요. 그 의미를 정말 모른단 말씀인가요?"

"코미사르 동지, 외국 포로병이 배신할 경우를 상정한다면 너무 위험

합니다. 더구나 서로 말이 통하지 않는데 군사훈련을 어떻게 시킬 수 있 겠습니까."

"그들은 포로수용소에서 러시아어를 배워 일상 대화는 얼마든지 가능하지요. 그들을 의심해선 안 됩니다. 중요한 것은 언어가 아니라 연대의식이에요. 볼셰비키를 돕겠다는 연대 의식 말입니다. 그들 역시 그들 나라에서는 무산계급이었지요. 그래서 우리 볼셰비키를 돕겠다는 것입니다. 국제주의로 뭉친 합동민족적위군이야말로 총알 하나보다 더 힘이 셉니다."

"이제야 알겠습니다. 기꺼이 교관을 맡겠습니다!"

이반이 외국군 포로병의 병영을 안내하겠다고 이고르를 데리고 나가자 마루샤가 알렉산드라에게 다가왔다.

"코미사르 동지. 내전이 끝나고 평화로운 세상이 어서 왔으면 좋겠습니다."

"누가 그걸 원치 않겠어요. 그런데 안타깝게도 전쟁을 치르지 않고는 새 세상이 오지 않아요."

마루샤가 화분에 핀 장미꽃을 물끄러미 쳐다보았다.

"코미사르 동지는 무슨 꽃을 제일 좋아하십니까?"

"민들레를 좋아해요."

"왜 그 꽃을 좋아하십니까?"

"봄에 가장 먼저 피고 바람도 추위도 두려워하지 않으니까."

"코미사르 동지야말로 민들레이시군요. 온갖 풍파를 이겨내고 노란 민들레로 피었으니까요."

"마루샤의 마음이 고우니 내가 그렇게 보이나 보군요. 지금 누군가를 사랑하고 있나요?"

"어쩌면 그렇게 알아맞히십니까? 그런 것 같아요. 코미사르 동지의 가슴엔 혁명의 꽃이 피었는데 내 가슴에선 사랑이 싹트다니…."

"사랑은 누구에게나 거룩하고 위대하지요. 그래, 마루샤는 누굴 사랑하나요?"

"이고르예요. 그가 제게 사랑을 고백했습니다."

"나도 마루샤 나이에 사랑도 하고 결혼도 했지만, 사랑은 불행을 가져오기도 하지요. 시간을 두고 사랑의 감정이 일시적인 것인지 아닌지 지켜볼 필요가 있어요. 빨리 달궈진 사랑은 빨리 식게 마련이지요. 하지만 이 위급한 시절에 사랑이 찾아왔다면 마루샤는 행운을 잡은 거예요. 축하해야 할 일이지요."

알렉산드라는 언제 사랑을 해본 시절이 있었는지, 아득한 통증을 느꼈다.

그런 통증도 잠시였을 뿐, 하바롭스크에 거주하던 시기는 알렉산드라 생애의 절정기였다. 알렉산드라가 길거리에 나타나면 아이들은 "우리 '꼬미싸리'가 간다"고 모여들었다. 그럴 때마다 알렉산드라는 잔잔하게 손을 흔들며 인사를 건넸다. 마차나 혹은 자동차에서 알렉산드라와 마주치면 사람들은 가던 걸음을 멈추고 알렉산드라가 길모퉁이를 돌아설 때까지 지켜보곤 했다. 보통 때에는 수수한 복장으로 머리에는 수시가 조롱조롱 달린 셸에(챙이 넓은 모자)를 쓰고 다녔다. 그러나 사무실에 출근할 때는 가문천 양복에 머리에는 깃털이 달린 모자를 쓰고 다녔다. 노인이 있는 집을 방문할 때면 가족과 일일이 인사했다. 간혹 거실에서 이야기를 나누더라도 노인이 기거하는 방의 문을 닫지 말라고 청한 뒤 방문을 사이에 두고 그 집안의 모든 식구와 담화했다. 그래서 노인들도 알렉산드라를 무척이나 좋아했다.

알렉산드라는 아무리 피곤해도 쉬고 싶다는 말을 하지 않았으나, 얼굴에 주근깨가 돋으면 당원들이 피곤해 보이니 쉬라고 권했다. 그러면 알렉산드라는 "혁명가는 우리처럼 곤하게 사업할 시기가 오기를 기대합니다. 이렇게 투쟁하는 시기를 잊지 말아야 하지요"라면서 한사코 사양했다.

사람들은 그런 알렉산드라를 존경했다. 유난히 하얗고 동그란 턱선에 보일 듯 말 듯 아로새겨진 푸른 실핏줄. 핏줄을 살포시 덮은 솜털. 햇살이 비출 때면 날개 없는 천사처럼 보였다. 잰걸음으로 하바롭스크 거리를 걸어갈 때면 모자를 덮은 작은 구슬들은 가슴속 두근거림을 전해주듯 미세하게 떨렸다.

17. 붉은 시월

블라디보스토크 역 건너편 언덕의 레닌 동상.

*

*

1917년 가을

1

에세르(사회혁명당원)와 멘셰비키는 내전이 일어날 것이라고 선동했고 자본가는 식료품을 사재기해 감추고 상인은 물건값을 마음대로 올리기 시작했다. 하바롭스크 상권을 쥔 중국 상인은 물건을 슬금슬금 줄이고 현상만 유지하면서 식료품 공급을 중단했다. 도시에는 식료품 품귀 현상이 일었다. 멘셰비키-에세르는 노동자 농민을 대표하는 소비에트 위원이 사업을 할 줄 모르기 때문에 식료품이 없어지고 물가가 올라간다며 민심을 선동했다.

　이 난관을 극복하기 위해 볼셰비키는 극동 각 도시에 개설된 쿤스트알베르스와 추린 상점에 감독원을 상주시켜 식료품 가격을 임의로 올리는 폐단을 엄중히 감독했다. 식료품을 무제한으로 사들이는 투

극동소비에트 위원장 알렉산드르 크라스노쇼코프.

기업자와 식료품 품귀 현상을 부추기는 선동자에 대한 법적 처벌에도
착수했다.

크라스노쇼코프 극동소비에트 위원장은 중국과의 교역을 개선하는
문제와 당면한 식료품 문제에 대한 전권을 알렉산드라에게 위임했다.

알렉산드라는 시내에 있는 중국 상무회 간부들을 초청해 담화하고
중국 영사와 회담했다. 중국 상무회는 중국에서 아무르강을 이용해
밀가루와 식료품을 무제한으로 들여오기로 결정했다. 중국어에 능통
한 오성묵과 블라고베셴스크 시 소비에트 외교위원인 김부위가 중국
헤이룽장성 책임자와 교섭하는 자리에 배석했다.

교섭이 성공적으로 마무리되자 시내는 물론 농촌에까지 크고 작은
중국인 상점이 들어섰고 아무르강 부두의 부류스니크 광장에는 중국

인 상설 매장이 들어섰다. 식료품을 실은 중국 상선이 매일 하바롭스크 부두에 당도했다.

시국이 안정될 즈음, 멘셰비키-에세르는 또 다른 음모를 꾸몄다. 그들은 통용 화폐인 차르 지폐와 케렌스키 지폐를 은행에서 모두 찾아 감추었다. 시장에 물품은 많으나 지폐는 차츰 줄어들었고 은행 잔고도 바닥이 날 정도였다. 알렉산드라는 시 소비에트에 보관된 차르 당시의 게르보이 마르크(국가 수입인지)를 지폐 대신 사용하기로 결정하고 사무원과 노동자에게 월급으로 지불했다.

중국 상무회 대표들이 알렉산드라를 찾아와 면담을 요청했다.

"우리는 케렌스키 지폐나 차르 지폐로 거래하기를 원합니다. 그런데 게르보이 마르크라니, 이게 화폐 가치가 있기나 합니까?"

"여러분은 무슨 이유로 게르보이 마르크를 인정하지 않습니까? 조만간 소비에트 지폐가 발행되면 제일 먼저 게르보이 마르크를 새 화폐로 교환해 줄 터이니 멘셰비키와 에세르의 선동에 속지 마시오. 지금 시내의 러시아 상점에서는 당신들이 받지 않는 게르보이 마르크를 받고 상품을 팔고 있으니 결국 당신들만 손해를 입을 겁니다."

중국 상무회 대표들은 두 번 다시 멘셰비키와 에세르의 말에 속지 않겠다고 약조했다. 시민들은 험악한 혁명 시기에 농촌에서 곡물을 거둬들이지 않는 것은 모두 알렉산드라의 공로라고 입을 모았다.

1917년 9월 5일(구력 18일) 블라디보스토크에서 극동소비에트 제1차 대회가 열렸다. 대표 열다섯 명으로 볼셰비키 여덟 명, 멘셰비키 일곱 명이 구성됐다. 대회 도중 분열이 일어나 멘셰비키(조국방위파) 네 명이 탈퇴함으로써 대회는 자연스럽게 볼셰비키가 장악했다.

2차 대회는 10월 5일부터 일주일 동안 블라디보스토크에서 소집됐다. 각 지방 대표 열다섯 명이 참석했다. 블라디보스토크 여섯 명, 소왕영 세 명, 하바롭스크 한 명, 수청 한 명, 무라비요프-아무르스키 한 명, 블라고베셴스크 한 명, 하얼빈과 카파리소프에서 각각 한 명이었다. 알렉산드라는 무라비요프-아무르스키 대표로 참석한 뒤 하바롭스크로 돌아와 회의 결과를 보고했다.

"각 지방 대표가 사업 보고를 하고 토론했습니다. 우리 볼셰비키에 대한 신망이 점점 두터워지는 것을 확인할 수 있었습니다. 사회주의혁명을 속히 달성하고 모든 주권을 소비에트로 넘기기 위해 극동 변강 뷰로(위원회)를 조직했는데 앞으로는 모든 사업을 변강 뷰로에서 지도할 것입니다. 레닌 동지도 대회를 축하하는 전보를 보내주셨습니다.

우리는 적위군 전력을 강화하기 위해 자원병을 모집하고 무기를 준비해야 합니다. 파손된 베리단(장총)까지 모아 수리하고 개인에게 있는 무기는 돈을 주고 사서라도 무장해야 합니다. 그리고 하바롭스크에 거주하는 한인의 안전을 도모할 한인 민간경찰을 조직해야 합니다. 이 사업에 요구되는 재정은 의연금으로 충당할 것입니다."

회의를 마친 알렉산드라는 철도국, 공장, 기업소의 노동자를 찾아다니며 선전 활동을 하느라 분주한 나날을 보냈다. 다른 볼셰비키도 연고가 있는 각 도시와 농촌으로 돌아다니면서 적위군과 의연금을 모금하는 동시에 시베리아 연변의 각 지방단체에 서신을 띄워 다가오는 내전에 대비할 것을 당부했다.

10월 24일(구력 11월 6일) 수도 페테르부르크에서 레닌이 이끄는 볼셰비키가 무장봉기를 일으켰다. 다음 날인 25일 정거장, 우편국, 전신국, 은행 등 각 기관을 볼셰비키가 점령했다. 케렌스키 정부 각료는 체포됐고 멘셰비키 주권은 폐쇄됐다. 10월 혁명의 파도가 극동에까지 전파되는 데 한 달이 걸렸다.

블라디보스토크의 노농병소비에트는 12월 1일 중앙소비에트 정권 지지를 결의했고, 12일엔 블라디보스토크의 권력 장악을 선언했다. 그러나 볼셰비키 세력이 상대적으로 약한 하바롭스크에서는 11월 13일 열린 극동소비에트 총회에서 멘셰비키는 볼셰비키가 제안한 혁명 지지안을 부결시켰다. 이어 볼셰비키 혁명에 대한 비난 결의를 압도적인 표차로 채택했다. 지방행정기관은 여전히 케렌스키가 장악했다. 입헌민주당의 인쇄물이나 사이비 출판물에는 소비에트를 반대하는 문안이 실렸다.

12월 초, 하바롭스크의 병기창 노동자, 수비대 병사, 아무르 함대 수병들이 소비에트와 볼셰비키를 지지하는 시위를 감행했다. 멘셰비키는 이들에 의해 거의 모든 지방행정기관에서 쫓겨났다. 그들은 자신들의 자리를 위임하는 위임장을 돈을 받고 팔기도 했다. 한인 부농 가운데서도 위임장을 사서 지방행정기관에 출근하는 해프닝이 벌어지기도 했다.

하바롭스크 시 소비에트 외무위원 시절의 알렉산드라.
1924년 블라디보스토크에서 발행된
한글 신문 《선봉》에 실린 사진.

마침내 극동소비에트 인민위원회가 조직된 것은 극동소비에트 3차 대회가 열린 12월 15일이었다. 크라스노쇼코프가 위원장으로 선출됐고 위원은 칼리닌, 무나예프, 체스노코프, 유바르스킨, 코코비힌, 데노소프 투르스킨, 키스테르, 리나스, 표도로프, 부가예프 그리고 알렉산드라였다.

12월 19일 하바롭스크도 멘셰비키와 에세르로부터 권력을 넘겨받은 볼셰비키가 시 소비에트를 장악했다. 시 소비에트 위원은 알렉산드라를 비롯, 게라시모바, 골리온코, 쥐로노프, 벨로체로프, 돈가, 폽코 등이었다. 알렉산드라가 하바롭스크 시 소비에트 외무위원이자 볼셰비키당 시위원회 위원으로 선임됐다는 소식은 한인과 중국인을 비롯한 소수민족에게 비상한 관심을 일으켰다. 그들은 차르 러시아와 케렌스키 임시정부 시대에 아무런 권리도 없던 한인 여성이 러시아인과 어깨를 나란히 하며 당과 소비에트 기관의 실력자로 피선됐다는 사실만으로도, 자신들도 러시아인과 동일한 자유와 권리를 가질 수 있는 세상은 오직 소비에트뿐이라고 믿었다.

외무위원 자격으로 시 소비에트 회의에 참석한 알렉산드라는 소수민족에 대한 부당 대우와 국적 취득 문제를 공식 안건으로 올렸다.

"첫째, 차르 정권에서는 조·중 인민을 입적시키지 않고 빗대기라는 임시거주증을 매년 10루블씩 받고 팔거나, 심지어 돈이 없어 이를 못 사는 노동자와 빈농민을 국경 밖으로 축출했습니다.

둘째, 러시아에 귀화한 원호촌 토호는 비귀화인과 결혼도 하지 않을 만큼 여호인을 천대했습니다. 여호인에게도 러시아공민증을 주어 귀화시켜야 합니다.

셋째, 오스트리아, 헝가리, 체코 등 외국 포로병이 귀화를 원할 경우 즉시 러시아공민증을 발급해 적위군으로 편입시켜야 합니다. 또 소수민족이 소비에트 공민이 되고자 국적을 신청하면 일주일 내에 심사해 증서를 신속하게 발급해야 합니다."

귀화는 소수민족의 오랜 숙원이었으나 연해주 총독 곤다티는 조·중 이주자의 귀화를 제한하는 폐쇄 정책을 실시해, 소수민족은 러시아공민증을 발급받지 못해 신분상의 불이익을 받았다. 이런 현실에서 안건이 통과됐다는 소식을 전해듣자, 사람들은 곤다티의 폐쇄 정책을 마침내 알렉산드라가 폐기했다면서 환영했다. 러시아어를 못해 억울한 사정을 하소연할 수조차 없었던 조·중 노동자들은 알렉산드라를 찾아가 억울한 사정을 하소연할 수 있었다.

3

살을 에는 듯한 12월 말, 알렉산드라는 하바롭스크 마르크스 거리의 사무실에서 그리 멀지 않은 아무르강 변을 걸었다. 추위가 손가락부터 얼리더니 목 주변으로 엄습해왔다. 추위는 피부를 뚫고 내면으로 진군했다. 한 부인은 바람에 날린 목도리를 잡으려고 손을 내민 채 뛰어갔다. 강가에 개를 데리고 산책을 나왔는지 개가 컹컹 짖으면서 앞장서 달려갔다. 생명은 지치지 않고 짖는다. 나무도, 강도, 컹컹 짖는다. 생명은 물결이다.

공장 지붕과 굴뚝엔 두껍게 얼음이 덮이고 눈 쌓인 거리에는 걷는 사람이 거의 없다. 모든 생명체는 아무르강의 얼어붙은 파도처럼 하나씩의 무늬를 갖고 있다. 우리는 여전히 낯선 삶의 낫을 들고 우리 자신을 벤다. 주변엔 아무도 없다. 눈으로 덮인 강변에서 멀찍이 떨어진 성모승천성당 쪽으로 움직이는 점이 희미하게 보일 뿐이다. 점은 하나가 아니라 무리를 지어 이동한다. 성당 안으로 들어가면 안식이 기다린다는 듯. 그러나 그들도 이미 안다. 성당 안에 수많은 촛불이 타오르고 종소리가 울려 퍼지며 황금빛으로 채색된 광채가 주변을 둘러싸고 있다 한들 우리가 짓는 한숨을 덜 수 없음을.

천국을 만드는 일이 성당을 오가는 일과 무관하지 않다 해도 그곳은 천국이 아니다. 내가 선택할 수 있다면 천국을 열망하지 않으리라.

지상의 유일한 알렉산드라로서 살아가길 열망할 따름이다. 정말이지 우리는 우리 자신뿐이다. 소 떼도 양 떼도 몰아본 적 없지만 태양도 꺼져가는 듯 희뿌연 광원으로 떠 있는 아무르강에서 보면 겨울이 굶주린 영혼처럼 느껴진다. 겨울 속에 숨은 봄이 소 떼나 양 떼를 몰고 백리향을 풍기며 다가오리라. 그래서 명성으로 따지고 보면 봄보다 겨울인 것이다.

생전의 아버지가 말하던 동장군으로서의 겨울. 알렉산드라는 외투 깃을 단단히 세운 채 눈보라를 뚫고 꿈틀거리며 다가올 봄기운을 느꼈다. 그러자 머릿속에 어떤 단어가 나열되다가 사라졌다. '한 고귀한 생애에 관한 이야기.' 체온이 약간 올라갔다. 고귀한 생애가 어떤 것이든, 어떤 놀라운 것이든, 참을 수 없을 만큼 기다려야 함을 아무르강의 얼어붙은 빙판이 말없이 들려주었다.

알렉산드라는 짐승이 할퀴고 간 것처럼 마구 솟구친 강변의 얼음에서 시선을 돌려 반대 방향으로 걷기 시작했다. 사무실이 있는 건물까지 걸어서 15분. 그사이 마주친 사람들의 이야기야말로 단어 하나도 놓칠 수 없는 고귀함 자체였다. "아드님이 황제를 모독한 죄로 감옥에 갔다고요?" "정말 안됐어요. 우리 주 그리스도의 은총이 함께 있기를." "따님이 결혼할 상대가 상트페테르부르크 출신의 중위라면서요. 정말 잘됐어요. 결혼을 축복합니다." "어머니 임종이 얼마 남지 않았다고요. 천국의 문은 항상 열려 있으니 마음의 평화를…."

성당 앞을 지나쳐 오는 동안 들려오는 수많은 대화 속 주인공이라도 된 듯 알렉산드라는 잠시 위안을 받은 기분이 들었다. 그러나 위안이라니! 이 질병과도 같은 시대에 세 치 혀로 위안을 줄 수 있다면 누구나 성직자가 됐을 것이다. 지금은 종교조차 치유할 수 없는 질병의 시대가 아닌가. 황제와 귀족만 떠받드는 차리즘Tsarism의 질병. 이제껏 완두콩의 꼬투리 안을 들여다본 황제는 없었다.

알렉산드라는 그렇게 생각의 갈피를 잡으며 뒤돌아서 아무르강을 한 번 더 바라보았다. 어느새 어둑해진 아무르강에 황금빛 노을이 졌다. 러시아 민요 〈아무르강의 추억〉이 저절로 흥얼거려졌다.

"아무르의 물결은 아름답고, 그것은 자유를 숨 쉬네. 그들은 우리가 그 고요를 지킴을 아네. 강변은 고요하고 거기엔 황금빛 타이가가 펼쳐지며 물결은 그 신비한 아름다움을 숨 쉬네."

18. 한인정치망명자대회

1917년 5월 21일부터 31일까지 연해주 거주 한인 대표 100여 명이 참가한 가운데 열린 '전로한족중앙총회' 결성 장소(우수리스크 자나드보롭스카야 15번지).

＊

＊

1917년 겨울

1

1917년 11월 하순, 이동휘가 알렉셉스크 군옥에서 출옥해 하바롭스크에 당도했다. 알렉산드라는 와실리 일행과 함께 역으로 마중을 나가 이동휘를 맞이했다. 《한인신보》 간사 한용헌과 블라디보스토크 군인회 간사 박 셰몬이 알렉셉스크까지 가서 이동휘를 수행해온 참이었다.

이동휘는 카이저수염을 기른 터라 프랑스 장군처럼 보였다. 함경도 출신이라는 점도 흥미로웠다. 함경도 사람들은 용감하며 열성적으로 싸운다. 그 자신이 대한제국 최초의 사관학교 출신임에도 모자에 금테 두른 사관이나 말만 번지르르한 신사들을 경멸했다. 반면 시베리아나 만주의 한인 개척자들을 각별히 존경했다. 알렉산드라는 이동휘에게서 호걸의 품격을 느꼈다.

"면회 온 사람들로부터 10월 혁명 소식도 들었고 알렉산드라 동지의 활약이 대단하다는 말도 들었습니다. 업무도 바쁠 텐데 마중까지 나오리라고는 생각하지 못했습니다."

"선생님, 말씀을 낮추시지요. 제가 민망합니다."

알렉산드라는 이동휘를 대할 때는 언제나 '선생님'이라고 각별히 존칭했다.

"선생님의 명성은 오래전부터 들었습니다. 수년 전의 일이지만 선생님을 먼발치에서 한 번 뵌 적이 있지요."

"그게 언제이던가요?"

"제가 우랄로 떠나기 직전인 1914년 8월 말이었지요. 그때 선생님은 오 와실리 신부가 신한촌에서 주최한 기도회에 참석하셨습니다. 차르 러시아가 1차 세계대전에 참전키로 했을 때 《권업신문》에 〈우리 동포의 의협심〉이라는 제하의 기사가 실린 적이 있었지요. 이 기사가 나간 직후 권업회의 요청을 받아 오 신부가 전쟁터에 나가는 병사들을 위한 기도회를 열었는데, 그때 연단 바로 앞에 앉아 계신 선생님을 뵈었답니다."

"그때 일을 생각하면 지금도 가슴이 아픕니다. 권업회가 중심이 돼 추진해온 모든 활동이 계엄 상황에서 중단되고 말았지요. 아무르 주 총독 곤다티가 1911년 10월 9일 개최하기로 한 '한인 이주 50주년 기념행사'도 이듬해로 연기하라고 명령해 무산되었지요."

"차르 러시아는 권업회를 해산시켰고, 선생님을 비롯한 한인 지도자들에게 48시간 내에 러시아에서 떠나라고 명령했지요. 그 바람에 선생

이동휘(ⓒ독립기념관).

님은 가족이 계신 중국령으로 가셨다는 말을 들었습니다. 그게 다 일본
정부가 연해주 지역에서 항일 분자들을 근절하라고 곤다티에게 강력하
게 요청한 결과예요. 일본 당국은 선생님을 비롯해 홍범도, 최재형, 이
종호, 이동녕, 윤해, 정재관, 오주혁, 김하구, 계봉우, 이범윤, 이갑, 안
정근, 안공근 등 30여 분의 한인 지도자를 추방 대상자로 지목했더군
요."

"러일전쟁에서 패배한 차르 러시아가 일본의 요청을 외면할 수 없었
겠지요. 그나저나 내가 북간도에 설립한 나자거우 사관학교 생도들을
우랄에서 무사히 귀환시킨 노고를 이제야 알게 됐으니 뒤늦은 인사를
어떻게 해야 할지요."

"저 역시 사관생도들로부터 큰 도움을 받았습니다. 제가 알기로 선생

님은 고종 황제의 신임이 두터운 대한제국의 장교였는데 어떤 경위로 북간도에 건너가셨나요?"

"그 기나긴 말을 다하자면 며칠이 걸릴 거요."

곁에 있던 와실리가 시계를 보며 말했다.

"이제 그만 숙소로 가시지요. 시내에 호텔을 잡아놓았습니다."

"호텔보다는 크라스노쇼코프 위원장에게 먼저 가서 인사를 드려야 순서겠지요. 극동소비에트로 먼저 가야겠소."

"역 광장에 차를 대기시켜놓았습니다."

일행은 함박웃음을 지으며 대합실을 빠져나갔다.

극동소비에트 크라스노쇼코프 위원장은 이동휘 일행을 맞아 일일이 악수하며 환영했다.

"7개월 동안 수형 생활을 하느라 고생 많으셨습니다. 허리가 좋지 않다는 말을 알렉산드라 동지에게 들었는데 용태는 어떠신가요?"

"여러 모로 관심을 가져주어 감사합니다. 일본에 제 신병을 인도할까 봐 노심초사하던 차에 석방이 됐으니 새 생명을 얻은 기분입니다."

"감옥에서는 어떻게 생활하셨습니까?"

"러시아어 학습도 좀 했고 마르크스·엥겔스의《공산당 선언》도 한글로 된 것을 입수해 읽었습니다. 블라디보스토크 한민회에서 보내줬는데 알렉산드라 동지가 번역했다고 들었습니다. 더듬더듬 읽는 수준이지만《프라우다》지의 애독자도 됐지요."

"이동휘 선생의 고명하심에 대해서는 알렉산드라 동지로부터 들어 알고 있습니다. 목소리가 아주 우렁차시군요."

크라스노쇼코프가 호탕하게 웃으며 목소리 흉내를 내자 이동휘의 안색이 잠시 굳어졌다. 알렉산드라가 통역을 하고서야 이동휘는 안면에 미소를 띠고 수염을 쓰다듬었다.

"위원장 동지, 이동휘 선생님이 육군 참위로 임관해 대한제국의 궁성 수비대에 근무하던 시절의 일화는 유명하답니다. 수비대의 열병식이 있을 때마다 선생님이 구령을 붙이곤 했는데, 고종 황제는 목소리가 우렁찬 선생님의 구령을 특히 좋아해서 자주 열병식을 참관했다고 합니다. 황제뿐 아니라 고관들이나 황실 귀족들도 선생님의 목소리를 듣기 위해 열병식을 참관했는데, 곧 장안에 소문이 나자 많은 사람이 몰려왔다고 하더군요. 황태자에게 말을 하사받기도 했답니다.

28세 때 지방 병영의 재정을 감사하는 검사관으로 활동할 때는 공금을 횡령한 자들을 적발해 파면시킨 검사로도 이름이 높았답니다. 하지만 이로 인해 정적도 많이 생겼는데 강화도 진위대 대장으로 부임했을 때 모함을 받아 군직을 사임하고 북간도로 건너와 독립운동을 전개하셨습니다."

알렉산드라의 통역을 듣던 크라스노쇼코프가 소견을 피력했다.

"이 선생께서 러시아에서 활동한 지 여러 해가 되는데 러시아말을 배우지 못한 점은 유감이군요. 동지적 권고로 솔직하게 말씀하자면 우리 정치 망명자들은 어디를 가서 사업하던지 우선 그 나라 말을 배워야 합니다. 말을 모르면 그 나라 혁명가들과 연대할 수도 없고 그 나라에서 출판되는 신문이나 잡지도 읽지 못하니, 정세는커녕 신문에 자신에 대한 기사가 실려도 알 수가 없지요. 저는 미국에서 망명 생활을 하는 동안 제일 먼저 영어 공부에 몰두했습니다."

이동휘도 한마디 보탰다.

"위원장의 언어는 한국어와 달리 매우 직설적이군요. 미국에서 오랫동안 망명 생활을 하다 보니 어투가 미국식으로 변한 건 아닌지요. 제 말이 아주 틀리지는 않지요?"

크라스노쇼코프와 이동휘는 동시에 호탕한 웃음을 터뜨렸다.

"언어가 개인 생각을 전부 전달할 수는 없어 보입니다. 지적·정신적 경험은 오히려 언어 밖에도 있더군요. 이동휘 선생이 대한제국 무관을 그만두고 망명한 것은 러시아 첩자라는 누명 때문이라는 소문이 있던데 대체 어떤 사연입니까?"

"그때 이야기를 들려드리지요. 내가 강화도에 부임하자 전임 진위대장이 군복을 벗고 강화부군수로 옮겨 앉았더군요. 그 작자는 군대 예산 30만 냥을 횡령해 노심초사하고 있던 중 내가 부임한다는 소식을 듣고 군직을 사임한 뒤 행정관리로 재직했지요. 내가 공금 횡령 사실을 파헤치자 나를 모함하더군요. 내게 러시아 첩자라는 누명을 씌웠는데 그건 내가 대한제국 최초의 사관학교에 들어갈 당시 일제는 고종 황제에게 압력을 넣어 사관학교에 일본인 교관을 임용하라고 종용했지요.

하지만 사관학교 학생을 모집하겠다는 공고가 나간 지 한 달 만에 고종은 아관파천을 결행했습니다. 결국 일본인 교관 대신 군사교련단장 푸치아타 대령 등 러시아 교관에게 사관학교 훈련을 맡겼는데 이걸 기화로 나는 자연히 친러파로 소문이 났지요. 나뿐만 아니라 30여 명의 사관생이 모두 친러파가 되고 말았습니다. 이런 점에 착안해 나를 러시아 첩자라고 누명을 씌운 뒤 자신의 횡령 사실을 유야무야 은폐시키려고 했습니다. 나는 병사들을 이끌고 동헌의 문짝을 때려 부수고 그 작자를 체포하려 했지만 이미 줄행랑을 놓은 뒤였지요. 그 작자는 경성에 은거하면서 내가 자신을 죽이려 한다며 나를 고발해 나는 육군법원에서 재판을 받게 됐지요. 무혐의로 풀려났으나 동헌 문짝을 부순 부하 넷은 수감되고 말았습니다. 부하들의 석방 탄원이 받아들여지지 않아 나는 스스로 군복을 벗었지요."

크라스노쇼코프는 자세를 고쳐 앉으며 손을 내밀었다.

"참으로 청렴한 무관의 면목을 이제야 알게 됐군요."

두 사람은 더욱 가까워졌다. 알렉산드라는 통역을 하느라 여념이 없었지만 두 사람이 손을 맞잡고 얼굴에 희색을 띠우자 모든 피로가 말끔히 가시는 것 같았다.

"크라스노쇼코프 위원장은 볼셰비키의 살아 있는 전설이에요. 1880년 키예프의 작은 도시인 체르노빌의 유대인 집안에서 태어나 급진적 혁명운동에 참여했고 1896년 러시아사회민주당에 입당했습니다. 두 차례 옥고를 치른 뒤 미국 시카고로 망명했어요. 그곳에서 토벨슨이란 가명으로 노동운동을 전개하는 한편 미국사회당에도 참여했습니다. 10월 러시아 혁명이 발발하자 블라디보스토크로 건너와 극동소비에트 초대 위원장으로 선출됐으니 레닌 동지의 절대적인 신임을 받는 분이시지요."

알렉산드라의 통역을 청취하던 이동휘가 입을 열었다.

"나는 여러분의 석방 운동에 힘입어 풀려났지만 아직 완전한 자유의 몸이 아니기 때문에 아무래도 북만주로 가서 당분간 은거하려고 합니다. 다만 블라디보스토크에 들려 석방 운동에 노고가 많았던 《한인신보》와 블라디보스토크 군인회에 인사를 하고 떠나렵니다. 마침 오랜 동지였던 양기탁이 《한인신보》 주필을 맡아 블라디보스토크에 있다고 하니 해후할 수도 있겠지요."

알렉산드라가 이동휘에게 저간의 사정을 설명하겠다며 위원장에게 양해를 구했다.

"선생님의 석방 문제를 놓고 연해주 한인 사회에서는 의견이 분분했던 게 사실입니다. 예컨대 올 6월 4일 니콜스크-우수리스크에서 열린 전로한족대표자대회에서도 이동휘 선생님의 석방 문제가 제기됐으나 의제에 포함되지 않았지요. 대회를 주도한 원호인들이 임시정부 수반인 케렌스키를 지지하는 사회혁명당 계열이 많았다는 점에서 예상은 했지만 결과적으로 선생님의 석방 문제는 뒷전으로 밀려날 수밖에 없었습니다. 이는 그동안 연해주 한인 사회의 구심점이었던 이상설, 이갑, 김도여 등 항일 명망가들이 연이어 사망함에 따라 한인 사회를 결속할 중심인물이 부재한 탓이기도 해요.

바로 그렇기에 이동휘 선생님께 거는 한인 사회의 기대는 엄중하고도 중차대합니다. 전로한족대표자대회에서는 원호인들이 여호인 농민 대표에게 의결권을 주지 않고 임시정부에 대한 지지를 결의했을 정도로 민족 자치에만 관심을 두었습니다. 한마디로 러시아 내 원호인들만의 자치와 권리 신장에 비중을 두었던 만큼 여호인의 참여가 배제됐고 선생님의 석방 문제도 배제되었지요. 그러니 이제부터라도 선생님을 구심점으로 해서 연해주 한인 사회를 항일 독립운동의 전초기지로 새롭게 전환해야 해요."

"하바롭스크로 오는 기차에서 박 세몬에게 들은 바로는 며칠 전 헌법제정의회 의원 선거에서 반볼셰비키적인 원호인이 당선됐다는데 그게 사실입니까?"

"암울한 소식이지만 그것이 연해주 한인 사회의 현실이에요. 헌법제정의회는 연해주 지역에 의석 네 개를 배정했는데, 이에 입후보한 연해주의 아홉 계파 가운데 원호인의 전폭적인 지지를 받은 연해주촌민당 후보가 당선됐습니다."

"연해주 한인 사회에서 볼셰비키당에 대한 지지도는 어느 정도입니까?"

"전로한족회 기관지인 《청구신보》가 조사한 지지 정당 순위에서 볼셰비키는 멘셰비키에 이어 여섯 번째 순위에 올랐어요. 연해주촌민당, 연해주혁명사회당, 흑룡주촌민사회혁명당, 블라디보스토크-소왕영-스파스카 혁명사회당, 멘셰비키 그리고 맨 꼴찌가 볼셰비키입니다."

"레닌 동지가 10월 혁명에 성공해 권력을 장악했는데도 극동에서 볼셰비키의 세력은 아직 미약하군요."

"지금 당장은 그렇습니다. 하지만 《청구신보》의 조사는 원호인의 의견을 주로 반영했기에 대표성이 없습니다. 극동소비에트는 여호인을 적극 후원해 무산자 계급을 위한 사회주의 10월 혁명의 종지부를 찍을 거예요."

"제가 석방되는 데 여호인들의 노력과 열망이 얼마나 컸는지 이제야 짐작이 되는군요. 이를 어떻게 갚아야 할지…."

"선생님, 내년 봄에 한인정치망명자대회를 하바롭스크에서 개최할 예정이에요. 나라 잃은 설움을 안고 중국과 러시아에서 항일 독립의 그날을 기다리는 정치 망명자들의 역량을 하나로 결집해 민족 해방을 하루라도 앞당기기 위한 방안을 논의할 계획이지요. 하얼빈의 유동열, 만주의 홍범도와 김성무, 남만주의 이동녕과 양기탁, 블라디보스토크와 쑤이퍼허의 김학우와 장기영 선생에게도 참석해달라고 공문을 보낼 예정입니다. 선생님의 전폭적인 지지를 기대하겠습니다."

"이제 보니 알렉산드라 동지는 정말 대담한 전략가로군요."

알렉산드라는 이동휘의 칭송에 얼굴을 붉혔다.

이동휘가 블라디보스토크로 떠난 뒤 친볼셰비키 한인들이 하바롭스크에 속속 집결했다. 오 와실리와 러시아 장교 출신인 유 스테판, 이동휘의 측근인 김립, 그리고 박 이반, 채성오, 이한영, 전태국 등 10여 명은 아령한인회 결성을 알리는 발기문을 작성했다. 김립 역시 이동휘의 경우처럼 독일 정탐 혐의로 1916년 봄에 구속됐다가 1917년 5월 석방된 뒤 하바롭스크에 와서 보문사라는 출판사와 문덕중학교를 설립하고 교육 활동을 전개하고 있었다.

전로한족회가 사실상 원호인 중심의 단체였기에 원호인과 여호인을 총망라하는 단일 조직으로 한족중앙총회(아령한인회)를 결성하자는 제안은 한인들의 폭넓은 지지를 얻었다.

2

1917년 2월(3월 8일) 제정러시아 수도인 페트로그라드(현 페테르부르크)를 시작으로 러시아에서 2월 혁명이 일어났다. 1917년 10월(11월 7일)엔 페트로그라드에서 볼셰비키가 내란을 일으켜 10월 혁명을 일으켰다. 그 뒤 백위군은 적위군에 반대하며 다시 내란을 일으켰고 러시아는 내전에 돌입했다. 백위군이 적위군에 반대하며 봉기를 일으킨 지역은 크게 셋이었다. 유럽 러시아에선 무르만스크를 중심으로 유데니치 진영이 봉기했다. 볼가강 유역인 남부 러시아에선 데니킨 진영이 봉기했다. 그리고 시베리아에선 알렉산드르 콜차크 제독 진영이 적군에 반대하며 봉기했다.

이런 상황에서 일본은 시베리아 내전에 개입했다. 일제는 1916년 6월 러·일 동맹을 맺은 뒤 중국 대륙을 제정러시아와 함께 분할 지배할 생각이었다. 하지만 10월 혁명이 일어나 제정러시아가 무너지자 모든 계획이 무산되고 말았다.

1918년 1월 12일, 일본은 일본 해군의 이와미함을 블라디보스토크에 파병했다. 뒤이어 순양함 아사히함을 보냈다. 이듬해(1919년) 4월 5일 밤 일본 해군 육전대가 블라디보스토크에 상륙했다.

이런 상황 속에서 체코 군단이 움직였다. 16세기 초 오스트리아에 병합된 체코는 제1차 세계대전에 독일과 오스트리아-헝가리의 동맹군으로 참가했다. 그러나 전쟁이 끝나자 체코군은 연합국 측에 가담해 오스트리아-헝가리와 전쟁을 해 독립을 얻겠다는 의지로 의용군을 편성했다. 5만 명에 이르는 체코군은 1개 군단을 창설해 키예프 부근에 모였다. 그러다 1918년 2월, 레닌 정부가 브레스트에서 독일과 단독으로 강화조약을 맺자 체코 군단은 러시아에서 더 이상 독일·오스트리아와 전투를 할 수 없게 됐다. 이에 따라 체코 군단은 파리에 있던 체코 임시정부로 이동한 뒤 독일군과 싸우기로 결정했고 프랑스 정부의 주선 아래 러시아 정부의 승인을 얻었다.

체코 군단은 전투가 벌어지고 있는 유럽의 서부 전선을 피해 시베리아와 러시아 극동 지역을 경유해 귀환하고자 했다. 1918년 4월

1일, 체코 군단은 키예프에서 출발했다. 부대를 60여 개로 나누고 시베리아 횡단열차에 탑승해 블라디보스토크로 출발했다. 수송 인프라의 열악함 탓에 원래 5월 중순까지 도착할 예정이었으나 6월 초순까지 블라디보스토크에 도착한 병력은 1만 4000명에 불과했다. 1918년 5월 당시 5만여 병력은 시베리아 철도 선로를 따라 쭉 늘어선 형태가 됐다. 중심지는 옴스크와 첼랴빈스크였다. 소비에트 정부는 체코 군단에 무장 해제를 명령했고, 체코 군단은 이에 반대하며 볼가강 중류와 시베리아의 각 수용소에서 봉기했다. 이들은 철도 주변 지역을 점령한 뒤 자신을 연합국의 일원이라 주장하며 독일과 정전협정을 맺은 소비에트 붉은군대와 전투를 벌였다.

6월 4일 영국, 프랑스, 미국, 이탈리아, 일본 외교 대표들은 성명을 발표했다. 체코 군단은 연합군의 일원이며 연합군의 보호하에 있다는 내용이었다. 블라디보스토크에 도착해 있던 체코 군단은 이에 고무돼 봉기했다. 이 집단은 원래 7월 1일에 유럽으로 호송될 예정이었으나 동료들의 봉기 소식을 듣고 6월 29일 봉기를 일으켜 블라디보스토크 소비에트를 무너뜨렸다.

미국은 일본제국의 영토 확장을 경계하고 있었다. 체코인들이 봉기하자 미국은 이들을 연합국의 일원이라며 구원하고자 했다. 7월 8일 미국은 일본에 함께 출병하자고 제안했다. 일본은 내각회의를 소집한 뒤 미국의 제안에 찬성하였고 8월 2일 시베리아 출병을 공식 선언했다.

일본군은 미군이 들어오기 전, 블라디보스토크에 병력 약 2만 8000명을 배치했다. 미군은 8월 16일에 블라디보스토크에 상륙했다.

영국은 8월 3일 블라디보스토크에 증원군을 상륙시켰다. 그 뒤로 캐나다군 6000명도 블라디보스토크에 도착했다. 8월 10일 프랑스군이 블라디보스토크에 도착했다.

일본은 미국과의 협정에서 각각 1만 2000명을 파병하기로 했으나 협정 규모보다 훨씬 많은 병력을 파병했다. 일본이 시베리아와 연해주로 보낸 병력은 무려 6만~7만 명에 이르렀다. 시베리아 내전에 간섭한 외국군의 절반이 일본군이었다.

3

1917년 6월 4일, 니콜스크-우수리스크에서 이르쿠츠크 동쪽의 각 지방 대표 96명이 참가한 가운데 전로한족대표자회가 개최됐다. 원호인 중심의 대회 주도자들은 각지에 보낸 전보와 통지서에서 "아령俄領 전체의 한인의 일대단체―大單體를 조직하고 신문 기타 각 기관을 협동하자"는 취지와 함께 각 지방 대표 두 명씩을 선출해 파송해줄 것을 요청했다.

대회에서는 여호인 농민 대표들과 국민회 대표들에게 의결권을 부여하지 않았다. 치타 시 대표로 온 국민회의 이강은 귀화한 지 1년밖에 안 되고, 또 대회에서 항일적 주장을 할 우려가 있다고 대회 참여조차 거부됐다. 이러한 대회의 성격은 대회의 결정과 결의 사항에 그대로 반영됐다. 대회는 러시아 임시정부 지지를 결정하고, 임시정부에 축전을 보내는 한편, 1차 세계대전에서 승전할 때까지 전쟁을 지속한다는 임시정부의 정책을 지지했다. 대회에서 원호인은 헌법제정의회에 대표 파견, 원호인에 의한 한족대표회 조직, 농업용 토지문제 요구, 교회로부터 학교 독립, 정기간행물 출판 등을 결의했다.

이처럼 대회는 원호인들만의 자치와 권리 신장에 비중을 두었던 만큼, 여호인들의 참여가 배제됐고 항일적인 주장은 전혀 포함되지 않았다. 결국 대회는 다수파인 원호인 70여 명과 소수파인 여호인 30여 명 간의 연대가 이루어지지 못함으로써, 원호인만으로 구성된 전로한족회 본부를 조직하는 데 그치고 말았다.

이로써 2월 혁명 이후 원호인이 러시아 한인 사회를 주도함에 따라 항일 이슈는 뒷전으로 밀려났다. 이는 2월 혁명 직후 공교롭게도 연해주에서 활동해온 반일 민족운동 지도자들이 사망했거나 투옥됐던 사정과 밀접한 관련이 있다. 이상설은 1917년 3월 30일에, 이갑은 4월 24일에 각각 사망했고 이범윤은 연추에 칩거해 명망을 잃은 상태였다. 이동휘 역시 러시아 헌병대에 체포돼 수감됐고, 이동휘의 측근인 김립 역시 1916년 봄, 정탐 혐의로 체포됐다가 1917년 5월 23일에야 석방됐다.

이런 상황에서 원호인들의 민족자치 우선의 입장은 케렌스키 정권이 붕괴된 러시아 10월 혁명 이후까지 지속됐다. 10월 혁명 후인 1917년 11월 25~27일에 실시된 헌법제정의회 의원선거에서도 반볼세비키적인 시베리아독립정부(시베리아젬스트보) 지지 입장을 채택했다.

이에 반해, 한족중앙총회는 전로한족회에 반발한 친볼셰비키 한인들의 조직이었다. 한족중앙총회 주도 인물은 러시아정교 신부 출신인 오 와실리와 러시아 장교인 유 스테판을 비롯해 김립, 박 이반, 채성오, 이한영, 전태국 등 10여 명이었다. 이들은 전로한족회가 여호인을 배제한 점을 비판하고, 입적-비입적을 불문하고 대동단결해 "식민의 발전과 국가 장래에 필요한 교육 보급과 실업 진흥을 꾀할 것"을 목표로 내세웠다.

1918년 1월 14일 하바롭스크에서 한족중앙총회가 설립된다는 발기문이 각 한인 단체에 발송됐다. 경쟁 관계에 있던 전로한족회에도 발기문이 도착했다.

전로한족회는 처음엔 맹렬하게 반대 입장을 드러냈지만 원호인과 여호인을 망라한 단일 조직 결성에 반대할 명분을 찾기 어려웠다. 6개월 전에 열린 전로한족회 결성 당시와 정세가 많이 달라진 점도 고려해야 했다. 한족중앙총회의 주축이 친볼셰비키라는 점이 마음에 걸렸지만 10월 혁명의 성공으로 연해주에서 볼셰비키 세력이 점차 지지를 얻어가는 객관적인 정세 또한 무시할 수 없었다. 결국 양측은 1월 17일 원호인과 여호인의 대동단결, 지방회와 지방연합회와 중앙회 등 3등급의 조직 인정, 5개월 내 헌장회의 소집 등 세 개 항에 합의하고 통합에 성공했다.

임시 중앙간부로는 니콜스크-우수리스크의 자산가인 문창범을 위원장으로, 보문사 편집책임자인 김립을 부위원장 겸 학무부장으로, 《한인신보》 초대 주필을 지낸 장기영을 총무부장 겸 서기로, 서운철을 재무부장으로 선출했다. 헌장기초위원으로는 《한인신보》 발행인 겸 편집인 한용헌, 김립, 장기영과 《한인신보》 총무 겸 주필 김하구가 선출됐다. 간부들의 면면을 볼 때, 원호인과 여호인의 구성이 상호 균형을 이루고 있고, 양측의 대표 격인 문창범과 김립이 위원장과 부위원장을 맡았으며, 중도적 입장에 있던 《한인신보》 계열 인물이 대거 참여했다.

양측은 외형적인 통합에는 성공했지만, 이는 잠정적인 타협에 불과했다. 시베리아독립정부를 지지하는 전로한족회와 소비에트 정부를 지지하는 한족중앙총회의 대립적인 정치적 입장이 근본적으로 해소되지는 않았다.

시베리아와 연해주 지역은 전통적으로 사회혁명당(에세르) 세력과 시베리아 분리주의 세력의 영향력이 강한 지역으로, 중앙의 도시 지역에서 우위에 있는 볼셰비키 정권이 이곳에서는 상대적으로 열세를 보였다.

그러나 이동휘의 석방을 계기로 한족중앙총회 세력은 오랫동안 구상해온 한인정치망명자대회를 개최할 수 있게 됐다. 대회는 1918년 1월 18일 하바롭스크에서 열렸다.

대회에는 크라스노쇼코프와 알렉산드라도 참여했으며, 이동휘와 김립을 비롯해, 양기탁(남만주 독립단), 이동녕(남만주 한족회 대표), 홍범도·김성무(밀산 지역), 유동열(북경), 김규면(훈춘), 김하구(《한인신보》 주필), 고성삼(치타 국민회), 이원해·한자문(흑하 지역), 이인섭·김용환·심백원·오성묵(옴스크), 장기영·최태열 등 10여 명(수청사범학교), 박애·이한영·김종·임호·전일·유 스테판·오 와실리(하바롭스크)와 안정근·조성환·오하묵 등 러시아-중국령의 주요 한인 혁명가가 참석했다. 이들 대부분은 신민회, 광복단, 권업회, 대한광복군 등에서 이동휘와 활동을 함께 한 동지였다.

대회에서는 알렉산드라가 국제 정세와 한인 혁명가의 당면 과업에 관해 보고했고, 이동휘가 러시아의 볼셰비키당과 같은 조선의 무산계급 정당을 조직해 조선민족해방운동을 볼셰비즘의 방향으로 이끌어가자고 제안했다. 각 정파별로 몇 사람씩 모아 담화하는 방식이었으나 때로는 모두 함께 모여 각 지방 사정을 듣고 문답하는 회의가 계속됐다.

알렉산드라는 대회장을 분주하게 오가며 크라스노쇼코프 등 러시아 동지들과 한인 대표 간의 담화 때 통역으로 배석했다. 통역이 끝나면 알렉산드라는 소비에트 위원 자격으로 대회장에서 한인 지도자들을 접견했다. 첫 접견자는 중국령에서 온 홍범도였다.

"선생님은 언제 상투를 깎으셨나요?"

"을미년에는 단발령에 반대해 싸웠는데 중국으로 건너가 산간에서 빨치산 활동을 하면서 어찌나 이가 득시글거리던지 그때 시원하게 잘라버렸습니다."

솔직하고 겸손하지만 힘 있고 강직한 목소리였다. 삶의 체험에서 우러나온 진정성이 배어 있었다. 악수를 하면서 느낀 그의 두툼하고 억센 손은 자신이 그 손으로 접촉하고 느끼는 세계만이 참의 세계라고 말없이 증언했다. 일본 순사를 주먹으로 때려죽인 일이나 만주 산간을 개간해 농사를 짓고 자경의병대를 조직한 것이나 모두 그 손에서 이루어졌다는 사실이 놀라울 따름이었다.

"군자금을 모으려고 야쿠티야 금광에서 노동을 하셨다는 말도 들었습니다."

"벌써 4년 전의 일이지요. 야쿠티야와 보다이보 금광에서 한인 노동자 수천 명이 일한다는 소식을 듣고 의병들과 함께 우리도 노동을 해 무기를 장만해야겠다고 결심했지요. 그런데 막상 보다이보 금광에 도착해서 채굴 노동을 하는 며칠 어간에 소문이 퍼졌는지 한인노동자상조회에서 나를 보자고 전갈이 왔더군요.

상조회 대표는 의병대를 무장시켜 일본군을 물리쳐달라며 군자금을 건네면서, 곡괭이질은 자기들이 할 터이니 한시바삐 총을 사 들고 만주로 돌아가라더군요. 보다이보 금광뿐 아니라 니콜라옙스크 어장에도 한인 노동자들이 있으니 이곳저곳을 돌아다니며 의연금을 모금하라고 제안을 받았습니다. 그래서 두어 달 동안 금광이며 어장을 돌아다니며 1000루블가량을 모금했지요. 우리는 이만으로 나와서 러시아 신식 보총과 베리단 5연발 총을 한 자루에 탄환 100개씩 끼워 9루블을 주고 사서 중국 밀산으로 들어갔습니다.

그 근처의 십리와라는 곳에 조선 애국자가 천 갈이나 되는 땅을 사놓았지만 개간할 엄두를 내지 못한다는 말을 듣고 우리 의병대가 개간 사업을 도와 군자금을 마련하자고 결의했습니다. 10월 혁명 소식도 그곳에서 들었지요. 레닌이 케렌스키를 없애치우고 노동자와 농민과 병사로 구성된 소비에트를 만들었다고 하더군요.

나는 하바롭스크 극동소비에트에 한인 여성이 외무위원으로 일하고 있다는 소문을 듣고 대체 어떤 인물인지 궁금했는데, 이렇게 직접 만나게 되니 감개무량합니다.”

“오히려 제가 영광입니다. 의병을 무장시킬 베리단을 우리 소비에트에서 공급할 수 있는 방도를 찾아보겠습니다. 하바롭스크에 머무시는 동안 상의할 일이 있으면 언제든지 저를 찾아오세요. 그리고 이것은 게르보이 마르크라는 수입인지입니다. 돈 대신 임시로 사용하고 있는데 시장이나 은행에서도 얼마든지 통용되니, 이것으로 일행들 숙박도 해결하시고 생필품도 장만하세요."

다음 접견자는 중국에서 건너온 군사 전문가 유동열이었다.

"선생님, 우리는 가장 먼저 적위군 조직이 시급합니다. 군대를 편성하려면 사관학교를 세워 사관생을 양성해야 해요. 선생님은 조선 독립 전쟁에 대비해 사관생도를 얼마나 양성하실 계획인가요?"

"생도 1000명은 양성해야 하지 않겠습니까. 이미 여러 해를 두고 준비하고 있지요. 또 지금은 물론 장래 혁명 사업의 연락 기관으로 삼기 위해 유식한 청년을 조선이나 일본의 의학전문학교에 보내 공부를 시킨 뒤 만주와 몽골에 병원을 설립하려고 준비하고 있지요. 내 아내 유정숙은 북경에서 간호학교를 나왔고, 이곳에 함께 온 신식 의사 신춘삼, 몽골 고륜에 있는 의사 이태준도 그때를 대비하고 있습니다. 이태준은 몽골의 생불生佛과 절친한 관계를 맺고 있으니 장래 혁명 사업에 큰 역할을 할 수 있을 겁니다."

"앞으로 적위군 사관학교 조직에서 선생님 역할을 기대하겠습니다."

"북경에서 중국군 소대장으로 복무한 최명옥 동지도 속히 이곳으로 올 겁니다."

이동휘는 양기탁과 만나 장래 사업을 토의했다. 두 사람은 이미 조선에서 서북학회를 조직해 함께 사업하던 오래된 동지였다. 양기탁은 일본 감옥에서 석방된 뒤 중국 유하柳河에 당도해 조맹선, 주진수, 윤철규, 최영호 등 정치 망명자들을 만나 독립단을 조직하고 '소베타'라는 심산유곡에 가서 황무지를 개간해 농업을 일으키고 자비로 사관을 양성한 인물이었다.

"송풍라월이라는 백두산 밀영에 사관학교를 설치하고 황욱 등을 교관으로 독립단 사관을 1000여 명이나 배출했지요. 독립단에 군정서를 두어 군사 문제를 주관하도록 했습니다."

옆에 있던 홍범도가 말을 거들었다.

"나는 하바롭스크로 떠나올 때 중국 관리의 감시를 피해 산길로 쑤이펀허 계곡 솔밭관 한인 농촌에 도착, 애국지사 최의관의 집에 무기를 숨겨놓고 왔습니다. 내가 의병 생활을 하던 일을 회고할 때 이런 대회를 내놓고 하는 것은 볼셰비키 시대가 처음입니다."

《한인신보》 주필 김하구가 발언했다.

"2월 혁명 이후 블라디보스토크와 쑤이펀허에서 활동하던 정치 망명자들이 주축이 돼 시작한 《한인신보》는 러시아 각 도시는 물론이고 금광, 어장 노동자들까지 구독해 그동안 차질 없이 신문을 발행해왔습니다. 최근에 블라디보스토크에서 러시아 볼셰비키들이 발행하는 적기신문사를 찾아가 새 소식을 알아내 번역 게재했는데, 소비에트 주권이 되면 모든 농민에게 땅을 준다는 내용입니다. 이 기사를 읽고 여호촌 농민과 노동자는 우리 신문을 지지해 의연금을 거두어 보냈습니다. 우리도 《적기신문》을 믿고 그들이 주는 자료를 이용하게 됐으나 당장은 번역 문제로 곤란을 겪고 있습니다.

니콜스크-우수리스크에서는 《청구신보》가 발행되는데 주필이 윤해입니다. 그는 러시아 백위파가 발행하는 신문과 연계해 케렌스키 임시정부를 지지합니다. 그래서 만일 토지개혁을 하면 원호촌 사람들이 이미 받은 토지를 빼앗기게 되니 소비에트를 지지하지 말라고 주장합니다. 요즘 연해주 한인 사회에서는 《청구신보》를 구독하는 독자는 다만 원호촌 토호뿐이라는 말이 돌고 있습니다."

장기영이 언권을 얻어 단상에 올랐다.

"쑤이펀허나 올긴 지방에서는 여호촌 농민뿐만 아니라 러시아에 귀화한 원호인까지 모두 볼셰비키를 지지합니다. 이는 쑤이펀허 조선사범학교를 중심해 조직된 철혈광복단원 즉, 반일 항일 운동가들의 영향입니다. 올봄부터 러시아 볼셰비키가 자주 찾아와서 함께 일하자 하여 우선 마적 떼를 방어하기 위한 지방자치대를 마을에 조직했습니다."

다음 차례는 블라고베셴스크에서 온 이원해였다.

"러시아 볼셰비키들이 찾아와 강연도 하고 우리를 만나면 '타바리시'라고 부르며 다정히 손을 잡고 인사하고 모든 사정을 토의하는데 러시아말을 알지 못하니 큰 문제입니다. 청년들 가운데 적위군에 참가하겠다는 사람이 많습니다."

치타에서 온 고성삼은 알렉산드라가 치타에 들린 뒤 대한국민회 간판을 걷어치우고 볼셰비키와 손을 잡고 사업하고 있다고 보고했다.

"김 오르만 신부가 번역과 통역 문제를 해결하고 있습니다. 한번은 러시아 동지의 강연을 그가 통역하고 나서 말하기를, 3년을 공부해 신부 노릇을 하려고 성경을 외울 때보다 3시간도 준비 안 한 볼셰비키의 강연을 듣는 게 더 신바람 난다고 해서 모두 크게 웃은 적이 있습니다."

침묵을 지키던 이동녕도 입을 열었다. 모두 귀를 기울여 경청했다. 참석자 대부분은 빈천자 출신으로 함경도 평안도 태생이었으나, 이동녕은 충남 천안 출신인 데다 구한말 귀족이자 지주 출신이라는 점에서 더 관심을 끌었다.

"우리는 러일전쟁 후 일본이 조선을 강점하리라 예상하고 1907년 중국 남만 유하현에서 토지를 사들였지요. 그리고 나의 형들이 북경 정부와 외교상 친분이 있음을 이용해 북경 정부 묵인하에 한족회를 조직하여, 사실상 유하현을 비롯한 통화, 화인, 관전, 해룡 기타 등지에서는 조선 주민 자치가 실시되고 있습니다. 이 지역의 행정은 중국 지방 관리가 형식적으로 관여할 뿐 사실상 우리 한족회가 관장하기에 신흥학교를 설립하고 청년을 교육하고 있습니다. 우리는 먼저 경제적으로 튼튼한 기반을 닦는 데 주력하고 있지요. 조선 독립은 국제 관계를 잘 이용해 외교를 통해 달성해야 합니다. 조선 독립은 혁명가들이 외국의 정당인 볼셰비키와 연계해 사업하는 데 있지 않습니다. 민족 단체인 광의단을 중심으로 전개하되 소비에트로부터는 물질적인 방조만 받고 이념적인 도움은 받을 일이 없습니다. 무식한 노동자나 농민이 어찌 혁명 사업을 성공시킬 수 있겠습니까? 민스크 전선에서 참호를 파던 사람들, 우랄산에서 목재나 자르던 사람들, 담배말이를 하던 사람들은 돈을 벌기위해 갔을 뿐이지, 독립운동가는 아니지 않습니까?"

장래가 술렁거리자 알렉산드라가 연단에 나섰다.

"조선의 부산, 청진, 평양 등 각 도시에서 일하는 목도군, 건축 노동자 등이나 러시아에 와서 노역하는 수만 명의 노동자는 모두 농토를 가지지 못한 무산계급입니다. 그들은 돈을 벌기 위해 고향을 떠난 것이 아닙니다. 조국이 일본에 강탈당하니 할 수 없이 부모처자를 하직하고 이곳에서 생존하기 위해 싸우는 투사들입니다. 그리고 이전부터 총을 들고 싸운 조선 의병들도 유식한 신사들이 아닙니다. 지금 이 자리에 참석한 홍범도 선생과 같이 노동자 빈농민이었으니, 장래에 조선 독립을 위해 싸울 독립군도 노동자 농민입니다. 그들이 독립을 달성하면 러시아처럼 노동자 주권을 세울 수 있습니다. 조금 전 이동녕 선생이 말씀하기를 우리는 남의 내정에 간섭할 필요가 없다, 조선 민족이 따로 광의단을 조직하고 물질적 방조만 받으면 된다고 말씀하셨는데, 광의단도 결국은 독립군 양성 단체가 아니겠습니까. 이동휘, 유동열 선생이 우리와 합의한 대로 하바롭스크에 한인사관학교를 설립할 것이니 따로 광의단을 조직할 필요 없이 사관학교에 이동녕 선생의 생도들을 보내 교육시키면 되지 않겠습니까."

대회 참가자들은 러시아 볼셰비키와 조선 독립운동을 어떻게 설정할 것인가 하는 문제를 둘러싸고 좌우 두 개의 그룹으로 나뉘었다. 우파 그룹은 부르주아 민주주의적 또는 입헌군주제적 입장의 인물들로, 순수한 독립운동만을 위한 광의단을 조직하고 극동소비에트로부터는 후원만을 얻자는 주장을 전개했다. 이에 비해 좌파 그룹은 볼셰비즘에 찬동하고 러시아 볼셰비키 세력과의 밀접한 연대를 강조했다.

우파 그룹은 유동열을 제외한 이동녕, 양기탁, 안정근, 조성환 등 신민회 간부들이었다. 신민회는 1907년 국내에서 결성된 항일 비밀 결사로, 일제가 보안법과 신문지법 등 악법을 만들어 반일 색채를 띤 계몽운동을 탄압하자 사회 계몽운동가들이 국권 회복을 위해 비밀리에 조직한 단체였다.

안창호의 발기로 창립된 신민회 회원들은 대부분 1896년 결성돼 2년 동안 활동하다 와해된 독립협회의 청년 회원들이었다. 중심인물로는 회장 윤치호, 부회장 안창호, 유학자 출신의 장지연·신채호·박은식, 청년 장교 출신의 이동휘·이갑, 평양 지방의 자산가인 이종호·이승훈·안태국·이동녕·이회영 등이었다.

신민회의 목표는 국권을 회복해 자유 독립국을 세우고 그 정체政體를 공화정체로 한다는 목표를 세웠다. 또한 국권 회복을 위해 실력 양성을 주장했고, 실력 양성을 위해 국민이 새로워져야 한다는 신민新民, 신민은 자기 스스로의 힘으로 이루어야 한다는 자신自新, 자신을 위한 신사상, 신윤리, 신학술, 신모범, 신개혁을 주창했다.

그러나 1911년 일제가 조작한 '105인 사건'을 계기로 신민회 조직이 드러나고 국내에 남은 세력이 탄압을 받으면서 조직이 무너졌다. 이후 신민회는 독립군 기지 건설과 무장 독립 전쟁으로 운동 노선을 전환함으로써 만주와 중국에서 일어난 독립 전쟁의 실질적인 밑거름이 됐다. 하지만 신민회 회원만을 한정해 볼 때, 신민회 동지를 규합해 조만간 창당할 한인사회당의 근간으로 삼으려 했던 이동휘의 의도는 빗나가고 말았다.

볼셰비키와 의견이 맞지 않은 이동녕 일행은 전로한족회 간부들과 함께 니콜스크-우수리스크로 떠났다. 하바롭스크에는 볼셰비키를 지지하는 대표들만 남았다.

알렉산드라는 이동휘, 유동열을 따로 접견했다.

"이동녕 선생 일행은 니콜스크-우수리스크에서 열릴 제2차 전로한족회 중앙총회에 참석하기 위해 떠났습니다. 제가 보기엔 전로한족회는 지금 벌어지고 있는 시베리아 내전에 대해 중립을 선포하기 위해 회의를 소집한 것으로 보입니다.

두 분 선생님들은 모두 한인 볼셰비키당을 조직하고 조선민족해방운동을 사회주의운동으로 전환하자는 데 동의하신 분들입니다. 그런데 이곳에 남아 사업할 동지들과 만주로 가서 사업할 동지들의 처지는 전혀 다릅니다. 소비에트에 남아 사업할 경우 러시아 동지들의 방조하에서 노골적으로 내놓고 활동할 수 있지만 만주 지역에서는 볼셰비키라는 사실을 비밀에 부치고 사업해야 하지요."

알렉산드라는 대회 참석자들을 향해 또다시 당부했다.

"지금 조선민족해방운동 전선에는 서울파와 서북파가 있고 함경도와 평안도파 기타 지방 경향을 가진 파들이 있군요. 이렇게 파당으로 갈려 싸우는 인사들 가운데는 노동자나 농민은 없는 반면 유식하다고 자처하는 신사들뿐입니다. 이번 대회에서 다시는 당파 싸움을 하지 않겠다고 솔직히 토론했는데 모두 그 제안에 찬성했습니다. 저는 한 번 더 묻겠습니다. 지방 당파 싸움을 하지 않으시겠지요?"

참석자들은 이구동성 하지 않겠다고 대답했다.

김하구가 일어나 좌중을 돌아보며 말했다.

"작년에 우리 한인신보사에 알렉산드라 동지가 찾아와 조선 독립운동을 사회주의운동으로 전환하자는 주제로 담화했는데, 그 당시에는 남자보다 더 활달하다고만 생각했으나 이번 회의에 와서 보니 알렉산드라 동지의 사람됨을 직접 알게 됐습니다."

모두들 알렉산드라를 향해 박수를 보냈다. 알렉산드라는 얼굴을 붉히며 이들의 환호에 고개를 숙여 응대한 뒤 참석자들의 요청에 따라 시국 정세에 관한 연설을 시작했다.

"우리 볼셰비키는 반혁명 세력과의 내전과 연합국의 무장 간섭을 극복해야 하는 이중 부담을 안고 있습니다. 비상시국이지요."

"경과를 좀 더 자세히 설명해주십시오."

"1917년 11월 페트로그라드에서 개최된 제2차 전러시아소비에트대회에서는 볼셰비키 혁명을 승인하고 소비에트 정부가 조직됐으며 레닌 동지가 의장으로 취임했습니다. 그러나 볼셰비키 정권은 전국적으로 지배 영역을 넓히는 과정에서 심각한 도전에 봉착했어요. 우선 1917년 가을에 결성된 제헌의회는 총 의석 수 770석 가운데 사회혁명당이 370석으로 과반수를 차지한 반면 볼셰비키는 117석에 그쳤으며, 1918년 1월 18일 최초로 소집된 제헌의회에서는 사회혁명당의 체르노프가 의장에 선출됐습니다. 비상 상황에 직면한 레닌은 1월 19일 군대를 동원해 제헌의회를 해산시켰지요. 그러자 볼셰비키 혁명에 반대하는 세력들이 조직적 군사 활동을 전개해 러시아 전역은 내전 상황에 빠졌어요.

특히 국경 지역에서는 백위군이 적위군을 압도하는 실정입니다. 러시아 남부와 동부 지역인 돈강, 쿠반강, 테레크강 유역에서는 반볼셰비키 카자크 지방정부가 조직됐지요. 남부 지역에서 출현한 백위군은 정예부대에 버금가는 위력을 지닌 반혁명 세력입니다. 동부 지역도 마찬가지입니다. 볼가강 변의 사마라에서는 제헌의회 의장인 체르노프가 제헌의원들을 규합해 정부를 자칭한다고 합니다. 우랄 지역 옴스크에서는 군사 쿠데타가 일어나 알렉산더 콜차크 제독이 권력을 장악했다는 소식입니다. 또 트란스바이칼 지역의 카자크 사령관 세묘노프는 일본군의 지원을 등에 업고 동부 시베리아 일부를 지배하고 있으며, 블라디보스토크에서도 새로운 지역 정부가 수립된 상태이지요. 동부 지역의 백위군은 연합군 진영에 가담한 체코 포로병 4만여 명을 규합해 전력이 크게 증강됐습니다. 북부 지역에서는 아르한겔스크를 중심으로 반소비에트 세력인 차이콥스키가 이 지역에 주둔한 영국군과 프랑스군의 후원으로 정부를 수립한 실정이에요. 그러나 가장 심각한 곳은 극동 지역입니다.

연해주의 백위군 대장 칼미코프는 블라디보스토크를 근거지로 세력을
키우고 있습니다."

대회 참석자들은 과연 알렉산드라가 시국을 한눈에 꿰뚫어본다며
존경의 마음을 아끼지 않았다.

19. 한인사회당 창당

한인사회당 설립 주역이자 하바롭스크 시 소비에트 외교위원인 김 알렉산드라가 근무했던 건물. 하바롭스크 시 마르크스 거리 24번지에 위치한 이곳은 현재 상점이 들어서 있다.

＊

＊

1918년 봄

1

1918년 1월, 하바롭스크에서 열린 한인정치망명자대회는 석 달 뒤 한
인사회당을 창당하는 계기도 됐지만, 다른 한편으로는 이동휘가 신민
회와의 관계를 단절한 순간이기도 했다. 대회 참가자들은 러시아와
중국 각지에서 활동하던 광복단 단원이 많았고 이들은 대회에서 분열
된 입장을 보였다.

　이동휘는 볼셰비키와의 연대에 대한 신민회 다수파의 동의를 얻는
데는 실패했으나 참석자 대다수의 지지를 얻었다. 이들 다수파는 김
립, 김하구, 장기영, 최태열, 임호, 전일 등과 같은 이동휘의 오랜 측
근 인물과 알렉산드라의 지도로 우랄 지방과 하바롭스크 지역에서 친
볼셰비키 활동을 하던 인물들이었다. 알렉산드라와 밀접한 관련이 있

던 후자 그룹은 다시 둘로 나눌 수 있다.

첫 번째 그룹은 알렉산드라가 제1차 세계대전 시기에 우랄 지방에서 노동운동을 주도할 당시 창설한 한인 최초의 볼셰비키 노동운동 조직인 우랄노동자동맹을 통해 영향을 받은 이인섭, 오성묵, 김용환, 심백원 등이었다.

두 번째 그룹은 1917년 말~1918년 초 전로한족총회에 대항해 하바롭스크에서 한족중앙총회 조직을 추진한 인물들로, 김립·이한영·김종 등 보문사와 문덕중학교에서 출판 활동을 전개하던 인물들과, 유 스테판·오 와실리 같은 친볼셰비키 한인 2세들이었다. 이들은 이동휘가 하바롭스크 군옥에 이감됐을 때 석방·후원 운동을 주도한 인사들이기도 했다.

1918년 4월 28일(서력 5월 11일), 하바롭스크 포폽스카야 15번지 조선민회 사무실 2층 회의실에 일단의 사람들이 모였다. 알렉산드라, 이동휘, 이한영, 이한신, 이인섭, 오 와실리, 오하묵, 한홍근, 김립, 유동열, 김용환(태준), 박 마트베이(박애), 유 스테판, 심백원(찬호), 마○○를 포함해 모두 열여덟 명이었다. 임시의장에 이동휘, 사회자에 김립이 선출됐다. 알렉산드라가 연단에 나섰다.

"한인정치망명자대회에 참석하고 각 지역으로 떠난 동지들은 한인 볼셰비키당을 조직하는 문제를 우리에게 위임했습니다. 그러니 당을 조직하느냐 마느냐 하는 문제를 다시 토론할 필요 없이 당 명칭을 결정하고 간부 임원 선출에 착수하기로 합시다."

전원이 거수로 알렉산드라의 제의를 가결하자 김립이 다음 순서를 진행했다.

"당의 명칭은 한인사회민주당(볼세비키)이라고 하면 어떨까요. 여러분의 생각도 자유롭게 개진해주시기 바랍니다."

모두 그대로 결정하자고 의견을 모았고 이동휘가 거수가결하자고 제의했다. 그때 몇 사람이 같은 질문을 했다.

"볼세비키는 무슨 뜻이오?"

알렉산드라가 일어나 설명했다.

"러시아사회민주당 전당대회에서 당 헌장을 결정할 때, 레닌의 초안을 다수로 가결해서 볼세비키(다수파)라고 부르게 됐습니다. 소수로 거수한 파를 멘세비키(소수파)라고 부릅니다."

"그렇다면 우리는 다수나 소수로 의견이 갈린 사실이 없으니 구태여 볼세비키라고 이름 지을 필요가 없다고 봅니다."

김립이 의견을 개진한 후 유동열이 언권을 청했다.

"지금 조선의 사정은 러시아 사정과 판이합니다. 조선은 절대 다수가 농민입니다. 노동자와 농민 대중을 위한 정당이라는 의미에서 한인노농당이라고 하면 어떨까요."

유동열의 제의를 두고 토론이 시작됐다. 김립이 다시 발언권을 청했다.

"노동당이니 농민당으로 하지 말고 한인사회당이라고 하면 어떨까요."

참석자 전원이 거수하여 명칭을 한인사회당으로 결정했다.

다음은 한인사회당 중앙간부를 선출할 차례였다. 위원장은 이동휘, 부위원장은 오 와실리, 군사부장은 유동열, 출판부장은 김립을 선출하는 게 좋겠다는 의견이 개진됐다. 평안북도 박천 태생인 유동열은

한인사회당 창당지(ⓒ세계한민족문화대전, 한국학중앙연구원).

일본 육군사관학교를 졸업한 대한제국 육군 참령 출신이다. 1906년 서우학회와 1907년 신민회 창립에 참여한 그는 1909년 10월 안중근의 이토 히로부미 저격 사건에 관련된 혐의로 일본 헌병대에 구금됐다가 이듬해 2월 석방됐다. 일찍이 러일전쟁에 참전해 일본 정부로부터 욱일장旭日章을 서훈받았으나, 이후 신민회에 참가했다가 한일병탄 뒤 중국으로 망명해 1918년 한인사회당 군사부장이 됐다. 이력으로 보아 일본 육사를 졸업한 신식 장교인 그를 따를 자가 없었다.

모두 전원 거수로 가결하려는 순간 이동휘가 자리에서 일어났다.

"여러분도 알다시피 알렉산드라 동지가 없었다면 한인사회당을 창립할 수 없었습니다. 알렉산드라 동지는 충분히 당무의 책임을 맡을 자질을 갖춘 혁명가이니, 위원장으로 알렉산드라 동지를 천거합니다."

이동휘의 말을 경청하던 알렉산드라가 손을 저으며 일어섰다.

"누구든지 한 당의 당원이 될 수 있을 뿐 두 당의 당원은 될 수 없습니다. 저는 이미 러시아사회민주당 당원인 볼셰비키이니 한인사회당의 직위는 사양하겠습니다. 이동휘 선생을 위원장으로 다시 천거합니다."

이동휘가 앞으로 나서서 인사했다.

"여러분의 의견이 그렇다면 수락하지 않을 수 없군요. 우리는 알렉산드라 동지를 중앙간부에 선출하지는 않았지만 우리의 지도자로 기억하고 존경할 것입니다. 앞으로 우리 당의 사소한 문제까지 알렉산드라 동지와 상론하겠습니다. 한인사회당은 정강을 통해 사회운동의 주체로 부상한 노농 민중의 요구를 대변해야 합니다. 일체의 계급을 타파하고 소비에트 체제를 지향하며 토지 등 일체의 생산수단을 공유해야 합니다."

한인사회당은 중앙위원회 내에 조직부·선전부·군사부 등 세 집행부를 두었으며, 중앙위원으로는 이동휘·오 와실리·유동열·김립 등이 선임됐다. 중앙위원회는 당 기관지 《자유종自由鐘》을 발행하기로 결정하고 책임주필에 김립을 지명했다. 한인사회당은 크라스노쇼코프가 의장으로 있는 극동소비에트로부터 석판인쇄 기계 1대와 종이 등을 제공받았다. 1918년 5월 1일(러시아력) 한인사회당의 기관지 《자유종》 창간호가 발행됐다.

한인사회당은 민족 해방과 사회주의혁명을 목표로 창당한 한인 최초의 사회주의 정당이었다. 한인사회당이 설립 초기부터 군사부를 둔데에는 일제에 대한 무장투쟁을 주장한 급진적 인물들이 대거 참여했기에 가능한 일이었다. 일반적으로 당은 정치투쟁과 대중투쟁에 중

점을 두는 조직이다. 그런데도 굳이 군사부를 두어 무장 부대를 조직하고자 한 점은 한인사회당의 궁극적 목표가 어디에 있는지를 여실히 보여준다. 알렉산드라가 블라디보스토크 주둔 일본군 병사들을 상대로 반제반전 사업을 전개한 것도 그런 차원에서였다.

일본은 1918년 4월 5일, 일본인 두 명이 살해된 사건을 빌미로 육전대를 블라디보스토크에 상륙시켰다. 한인사회당은 하바롭스크, 이만, 니콜스크-우수리스크, 바라바시, 연추 등지에 이동휘, 유동열, 김립, 이한영 등 간부들을 파견해 적위군 모집 활동을 전개했다. 군사부장 유동열을 책임자로 하는 사관학교도 극동소비에트 지원하에 하바롭스크 역 부근의 건물을 얻어 설립했다.

한편 한인정치망명자대회에 참석하고 서간도로 돌아온 양기탁은 간부회의를 열어 유하현 산골에 설치된 사관학교 생도들을 하바롭스크 사관학교에 파견하기로 하고 2~3개월 안에 서간도 독립운동 단체 전부를 연해주로 이동하기로 했다. 이 결정에 따라 유하현의 사관생도들은 10여 명씩 중국인으로 변장해 지린까지 도보로 와서 쑹화강을 따라 하바롭스크로 파송됐다. 그러나 50~60명을 파송한 뒤 연해주 일대가 백위군과 무장 간섭군에 강점되자 파송을 중지할 수밖에 없었다.

이런 우여곡절 끝에 1918년 6월 말 서간도에서 온 50~60명과 다반 등 하바롭스크 인근에서 모집한 한인 청년 등 100여 명의 보병으로 이루어진 한인사회당 적위군이 조직됐다.

홍범도 의병 부대도 하바롭스크로 이동하기로 약속했으나 1918년 6월 29일 블라디보스토크에서 가이다 장군이 이끄는 체코군 봉기가 일어나 연해주 일대가 백위군 점령하에 들어가는 정세 변화 탓에 실현되지 못했다. 급기야 우수리 지역에 주둔하고 있던 백위군인 카자크 대장 칼미코프는 일본군의 지원을 받아 하바롭스크 공격에 들어갔다.

상황이 급박하게 전개되자 김립이 책임자로 있는 보문사의 운용 자금을 적위군 조직과 무기 구입에 먼저 쓰기로 했다. 한인사회당 창립 당원인 심백원은 옴스크에서 운영하던 상점 '사의성'을 매각한 자금을 가져와 적위군 무장을 도왔다.

한인사회당 적위군의 첫 전투는 하바롭스크 남쪽 이만에서 시작됐다. 이인섭은 이만 전투에 일본군이 등장했다고 회고했다. 한인사회당 적위군은 이만 전투에서 일본군이 나타나자 러시아군 지도자들의 명령을 어기고 "왜놈을 죽이고 우리의 원수를 갚자"라고 외치며 단병접전을 벌였고, 이를 말리려고 했으나 불가능했다. 이만에서 퇴각할 때도 서간도에서 온 부대원들은 "최후의 한 사람까지 왜놈들을 잡아치우겠다"며 후퇴 대열에 끼지 않았다.

뱌심스크를 거쳐 하바롭스크 근방 크라스나야 레치카까지 퇴각한 한인사회당 적위군과 소비에트 적위군은 크라스나야 레치카 전투와 하바롭스크 시가지 전투에서 칼미코프 백위군에 맞서 치열한 전투를 치렀다. 하지만 적위군은 처참히 패했다. 한인사회당 적위군도 절반 이상이 전사했다. 살아남은 부대원은 아무르강을 따라 블라고베센스크로 퇴각했다. 한인사회당 적위군은 2개월여의 짧은 기간 존재했지만, 연해주 한인이 백위군과 일본군을 비롯한 제국주의 간섭군에 맞서 싸운 최초의 조직 투쟁이었다는 점에서 큰 의미가 있다. 이 경험은

한인사회당이 이후 신민단과 통합해 다시 한 번 군사행동을 실행하는
데 기반이 됐다.

2

한인사회당 사무실은 하바롭스크 포폽스카야 18번지 붉은 벽돌집
2층에 있었다. 사무실에는 김립이 상근하며 기관지 《자유종》 창간을
서둘렀다. 창간호에는 노동자가 종을 울리는 그림을 표지에 올렸고
"만천하 무산자들은 단합하라"는 슬로건을 내걸었다. 러시아사회민
주당 강령과 헌장을 번역 출판하고 극동소비에트 문건들도 번역 출판
하기 시작했다.

재정 경리를 맡은 이인섭은 출판에 사용할 백지를 알렉산드라의 지
시에 따라 극동소비에트 창고에서 마차로 실어왔다. 마차 가득 쌓인
백지를 보고 여러 동지들은 혀를 내둘렀다.

"이전 보문사나 《권업신문》 시절에 이런 백지를 가졌으면 10년도 넘
게 썼을 터인데, 이것을 올 한 해에 다 쓰라고 하니 알렉산드라가 아니
면 불가능한 일입니다."

하바롭스크 역 근처의 벽돌 건물 두 채도 한인사회당에 불하돼 적
위군 사관학교로 사용됐다. 우선 미혼 독신자들이 그곳에 거처하기로
하고 석판인쇄 시설까지 옮겨갔다. 적을 알아야 전쟁에서 이길 수 있
다는 신념 아래 일본군의 《보병조전步兵操典》도 생도들의 교본으로 사
용하기로 하고 번역에 들어갔다.

5월 초, 남만 독립단에서 파견한 청년 60명이 쑹화강 중국 강선을 이용, 하바롭스크에 당도했다. 그들은 각 개인에게 지급된 베리단 장총을 손에 쥐고 흥분에 넘쳐 어루만졌다. 블라고베셴스크에 한인사회당 '헤이룽주위원회'가 조직됐고, 치타·이르쿠츠크·크라스노야르스크·페름에서도 한인사회당 야체이카(세포)들이 활동을 개시했다. 이만을 중심으로 중국령 랴오허강 지대에도 야체이카들이 조직됐다.

한인사회당은 남만에 있는 독립단(단장 조병선)에서 1000여 명을 하바롭스크 사관학교에 이관시켜 주력부대를 조직하고 향후 소비에트 지역에 거주하는 한인 청년을 모집해 사관을 양성하는 동시에 단합 농작을 토대로 독립군을 양성하려는 장구한 계획에 들떠 있었다. 교관은 이동휘, 유동열을 필두로 중국 황포군관학교와 운남사관학교를 졸업하고 중국군에 장교로 복무한 이용, 최명옥, 채영, 한운용과 독립단에서 활동한 최영호 등이었다. 알렉산드라는 각 지역으로 떠나가는 간부위원들에게 출장증명서와 여비를 지급했다.

"농촌에 가면 농민들에게 중국 홍의적을 방어하기 위해 지방대를 조직하고 무기를 장만하라고 각별히 주의를 주고, 사관학생도 모집해 하바롭스크로 보내세요. 우리 볼셰비키는 무슨 사업이든지 착수하면 기어이 성공하고 마는 습관을 길러야 합니다."

알렉산드라는 간부들과 일일이 악수를 하며 격려를 아끼지 않았다. 이만, 블라고베셴스크에 파견된 간부위원들이 모집한 사관후보생 50여 명이 1차로 사관학교에 입교했다.

러시아어 선포문을 알렉산드라에게 받아 중국어로는 오성묵이 번역하고 일어로는 김립, 유동열이 번역했으며 이한신은 이들 문건을 석판으로 찍어냈다.

알렉산드라는 국적 없는 한인과 중국인을 소비에트 공민으로 귀화시키는 사업에 착수했다. 귀화 사업은 하바롭스크 한민회 서기 오하묵이 맡아 했는데 여호인에게 청원서를 받아 극동소비에트에 가서 승인을 받는 사무를 전담했다. 아울러 알렉산드라는 하바롭스크 군옥에 갇힌 헝가리, 체코, 오스트리아 등 제1차 세계대전 전쟁 포로들을 소비에트 공민으로 귀화시키는 일에도 뛰어들었다.

"전쟁 포로들 가운데는 소비에트가 필요로 하는 인재가 얼마든지 있어요. 그들은 자신들의 재능을 제대로 발휘하지 못한 채 전쟁터로 끌려와 부르주아를 위해 전투를 하다가 포로가 됐으나 소비에트 공민이 되면 개인 재능에 맞는 직업을 보장할 수 있도록 지원하렵니다. 소비에트 체제는 민족 간 경계를 허물고 계층 간 차별이 없는 평등 사회를 만들어갈 것입니다.

여러분이야말로 그러한 정책에 가장 적합한 전위입니다. 차르 시대에는 슬라브 민족주의자들에 의해 민족 단위별로 1등 국민 2등 국민이니 하는 차별이 존재했으나, 우리 볼셰비키가 이미 그런 차별을 철폐했습니다. 이건 전향을 종용함이 결코 아닙니다. 전향이라면 차르 러시아 시절에나 합당한 표현이지요. 소비에트는 여러분에게 러시아인과 똑같은 법적 지위를 부여할 것입니다. 여러분은 전향이 아니라 선택을 하면 됩니다.

여러분의 조국을 떠올려보십시오. 봉건 체제에 의한 계급 차별이 존재하는 국가에 돌아갈 이유가 있을까요? 여러분이 공민증을 취득하면 가족과 헤어지는 것이 아니라 여러분이 찾은 새로운 세계에 가족이 안착할 기회를 얻는 것입니다."

알렉산드라는 하바롭스크 병영에 수용된 오스트리아, 헝가리 등 동유럽 출신의 전쟁 포로들을 찾아가 제1차 세계대전으로 인한 정세 변화를 설명하고 볼셰비키를 지지해달라는 연설을 여러 차례 진행했다. 전쟁 포로들은 차츰 볼셰비즘에 동화됐다. 당장 귀화해 적위대에 가담하겠다는 포로병이 점차 늘었다. 병사뿐만 아니라 장교들도 소비에트 정권을 지지하기 시작했다. 마테 살카, 압구스트 골드핀게르, 사무일 테이흐네르, 문탄 야코스, 발로 가베르, 갈 프란츠, 사무일 이스트완, 키시 프란츠 등은 1차로 귀화를 신청한 장교들이었다. 마침내 극동소비에트는 이들을 석방했고 장교 7명과 병사 250명이 소비에트 공민증을 받았다.

알렉산드라는 이들을 주축으로 '외국노동자협의회'를 출범시켰다. 회장은 골드핀게르였다. 이들은 낮에는 기업소에서 일했고 밤에는 적위군에 편성돼 극동소비에트 청사와 전신국, 우체국, 발전소, 시집행위원회 청사에서 위병근무를 섰다.

3

한인사회당 창당 2개월 뒤인 1918년 6월 13일부터 24일까지 니콜스크-우수리스크에서 전로한족회 헌장회의가 개최됐다. 그해 1월 통합 전로한족회에서 5개월 이내에 헌장회의를 소집하기로 합의한 데 따른 것이었다. 대회가 개최된 1918년 6월은 이미 시베리아 철도 연선의 주요 도시에서 영국과 프랑스의 암묵적인 지원을 받은 체코군이 반볼셰비키 봉기를 일으켰고 이를 계기로 체코군 구출을 명분으로 삼은 일본군 등 외국 연합군의 무력 개입이 임박해 있었다.

헌장회의에 참석한 각 지역 대표들은 각 지방 인구 비례로 대표를 뽑는 동시에 각 단체에서도 대표를 추천받아 대표자를 구성했다. 대표 자격을 심사한 결과 이 가운데 두 명을 제외한 126명에게 의결권이 부여됐다. 여호인과 원호인을 대표해 이동휘와 최재형이 각각 명예회장으로 추대됐다.

극동소비에트를 대표해 크라스노쇼코프와 알렉산드라가 연단에 올라 축하 연설을 했고 유 스테판은 축사를 했다.

"한인 중에는 약간의 자산 계급이 있으나 대부분의 한인은 자본가와 제국주의의 압제하에 고통을 받고 있으므로 극동소비에트를 반드시 지지하리라 확신합니다. 조선 독립도 이를 통해 달성할 수 있습니다. 헌장회의는 2인의 대표자를 극동소비에트에 파견해줄 것을 전로한족회에 제안합니다."

여호인 참석자들은 박수갈채로 응답했다. 그러나 원호인으로 구성된 전로한족회 대표들은 볼셰비키를 향해 야유를 퍼부었다. 헌장회의의 주도권은 여전히 원호인에게 있었다. 비귀화 한인의 입장을 대변하는 한인사회당의 요구는 다수파인 원호인에 의해 기각됐다. 대회이틀째는 정세에 관한 토론이 있었다. 모두 41명이 토론에 참가했으나 해묵은 논란만 되풀이됐다. 10월 혁명에 대한 러시아 한인의 입장을 둘러싸고 한인사회당 대표와 전로한족회 대표가 대립했다.

한인사회당 대표들은 소비에트만이 토지문제를 해결할 수 있고 한인 노동자들에게 합법적 지위를 줄 수 있다고 주장하며, 소비에트 정부에 대한 지지와 승인을 내용으로 하는 결의안을 제출했다. 또 전로한족회의 중앙위원회를 개선하고 본부를 하바롭스크로 이전할 것을 주장했다. 그러나 결의안은 원호인 다수파가 헌법제정회의와 시베리아 지방의회를 지지할 것을 주장함으로써 좌절됐다. 오 와실리, 전태국, 김립이 이의를 제기했지만 무시됐다. 이에 반해 전로한족회 대표는 10월 혁명 이후 조성된 정세에 관해 설명했다.

"금일 극동에 만연하는 국정 파괴와 혼란은 한인 전체의 신뢰를 얻지 못하는 각 당파가 정권을 장악한 결과입니다. 러시아를 혼란 상태로부터 구출하는 길은 오직 전러시아건국대회(헌법제정의회)에 있으며 또한 시베리아 의회에 있습니다."

한인사회당 참석자들은 여호인들의 지지를 받았으나 체류 비용 때문에 더 이상 대회장에 머물지 못하고 떠나야 했다. 수적 열세는 더욱 심화됐으나 파국을 막으려는 대다수 참석자의 노력으로 절충안이 채택됐다. 10월 혁명에 대한 중립 노선 결의였다.

그러나 중립 선언은 극동소비에트가 국내외 반혁명 세력에 의해 위협받는 상황에서는 반볼셰비키 선언이나 마찬가지였다. 대회 참석자들은 이 문제를 둘러싸고 여러 시간 논쟁했다. 논쟁은 가열돼 장내가 소란해졌다. 회의가 중단됐다. 이때 전로한족회 주도 인물인 한용헌이 권총을 뽑아 들었다.

"회의를 악의로 파괴하고자 하는 자가 있으며 그를 총살하고 나도 자살하겠다."

격앙된 목소리가 회의장을 일시에 긴장으로 몰아넣었다. 한용헌에 이어 총을 뽑아 든 또 다른 사람이 있었다. 이동휘가 옆에 앉은 오 와실리에게 물었다.

"대체 저 사람은 누굽니까?"

"선생님, 놀라지 마세요. 다름 아닌 알렉산드라의 친오빠인 김 추프로프랍니다."

"그럴리가? 알렉산드라 동지에게 저런 오빠가 있다니요."

"알렉산드라 동지에게는 업보나 마찬가지이지요. 단 하루도 오빠 걱정을 하지 않은 날이 없을 겁니다."

"대체 어떤 사연이 있기에 저자는 동생과 노선을 달리하며 토호처럼 날뜁니까?"

"부친이 동청철도 건설 노동자를 따라 중국령으로 갈 때 니콜스크-우스리스크에 남기고 간 토지를 가지고 노동자들을 고용해 지은 농사로 생활하는 동시에 부친이 동청철도 건설 현장에서 보내준 돈으로 생활하면서 자기는 아무 노력도 하지 않은 사람이지요. 그는 러시아 차르 시기에 자신이 소비한 돈을 100루블 화폐로 쌓아놓으면 키 높이만큼 된다고 자랑했지요. 그는 대한국민의회 열성자로 이 회의에 참가했어요."

그때 총소리가 울렸다. 천장에서 흙가루가 떨어졌다. 추프로프는 단총을 한인사회당 간부들에게 겨냥하며 외쳤다.

"당장 토지문제를 원점으로 돌리지 않으면 너희 볼셰비키의 머리통을 날려버리겠다. 게다가 전로한족회를 볼셰비키의 소굴인 하바롭스크로 옮기라니, 너희 볼셰비키의 주장은 전로한족회를 날로 먹어치우겠다는 속셈이군."

한인사회당의 요구는 추프로프가 단총을 들고 설치는 동안 대회장의 다수를 점하고 있던 원호인 대표들에 의해 모두 부결되고 말았다.

주요 의안이었던 정치, 토지, 조직 문제에 대한 볼셰비키의 요구는 모두 기각됐다. 회의는 그것으로 종료됐다. 크라스노쇼코프는 경호병의 호위를 받으며 급히 단상을 떠났고 이동휘와 김립 등 한인사회당 간부들도 회의장을 빠져나와 하바롭스크로 돌아갔다. 볼셰비키 그룹이 퇴장한 뒤 계속된 대회에서 신임 간부진은 원호인 위주로 구성됐다. 회장 문창범, 부회장단은 윤해, 채 안드레이, 김 야곱, 원세훈, 한여결 그리고 김 추프로프 등 모두 일곱이었다.

전로한족회 헌장회의는 시베리아 내전에서 중립을 취한다는 선언을 채택했다. 그들은 반볼셰비키 입장을 표명한 시베리아 정부를 지지했으며, 시베리아 의회에 대표단을 파견했다.

반면 극동소비에트 정부와 함께 백군에 대항해 하바롭스크 방어 전투에 참가한 한인사회당은 백위군의 공격에 밀려 연해주와 아무르 주 각지로 흩어져 지하활동에 돌입했다.

4

사무실에서 잔무를 마치고 귀가한 알렉산드라는 칭얼대는 두 아들에게 자장가를 불러주며 잠자리에 들었으나 잠이 오지 않아 창가에 기대어 섰다. 커튼을 열고 밤거리를 오가는 사람들을 우두커니 바라보는 어느 한순간, 사람들이 움직이지 않고 정지한 듯 보였다. 어떤 찰나가 그들의 영혼을 영구히 사로잡았기 때문일까. 그들은 자신들이 어디를 향해 걷고 있는지를 잊어버린 것 같았다.

새로운 사회가 도래하기를 열망하는 슬픈 영혼들. 숄을 걸치고 걷는 노파의 장바구니는 무거웠다. 남자들은 헐렁한 바지를 입었다. 누런 개가 골목을 어슬렁거렸다. 젊은 여자 둘은 수다를 떨며 지나갔다. 밤이 깊었는지 열차 바퀴가 멀리서 덜컹거리며 속도를 줄여 도시를 지나가는 소리가 들렸다. 모스크바로 혹은 블라디보스토크로 가는 열차겠지. 끝없는 철길을 따라 열차가 흘러가고 나자 전쟁터에 나갔다가 돌아오지 않는 자식을 기다리는 노파의 실루엣이 밤의 대합실에 어른거렸다. 노파의 모습은 무슨 기념비 같았다. 인간의 운명이 대체 무엇으로 이루어졌는지 알 수 있으면 좋으련만, 운명은 너무 얄팍해서 잡아당기는 쪽으로 찢어지게 마련이다.

알렉산드라는 대합실에 홀로 앉은 노파의 외로운 그림자가 길게 뻗어 자신의 몸에 닿는 느낌을 받았다. 그림자 하나에 수세기에 걸친 인고의 세월이 들어 있는 듯했다. 그림자 하나에 노파가, 그녀의 돌아오지 않는 아들이, 그 아들의 아들이 함께 있었다. 밤이 깊어가면서 안개가 점점 짙어지고 길거리 풍경이 조금씩 지워졌다. 가장 고요하고 가장 강한 것이 안개였다. 안개는 사물을 보이지 않게 가림으로써 잠시나마 위안을 주는 듯했다.

지금은 노파의 그림자마저 안개에 덮여 보이지 않는 시간. 태어난 것도, 태어나지 않은 것도 아닌 어떤 형상의 응축이 안개 속에서 스멀거렸다. 죽은 자들이 벗어놓은 허물 같은 그림자들의 물결. 알렉산드라는 거실의 촛불을 끈 뒤 잠자리에 들었다. 끝도 시작도 알 수 없는 잠이었다.

1917년 레닌이 사회주의혁명에 성공한 직후 내전으로 치닫던 연해주 일대 사람들의 모습.

*

*

1918년 여름

1

이동휘는 하바롭스크 포폽스카야 18번지 보문사 사랑채에 기거했다. 건물 입구 쪽에 한인사회당에서 직영하는 병원과 약국이 있었다. 간호원은 당원 유동철의 부인 박영숙이었다. 하루는 이한영, 이인섭, 김립이 보문사에서 두 집 지나 있는 한인사회당 사무실에서 업무를 보고 있었다. 이한영은 박영숙에게 걸려온 전화를 받았다. 목소리는 겁에 질려 있었다.

"안면을 모르는 사람이 찾아와 이동휘 선생님을 뵙겠다고 해서, 기다리라고 말했는데도 막무가내예요. 빨리 나와 보세요!"

이한영과 이인섭은 부랴부랴 계단을 내려와 보문사로 달려갔다. 두 사람은 혹시나 하는 마음에 길에서 돌멩이를 주워 손에 움켜쥐었다.

보문사 사랑채를 여는 순간 낯선 청년이 이동휘를 해치려고 칼을 빼 들었다. 이한영은 돌멩이로 청년의 머리를 내려쳤고 충격을 받은 청년은 마당으로 뛰어나갔다. 마당에 있던 이인섭이 다리를 걸어 청년을 넘어뜨린 뒤 제압했다.

"사람 살려!"

이동휘가 맨발로 마당에 내려와 이인섭을 말렸다.

"이런 놈은 요절을 내야 합니다!"

박영숙까지 이인섭을 붙들고 말리는 참에 청년은 대문을 박차고 거리로 뛰어나갔다. 이한영은 청년의 뒤를 쫓았다.

얼마 후 거친 숨을 몰아쉬며 돌아온 이한영이 이동휘에게 말했다.

"놓치긴 했지만 낯익은 청년입니다. 전로한족회 회원인 최의수라는 놈이 틀림없어요. 그쪽에서 파리강화회의에 파견하겠다던 놈이지요."

"역시 그랬군. 다짜고짜 방문을 열고 들어와서는 내년에 열리는 파리강화회의에 대해 내 의견을 듣고 싶다고 하더군요. 녀석의 눈빛이 심상치 않았어요. 칼을 빼어 드는데 어찌나 놀랐는지, 머리카락이 쭈뼛 섭디다."

"선생님의 목숨을 노린 암살 미수 사건입니다. 앞으로 선생님 곁에 건장한 당원을 배치해야 되겠습니다."

"내 신변은 신경 쓰지 마시오. 그보다는 우수리 전선이 더 위급하지 않소?"

소식을 듣고 달려온 알렉산드라의 표정은 어느 때보다 침울했다.

"선생님, 남만에서 오기로 한 사관생도 50여 명이 쑹화강 중국 상선에 탑승했으나 시베리아 내전으로 배가 국경을 넘지 못하는 바람에 돌아가고 말았답니다. 상황이 너무도 긴박합니다. 우수리 전선이 곧 터질 거라는 보고를 받았습니다."

이때 청년 당원이 허겁지겁 달려와 알렉산드라에게 보고했다.

"중국인 반동자들이 중국 상무회 건물에 순지우 부대를 몰아넣고 무장을 해제한 뒤 감금했답니다."

순지우는 의화단 사건 때 체포를 피해 러시아로 넘어온 중국인 망명자였다. 알렉산드라는 그에게 중국인 노동자를 규합해 볼셰비키 세력을 조직해달라고 요청했고 순지우는 중국인을 무장시켜 적위군 부대에 편성했다.

알렉산드라는 군사부에 전화를 걸어 러시아-한인 민병대를 출동시켰다. 민병대는 순지우 부대가 갇힌 중국 상무회를 습격해 중국 민병들을 무장해제했다. 상무회를 수색해 혐의자 수십 명을 검거하고 철제 캐비닛에 보관하던 장총, 단총을 압수했다. 중국 민병에게 억류당했던 순지우 부대가 선두에 나서 반혁명 세력을 모두 체포했다. 상무회 건물 앞에서 알렉산드라가 포로들을 향해 중국어로 연설했다.

"소비에트 주권에 반항한 자들은 군사재판에 회부해 처단할 것입니다. 하지만 마지막 기회를 주겠소. 만약 이 자리에서 볼셰비키 정권을 지지하겠다는 사람은 용서를 받을 것이오."

중국인들은 누가 먼저랄 것도 없이 입을 모아 외쳤다.

"용서해주십시오. 다시는 경거망동하지 않겠소."

"지금 한 말을 약조할 수 있다면 당장 순지우 부대에 입대하시오."

모두 자원하겠다며 일어섰다.

알렉산드라는 상무회 직원들도 풀어주라고 지시했다. 총소리에 놀라 골목길에 몸을 숨겼던 군중이 상무회 앞으로 몰려들었다. 알렉산드라는 곧바로 연설을 시작했다.

"1917년 12월, 미국, 영국, 프랑스, 일본의 대표자들은 파리특별회의에서 소비에트 러시아에 대해 무력간섭하기로 결정한 뒤, 일본은 가장 먼저 무력간섭을 감행했습니다. 일본 영사는 극동에 거주하는 일본인의 생명과 재산을 보호하기 위해서라고 둘러댔습니다. 그 말을 증명하듯 지난 4월 5일엔 블라디보스토크 페킨스카야(북경 거리)에 있는 미쓰이 상사에 홍후즈가 침입해 일본인 두 명을 살해했습니다.

이 사건을 계기로 일본은 군대를 블라디보스토크에 상륙시켰습니다. 일본 사무라이들은 이미 중국 장가구張家口를 강점할 시에도 일본 상인 20여 명을 암살하고, 이를 빌미로 몽골을 침략한 적도 있습니다.

블라디보스토크 살해 사건은 무력간섭의 명분을 삼으려는 일본 제국주의자의 의도적 연출임이 분명합니다. 일본군은 블라디보스토크에 병력을 증강시켜 주둔하고 있습니다. 일본은 시베리아 철도 연선을 따라 하바롭스크로 진격할 것입니다. 여러분은 모두 적위군의 일원으로 전선으로 달려가야 합니다. 노동자, 농민, 병사의 적을 전멸시킵시다. 모두 무기를 잡으시오!"

2

시베리아 횡단철도 연선 지역을 장악한 체코군을 퇴각시키지 못하면 극동 지역에서의 사회주의혁명은 실패로 끝날 급박한 상황이었다.

5월에 들어서면서 체코군은 볼셰비키와 협정을 맺고 블라디보스토크를 거쳐 본국으로 귀환할 것을 약속하고 동진했다. 그러나 이들은 영국과 프랑스의 암묵적 후원하에 시베리아 횡단철도 연선의 주요 도시에서 봉기해 볼셰비키 지방정권을 붕괴시켰다. 체코군의 조직적 군사 봉기는 시베리아를 모스크바의 소비에트 정권과 분리시키는 결과를 초래했다.

체코군은 봉기에 성공한 뒤 볼셰비키 정권에서 배제됐던 사회혁명당, 멘셰비키, 시베리아 자치파를 지원했다. 서부 시베리아에서 체코군이 봉기에 성공했다는 소식을 들은 블라디보스토크의 체코군도 마침내 6월 29일 봉기를 일으켰다. 체코군 봉기는 무력 개입의 명분을 기다리던 연합국에 결정적인 기회를 제공했다.

레닌은 세계대전이 계속되고 있는 상황에서 연합국의 군사 개입은 실질적으로 일본군을 시베리아 지역에 진주시키는 정도일 것으로 판단했다. 그는 일본군의 시베리아 진주보다 서부 전선에서의 독일의 공격이 혁명 체제에 더욱 큰 위험이 된다는 평가를 내렸다. 그러나 그는 여전히 유럽에서의 무산계급 혁명 발발 가능성에 대한 기대를 저버리지 않았다.

다만 극동에서의 현실적 위협을 근거로 혁명정부는 앞으로 아시아에 대해 더 큰 관심을 쏟아야 한다는 주장이 스탈린과 트로츠키에 의해 제기됐다. 레닌이 오판한 아시아 방향에서의 위협에 맞서 알렉산드라는 블라디보스토크에 주둔한 일본군 병사들을 대상으로 반전 호소문을 살포했다.

"병사 여러분! 일본 부르주아는 여러분과 같은 프롤레타리아와 노동자를 희생시키기 위해 여러분을 이국에 파견했습니다. 이것은 착취자의 권익을 옹호하는 것에 불과합니다. 병사 여러분! 부르주아를 위해 여러분의 피를 흘리지 마십시오. 그들이 당신의 적입니다. 일본 부르주아는 당신의 피와 땀으로 자신들의 부를 증식시켰고 당신을 10월 혁명 전 이미 우리가 겪었던 궁핍한 생활 속으로 몰아넣으려고 획책하고 있습니다. 병사 여러분! 총부리를 당신의 착취자들에게 돌리십시오. 일본 자본가와 사무라이 장군에게!

당신은 그들에게 억압받는 병사가 아닙니까? 당신은 노동자, 농민 출신으로 말하자면 피착취 계급입니다. 러시아 프롤레타리아혁명에서 본보기를 찾으십시오. 우리와 함께 손을 잡고 싸웁시다. 억압의 사슬을 끊읍시다. 우리의 목표는 만국 프롤레타리아의 계급적 연대입니다. 병사 여러분, 우리 볼셰비키를 지지해주십시오!"

일본군 가운데 삐라를 보고 소비에트 정부를 지지하며 탈영한 병사도 있었다. 그러나 삐라 살포를 통한 심리전으로 열세에 놓인 전황을 뒤바꾸기엔 역부족이었다. 알렉산드라의 가열찬 선전 활동에도 불구하고 우수리 전선은 빠르게 무너졌다. 시베리아 철도 연변은 체코군의 수중에 넘어갔고 저울추는 백위군에게 유리하게 기울었다.

러시아 내전에 중립을 지키겠다고 선언한 전로한족회는 전세가 기울자 중립적인 입장을 버리고 반볼셰비키로 돌아섰다. 체코군이 입성한 도시마다 환영회를 개최했고 반볼셰비키 입장을 표명한 시베리아 젬스트보를 지지하기 시작했다. 급기야 전로한족회 대표단은 시베리아젬스트보 수반이자 사회혁명당원인 데르베르와 회견한 뒤 시베리아 정부에 대한 지지를 대가로 자금 지원을 요청했다.

볼셰비키는 위기에 직면했다. 하바롭스크는 백위군의 공세에 노출됐다. 1918년 8월 백위군은 칼미코프 지휘하에 공격을 개시했다.

21. 적위군 야영지에서

동청철도 연선의 백위군 사령관 호르바트 장군(가운데 수염 기른 인물). 1917년 러시아혁명 이후 시베리아 내전에 참가한 한인들의 입장은 동일하지 않았다. '한인사회당 적위군'이 극동소비에트 정부의 요청에 따라 하바롭스크 방어전에 나선 반면, 자유대대는 호르바트 장군의 지원으로 백위군에 가담했으나 백위군의 가장 큰 정치적·군사적 후원자가 일본이었다는 점에서 그들의 시도는 애당초 성공할 수 없었다.

*
*

1918년 7월

1

알렉산드라는 군사부장 유동열과 함께 한인 적위군의 야영지로 향했다. 병사들은 저녁식사를 마친 뒤 총을 점검했다. 피로에 지친 병사들은 뜨거운 찻잔을 가슴에 품고 천막에 들어가 잠을 청했다. 천막 한쪽 벽에 하바롭스크 일대의 전황을 그려넣은 지도가 붙어 있었다. 지도에 몇 개의 선이 그어진 가상의 우수리 전선이 표시돼 있었다.

야영지는 도심에서 그리 멀지 않은 야산의 평평한 분지에 자리 잡고 있었다. 빗물은 소리도 없이 이끼 낀 바위틈으로 스며들었다. 작은 개울 옆으로 가문비나무, 낙엽송, 오리나무가 자랐다. 큰비가 오지 않아 다행이었다. 하늘로 올라간 비구름도 눈에 띄게 옅어졌다. 구름 모양을 보고 미래를 점칠 수 있으면 좋으련만. 한 치 앞을 내다볼 수 없는 전황이 너무도 답답했다. 하늘의 구름처럼 천기의 움직임을 올려다보며 작전을 수행했으면 좋겠다는 생각을 할 때 유동열의 목소리가 들렸다. 표정이 어두웠다.

"이만 내려가지요. 여름인데도 소름이 돋을 정도로 을씨년스럽군요."

산중턱에 걸쳐 있던 안개가 밤이 되자 차츰 걷혀 검은 산등성이를 드러내 보였다. 산정에서 내려온 안개가 무릎 높이로 밀려들었다. 먼데서 길게 울리는 새소리가 숲을 휘감았다. 점점 어두워오는 하늘이 불길해 보였다.

"칼미코프 백위군의 화력이 너무 강해 우리 적위군이 점점 빠른 속도로 밀리고 있군요."

"우수리 전선이 무너지면 하바롭스크는 끝장입니다. 한인 적위군을 전선으로 내보낼 때가 왔습니다."

"오늘은 병사들과 함께 병영에서 하룻밤 묵어가렵니다. 두 번 다시 이런 기회가 없을 거예요. 병사들의 사기를 위해서라면 이까짓 추위쯤이야 아무것도 아니지요."

안개 때문에 집총 연습을 할 수 없게 된 병사들이 모닥불을 지피는 동안 알렉산드라 일행은 병영을 둘러봤다. 임시로 기거하는 천막 내부는 제법 넓었다. 천막 안에는 장작 난로가 지펴졌다. 유동열이 어지럽게 널린 살림살이를 한쪽으로 치웠다. 아궁이는 한동안 사용하지 않아서 불이 잘 붙지 않았다. 굴뚝으로 빠져나가지 못한 연기가 천막으로 들어왔다. 결국 밖에서 불을 피워 숯불을 만든 뒤 다시 난로 아궁이에 집어넣었다. 조금 있으니 훈기가 돌았다. 병사들은 모닥불을 피워놓고 둘러앉아 차를 마셨다. 우기가 본격적으로 닥치기 전에 이

숲을 빠져나가 우수리 전선으로 가야 하는 나이 어린 병사들…. 큰비라도 오면 협곡의 물이 불어나 병영을 덮칠 것이다.

전선 쪽으로 좀 더 들어가자 나뭇잎이 병사의 신음인 듯 바스락 소리를 냈다. 총상을 입은 어린 병사가 쓰러져 있었다. 눈자위가 하얗게 뒤집어진 채 고통마저 느끼지 못하는 듯 핏기 가신 얼굴은 하늘을 향해 있었다. 그가 속한 소대는 전멸한 듯 보였다. 마지막 거친 숨을 내쉬며 꺼져가는 의식을 붙들 기력도 없이 쓰러진 병사. 그는 어떤 표정이나 소리도 만들어낼 여력마저 없어 보였다. 달구지 한 대가 덜컹거리며 언덕을 올랐다. 부상병 원호위원회가 치열한 전투가 벌어졌던 숲을 뒤져 시신과 부상병을 후방으로 실어 날랐다.

언덕 너머 들판에 병사들의 시신이 무질서하게 포개져 있었다. 이들은 퇴각하던 도중에 백위군 매복조에 발각돼 몰살당한 듯 보였다. 달구지 바퀴가 삐거덕 소리를 냈다. 달구지 위에 백색기와 적십자 깃발이 흔들렸다. 멀리 대포 소리가 지축을 흔들었다. 새들도 이미 멀리 피신해버렸는지 보이지 않았고 하늘엔 대포가 뿜어낸 화약 냄새가 진동했다. 지상의 전쟁으로 하늘까지 금이 가고 있었다.

또다시 쿵 하는 소리와 함께 땅이 흔들렸다. 나뭇잎이 갑작스러운 대기의 진동에 놀라 미친 듯 흔들렸다. 지상에 존재하는 어떤 생명체도 인간처럼 전쟁을 벌이지는 않는다. 인간 존재의 상호작용이란 얼마나 무모한 짓인가. 전쟁은 산 자의 영역에서 벌어져 죽은 자의 영역까지 뒤흔들었다. 한번 전쟁이 벌어지면 어떤 분별력도 사라지고 만다. 죽고 죽이는 각축장. 인간이 전쟁을 시작했지만, 전쟁은 스스로의 메커니즘에 따라 움직였다. 대포 소리에 숲이 침울하게 흐느꼈다.

퇴각하는 적위군의 형상은 너무도 처참했다. 한쪽 다리에 총상을 입고 나뭇가지를 지지대 삼아 간신히 걷는 부상병, 의식을 잃은 채 들 것에 실려 가는 부상병이 꼬리를 물고 이어졌다.

날은 흐렸다. 하얀 수의처럼 드리워진 안개가 주변의 모든 풍광을 덮어버렸다. 병사들은 안개와 이슬에 체온이 내려가자 이빨을 부딪치며 떨었다. 다행히 비는 쏟아지지 않았지만 안개 속을 걷는 것은 비를 맞으며 걷는 것과 다르지 않았다. 덤불을 헤칠 때마다 나뭇가지와 이파리에서 굵은 물방울이 떨어졌다.

전선에서 야영지로 돌아온 밤은 무사히 지나갔다. 이른 새벽에 유동열이 알렉산드라를 깨웠다. 알렉산드라는 따끈한 차 한잔을 들고 병영을 오가며 단잠을 자는 병사들을 모포로 덮어주었다. 해 뜨기 전에 서둘러 하바롭스크로 돌아가야 했다. 하늘은 어제와 마찬가지로 잿빛이었으나 안개가 걷히자 산등성이 모습을 드러냈다. 잠시 후 비가 내렸다. 소슬바람이 알렉산드라의 머리카락을 흔들었다. 금세 옷이 흠뻑 젖었다. 뒤를 돌아다보았다. 또다시 전선으로 가야 하는 병사들의 얼굴이 눈에 어른거렸다.

2

하바롭스크 역에서는 우수리 전선으로 떠나는 군용열차가 계속 출발했다. 동틀 무렵, 각양각색의 군복을 입은 여러 민족의 병사들이 역 광장을 어슬렁거렸다. 중국인, 오스트리아인, 러시아인. 서로 다른 말

을 사용하고 다른 군복을 입은 병사들이었다. 일단의 병사들이 베리
단을 어깨에 맨 채 역전을 향해 느릿느릿 걸었다.

유동열과 헤어진 알렉산드라는 서둘러 집으로 향했다. 칭얼대는 아
이들을 달래던 보모가 문을 열어주며 반색했다. 알렉산드라는 아이들
의 이마를 짚어보았다. 손바닥에 뜨거운 열기가 전달됐다. 왜체와 보
리스는 감기 기운이 있었다. 며칠 동안 내린 비 탓에 실내 공기가 눅
눅해 여름인데도 난로를 피우고 있었다.

"보모, 어서 난로에서 장작을 빼내세요. 창문을 열고 환기도 좀 시키
세요. 열이 나는 아이들을 난롯가에서 놀게 하면 안 되지요."

왜체는 그나마 미열이 나는 정도였지만 보리스는 양 볼이 터질 듯
달아오를 만큼 열이 심했다. 보리스는 엄마를 보더니 떨어지지 않으
려는 듯 자석처럼 붙었다. 목구멍을 들여다보았다. 편도선이 무섭게
부풀어 있었다. 혀에도 온통 백태가 끼었다. 스푼에 약을 타서 손가락
으로 갠 뒤 아이의 혀를 누르고 한꺼번에 흘려보냈다. 보리스가 입에
거품을 물고 약을 토해내며 헛구역질을 해댔다. 후두에 염증이 생긴
게 분명했다. 아이는 코가 눌어붙어 숨 쉬기조차 불편한지 울음을 터
뜨렸다. 아이를 업고 거실을 오가며 잠이 들기를 기다렸다. 며칠 만에
집에 온 엄마 냄새를 맡으려는지 아이는 등에 기댄 채 칭얼대다가 잠
에 빠졌다. 아침에 일어나면 아이들에게 우유에 탄산수를 섞어 먹이
라고 보모에게 당부한 뒤 알렉산드라는 세면장으로 들어갔다.

거울에 비친 몰골은 형편없었다. 머리며 의복은 검댕이가 묻은 채
였고 바지에는 새벽 숲을 걸어 나올 때 붙은 엉겅퀴 씨가 눈에 띄었
다. 머리를 감고 세수를 했다. 서랍에서 내복을 꺼내 갈아입은 뒤 장

롱을 열었다. 보모가 다려놓은 군복이 걸려 있었다. 우수리 전선이 터지면 하바롭스크를 내주고 퇴각해야 하는 급박한 상황이 올 수도 있었다. 언제 다시 집으로 돌아와 머리를 감고 내복을 갈아입을지 예측조차 할 수 없었다.

전황은 불리한 정도가 아니라 아주 불길했다. 지원군이 도착할 가능성은 전혀 없었고 칼미코프 백위군과 일본 연합군을 물리치기엔 역부족이었다. 상대는 군사 교육을 제대로 받은 정규군에 신식 무기로 무장하고 있는 데 비해 이쪽은 절반 이상이 노동자나 농민으로 구성된 민병에 가까운 병사들이었다. 베리단 장총만 어깨에 걸쳤을 뿐, 실제로 총을 쏴본 일이 없는 병사가 허다했다. 그나마 모의 사격 연습을 한 게 전부였다. 그들은 죽음의 공포를 알지 못한다. 귓전을 스치는 총알의 공포를 그들은 피상적으로 상상할 뿐이다. 쏟아지는 총알 세례를 피해 잔뜩 웅크린 채 참호 속에서 사지가 굳은 적위군의 모습이 머릿속에 그려졌다.

그래도 아이들을 포폽스카야로 데려온 게 천만다행이었다. 보모에게도 전황을 자세히 알려주었다. 만약 위급한 상황이 닥쳐오면 따로 연락이 없더라도 아이들을 데리고 피신하라고 단단히 일렀다.

"보모, 내전이 끝나는 그날까지, 적위군이 하바롭스크를 장악하는 그날까지 목숨을 보전하도록 하세요. 아이들을 보모에게 맡길게요."

보모도 알렉산드라도 금방 눈물이라도 흘러내릴 것처럼 눈이 붉어졌다. 마침내 밤이 됐다. 거리에는 드문드문 가로등이 켜지고 길모퉁이에 귀가를 서두르는 사람들의 긴 그림자가 얼씬거렸다. 창가에 붙어 서서 도심 쪽을 바라보았다. 도심은 등화관제로 칠흑같이 어두웠다. 배가 고팠다. 집 안을 뒤졌으나 흑빵 조각 외에는 아무것도 없었다.

차를 끓여 흑빵과 함께 간단하게 요기한 뒤 책상 앞에 앉았다. 두 시간째 꼼짝하지 않고 노트에 무엇인가를 빼곡하게 써가던 알렉산드라는 밀려드는 졸음 때문에 하품을 했다. 실내 공기를 환기시키기 위해 창문을 반쯤 열었다. 바람이 불어와 귀밑머리가 슬며시 들렸다. 알렉산드라는 손에 깍지를 끼고 기지개를 켠 뒤 방으로 들어가, 곤히 자는 왜체와 보리스의 뺨에 가볍게 키스했다. 잘 익은 사과처럼 달아오른 아이들의 뺨은 감미로웠다. 아직 벌레가 생기지 않은 사과. 밀려드는 졸음에 다시 하품을 한 뒤 거실 천장에 덩그마니 달린 전등에 손을 뻗어 불을 껐다. 그러고는 아이들 옆에 등을 눕혔다. 잠이 쏟아졌다. 어둠 속에서 세간 살림들이 어렴풋하게 보였다. 세간살이의 희미한 모습처럼 삶의 모습도 그리 짙은 건 아닐 것이다.

알렉산드라는 실내를 둘러보았다. 하얀 요가 깔린 좁은 침대, 누렇게 변색한 자작나무 옷장, 너덜너덜해진 카펫. 아이들 옆에 몸을 눕힐 때마다 견딜 수 없는 설움이 북받쳐 올라왔다.

22. 쓰다 만 일기

1910년경 재건축된 블라디보스토크 기차역 전경.

*
*

1918년

창문으로 바람이 들어와 알렉산드라가 책상에 펼쳐놓은 일기를 팔랑 팔랑 넘겼다. 일기는 바람결에 한 장 그리고 또 한 장 넘어갔다.

1월 7일

우편 전신국 종업원을 대상으로 한 강연회에 참석했다. 볼셰비키 동지인 루카 예브도키모비치 게라시모바가 보고했다. 그녀는 재치 있게 말했다. 그녀의 토론은 설득력이 있었고 마르크스-레닌주의적 명제로 일관했으며 간단명료하고 이해하기 쉬웠다.

이어 내가 보고했다. 나는 사회주의혁명이 역사의 발전 단계로 볼 때 필연이라는 점과 러시아는 혁명을 태동시킬 환경이 다른 나라에 비해 더 성숙했음을 논증했다. 제국주의에 대한 설명은 레닌의 노작에서 인용했다. 모든 권력을 소비에트로 넘겨야 한다는 점은 분명하다. 프롤레타리아혁명이 전 세계 특히 교전국들의 착취당하는 모든 노동자, 그중에서도 특히 농민의 절대적 공감과 무조건적 지지를 받는다는 사실 역시 논란의 여지가 없다. 이제는 실천적인 무장봉기가 필요하다는 점은 분명하다. "봉기는 전쟁과 마찬가지로 하나의 기술"이라는 마르크스의 말은 놀랍도록 정교한 표현이다. 참석자가 모두 기립 박수를 쳤다.

1월 25일

하바롭스크 철도국 총회에 참석했다. 회의에서 볼셰비키를 지지한다는 결의문이 채택됐다. 인간이 스스로 어떤 것을 만들어낼 수 있는 재능을 갖지 못하면 자유마저도 성가신 부담이 된다. 개인적 책임이 선하다면 그들이 소속된 사회적 책임 또한 선할 것이다. 볼셰비키에 대해 적대감을 갖고 있는 사람을 증오할 수 있을까. 그들은 역사 위에서 개인적 책임을 회피하는 게 분명하지만 그렇다고 그들에게 죄가 있다고 주장하는 것은 옳지 않다. 차르 병사나 카자크 아타만 그리고 백위군 병사들은 자신들이 얼마나 큰 죄를 짓고 있는지를 알지 못할 뿐이다. 명령에 따라 행동할 뿐이다. 그들은 자신들의 상관에게 기만당한 사실을 깨닫지 못한다. 그러나 상관 역시 자신이 지시한 일의 역사적 결과를 예측이나 할 수 있을까.

2월 4일

1년 전인 1917년 2월 러시아 노동자들은 혁명의 첫 단계에서 새로운 길로 들어섰다. 이제 유일한 임무는 이 새로운 길이 무엇인지 분명하게 이해하고 그 길을 따라 대담하고 단호하며 참을성 있게 나아가는 것이다. 영국과 프랑스와 러시아 자본가들은 '오직' 니콜라이 2세만 제거하기를, 또는 겁을 주기를 바랐을 뿐이다. 낡은 국가, 즉 경찰력·군대·관료는 그대로 두기를 바랐다. 그러나 노동자들은 더 나아가 그 기구를 박살 내버렸다. 모든 착취당하는 노동자들은 착취자를 박살 내고 싶은 본능이 꿈틀거린다.

2월 27일

하바롭스크 노동자병사대의원 소비에트에서 독일과의 강화조약 체결에 관한 주제를 토의했다. 나는 혁명적 목적 지향성에 대해 연설했다. 그들은 볼셰비키의 열렬한 지지자였지만 러-독 강화조약 체결의 불가피성과 곤란하고도 치욕적인 강화조약 조건을 받아들여야 한다는 사실을 이해하지 못했다. 대의원들은 장황하게 논쟁했다. 회의는 밤 10시까지 진행됐다. 연설 도중 레닌의 말을 인용했다. 2월 24일자 《프라우다》에 실린 〈불행한 강화〉라는 레닌의 노작이었다. 회의 결과 채택된 결의문에는 브레스트 강화조약의 필요성이 강조됐다. 나에 대한 신임이 대단했다. 무거운 책임감을 느낀다. 하바롭스크 시 소비에트 위원으로서의 책임감이 너무 무겁다. 사업 범위는 너무도 넓고 복잡하다. 변방에 거주하는 시민의 교양 사업을 진행해야겠다.

3월 13일

극동소비에트 회의에 참석, '러시아 원동에서의 한인과 중국인의 처지에 대해'를 주제로 보고했다. 임금에 대한 변강 대표자 회의 및 소비에트 제4차 대회의 결정이 있었음에도 불구하고 개인 기업소에서의 한인 및 중국 공민의 임금은 러시아 노동자에 비해 여전히 만족스럽지 못하다. 노동 안전이 보장되지 않고 주거 조건이 나쁘다. 그들에게 공민증을 발급할 때마다 과거 차르 정부는 특별세금을 징수했다. 극동소비에트는 외국인 노동자의 처지를 긴급 조사하고 직업 동맹 결성에 필요한 조치를 취할 것을 노동문제 부위원장 야코블레프에게 위임했다. 공민증을 발급할 때 중국 공민이나 한인 공민에게 징수하던 세금을 시급히 취소할 것을 인민위원회에 발의했다.

3월 19일

우리 아이들은 어떻게 될 것인가. 아이들이 장차 부딪히게 될 상황은 우리가 어떻게 행동하는가에 따라 많이 좌우된다. 아이들 스스로도 자유롭고자 하는 노력을 활발히 하지 않으면 안 된다. 노예적 삶에 익숙한 사람이 노예의 삶을 떨쳐버리는 일은 어렵다. 우리는 우리 다음 세대가 최소한 우리 세대보다 더 편히 살 수 있기를 바라지만, 다른 한편으로 이 편안함은 매우 위험한 것이기도 하다. 부르주아적인 소시민이 편안함을 좋아하기 때문이다. 편안함을 추구하더라도 정신적 휴면 상태에 빠지지 않아야 한다. 내 작은 소원이 있다면 왜체와 보리스가 명예를 아는 인간이 되었으면 한다.

4월 27일

크라스노쇼코프 위원장이 배석한 가운데 헝가리 포로 장교들과 담화하고 일본의 시베리아 출병에 대한 공동 대책을 논의했다. 이어 친독배일파 인물인 중국 길림성 장군 맹사원孟思遠에게 전화를 걸어 대일본 공동 투쟁에 대한 의견을 교환했다.

5월 1일

노동제가 열린 대회장에 일본 정탐 두 명이 들어오는 것을 보았다. 나는 그들을 향해 외쳤다. 일본 제국주의자는 사회주의의 공적이요, 또한 조선의 잊지 못할 원수다. 당장 대회장에서 나가지 않으면 총을 쏘겠다고 으름장을 놓았다. 실제로 총을 겨누고 싶었다. 내가 누군가를 향해 총을 발사한다면 그것은 일본인이기 전에 정탐꾼의 심장이리라. 사무실로 돌아오는 길에 러시아인이 한인 엿장수의 엿을 빼앗아 먹는 장면을 목격하고 러시아인의 부도덕함을 꾸짖고 엿값의 배를 받아 주었다. 인간은 자신의 우월성을 주장할 근거가 약할수록 자신의 국가나 종교, 인종의 우월성을 내세운다.

6월 16일

벌써 3일간에 거쳐 군사혁명재판이 열리고 있다. 피고석에는 반혁명가인 차르 헌병대 출신 대좌를 비롯한 장교 스물두 명이 앉아 있었다. 내가 기소검사를 맡았다. 피고들은 내 질문에 당황해하면서 겨우 입을 열었다. 침통한 표정을 지으며 이빨을 가는 소리가 들리는 듯했다.

6월 24일

하바롭스크에서 활동하던 외국 정탐과, 하얼빈에 본부를 둔 조국수호 원동위원회와 결탁한 22명의 조국구원 반혁명위원회와 군관동맹위원회 소속 군관들에 대한 재판이 진행됐다. 재판을 통해 그들이 테러나 무장봉기를 준비했으며 도시의 모든 볼셰비키당과 소비에트 지도자를 살해할 계획을 꾸몄다는 사실이 판정됐다. 나는 군사혁명법정에서 그들을 국가 범죄자로 기소했다. 소비에트 정권의 인도주의를 악용해 반역 행위를 저지르는 범죄자들의 정치적 악행을 낱낱이 폭로했다. 원고 측 기소자로서 나는 음모를 꾸민 주동자들을 사형에 처할 것과 그들을 도와준 반동분자들에게 가장 무거운 처벌을 내려달라고 요구했다. 그러나 유감스럽게도 사형 판결은 유보됐다. 그들이 후일 백위군에 가담해 만행을 저지른다면 재판장은 오늘 판결을 유보한 일을 후회할 것이다. 내전 전황이 매우 불리해졌다. 만약 주동자들에게 사형을 선고했다고 하더라도 집행을 기다리는 동안 백위군이 하바롭스크를 공략한다면 형을 집행하기 전에 백위군에 의해 석방될 수도 있을 것이다.

7월 1일

지금은 무한대로 확장되는 어둠 속에 있다. 영혼과 육체, 감성과 이성은 다시금 예전으로 돌아갈 수 없게 됐다. 너무 늦었다. 지금 우리는 영적 결핍이라는 무서운 병에 걸렸다. 이 질환은 치명적이다. 인류는 자신이 도덕적으로 얼마나 파괴되었는지를 모르고 있다. 육체의 죽음은 다만 그 결과일 뿐이다. 사람이 빵을, 오로지 빵만을 생각할 때 그 존재는 얼마나 초라하고 가여운가. 인간은 빵으로만 살 수 없다.

인간의 이성이 이룩한 위대한 업적 가운데 하나는 빵에 대한 변증법 원리를 인식해낸 것이다.

7월 25일

스베르들로프 위원장이 예카테린부르크에 감금된 니콜라이 2세와 황후에 대해 사살 명령을 내렸다. 황후의 이름이 나와 같은 알렉산드라다. 괴승 라스푸틴에게 의탁해 신비주의적 통치를 황제에게 조언해온 황후다. 황제와 황후가 처형됐으니 러시아의 진정한 왕은 민중이다.

8월 7일

어머니 생각에 잠을 이루지 못했다. 보육원으로 왜체와 보리스를 만나러 갔다가 우연히 마주친 러시아 여성의 얼굴이 잊히지 않는다. 그녀와 나는 자식에 관해 이야기를 나눴다. 우리 두 사람은 모두 어머니의 자격으로 돌아가 전시 상황을 잊고 한순간이나마 아이들의 장난감을 보면서 자식이라는 존재에 몰입할 수 있었다. 나는 그녀에게 말했다.

"아이들을 극진하게 사랑하기 때문에 그들이 없으면 어떻게 살아가며 일하겠는지 상상조차 할 수 없어요. 아이들과의 매번 상봉은 내 가슴에 비상한 힘을 북돋아주네요. 아이들의 귀여운 얼굴을 보고 목소리를 들을 때면 내가 태어난 시넬리코보 마을이 떠오르지요. 우리의 일체 생활은 모두 미래를 위한 것이며 아이들을 위한 것이니까요."

8월 9일

밤 11시 30분, 귀가하는 도중에 안개 속의 달을 쳐다보았다. 왜체와 보리스 그리고 동생 마리야가 그 달 속에 있었다. 이루 형언할 수 없을 정도로 아름다운 광경이었다. 아이들의 얼굴이 달에 떠 있다니. 어머니와 아버지가 바라보던 그 달이다.

23. 최후의 퇴각

하바롭스크 역(위키미디어).

*
*

1918년 8월

1

벽시계가 저녁 8시 종을 쳤다. 종소리 때문에 사무실은 더욱 텅 빈 듯했다. 밤이 깊었지만 알렉산드라는 사무실에 남아 당 문건을 정리했다. 시간이 얼마나 지났을까. 보초가 문을 두드렸다.

"스탄케비치라는 분이 코미사르 동지를 만나겠다고 합니다."

"스탄케비치라고 했소?"

알렉산드라는 깜짝 놀라 보초에게 물었다.

"누가 함께 왔던가요?"

"혼자 왔습니다."

"안으로 모시세요."

스탄케비치는 거실에 들어왔으나 알렉산드라의 시선을 피했다.

"마르크, 오랜만이군요. 당신은 시선을 떨굴 때마다 늘 꿍꿍이속이 있었어요. 대체 무슨 일로 찾아왔는지 속 시원히 털어놓으세요. 나를 속일 생각은 마시고요."

"코미사르가 돼 나타나더니 남편은 안중에도 없다는 말이군."

"남편이라니요? 갈라선 지가 언젠데 남편 행세를 하다니요. 이혼 수속을 요구할 때마다 나를 피했으면서."

"누구 좋으라고 이혼해주겠어. 내가 당신에게 복수하는 길은 끝까지 이혼하지 않는 것뿐인데. 당신은 좋으나 싫으나 법적으로 엄연히 내 아내일 수밖에 없다는 사실을 인정해야 하오."

"차르의 법은 전부 무효가 됐어요. 이혼하든 말든 내게는 아무 의미도 없는 일이지요. 이혼 문제가 용건이라면 그만 돌아가세요."

"나는 왜체의 아버지로서 당신에게 당부하고 싶소. 당신도 왜체의 행복을 진심으로 바랄 거요. 그 애를 위해서 하는 말인데, 왜체가 하바롭스크에 남을 이유가 없소. 당신에게 더 이상 왜체를 맡길 수 없소. 내가 왜체를 데려가겠소. 내게도 그럴 자격은 충분하오."

"왜체는 내가 키우기로 약조를 하지 않았나요? 블라디보스토크 시절을 잊었단 말인가요? 왜체를 맡을 수 없다며 강압적으로 내게 떠맡길 때는 언제고 이제와 딴소리를 하다니요. 왜체가 태어났을 때 얼굴 한 번 들여다보지 않고 술추렴으로 세월을 보낸 시절을 설마 잊지는 않았겠지요. 듣지 않은 걸로 할 테니 그만 돌아가세요."

"당신은 자식마저 혁명과 바꾸려 하오?"

"그런 말이 어디 있어요! 나는 자식을 위해, 우리 후대를 위해 혁명에 뛰어들었어요."

"당신네 볼셰비키 혁명은 공중누각에 불과하다는 사실을 아직도 모른 단 말이오? 혁명은 망상이오, 실현될 수 없는 공상이지."

"그런 서푼어치 궤변을 늘어놓으려면 당장 돌아가세요."

"나는 왜체를 폴란드로 데려가 키울 작정이오. 왜체를 내게 넘기시 오."

"오늘날 러시아보다 문명한 나라는 지구상 어디에도 없어요. 노동자 농민이 주권을 갖는 볼셰비키 정부는 폴란드보다 한 세기를 앞서 있어 요. 머지않아 지구의 모든 인류가 볼셰비키 정권을 노동자 농민의 조국 이라고 부를 거예요."

"당신의 고집을 꺾을 수 없다는 걸 잘 알고 있지. 당신은 당신대로 꿈 이 있고 나는 나대로 꿈이 있으니. 왜체를 한번 만나게나 해주오. 마지 막이 될 수도 있으니."

"유감스럽지만 당신은 그 애를 보지 못해요. 그 애는 집에 없어요. 칼 미코프 백위군이 하바롭스크를 향해 진격할 태세여서 안전한 곳으로 피 신시켰어요. 왜체는 보모와 함께 안전한 장소에 있으니 그리 알고 돌아 가세요."

"섭섭하지만 그 애가 안전한 곳에 있다니 한시름 놓이는군. 당신도 신 변 조심하시오."

"고마워요. 이 순간부터 당신과의 사이에서 나빴던 기억은 지워버리 겠어요. 좋은 추억으로 간직하겠어요. 정세가 험악하니 부디 몸조심하 세요."

알렉산드라는 멀어지는 마르크의 등에 대고 넋두리하듯 중얼거렸 다. 마르크, 이제 고백하거늘 나는 내게 맞는 짝을 찾지 못한 것 같아요. 내가 죽을 때 혼자 죽듯, 나는 짝 없이 사는 것을 운명으로 받아들이겠어요. 지금은 다이너마이트의 심지가 타들어가는 시간. 제발 내 심지에 붙은 불을 끄지 말아주세요. 나도 당신을 탓하지 않을 터이니, 우리가 든 낫이 우리를 더 아프게 베기 전에 이만 안녕!

삶은 너무 짧아서 우리가 가질 수 있는 게 거의 없어요. 내가 낳은 자식마저도 내 것은 아니에요. 지금은 깊은 시름만 쌓이는군요. 램프의 흔들리는 불꽃 그리고 부엌의 앞치마와 주전자와 포크가 나와 함께 울고 있군요.

"오! 시름은 수시로 내 소맷자락에서 흘러내리네." 알렉산드라는 푸시킨의 시 〈나는 그대를 사랑했다오〉의 한 구절을 읊조렸다.

2

다음 날 오전 하바롭스크에서 극동소비에트 비상회의가 소집됐다. 위원 20여 명이 크라스노쇼코프 위원장을 중심으로 둘러앉아 마지막 결전을 다졌다. 위원장이 최종 입장을 전달했다.

"하바롭스크를 백위군에게 내주는 건 시간문제군요. 앞으로 일주일을 버티기 힘들다는 전선 사령부의 보고가 있었소. 백위군이 하바롭스크에 입성하면 적위군은 즉각 빨치산으로 전환하는 한편, 당과 소비에트 기관은 모두 블라고베셴스크로 이전할 것이오. 이 자리에 모인 위원들은 회의가 끝나는 즉시 사무실로 돌아가 문건 폐기 작업을 서두르세요. 백위군 수중에 들어가서는 안 될 문건은 모두 태워버리시오."

모두 침통한 표정으로 회의실에서 나와 흩어졌다. 알렉산드라는 군사지휘부 상황실을 찾았다. 지휘부 장교들이 전선 사령부와 긴박한 목소리로 통화하며 병사들의 사기가 떨어지지 않도록 독려했다.

"부족한 무기와 탄약을 최대한 끌어모으시오."

"지금으로서 보급품 지급을 확대할 수 없으니 물자를 아껴 쓰도록 하시오."

"진지를 구축해 현 위치에서 고수하도록 하시오. 좀 더 버텨주어야 후방에서도 퇴각 준비를 할 수 있지 않겠소."

통화를 끝낸 장교가 허탈한 표정으로 지도를 펼쳐 전황을 표시했다. 잠시 침묵이 흘렀다. 알렉산드라가 문 옆에 서 있다는 것을 알아챈 장교가 경례를 붙였다.

"우리가 어떤 상황에 놓였는지 짐작하시겠지요? 지금 전선은 더 이상 효율적인 전투 수행이 불가능한 상태입니다. 병사들의 사기가 떨어지고 있으니 현 위치를 사수하기도 어려운 처지입니다. 탄약마저 떨어져 잘 버텨야 이틀이나 사흘이지요. 전선에서도 군사지휘부의 퇴각 명령만 떨어지기를 기다리고 있습니다."

장교의 얼굴에 절망감이 역력했다. 알렉산드라가 물었다.

"한인 적위군은 어느 전선으로 갔나요?"

"오늘 오전, 한인 적위군을 실은 군용열차가 뱌심스크 역에 도착했다는 전통문을 받았습니다. 다음 정거장인 이만 역을 백위군이 점령해 더 이상 나아가지 못하고 모두 열차에서 내려 진지를 구축하고 있지요. 뱌심스크 정거장이 최후의 보루이지요."

하바롭스크에서 군용열차 한 대가 병사들을 실어간 뒤로는 더 이상 동쪽으로 가는 열차는 눈에 띄지 않았다. 오히려 서쪽으로 퇴각하는 열차가 오후부터 줄을 잇기 시작했다. 이만에서 들어오는 부대들은 역전을 거듭하다가 부상병만 가득 실은 채 퇴각했다. 상황실 장교가 전통문을 손에 쥔 채 보고했다.

"코미사르 동지, 한인사회당 적위군 지휘관 최 니콜라이 세묘노비치 동지로부터 전통문이 도착했습니다."

하바롭스크 부근 크라스나야 레치카 태생인 최 니콜라이는 자신의 이름을 딴 다반 부대의 지휘관이었다. 부대원은 30명으로 구성됐으며, 적위대에 합류한 최초의 한인 정규군이었다. 다반 부대는 극동소비에트 군사혁명위원장 게라시모바의 지휘를 받았다.

"다반 부대는 뱌심스크와 크라스나야 레치카를 거쳐 얼마 전 까지만 해도 우수리 철도선 키롭카에서 격전을 벌였다고 합니다. 백위군과 일본군의 연합 공격이 너무 거센 나머지 다시 크라스나야 레치카로 퇴각해 전투를 벌이다가 절반 이상이 전사했고 이제 남은 부대원들을 끌고 웨리노(청룡) 역을 경유해 한인 촌락으로 피신한다는 보고였습니다."

"순지우 부대는 어떻게 됐나요?"

"노치거우 정거장에서 백위군과 맞서 싸우다 중국령으로 퇴각했는데 그때 한인 적위군도 순지우 부대에 섞여서 함께 넘어갔다고 합니다."

알렉산드라가 사무실로 돌아와 서류를 정리하던 중 연합군 비행기가 하바롭스크 상공을 날고 있는 게 창문으로 보였다. 비행기가 나타났다면 하바롭스크를 내주는 것은 시간문제일 뿐이었다. 폐기할 서류를 분류하는데 이인섭이 들어왔다.

"아무르강을 끼고서 남포대까지 갔는데 마을에서 검은 연기가 치솟고 있더군요. 백위군이 지척까지 온 것이지요."

"극동소비에트가 방금 전에 당과 소비에트 기관을 블라고베셴스크로 옮긴다는 퇴각 명령을 내렸습니다."

"코미사르 동지와 운명을 같이할 작정이니 저에게 다른 곳으로 피신하라는 말은 말아주세요. 이제부터는 무슨 말을 해도 동지 곁을 지킬 테니 그렇게 아세요."

"시간이 없으니 곧장 한인사회당으로 갑시다. 무엇보다도 당 문건을 모두 불태워야 합니다. 어서 서두르세요."

한인사회당 사무실에서는 이한신이 문건을 꺼내 난로에 불사르다가 황급히 들어서는 알렉산드라를 보고 반색을 하며 일어섰다.

"동지, 인장까지 태우도록 하세요. 당원에 대한 모든 기록을 없애야 합니다. 백위군에게 넘어가면 당원들이 무사하지 못할 거예요."

그때 김립이 사무실에 들어섰다.

"이렇게 살아 있다니 기적 같군요. 이동휘 선생 소식은 들었습니까?"

"이동휘 선생은 일주일 전에 주건 동지와 동행해 우수리강 변에 있는 하이강이라는 한인 농촌으로 피신하셨지요."

"모두 잘 들으세요. 우리는 당장 하바롭스크를 떠나 블라고베셴스크로 가야 합니다. 그곳에 당도해 당 간부들과 합류한 다음, 아무르강 상류를 거슬러 몽골을 경유한 뒤 신장강으로 가서 중앙아시아를 거쳐 모스크바로 들어갈 것입니다. 일단 몽골에 당도하면 우리는 모두 말을 타고 2~3개월 사막을 통과해야 하는데 그때 쓸 자금으로 아편 꾸러미를 준비해두었지요. 블라고베셴스크에 도착하면 접선할 사람이 나올 겁니다. 그리고 무힌 동지는 한인 적위군의 군자금으로 금화 1만 2000루블

한인사회당 간부사무실 터(©세계한민족문화대전, 한국학중앙연구원).

을 블라고베셴스크 국립은행에 맡겼으니 찾아 쓰라고 했습니다.“

　하바롭스크 부두로 떠나기 전, 알렉산드라는 한인사회당 간부들에
게 백위군에게 체포될 경우에 대비해 중국 여권을 전달했다.

24. 비운의 기선 '바론 코르프' 호

하바롭스크 아무르강 전경(위키미디어).

*

*

1918년 9월 초

1

시가전이 임박한 하바롭스크를 떠나는 일은 간단하지 않았다. 백위군
이 시베리아 일대를 장악한 사실을 곳곳에서 느낄 수 있었다. 가장 먼
저 피부로 와 닿는 전흔은 교통 불편과 식량 부족이었다. 기차와 증기
선의 움직임은 전황을 상징적으로 보여주었다. 하바롭스크 동쪽은 백
위군과 반볼셰비키 연합군 수중에 떨어진 상태였다. 그나마 블라고베
셴스크로 이동하는 아무르 강선만 남아 있을 뿐이었다. 시베리아 철
도 연변은 체코군이 장악했다.

유일한 혈로는 아무르강이었다. 그나마 바론(남작) 코르프 호가 아직
운행되는 게 기적에 가까운 일이었다. 아무르강 연안에서 백위군의
위력은 날이 갈수록 거세졌다. 알렉산드라는 아무르강에서 바론 코르

프를 호위할 적위군 군함이 있는지 사령부에 문의했다. 전선에서 전투를 수행해야 하므로 호위할 수는 없다는 답이 돌아왔다. 강폭이 급격히 줄어드는 지점은 백위군 매복조의 사정권 안이어서 적위군 군함도 번번이 공격을 받고 있었다.

강폭이 좁아지면 12노트 정도로 천천히 운항해야 하는데 속도가 줄어들면 백위군의 사정권에 들 가능성이 그만큼 높았다. 바론 코르프호는 하바롭스크와 블라고베셴스크를 오가는 3000톤급 상선이었다.

1918년 9월 2일. 출항 시간이 한참 지났는데도 배가 움직이지 않아 선장에게 이유를 물었다. 풍채 좋은 러시아인 선장이었다.

"석탄을 싣느라 지체되고 있다오. 전시에는 석탄 구하는 일도 여간 힘든 일이 아니지요."

내전 상태인 하바롭스크 운항은 관록이 쌓인 그에게도 위험천만한 일이었다. 선장이 갑판에 나와 선원은 물론 말단 기술자와 화부까지 도열시킨 채 점호를 취했다. 선장은 젊은 시절에 엄청난 양의 일본 화물을 중국 톈진과 상하이로 운송한 과거를 거들먹거리며 어깨를 으쓱해 보였다.

"야채와 통조림, 맥주 상자, 석유를 그득그득 실어날랐지요. 그때는 이틀에 걸쳐 하역을 해도 화물칸이 줄지 않았다오."

기중기에 달린 수동 윈치의 사슬을 풀고 잡아당기는 하역 인부들은 한낮의 뜨거운 햇볕에 그을린 채 비지땀을 흘렸다. 황토색 물살이 넘실거리는 강에는 온갖 종류의 선박이 떠 있었다. 상갑판이 있는 중국 정크선 한 대가 느린 속도로 부두에 들어섰다. 선수 부분에 고래가 그려져 있었다. 정크선은 운송 수단이면서 거주 장소였다. 강에서 태어나 강에서 죽는 정크족. 서너 척의 배가 한데 묶인 정크 선단은 부두 한쪽에 뜬 수상 마을 같았다.

석탄을 싣는 인부들은 거의 중국인이었다. 그들은 일당을 벌기 위해 무거운 석탄을 지게에 지고 땀으로 범벅이 된 채 힘겹게 움직였다. 따갑게 쏟아지는 햇살을 받으며 석탄을 쌓는 모습이 측은했다. 그 옆으로 적위군 군함 한 척이 정박해 있었다. 연안 부두에는 온갖 종류의 화물이 쌓여 있었다. 짐을 싣는 동안 수병들은 선미에 나와 담배를 빼 물었다. 연안에는 각종 화물을 하적하는 중국인 인부들이 진을 쳤다. 그들의 등짝이 없으면 총이나 대포에 쓰이는 탄약도 운반할 수 없었다.

마침내 뱃고동이 울렸다. 엄청난 소리에 놀란 물새들이 한꺼번에 날아올랐다. 곧 출발할 모양이었다. 도크에 묶인 밧줄이 풀렸다. 해운 회사 직원들과 인부들이 부둣가에서 바론 코르프를 향해 손을 흔들었다. 드디어 출항이었다. 기선은 알렉산드라 일행을 태우고 블라고베셴스크를 향해 항해를 시작했다. 일행은 한인사회당 간부 김립, 유동열, 이인섭, 안홍근, 심백원, 박밀양, 김상필, 마○○(강어제 사람), 주용건, 전원산, 김○○(보문사 수위) 등 모두 열두 명이었다.

9월 3일 아침. 푸른 하늘 아래 햇살을 받아 반짝이는 아무르강은 우기 때와는 정말 대조적이었다. 우기 때는 온통 잿빛 하늘과 누런 강물, 질퍽한 진흙물을 쉴 새 없이 쏟아붓는 강둑이 지루하게 이어질 뿐이다. 그러다 먹구름을 뚫고 햇살이 비치면 드문드문 눈에 띄는 푸른 녹지가 아무르의 속살처럼 드러났다. 강물을 보면 전쟁 중이라는 사실이 믿기지 않았지만 승객들은 대부분 피란민이었다. 그들이 입은 연푸른색과 밝은 회색 옷이 갑판에 활기를 불어넣었다. 함께 떠나는 사람이 있기에 마음은 한결 홀가분했다. 강변의 비옥한 땅과 농촌 마을이 드문드문 눈에 띄었다.

기선은 공장 지대를 조용히 스쳐갔다. 일행은 모두 갑판에 나와 말이 없었다. 돌이켜보면 숨 가쁜 세월이었다. 조국은 일제에 속박당하고 중국과 러시아를 떠돌며 살아온 그들이 어떻게 아무르강 위에 떠 있게 됐는지를 생각하면 말이 필요 없었다.

밤이 되자 제법 쌀쌀해진 바람을 피해 승객들은 객실로 내려갔다. 보일러의 증기를 끌어들인 라디에이터가 돌아서 객실 안은 춥지 않았다. 맞바람을 받는지 기선은 속도를 내지 못했다. 아무르강은 서쪽으로 갈수록 물이 맑았다. 하류인 동쪽으로 갈수록 탁류로 변하는 것은 강 유역의 엄청난 퇴적물 때문이었다. 기선은 해안에서 점점 더 멀어졌다. 강이 아니라 바다 한가운데에 떠 있는 듯했다.

승선한 지 이틀째. 기선은 속력을 내어 파도를 좌우로 헤쳤다. 일행 가운데 유동열이 먼저 입을 열었다.

"며칠 전, 비상회의 때 우리가 만약 퇴각을 하면 도심의 화약고를 폭발시키고 아무르 철교를 폭발시켜 백위군에게 타격을 입혀야 한다는 이야기가 있었는데, 이젠 그게 불가능해지고 말았군요."

알렉산드라가 고개를 절레절레 저으며 대답했다.

"우리가 시가전 없이 하바롭스크를 떠나기로 결정한 것은 시민의 생명과 재산을 안전하게 지키고자 함이지요. 그런데 화약고를 폭발시키면 적들만 죽는 게 아니라 시민들도 희생되고 도시 건물도 파괴될 테지요.

그리고 아무르 철교는 극동의 유명한 건축물이자 우리의 자랑거리입니다. 우리가 하바롭스크를 떠나는 것은 잠시일 뿐입니다. 시민들은 우리가 하바롭스크를 다시 해방시킬 날을 고대하고 있지요. 그러니 우리가 오늘 파괴했다가 내일 다시 건축할 도시나 철교는 파괴하지 말아야 합니다."

유동열이 멋쩍은 듯 머리를 긁적이자 알렉산드라가 웃음을 머금은 채 말을 이었다.

"크라스노쇼코프 동지는 며칠 전, 열차 편으로 블라고베셴스크로 떠났는데 그곳의 금광 노동자들을 규합해 빨치산 투쟁을 전개한다고 하더군요. 무힌 동지가 곁에서 보좌하고 있으니, 너무 걱정 마세요. 우리는 앞으로 많은 역경을 이겨내야 합니다. 우선 블라고베셴스크에 먼저 간 이한영 동지를 만나 여러 필요한 수속을 한 뒤 다시 기선을 타고서 모헴스레텐스크까지 가서 상륙해 몽골 사막으로 들어갈 겁니다. 그곳에서 말을 타고 중앙아시아로 향하지요. 카자흐스탄은 아직 볼셰비키의 관할하에 있으니 그곳에서 열차편으로 모스크바로 가야겠지요. 우리는 모스크바에서 레닌 동지를 만나 그의 직접 지도하에 중국, 조선, 몽골, 일본의 혁명 기관을 조직할 겁니다."

유동열이 눈을 초롱초롱하게 뜨고 말을 이었다.

"우리가 지나갈 몽골 지역 철도변에는 중국 경찰 연락원 김순경이라는 한인이 있으니 그를 경유해 몽골로 가는 안내자를 얼마든지 얻을 수 있습니다. 몽골의 수도 고륜에는 연락지도원 이규식 의사가 있는데 그는 몽골 황제의 신임을 받아 어디든 출장을 갈 때는 황실 마차를 타고 다닙니다. 그러니 우리가 고륜에 당도하면 이규식 동지에게 부탁해 좋은 말과 안장도 얻고 안내도 받을 수 있을 겁니다."

2

9월 4일이었다. 이인섭은 선장실 바로 위 칸 객실에 잠들어 있었다. 방은 비좁았지만 아무 방해하는 사람이 없어 해가 머리 위에 걸리도록 늦잠을 잤다. 이인섭은 누군가가 어깨를 흔드는 통에 눈을 부비며 일어났다. 선장과 선원 두 명이 천장을 가리켰다. 침대를 아슬아슬하게 스친 탄환이 천정을 뚫고 지나간 흔적이 뚜렷하게 보였다. 선장은 이인섭에게 따라오라고 손짓한 뒤 선장실로 내려갔다. 선장이 앉는 조종석에도 총구멍이 있었다. 총소리에 놀라 기선은 닻을 내리고 강 한가운데에 정박해 있었다. 유동열이 김립에게 5연발 권총에 탄환을 넣고 빼는 방법을 가르쳐주다가 실수로 총을 쏜 탓이었다.

"이인섭 동지는 참으로 명이 긴 사람이군."

유동열이 실수를 만회하려는 듯 농을 걸어 모두 실소를 머금었다.

그날 아침, 하바롭스크에서 함께 떠나온 한인 청년들이 베리단 열 자루를 자신들에게 달라고 통사정했다. 알렉산드라가 청년들을 면담한 뒤 총을 내주라고 지시했다. 한인 청년들은 빨치산 전투를 하고 싶어도 무기가 없어 곤궁하던 차에 무기를 손에 넣었다며 뛸 듯이 기뻐했다.

"빨치산 전투를 하려면 당장 배에서 내려야 하지요. 블라고베셴스크까지 갈 필요가 없지 않겠습니까?"

알렉산드라의 명령에 따라 기선은 종선을 강에 띄웠다. 청년들은 종선에 옮겨 탄 뒤 알렉산드라 일행을 향해 모자를 흔들며 작별인사를 했다. 청년들은 무기를 들고 강변의 억새밭에 내린 다음에도 연신 모자를 흔들어댔다. 종선이 돌아오자 기선 한쪽에 매단 뒤 다시 출발했다. 두어 시간 뒤에 한 농촌을 지나게 됐다. 농촌은 아무르 카자크 반혁명군의 토착촌이었다. 소비에트 정권을 반대하는 백위군의 소굴이니 모두 주의하라는 지시가 전달됐다. 마을을 향해 기관포를 배치하고 모두 갑판에 엎드려 만일의 사태에 대비하고 있을 때 강둑에 만들어진 참호가 발견됐다. 모두들 긴장감에 숨소리마저 들리지 않았다.

다음에 나타난 농촌은 예카테린-니콜스크라는 마을이었다. 역시 카자크 반혁명군의 본거지였다. 모두 경계하며 갑판에 엎드려 있는데 갑자기 군함 두 척이 빠른 속도로 나타나더니 기선을 세우라며 주위를 서너 바퀴 돌았다. 기선은 닻을 내릴 수밖에 없었다. 군함 한 척은 아무르 함대에서 제일 큰 것이고 다른 한 척은 좀 작은 것이었는데, 모두 적위군 기를 매달고 있었다. 장교가 바론 코르프에 올라와 알렉산드라 일행에게 신분증을 보여달라고 요구했다. 알렉산드라가 신분증을 제시한 뒤 말했다.

"급하게 하바롭스크를 떠나야 해서 미처 아무르 함대엔 통지를 할 수 없었습니다."

"하바롭스크로 전통문을 보내 신분이 확인될 때까지 방금 지나친 예카테린-니콜스크 부두로 돌아가 정박하고 기다리시오."

알렉산드라가 자초지종을 설명했지만 장교는 일상적인 검문 절차이니 너무 걱정하지 말라며 잠시 기다리라고 했다.

"이곳에서 멀지 않은 쑹화강과 아무르강 합류점에 우리 적위군 군함 20여 척이 있어 잠시 정박하더라도 백위군이 공격할 리 없으니 안심하십시오. 곧 출항할 수 있을 테니 일단 예카테린-니콜스크 부두에 정박하고 계시지요."

선장은 장교의 지시에 따라 예카테린-니콜스크 부두로 돌아가 기선을 정박시켰다. 마을에서 팔에 완장을 찬 카자크 병사들이 기선에 올라와 정황을 살피고 내려갔다. 이내 석양이 됐다. 장교가 다시 건너왔다.

"코미사르 동지, 정말 죄송합니다. 블라고베셴스크로 퇴각하는 줄도 모르고 괜한 수선을 피웠습니다. 사령부에서 신원 확인 전통문를 받았으니 떠나도 좋습니다."

기선은 다시 항해를 시작했다. 불길한 생각이 들었지만 서로 입 밖에 내지 않고 침묵을 지켰다. 아무르 함대의 검문은 예상치 못했고 예카테린-니콜스크 부두에 정박한 일도 마음에 걸렸다. 상스럽지 않은 시간을 억지로 참으며 바론 코르프는 다시 항해를 시작해 3킬로미터쯤 나아갔다. 이번에는 기선에 땔 화목을 싣느라고 중국령 부두에 정박시킨 채 몇 시간을 지체했다. 적위군의 작은 군함은 상류로 떠났고 큰 군함은 코르프 호가 정박한 부두에서 어느 정도 거리를 두고 강에 떠 있었다. 아무르 함대는 군사지휘부로부터 별도의 지시를 받았는지 바론 코르프를 호위하는 듯했다. 일행은 아무르 함대를 믿고 밤이 깊어오자 모두 곤하게 잠들었다.

아무르강은 전쟁도 아랑곳없다는 듯 한 마리 거대한 용으로 누워

대지를 적시며 느릿느릿 흘렀다. 알렉산드라는 잠이 오지 않아 갑판에 올라갔다. 강 건너 저편은 중국. 바람이 살랑대는 갑판에서 바라보는 풍경에는 삶의 연민이 스며 있었다. 시원한 바람을 만나니 기분이 상쾌했다. 강에 푸른빛이 감돌았다. 바람이 차가워지자 알렉산드라도 객실로 내려가 잠을 청했다.

다음 날 아침, 선장실에 부관이 달려와 알렉산드라의 객실을 화급하게 두드렸다.

"코미사르 동지, 저 건너편 언덕을 보세요. 백위군이 기선을 향해 총을 겨누고 있어요. 명령만 떨어지면 당장이라도 기총소사를 할 태세예요."

백위군은 강 언덕에서 깃발을 흔들어 신호를 보냈다.

"배를 멈추라는 신호입니다. 멈추지 않으면 사격을 하겠답니다."

"부관, 낯이 익은 부두인데 이곳은 대체 어딥니까?"

"예카테린-니콜스크 부두지요."

"어찌된 일이오? 기선은 블라고베셴스크로 향하고 있었잖소? 밤사이 다시 돌아오기라도 했단 말이오?"

"간밤에 선장이 기선을 예카테린-니콜스크에 슬그머니 정박시켜놓고 종선을 타고 내뺐는지 보이지 않더군요."

카자크 백위군이 언덕에서 쏜 대포알이 강에 떨어져 물기둥이 치솟았다. 모두 대포 소리에 놀라 갑판으로 올라왔다. 기선과 강변 사이는 겨우 30미터밖에 되지 않았다. 언덕 위 참호에 매복한 백위군이 고함을 질렀다.

"기선을 당장 부두에 정박시키시오. 그러지 않으면 대포를 쏘겠소."

유동열이 항해사의 멱살을 틀어쥐고 소리를 질렀다.

"세우지 말고 계속 항해하시오. 배를 세우는 순간, 우린 체포될 것이오. 최대 속도를 내면 기총소사를 피해 강 연안을 빠져나갈 수도 있을 거요."

언덕에서 기관총이 발사됐다. 총성이 울려 퍼졌다. 일행은 갑판에 엎드려 건너편 언덕을 살폈다.

"코미사르 동지, 더 이상 운항할 수 없습니다. 부두에 정박하지 않으면 기선이 대포에 맞아 침몰될 수도 있어요."

"사생결단을 내야 하는 순간이군요. 우선 하바롭스크에서 가져온 당 비밀 문건을 없애야만 해요. 김립 동지는 어서 선실로 내려가서 당 문건을 시급히 소각하도록 하세요. 소각할 시간이 없으면 통째로 강에 던지세요. 선장이 종선을 타고 도망쳤으니 이제는 도주할 방법이 없군요."

김립과 심백원이 즉시 선실로 내려가 서류를 넣어둔 철궤를 끄집어내 강으로 던졌다. 그 순간, 대포 소리가 요란하게 나더니 기선 바로 옆에서 터졌다. 물보라가 갑판까지 튀어 올랐다. 모두 갑판 위에 엎드려 몸을 숨기는데 또다시 두 발의 대포 소리가 났다. 선두와 선미에서 각각 터져 흰 물기둥이 솟구쳤다. 물기둥이 사라지자 백위군의 무장 함선이 모터 소리를 내며 기선을 향해 달려왔다. 강 언덕과 무장 함선에서 번갈아가며 대포를 쏘아댔다. 저항하기엔 역부족이었다. 빠른 속도를 자랑하는 소형 무장함의 위력은 가공할 만했다. 대포는 물론 선두와 선미에 각각 기관포를 매단 채 물살을 가르며 기선 주위를 몇 바퀴 돌더니 이윽고 카자크 백위군이 갑판 위로 올라왔다.

알렉산드라는 일행에게 언제라도 도주할 기회가 있을 테니 저항하지 말고 목숨을 보전하라고 당부했다. 일행은 곧바로 무장 해제됐다. 일행은 선장을 지나치게 믿는 바람에 경계병도 세우지 않고 행선하다가 백위군의 포로가 됐다. 객실에 숨은 일반 승객 130여 명도 갑판으로 끌려와 두려움에 떨면서 신분 조사를 받았다.

백위군은 총으로 위협하면서 기선을 부둣가에 정박시키라고 항해사를 으박질렀다. 기선이 부두를 향해 서서히 움직이는 동안 이인섭은 갑판의 난간을 잡고 아래 칸으로 몰래 내려와 화부들이 일하는 기관실로 들어갔다. 한인 청년 김과 중국인 청년 장이 화부로 일하고 있었다. 이인섭은 기관실에 걸려 있는 화부 옷을 입고 화목을 쌓기 시작했다. 한인 청년이 모자를 벗어 이인섭의 머리에 씌웠다. 말없이 순간 순간이 흘러갔다.

이인섭이 강변을 내다보니 백위군에게 빼앗긴 장총과 기관포가 백사장에 수북이 쌓여 있었다. 알렉산드라 일행은 어디로 압송당했는지 보이지 않았다. 언덕 위 참호에는 백위군이 경계를 늦추지 않고 기선을 향해 총을 겨누었다.

기선은 텅 비었고 해는 정오를 지나 오후 3시가 됐다. 참호에 있던 백위군도 보이지 않고 사방은 고요했다. 부두에서 5킬로미터를 가면 한인 원호촌 사말리였고 그 너머가 중국이었다.

3

이인섭은 기관실 창고에서 찾아낸 중국식 바구니를 옆에 끼고 아무르강을 헤엄쳐 나갔다. 기선에서 멀리 떨어진 강변까지 헤엄을 친 뒤 사말리촌으로 피신할 작정이었다.

강변에 도착해 잠시 옷을 말린 뒤 천천히 마을로 걸어 들어갔다. 일부러 그곳 주민처럼 위장하려고 강변에 나와 앉은 상인들에게 말을 붙였다.

"보민토리 나물은 없습니까?"

태연한 표정을 지으며 흥청을 붙이다가 사말리로 가려던 결정을 바꿔 예카테린-니콜스크 마을로 성큼성큼 걸어 들어갔다. 길가의 러시아 학교를 지나칠 때, 학교 운동장에 알렉산드라를 비롯해 김립, 유동열, 안홍근, 심백원, 박밀양, 김상필, 주용건, 전원산 등이 앉아 있는 게 보였다.

정문을 지나치려는데 마당에서 누군가 소리쳤다.

"우리 여기 있소. 이인섭 동지는 어딜 가오?"

그 소리를 듣고 카자크 백위군이 달려 나와 이인섭을 운동장으로 몰아넣었다.

심백원이 주용건의 머리를 쥐어박았다.

"이인섭 동지라도 탈출하게 놔둘 일이지 왜 소리를 질러 산통을 깨나?"

"카자크 놈들이 우리말을 알아듣지 못할 거라고 생각했는데…."

주용건은 변명을 하다가 다시 주위 사람들의 공박을 받고 머리를 숙였다. 한인 적위군에서 조교 노릇을 하던 주용건은 나자거우 생도 출신이었지만 평소에도 눈치가 없어 핀잔을 듣기 일쑤였다.

이인섭은 말없이 알렉산드라 곁에 가서 앉았다. 알렉산드라도 말이 없었다. 유동열은 김립을 바라보면서 한숨을 내쉬었다.

"백 년에 한 번 올까 말까 하는 기회를 놓치는구먼."

그러자 알렉산드라가 말문을 열었다.

"우리 혁명가들은 낙담해서는 안 됩니다. 지금 우리가 포로가 됐다고 혁명 사업까지 포로가 된 것은 아니지요. 이 순간에도 혁명은 진행되고 있어요. 만약 이번 내전에서 혁명을 실현하지 못한다면 우리의 아들딸들이 이어받아 성공시킬 것입니다. 그들이 성공하지 못하면 손자 손녀들이 꼭 실현시킬 것이고요. 그러니 너무 낙담하지 마세요."

9월 5일. 알렉산드라 일행 20여 명은 학교 뒤컨에 있는 곡간으로 옮겨졌다. 그날 하바롭스크가 백위군과 일본군에 함락됐다.

9월 6일. 그날부터 3일간은 들창도 없는 통나무 곡간에서 지냈다. 알렉산드라는 한인사회당 간부들과 한 사람씩 담화했다. 유동열은 이전에 활동하던 중국의 북경, 하얼빈, 몽골, 만주 지대에 사관학교를 조직하되 조선—중국인 노동자 출신을 선발할 것을 약속했다. 김립에게는 선전 사업에 주력해줄 것을 당부했다.

"한 발의 탄환은 적군 한 명을 잡을 수 있지만 한 장의 삐라는 적군을 모두 잡을 수도 있지요."

이인섭에게는 우랄노동자동맹을 조직하던 때를 상기시켰다.

"살아남게 되면 옴스크를 중심으로 지하공작을 시작하세요. 함께 사업하던 러시아 볼셰비키를 찾아가 연계를 맺고 그다음에는 모스크바 중앙당을 찾아가 연대를 맺으세요."

9월 9일. 일행에게 식사를 나르던 사람은 마침 그 학교 교사인 타타르인이었다. 그가 백위군에게 여성은 따로 수용해야 한다고 요청해 알렉산드라는 그가 사는 가옥으로 옮겨졌다. 타타르인이 말했다.

"6일 저녁에도 적위군 기선 한 척이 백위군에게 붙들렸는데 적위군 200명이 타고 있었다고 하더군요."

9월 10일부터 사흘간은 아무르강에서 적위군 함대가 마을을 향해 발포하는 소리를 멀리서나마 들을 수 있었다. 모두 일행을 구출하려는 적위군이 나타나기를 고대했으나 공상에 지나지 않았다. 일행은 학교 곡간을 떠나 다시 바론 코르프에 승선했고 배 밑창의 화목 창고로 끌려갔다. 창고 입구에 백위군이 보초를 섰다. 배는 하바롭스크를 향해 출발했다.

9월 13일. 바론 코르프는 하바롭스크 부두에 정박했다. 이인섭이 갑판 위로 올라왔을 때 한 무리의 포로가 백위군 병사들에게 둘러싸인 채 선창의 백사장에 희미한 발자국을 남기며 어디론가 압송되고 있었다. 알렉산드라도 거기 끼어 있었다. 포승줄에 손목이 묶인 알렉산드라는 포로들 틈에 섞여 발걸음을 옮기며 바론 코르프를 뒤돌아보았다. 바람이 그녀의 머리카락을 날리며 불어왔다. 황금빛 석양이 알렉산드라의 모습을 실루엣처럼 비추었다. 눈이 부신 나머지 이인섭이 손등으로 눈을 부빈 뒤 다시 쳐다보았을 때 알렉산드라의 모습은 햇살 속으로 스며든 듯 사라지고 없었다.

알렉산드라 일행이 시야에서 사라진 뒤 백위군은 바론 코르프에 탑승한 승객을 조사하기 시작했다. 갑판 위에 승객들을 집합시켜놓고 백위군 장교가 탁자를 앞에 두고 앉아 한 사람씩 불러냈다. 이인섭의 차례가 왔다.

"직업과 행선지를 대시오."

"중국인으로 장사꾼입니다."

"중국인이 맞소?"

이인섭은 만일의 사태에 대비해 품에 지니고 다니던 중국인 거주증 '휘조護照'를 꺼내 보였다.

"중국인은 해당 사항이 없으니 어서 하선하시오. 이 배는 당분간 블라고베셴스크로 운항하지 않을 거요."

백위군 장교는 이인섭에게 하선을 명령했다. 이인섭은 100여 명쯤 되는 중국인 승객 무리에 끼어들었다. 중국인 승객들은 홍커우 중국인촌으로 가라는 백위군의 명령에 따라 방면됐다.

이튿날 이인섭은 중국인 무리를 떠나 연해주 우수리스크를 향해 걸어갔다. 며칠을 걸은 끝에 우수리스크에 도착, 덕창국이라는 건재약국 주인 김이식, 한민회 회장 엄주필, 최재형, 오성묵 등을 만났고 하이강에서 온 이동휘와 김립도 만났다.

김립은 하바롭스크 부두에서 슬그머니 도망쳐 유동열의 집으로 갔다가 일본군이 잠복한 탓에 울타리를 넘어 도주한 다음, 아랫농평 안홍근의 집에 피신했다가 오는 길이라고 했다. 유동열은 북경에서 온 장교 최명옥과 함께 헤이룽장성으로 피신했다가 연해주로 오려고 기차를 탔다. 그때 일본군에게 붙들려 화장실에 갇혔으나, 김립으로 오인을 받아 함께 갇힌 한인의 도움으로 유리창을 깨고 열차에서 뛰어내려 탈출했다고 했다. 이만과 랴오허강 사이에 있는 라엔가르그 역 근처였다고 했다.

유동열이 좌중을 둘러보며 슬픈 표정을 지었다.

"알렉산드라 동지는 앞을 내다보는 예지력이 있습디다. 우리가 기선에 오르자마자 빗대기(중국 여권)를 나눠주면서 만약 포로가 되더라도 서로 일면식이 없는 사람처럼 행동하고, 돈 벌려고 사말리로 가는 길이라 말하라고 당부했소. 알렉산드라 동지가 준 빗대기가 없었으면 지금껏 살아남기 힘들었을 겁니다."

이동휘도 한숨을 길게 내쉬었다.

"그 빗대기를 나도 하바롭스크를 떠나갈 때 알렉산드라 동지에게서 받았지요."

모두 알렉산드라의 혜안에 탄복하면서도 백위군에게 포로로 잡힌 알렉산드라의 안위에 대한 근심은 점점 깊어갔다.

25. 아무르 깊은 강은 말이 없고

아무르강 변의 우초스 절벽. 현재 전망대가 있다(위키미디어).

*

*

1918년 9월 중순

1

하바롭스크 백위군 장교는 포로들을 직접 취조하고 분류했다. 장교는
한 사람씩 불러내 포로들에게 질문하고 신분을 서류에 기재했다. 성
명과 직업, 민족별 분류에 관한 질문이었다. 알렉산드라의 차례가 됐
을 때 장교는 미소를 띄우며 심문했다.

"당신이 유명한 알렉산드라 스탄케비치로군. 백위군과 일본군은 누가
먼저 당신을 체포하는지 내기를 걸었는데, 우리 백위군이 이긴 것 같군.
당신은 하바롭스크에서 가장 위험한 인물이자 극렬한 볼셰비키요. 어떤
동정도 기대하지 마시오. 당신은 우리 백위군에 눈엣가시 같은 존재이
니까."

장교는 단 세 마디의 말로 포로들의 운명을 결정해버렸다.

"카자크에게, 검사에게, 경찰에게."

그 말은 각각 '죽음의 차량으로', '검사에게', '다시 심문을'이라는 의미였다. 알렉산드라는 장교가 '죽음의 차량으로' 처넣으라고 명령한 열여덟 명에 포함됐다. 극동소비에트 사회사업위원 티쉰, 시재판장 네페도프를 비롯한 볼세비키 간부들이 그 무리에 섞여 있었다.

알렉산드라는 이들과 함께 죽음의 차량으로 압송됐다. 포박을 당한 채 시내 쪽을 향해 걷는 동안 가을 햇빛이 쏟아졌다. 포로가 아니라면 가로수가 우거진 길을 따라 걷기에 좋은 날씨였다. 포로가 되긴 했지만 쾌청한 날씨는 알렉산드라를 조금은 진정시켰다. 바론 코르프에 함께 승선한 다른 동지들이 탈출에 성공했기를 바랄 뿐, 앞으로 닥칠 운명 같은 건 뒷전이었다. 호송하는 감시병들의 대화 속에 히스테릭한 발음이 섞여들었다. 아마도 전쟁에 지쳐 예민해진 탓일 것이다.

압송 행군은 한 시간가량 계속됐다. 부상을 입은 포로들의 걸음은 느렸고 포로들은 가능하면 보폭을 줄여 감시병에게 말없이 저항했다. 보폭만으로도 백위군과의 보이지 않는 긴장이 유발됐다. 그들이 포로를 끌고 가는 게 아니라 포로들이 그들을 끌고 가고 있었다.

시내는 백위군의 약탈로 완전히 파괴됐다. 대로변에 부서진 가구와 이불, 의복과 식기가 여기저기 널브러졌다. 행인의 모습은 거의 보이지 않았다. 모두 어디로 간 것일까. 텅 빈 시내를 일단의 포로병이 가로질렀다. 아무도 어디로 가는지 묻지 않았다. 포로들은 모두 탈진한 듯 말을 붙일 기력도 없어 보였다. 교차로에 도착했을 때 시끄러운 소음이 들렸다. 마차를 끌고 가는 마부의 외침, 어깨에 짐을 진 짐꾼들의 부산한 발걸음, 말과 당나귀의 행렬, 사람들의 웅성거림. 사람과

우수리 지역 카자크 대장
이반 파블로비치 칼미코프.

동물과 차량이 한데 섞여 어디론가 이동했다. 도시는 여전히 움직였다. 앞장선 포로가 무엇인가에 걸려 넘어지는 탓에 대오가 잠시 무너졌다. 감시병이 총신으로 넘어진 사람의 어깨를 내리찍었다. 뒤에 있던 포로가 그를 부축하고 다시 전진했다.

하바롭스크 역 부근의 철로 위에 노란색 열차가 서 있었다. 열차는 칼미코프 대장이 이동할 때 이용하는 것으로, 꽁무니에 매단 마지막 차량은 포로 심문을 위한 영창으로 사용했다. 차량엔 철창으로 칸막이를 한 영창이 여러 개 있었다.

심문 차량 앞에 당도했을 때 짙은 콧수염을 기른 카자크 백위군이 공중에 채찍을 휘두르며 욕설을 퍼부었다. 철문이 닫힌 순간, 알렉산드라는 차량 밖의 모든 것으로부터 단절됐다. 눈매가 매서운 백위군 병사가 철창 너머에서 알렉산드라를 쏘아보았다. 죽음의 차량에 대한 끔찍한 악명은 익히 들어온 터였다. 한번 수감되면 시신이 되거나 병신이 되기 전에는 빠져나올 수 없는 차량이었다.

간혹 군용열차가 바람을 일으키며 지나가는 소리가 들렸다. 어디선가 철로 보수공사를 하는 곡괭이질 소리도 들려왔다. 영창은 너무 비좁아서 쭈그리고 앉으면 문에 무릎이 닿을 정도였다. 밤이면 전구 불빛이 어둠을 몰아내는 게 아니라 어둠을 더욱 도드라져 보이게 했다. 전구의 빨갛게 달아오른 필라멘트가 죽음에 직면한 사람의 영혼처럼 떨었다. 하찮고 보잘 것 없는 필라멘트가 빛을 만들어내는 것을 보면 신기했다.

비좁은 영창을 거쳐 간 수많은 사람이 이 빛 속에서 무엇을 떠올렸을까. 벽면엔 손톱으로 긁은 자국들이 무수하게 있었다. 벽을 후벼 팔 정도로 그들은 무엇인가를 남겨야 했단 말인가. 손톱으로 새겨 넣은 십자가며 몇 개의 숫자도 눈에 띄었다. 숫자는 처형 날짜를 가리키는 듯했다. 벽은 완강하게 외부 세계와 격리시켰다.

취조실에서는 고통으로 울부짖는 신음이 끊이지 않고 들려왔다. 고문당하는 게 틀림없었다.

"알렉산드라 페트로브나?"

드디어 차례가 됐다. 호명되는 순간, 알렉산드라는 그게 자신의 이름이 맞는지 의구심이 들었다. 그건 그녀를 허공에 들어 올려 수천 번을 회전시킨 뒤 땅에 내려놓은 순간의 현기증과 같았다.

경비병이 철창 안으로 식판을 들이밀었다. 식판에는 흑빵 한 덩이와 미적지근한 물이 담긴 양철 컵이 있었다. 흑빵 한 덩이를 바라보는 순간, 지상에서의 식사가 끝난다는 생각이 들었다.

"그냥 가져가세요."

"왜 식사를 거절하는 것이오?"

"아무것도 먹고 싶지 않아요. 대신 이 빵을 옆방에 갖다주세요."

경비병은 식판을 집어 들고 사라졌다.

다음 날 아침부터 취조가 시작됐다. 백위군 검사 칸지우로프 소위가 취조를 맡았다.

"이름이 알렉산드라 페트로브나 김 스탄케비치인가?"

"그렇소."

"하바롭스크 시당위원이자 극동소비에트 외무위원인가?"

"그렇소."

"당신은 볼셰비키인가?"

"그렇소."

"솔직히 말해 당신은 매력적이군. 당신의 삶에는 몇몇 낭만적인 요소도 있고…."

"아직 일을 시작할 때가 아닌가 보군요. 당신에겐 이보다 더 중요한 질문이 있는 걸로 아는데. 그렇지 않다면 당신은 포로들을 쓸데없이 모욕하려는 거요?"

"대단히 유감이군. 당신은 전쟁 포로 신분으로 심문을 받고 있소. 그러나 나는 당신을 구해주고 싶군. 당신도 알지 않소? 우리가 볼세비키를 어떻게 다루는지."

"잘 기억해두시오, 소위."

알렉산드라는 한마디 한마디씩 분명하게 말했다.

"볼세비키는 절대로 동지를 팔지 않소. 자기 이념을 버리지도 않소. 우리 볼세비키에게 생활과 이념은 불가분하기 때문이오. 그것은 함께 결합돼 있단 말이오. 죽음조차 깨뜨릴 수 없는 확고부동한 것이오."

"당신의 부모는 모두 한인이오. 당신에겐 러시아의 피가 전혀 섞여 있지 않단 말이지. 대체 무엇 때문에 한인이 러시아 볼셰비키 혁명에 가담했는지 대답하시오."

"나는 한인이기 전에 볼세비키요. 억압받는 민족의 자유와 해방을 위해 싸웠고 지금도 싸우고 있소. 러시아 볼셰비키와 함께 사회주의혁명의 승리를 달성하는 경우에만 조선의 독립도, 한인의 자유도 되찾을 수 있다고 굳게 믿소."

"당신의 죄를 인정하오?"

"난, 죄 지은 일 없소."

취조관이 알렉산드라의 턱에 주먹을 날렸다. 알렉산드라가 바닥에 쓰러지자 최조관은 다시 군홧발로 어깨를 짓밟았다. 입술과 코에서 선지피가 흘러나왔다. 통증이 뼛속으로 스며 욱신거리고 얼굴에서 화약통이 터진 것 같았다. 모든 신경에 불이 붙어 타올랐다.

다시 취조가 시작됐다.

"죄를 인정하시오."

"나는 죄가 없소."

알렉산드라는 고개를 가로저으며 피가 흘러나오는 입술을 움직거렸다.

"죄인은 내가 아니라 당신들 백위군이요. 오늘의 심문은 피고가 바뀌었소. 당신이 피고가 되고 내가 심문을 해야 하오. 당신들은 아직도 무엇을 잘못했는지 깨닫지 못하고 있소. 정식 재판을 열어 나에게 변론할 기회를 주시오."

"지금은 전시 상황이오. 재판 없이도 반역죄는 즉결 처형할 수 있지. 그건 코미사르인 당신이 더 잘 알 텐데."

알렉산드라는 자신을 피고이기 전에 여성으로 취급하는 검사의 미끈거리는 말투에서 모멸감을 느꼈다.

"당신은 미모도 뛰어나고 지성미까지 갖추고 있소. 뛰어난 선동술과 외교술은 우리 백위군은 물론 외국 주둔군 사이에서도 소문이 났을 정도요. 당신이 작성한 선전 삐라를 읽고 병영을 이탈한 사례도 있었소. 비록 적군이지만 나는 당신의 능력을 높게 평가하오. 지금도 우수리 전선에 나가보면 당신이 작성한 삐라를 얼마든지 볼 수 있소. 블라디보스토크에도 삐라가 뿌려져 일본군 병영에서도 탈영병이 생겼다는 정보가 있더군. 당신은 죽이기에는 아까운 포로요. 당신이 볼셰비키를 포기한다는 각서를 쓴다면 사형을 면할 수도 있을 것이오."

"나는 내가 믿는 신념을 따라 살아온 사람이오. 아무르강이 증발한다 해도 날 전향시킬 수 없을 것이오."

"지금은 내전 중이고 당신은 엄연히 전쟁 포로요. 우리는 당신의 두 눈을 뽑을 수도 있고 전기 고문도 할 수도 있고 오금의 힘줄을 잘라 절름발이로 만들 수도 있소. 당신은 만신창이가 될 것이오. 그런 고통을 당하지 않으려면 당신의 협조가 필요하오. 아주 간단한 일이지. 전향서를 쓰시오. 그것뿐이오. 그러지 않으면 고문을 피할 수 없소."

"나를 고문해 얻어낼 것이라고는 당신 자신의 범죄 사실밖에는 없다는 점을 깨달아야 할 것이오. 백위군 군법에는 포로에 대한 가혹 행위를 금지한다는 조항이 없단 말이오?"

"어디 얼마나 견디나 두고 봅시다. 지금부터 취조관이 심문할 테니."

검사 칸지우로프 소위가 인상을 찌푸리며 나가자 취조관이 들어왔다. 취조관은 알렉산드라를 장목丈木에 거꾸로 매달았다. 수건으로 얼굴을 덮은 뒤 물을 부었다. 수건이 코와 입에 착 달라붙었다. 숨이 막히고 코와 입으로 공기 대신 물이 들어왔다. 피가 머리로 몰리고 핏줄이 터질 것 같았다. 고문의 강도는 갈수록 세졌다. 알렉산드라는 기절하고 말았다.

밤이었다. 경비병이 조급한 걸음걸이로 취조실 문을 열었다. 칼미코프 대장이 칸지우로프 검사를 대동하고 들어왔다. 칼미코프는 매서운 눈빛을 쏘아댔다. 마치 동물을 관찰하듯 눈동자가 증오로 이글거렸다.

"소위가 직접 취조하란 말이오. 전향서를 받아낼 때까지 심문을 계속하시오. 심문 결과는 서면 보고를 하시오."

전기 고문이 시작됐다. 검사는 알렉산드라를 철제 의자에 앉힌 뒤 포승으로 묶었다. 손가락엔 전선과 연결된 구리 가락지를 끼웠다. 손가락에 물을 부었다. 발전기를 돌렸다. 손가락 끝이 까맣게 타들어가다 터져버렸다.

"전향서를 쓰면 이 모든 고통을 면할 수 있지. 어서 전향서를 써!"

알렉산드라는 고개를 가로저었다. 매질과 전기 고문은 그래도 견딜 만했다. 알렉산드라는 손과 발이 묶인 채로 침상에 눕혀졌다. 검사가 다가와 능글맞은 미소를 지었다. 윗도리 단추가 하나씩 풀렸다. 알렉산드라는 몸을 좌우로 비틀었지만 소용없었다.

"수녀라도 되는 모양이지. 하지만 당신의 성적 매력을 부정할 필요는 없소. 아무리 발버둥질해도 당신은 너무 매력적이야."

젖가슴이 드러났다. 검사가 호색한의 눈빛으로 가슴을 훑어보았다. 치욕이 살갗을 파고들었다.

"볼셰비키라고 해서 금욕 서약까지 하진 않았겠지."

"살점을 도려내든, 팔다리를 뽑든 이미 내 몸이 아니오!"

알렉산드라는 육체가 있다는 사실을 증오했다. 나무토막이 되고 싶었다. 입을 다물고 있는데도 벽이며 바닥에서 비명이 터져 나왔다. 환청이 들리고 의식을 잃었다.

쿵– 쿵– 쿵–. 멀어지는 발자국 소리. 다시 다가오는 소리. 혀를 깨물어 죽고 싶었으나 입에 재갈이 물려져 있었다.

참모부 장교가 들어와 검사에게 말했다.

"내일 오전, 군사재판이 열리니 조서를 마무리하시오."

검사가 얼굴을 가까이 들이밀었다. 숨을 내쉴 때마다 담배 냄새가 풍겼다.

"지독하군. 전향서만 쓰면 사면시켜준다는데. 전세를 보아도 볼셰비키는 가망이 없지 않나. 시베리아 전체가 백위군 수중에 들어왔는데도 전향하지 않다니. 당신을 반역죄로 기소하겠소."

알렉산드라는 아무 대꾸도 하지 않았다. 악의에 찬 조서가 작성될 것은 불 보듯 했다.

3

　1918년 9월 15일 아침. 백위군은 볼셰비키 열여덟 명을 죽음의 차량에서 내보냈다. 네페도프와 티쉰이 알렉산드라를 부축했다. 백위군은 알렉산드라를 비롯한 볼셰비키들을 군사재판에 회부했다. 검사인 칸지우로프 소위는 알렉산드라를 반역죄로 기소한 뒤 재판부에 사형을 구형했다. 재판부는 사형을 선고하기 전, 알렉산드라를 회유하기 위해 감언이설을 쏟아냈다.
　"지금이라도 유죄를 인정한다면 사형은 면할 수 있을 것이오."
　"유죄라니요? 재판장의 논거는 옳지 않습니다. 우리 볼셰비키는 전 세계 무산계급의 조국인 소비에트 주권을 옹호하기 위해 투쟁했고 앞으로도 투쟁할 것이오. 나는 비록 포로가 됐지만 혁명은 포로가 되지 않았소. 혁명을 가둘 수 있는 감옥은 어디에도 없소."
　재판장은 인상을 찌푸리며 말했다.
　"당신이 유죄를 인정한다면 본 재판정은 당신을 감형해줄 수 있소."
　"감형이라니. 이 재판은 나 한 사람만 모욕하는 것이 아니라 인류 대다수를 차지하는 노동자와 농민과 병사를 모욕하고 있소. 오늘 당신들에게 맞서 싸우는 자는 나 한 사람만이 아니오. 나는 백위군 법정에서 진행되는 어떤 법적 절차도 거부하오. 백위군이 자행한 인권유린도 낱낱이 밝혀질 것이오. 당신들이 내 몸에 남은 마지막 기름 한 방울까지 짜낸다 해도 내 영혼은 손상되기는커녕, 오히려 금광석처럼 단단히 뭉쳐져 어둠 속에서 빛날 것이오. 이 재판정은 허위의 법정이오!"

그 순간 재판정은 술렁거렸다. 알렉산드라는 군사재판 자체를 불법이라고 선언하며 스스로를 변호했다. 당황한 재판장은 변론을 금지시킨 채 알렉산드라에게 사형을 선고했다. 곧이어 네페도프와 티쉰에게도 사형이 선고됐다. 알렉산드라는 포승줄에 묶인 채 네페도프와 티쉰을 연민의 눈으로 쳐다보았다. 산발한 머리, 텁수룩한 수염, 공포에 질려 눈이 툭 튀어나올 것만 같은 얼굴은 이미 죽은 사람처럼 창백했다. 모진 고문을 받았는지 낡은 갈색 모직 상의는 여기저기 찢겨 있었고 핏자국이 선명했다. 군사재판은 야만적이다 못해 살육의 도구를 들고 날뛰는 도살장이나 마찬가지였다. 장례식이 없는 죽음. 그건 바론 코르프 호에서 체포된 순간부터 각오한 죽음이었다. 다시 감옥에 갇힌 알렉산드라는 비장한 마음으로 생의 굽이굽이를 떠올렸다.

맨 먼저 떠오른 것은 우랄산맥의 벌목공들, 우랄노동자동맹의 동지들 얼굴이었다. 생존을 위해 그 머나먼 곳까지 일하러 가야 했던 한인 동포들. 일제의 수탈과 지주의 횡포 탓에 어렵사리 부치던 농토를 잃고 어떻게든 살아남아야 했던 그들의 함성이 메아리처럼 들려왔다. 알렉산드라는 마음속으로 오가이 와실리에게 기나긴 편지를 썼다.

존경하는 오가이 와실리!

당신이 이 글을 읽을 때면 나는 이미 죽었을 거예요. 내 머릿속엔 돌아가신 어머니와 아버지, 왜체와 보리스 그리고 당신, 형제, 자매들의 얼굴이 스칩니다.

당신, 그리고 왜체와 보리스와의 이별은 견딜 수 없어요. 당신을 내 뒤에 남기고 가는 것이 나의 불행입니다. 용서하세요.

넘치는 추억이 되살아나 가슴에서 용솟음칩니다. 당신을 처음 만난 신한촌성당도 떠오릅니다. 일찍이 우리의 인생을 가로막은 장벽을 두고 나는 당신에게 말했지요. 살아가는 것은 무엇보다도 긴 싸움이며 인생의 참맛은 고통이라고. 그것으로 족하지는 않았나 봅니다. 최후의 시련이 아직 남아 있어요.

나에게는 최후이지만 당신에게는 시작일 수도 있겠지요. 인생을 살아가는 두 방식이 있어요. 하나는 주인공으로 살아가는 것이고 다른 하나는 관객으로 살아가는 것이랍니다. 나는 언제나 주인공의 자리에 있었습니다. 권리보다는 의무라고 말하는 사람들의 편이었지요. 어렸을 때부터 내가 자라난 모든 환경이 의무를 받아들이게 했어요. 내가 품은 이념은 우리의 자식들과 우리 이웃을 위한 것이었습니다. 나는 의무를 저버린 비겁자이기보다 의무를 다한 순교자이고 싶어요. 당신도 알고 있듯 나만이 죽는 것은 아닙니다. 이 거룩한 싸움에 생명을 바친 고귀한 사람들의 대열은 헤아릴 수 없습니다. 내가 그 마지막 희생자가 된다면 기쁘게 받아들이겠어요. 세상에 태어나 조금은 선한 일을 했다는 자부심을 갖고 떠나려 합니다.

아, 가엾고도 사랑스러운 왜체와 보리스! 부디 두 아들에게 노동과 근면을 가르쳐주고 억압당하는 사람을 사랑하도록 길러주세요. 왜체와 보리스에게 나의 키스와 포옹을 전해주세요. 나의 소중한 와실리, 당신의 사랑을 잠시도 잊어본 적이 없습니다. 언제까지나 나를 기억해주세요. 당신에게 영원한 키스와 포옹을.

9월 16일, 알렉산드라는 다른 볼셰비키들과 아무르강이 내다보이는 하바롭스크 시 공원으로 끌려나왔다. 시민이 오가는 백주 대낮이었다. 백위군 병사들이 볼셰비키들을 아무르강 변 우초스 절벽에 세웠다. 병사들은 거리를 오가는 행인과 공원에서 아이들의 손목을 잡고 산책하는 시민들까지 총살의 목격자로 몰아넣었다.

공원에서는 그날 오전, 오스트리아-헝가리 연주단 열여섯 명이 집단 처형됐다. 그들은 모두 볼셰비키로 전향한 포로병 출신이었다. 총살을 집행하기 전 백위군 장교들은 이들에게 마지막으로 트럼펫과 색소폰을 불게 했다. 행인들은 연주를 듣기 위해 가던 발걸음을 멈췄는데 이는 백위군이 군중을 동원하기 위한 얄팍한 수단이었다. 포로병들은 백위군의 지시대로 〈하느님이여, 차르를 보호하소서〉를 연주했다. 처음에는 소리가 작았으나 장교들이 눈총을 주자 소리는 이내 커졌다. 하지만 도중에 곡조가 〈인터내셔널 찬가〉로 바뀌자 군중이 웅성거렸고, 곡조도 엇박자로 흘러갔다. 장교는 권총을 들고 연주를 멈추게 했다. 그리고 호송 대원들에게 포로병들이 들고 있는 악기를 회수하라고 명령했다. 군중은 어리둥절해하면서 수군거렸지만 곧 침묵에 휩싸였다. 눈앞에 펼쳐진 광경은 부조리의 극치였다. 백위군 장교가 앞에 나서서 말했다.

"이자들이 의도적으로 연주를 바꾸어 군중을 선동했으니 볼셰비키라는 사실을 의심할 여지가 없소. 당장 이들에 대한 처형을 집행하겠소."

병사들이 장총을 거머쥔 채 포로병들을 에워싸고 처형 장소로 내몰았다. 군중은 웅성거렸다.

두어 시간이 흐른 정오 무렵, 포로병 악단이 피를 흘리고 쓰러진 그

죽음의 자리에 알렉산드라가 극동소비에트 사회사업위원 티쉰과 시재판장 네페도프와 함께 끌려나왔다.

그 앞에서 한 무리의 백위군이 대오를 정비했다. 머지않아 펼쳐질 무서운 의식을 예고하듯. 공원을 산책하던 사람들은 입구 쪽에서 또 다른 움직임을 느꼈다. 날카로운 구령 소리가 들리고 군중의 웅성거림도 점점 더 커졌다.

백위군 군사법정에서 사형을 선고받은 한 무리의 죄수가 무장한 병사들에게 둘러싸여 공원으로 들어섰다. 군중이 길 양 옆으로 물러나 사형수 무리를 애처롭게 쳐다보았다. 한 발자국을 내디딜 때마다 생과 사를 가르는 경계가 나뉘었다. 후미에서는 병사들이 죄수들의 느린 발걸음을 재촉하듯 장총으로 등짝을 밀었다.

사형 집행을 자원한 백위군 소총수 율리네크가 알렉산드라를 비롯한 사형수들에게 삽을 쥐어주었다. 자신이 묻힐 구덩이를 파라는 뜻이었다. 알렉산드라는 허리를 숙여 힘겹게 무덤을 파는 동안 왜체와 보리스의 얼굴을 떠올렸다. 아침이면 두 아들과 함께 마시던 홍차 생각도 간절했다. 흑빵에 곁들여 먹는 따끈따끈한 홍차. 혁명이라는 게 결국 흑빵과 홍차를 해결하는 문제였다. 코끝에 홍차 냄새가 어룽댔다. 죽음을 앞두고 홍차 따위가 떠오른다는 게 이상했다. 최후의 순간에 찾아온 나른한 정적은 참으로 신비했다. 한 삽 또 한 삽. 아무르강에서는 시시각각 무언가가 죽고 무언가가 피어나려 한다.

"그만 삽을 놓으시오!"

알렉산드라는 삽을 내려놓은 채 뒤로 돌아섰다. 사형집행관이 한 줄로 늘어선 볼셰비키의 눈을 검은 두건으로 가렸다. 알렉산드라 차례가 됐다. 그녀는 두건을 거부했다.

"나는 두 눈으로 내 죽음을 똑똑히 볼 것이오."

무거운 침묵이 공원을 짓눌렀다. 알렉산드라는 주위를 천천히 둘러보았다. 풀잎 하나 나뭇잎 하나 움직이지 않는 건 없었다. 알렉산드라는 잠시 고개를 돌려 아무르 푸른 강물을 바라보았다. 이상한 일이었다. 강에서 불꽃이 춤을 추고 있었다. 물의 정령이 수면 위로 올라와 반짝이며 춤을 추는 형상이었다. 불꽃 속에서 둔탁한 굉음이 메아리치자 수면은 더욱 출렁거렸다. 그것은 곡괭이 소리이자 망치 소리였다. 어디선가 보았던 광경이었다. 철도 노동자들의 곡괭이질에서 튀어 오르던 불꽃들, 밀차를 밀며 철로를 고정시키는 쇠못을 박을 때 망치며 곡괭이가 튀겨내는 불꽃들. 인간의 근육에 의해 피어난 불꽃이 꽃가루인 양 흩날려 사방으로 퍼지던 어린 시절이 눈앞에 어른거렸다.

그 순간, 총소리가 대기를 흔들었다. 총알은 알렉산드라의 왼쪽 가슴을 꿰뚫었지만 쓰러진 것은 육체였을 뿐, 알렉산드라가 숨을 거두기 직전까지 바라본 아무르강의 물결이야말로 육체에서 분리된 그의 푸른 영혼이었다.

아무것도 영속되는 것은 없다. 그러면서도 영속되기를 바란다. 이 비극과 절망의 기록은 과연 지난 세기에만 일어난 것일까. 한 사람이 아무르강 변에서 영원의 길을 떠났다. 아무르강의 물결이 일렁일 때마다 물의 정령이 거품을 일으켜 중얼거리지만 우리는 그 언어를 해독하지 못한다.

김 알렉산드라가 숨을 거둔 아무르강 변 공원(©세계한민족문화대전, 한국학중앙연구원).

3

알렉산드라는 사후에 아무르강의 정령이 되었다. 하바롭스크 시민들
이 알렉산드라를 얼마나 존경하고 추모했는지에 관해 이인섭은 이렇
게 회고했다.

　1918년 알렉산드라 김이 희생될 시에 하바롭스크에 살던 B. B.
오 신부 아들 오 보리스는 회상하기를 그의 시체를 던진 아무르강
곳 근방에서는 3년 동안 누구든지 물고기도 잡아먹지 않았다고 회
상한다. 박 나제즈다(김광택 부인-우즈베키스탄 얀치-율리에 사는)는 회

상하기를 자기는 15세 때 자기 부친과 함께 시 공원에 갔다가 8월 추석날에 흰파들이 '우리 꼬미싸리 알렉산드라 김'을 총살하는 것을 보았는데 그는 총살 당시에 열세 걸음을 걸어 나가서 연설하던 것이 지금 잘 기억되는데 연설 내용은 기억나지 아니한다고 했다.

—〈이인섭 비망록〉

알렉산드라의 장렬한 죽음은 많은 이설을 낳았다. 이인섭이 알렉산드라의 처형일을 1918년 9월 25일 무오년 추석으로 기록한 것도 박나제즈다의 증언에 따른 것이다. 이는 추석 명절과 사형, 선과 악의 대결 등 인간 감정의 두 대척점을 대비시켜 알렉산드라의 죽음에 숭고함을 부여하려는 목적이었는지도 모른다.

이러한 우상화의 목적은 사실의 왜곡에 있지 않다. 그건 공포 그 자체였던 스탈린 시대를 통과해 살아남은 고려인들이 민족적 자부심과 자존심을 회복할 수 있는 영웅을 열망한 데서 빚어진 하나의 일화에 해당한다. 이인섭이 묘사한 알렉산드라 최후의 장면은 다음과 같다.

1918년 9월 25일은 음력으로 무오년戊午年 8월 15일 추석 명절날이었다. 헤이룽강 검고 푸른 물결이 붉은 피로 물들은 바윗돌을 휩싸고 흐르는 하바롭스크 시 공원에서는 칼미코프의 사형리들이 백주, 명천 판판 대낮에 소비에트 주권 책임자와 공산당 지도자들을 총살하는 악행을 서슴지 아니하고 감행했다. 반역자들은 거리에서 오고가는 남녀노소들을 막론하고 강제로 공원 안으로 몰아갔다. 특히 조선 사람들은 추석 명절이라고 아이들이 명절 차림을 하고 노는 것까지 전부 공원에 몰아넣었다. 그리고 혁명자들을 총살시키는 것을 보라고 강요해서 군중들한테서 혁명적 동감심을 저지시키려고 몽상했다.

총살을 당하는 혁명자들 가운데는 하바롭스크 볼셰비키당 위원회 책임비서였고 원동소비에트 인민위원회 외교부장이던 알렉산드라 김 스탄케비치도 있었다. 그날 공원 안에서 음악 연주를 하던 마자르(헝가리) 포로병들을 붉은파라고 붙잡아 심사도 없이 총살당하는 혁명자들을 몰아왔다.

방금 사형을 당할 순간에도 불구하고 김 알렉산드라는 "저들은 강도배인지는 알 수 없으나 볼셰비키가 아니라고 내가 증거하니 따로 심사 처리할 일이지 우리와 한자리에서 총살하지 말라"고 하며 그들을 총살에서 구원하려고 했다. (마자르들은 김 그리고리라는 자가 잡았다. 그는 흰파 비밀 탐정으로 그 도시를 임시 강점하던 9월 5일에 하바롭스크에서 칼미코프로부터 군도(상금)를 받은 자인데 1920년에 이르쿠츠크에서 비밀 체카에 체포돼 총살됐는데 그놈에게서 대한국민의회 특파원이라는 증서가 있었다. 그놈을 필자와 박애가 기소했던 것이다.)

사형리들은 혁명자들을 한 사람씩 데려 내어다가 흰 수건으로 그들의 눈을 싸매고서 아무르강 변 바윗돌 위에다 세우고서 총살한 후에 그들 시체는 강물에 처넣었다. 사형리들은 알렉산드라 김 스탄케비치의 눈을 흰 수건으로 싸매었다. 그는 두 손으로 두 눈을 싸맨 수건을 와락 끌러 던지었다. 그리고 "나는 최후 유언할 언권을 가진다"고 정직하고도 엄숙하게 광포하자 사형장은 엄연한 침묵에 사로잡히었다. 엄연한 순간이 흐르기 시작했다.

"내가 죽을 자리를 내가 잡을 것이다" 하고 자기를 사형리들이 세웠던 자리에서 13보(열셋 걸음)를 엄숙하고 정직하며 진중한 태도로 뚜벅뚜벅 걸어 나가서 헤이룽강 물이 휩싸고 도는 파도에 하얀 물결이 넘치는 검고 푸른 바윗돌 위에 마치 기념 동상처럼 우뚝하게 올라섰다. 수많은 관중들은 모두 숨도 크게 쉬지 아니하고 그를 향해 침묵에 잠기었다.

"친애하는 여러 동무들! 계급적 원수들은 우리 공산주의자들의 생명을 박탈하지만 혁명 사업은 계속될 것이며 성공될 것입니다. 조선의 후진들아! 내가 금방 걸어 나온 열세 발자국은 조선 13도이다. 그 발자국마다 우리 당 수령이신 레닌에게서 받은 공산주의의 꽃씨를 심었다. 그 꽃은 모든 풍상, 가혹한 곤란을 돌파하고 만발할 것이다. 당신들은 이 꽃을 두 손에 튼튼히 쥐고 조국을 해방시키고 온 세상에 자랑해라. 동시에 그 꽃을 온 세상 피압박자들에게 전해주어라. 소비에트 강토는 소비에트 인민이 주인 노릇을 하게 되고 조선 강토는 조선 인민이 주인이 될 것이다. '공산당 만세, 조선 독립 만세'라는 소리와 함께 사형리의 총소리가 들리자 그의 시체는 그가 방금 서서 우리 후진들을 향해 유언하던 자리에서 검붉은 피로써 바윗돌을 물들이면서 분노에 넘치는 파도, 원한에 휩싸인 물결, 용솟음치는 빙빙 돌아치는 헤이룽강에 종적을 감추었다. 이 순간에 하늘과 땅, 요란히 파도치던 헤이룽강 파도, 울울창창하던 우수리 강산 기타 자연 세계, 하바롭스크 전역이 모두 까마득한 침묵에 넘치었다.

8월 추석 태양 광선과 그날 밤 보름달까지 힘이 아득했다. 모아

섰던 수천 명 관중들은 머리를 숙이고 그들을 추도하고 침묵에 잠기었다. 공산주의자는 어떤 환경과 순간에서도 백절불굴하고 투쟁한다는 영웅적 기개를 시위했다. 심지어 칼미코프 악당들도 창황망조해 어찌할 줄을 모르고 치를 떨었다. 당시 칼미코프 사형관리 율리네크는 "영웅적인 조선 여자 한 사람이 죽었다. 그 여자는 유식했고 꼬미싸리였다. 그는 전 지구에 사는 근로자들의 자유를 위해 죽노라"고 했다고 솔직히 고백했다.

하바롭스크 주재 일본 영사이던 다구치는 칼미코프 사법과에 찾아와서 김 알렉산드라를 사형했다는 증거서를 요구했다. 이것은 일본 당국들이 그를 얼마나 주시했다는 것을 잘 증거하는 것이다.

—〈이인섭 비망록〉

이인섭이 재구성한 알렉산드라의 최후와 사형을 집행한 율리네크의 진술은 일치하지 않는다. 그렇다고 해서 이인섭의 진술을 무시할 이유는 없다.

아무르강이 흐르고 있는 한, 그 흐름은 언제나 우리 내면의 영원성을 의미한다. 서른셋의 나이에 절명한 알렉산드라의 짧은 생애는 이 지상의 삶을 싸워 이기라는 무언의 드라마이다.

2부

증언들

마리야의 증언

블라디보스토크 외곽 오케안스크 역 전경(2019).

＊

＊

1959년

4월. 이인섭은 러시아 스타브로폴 지방 키슬로보츠크 시에 있는 휴양
소에서 요양하던 중 거리가 그리 멀지 않은 스타브로폴 지방 예센투
키 시에 사는 옛 동지 홍파로부터 "반가운 소식이 있으니 다녀가라"는
통지를 받고 그를 방문하였다.

홍파는 작년 3월경에 조선 여자 채 류랴라는 배우가 예센투키 극장
에 와서 공연하는 것을 관람하였는데, 관객들이 무슨 역사 재료나 기
타 등등에 대해 물어보면 모두 알아맞혀 경탄했다. 홍파가 알렉산드
라의 이력에 관해 물어보니 과연 그녀는 연해주와 우랄 지대에서 혁
명 사업을 하다가 희생된 사실을 말했다. 막이 내리고서 관객들과 헤
어질 때 그녀는 객석으로 홍파를 찾아와 정중하게 인사하고서 "알렉
산드라는 자기 모친의 친언니인데 그녀를 아시나요?"라고 물었다. 홍
파는 "나의 전우 이인섭이 알렉산드라와 함께 활동한 사람"이라고 대

답했다. 여배우는 떠나면서 홍파의 주소를 적어 가더니 모스크바에서 편지를 보냈다. 이인섭의 주소를 알려달라는 내용이었다. 편지는 모스크바 코주홉스카야 91/20 118호에 사는 니콜라이 블라디미롭스키 에쿠한테서 온 것인데 그는 알렉산드라의 여동생 마리야의 둘째 사위였다.

이인섭은 홍파에게서 주소를 받아 에쿠에게 알렉산드라의 이력서와 사진을 보냈다. 얼마 후 에쿠는 이인섭에게 보낸 답장에서 모스크바를 방문해 장모인 마리야 페트로브나 채에게 알렉산드라와 함께 혁명 활동 하던 이야기를 들려줄 것을 간청했다. 이인섭은 1959년 4월 27일~5월 3일까지 일주일 동안 마리야가 살고 있는 모스크바 스토레트니코프(100주년) 20번지 2호에서 체류하면서 마리야와 긴 대화를 나눴다. 이인섭은 알렉산드라에 대해 자세히 알지 못하던 내용을 알게 되었고, 마리야도 언니 알렉산드라에 대하여 알지 못하던 사실을 알게 되었다.

1888년생인 마리야는 얼마 전 자동차에 치어 6개월 동안 병원에서 치료받고 겨우 생명을 보존하였으나 귀가 잘 들리지 않아 담화하기에 매우 힘든 처지였다. 마리야는 큰사위인 세르게이 알렉산드로비치 한과 둘째 사위 에쿠와 그의 처 류랴의 간호를 받으면서 언니 알렉산드라를 눈물로 회상했다.

1905년. 나의 언니 알렉산드라는 출가하여 낳은 아들을 데리고 블라디보스토크 나고르나야 거리 14호에서 살았는데 당시는 러일전쟁에 참가하였던 군인들이 조선에서 들어오고 노동자들이 동맹파공을 자주 하여서 퍽 분주한 시기였습니다.

우리 집에는 러시아 혁명가 5명이 알렉산드라를 찾아와서 무슨 회의도 하고 삐라도 만들고 하였습니다. 그들은 올 때나 갈 때나 한 사람씩 조심하면서 움직였습니다. 그들이 우리 집에서 회의를 하거나 선포문을 만드는 동안 나는 방에 앉아서 유리창문으로 누가 오고 가는지를 살피고 있었습니다.

"우리가 하는 일은 절대 비밀이니 주의하라"는 언니의 부탁을 받고 나는 명심하고 있었습니다. 아버지 생전에도 우리 집에는 러시아 노동자들이 가만히 찾아와서 남들이 알아듣지 못하게 작은 소리로 회의하는 일이 자주 있었기에 나는 비밀을 지키는 데 습관이 되었던 것입니다. 러시아 헌병들과 경찰들은 밤낮을 가리지 않고 순찰하다가 수상한 사람을 보면 호각을 불면서 손을 들고 서라고 호통하고 만일 달아나면 단총으로 사격하는 등 괴변은 살아갈수록 더욱 위험하여졌습니다.

사태가 이와 같이 되니 러시아 혁명가들은 더 자주 찾아와서 알렉산드라와 같이 회의를 소곤소곤하다가는 글을 쓰느라고 더 분주히 지내었습니다. 하루는 그들이 와서 한참 무슨 글을 쓰느라고 숨도 크게 쉬지 않는데 밖에서 멀리를 살피고 망배를 보던 사람이 휘파람을 휙— 하고 불며 감쪽같이 일어섰습니다.

방방에 앉아서 글 쓰던 사람들과 함께 알렉산드라도 뒷문으로 나가더니 어디로 가고 집 안에는 아들 보는 여자와 아이들 두 형제만 남아 있었습니다. 거기로 경찰들이 달려와서 우리 집을 둘러싸고서 문을 열라고 호통을 하기 시작하였습니다.

나는 포냐토이(입회인)를 데리고 오기 전에는 문을 아니 열어준다고 대답하였습니다. 그 짬을 이용하여 글 쓰던 방에 들어가서 삐라를 모아 걷어 가슴 안에다 가져다 놓고서 그 책상에는 여러 가지 교과서와 공책을 펼쳐놓고서 산수 문제를 풀지 못하여 애를 쓰는 듯이 앉아 있었습니다.

　그들이 포냐토이를 데리고 와서 내가 문을 열어주니 그들은 안으로 들어와 여러 방 안을 수색하였으나 아무것도 얻어 보지 못하고 나중에는 내 몸을 수색하려고 대들었습니다. 사세는 급하게 되었습니다. 나는 레프 페트로비치 김(병학)의 누이인데 산수 문제를 채 풀지 못해서 오후 2시면 학교에 가겠는데… 누구든지 도와달라고 청을 하니 한 경관이 "학생 몸을 수색하지 말라" 하고 떠나갔습니다.

　레프 페트로비치 김은 당시 포트랴치크로 지방행정기관에 널리 알려진 사람이었습니다. 나는 그 집을 나와 조선인들만 살던 신한촌을 지나 대칭거우재(레치크) 역으로 향하였습니다.

　알렉산드라는 러시아 철도변에서 일하는 러시아 노파네 집에 있었습니다. 알렉산드라에게 자세한 사변을 말하고 가슴 안에 감추었던 글 쓴 종이들을 전하였습니다. 그 후 알렉산드라는 오케안스크(새관) 역 근처 러시아 노파 집에 유하면서 공작하였습니다. 그날 밤으로 나는 알렉산드라의 아들을 블라디보스토크 나고르나야 14호에서 미르콥스카야 7호로 옮겼습니다.

　그 집은 우리 사촌 언니의 집이었는데 그의 남편은 김병학—당시 조선 사람 가운데 재산가라고 이름이 난 러시아 포트랴치크였습니다. 그런데 며칠 후에 블라디보스토크에서는 노동자 출신 시위자와 조선에서 퇴진하여 당도하였던 차르 병사들이 합세하여 경찰 부대와 충돌이 일어났습니다. 스베틀란스카야(지금의 레닌스카야) 거리 행정기관 쿤스트알베르스 상점에서는 불이 나고 노동자 폭동을 탄압하느라고 수다한 노력 대중들이 총상을 당하며 전 시가는 혼돈 천지였습니다. 수다한 카자크 기병대는 수많은 폭동자들을 진압하고 헌병 경관들은 혁명가들을 수색하느라고 혈안이 되어 온 시가지는 스산하였습니다.

알렉산드라는 여러 날 동안 집으로 아니 와서 우리 식구는 공포에 떨고 있었습니다. 하루아침, 동이 터올 시에 우리 집 후원에 나의 언니 알렉산드라와 러시아 동지 5명이 나타나니 나는 깜짝 놀라서 어리둥절하였습니다.

"마리야! 이 동무들을 숨겨라"라고 한마디 부탁을 하고 알렉산드라는 어디로 갔는지 종적을 감추었습니다. 나는 창황망조하여 어찌할 줄을 알지 못하였습니다.

이 순간에 나의 삼촌 니콜라이 세묘노비치는 마치 그들을 기다리고 있었던 것처럼 그곳에 나타났습니다. 그는 태연하게 빈고(창고)를 경비하고 있던 러시아 늙은이 자웨라를 보고서 "추운데 식당에 들어가서 몸을 녹이라"고 하여 자웨라는 식당으로 들어갔습니다.

삼촌은 "마리야, 너는 저 늙은 자웨라에게 코냑을 권하고 아침 식사 차비를 하여라"고 하셨습니다. 나는 얼른 식당에 들어가 자웨라에게 독한 술을 꼬박꼬박 부어주니 그는 일 배 일 배 받아 마시더니 꾸벅꾸벅 졸다가 침대에 쓰러졌습니다. 나는 털가죽 옷으로 꽁꽁 덮어주었습니다. 그러고 밖으로 나가보니 나의 삼촌 니콜라이 세묘노비치는 러시아 사람들을 빈 창고 안에 감추고 문을 잠그고 사슬에 매였던 큰 개를 데려다가 그 마당에 풀어놓았습니다. 그리고 천정에 있던 털신, 털가죽 옷, 풍 기타를 내려다가 땅과 얼음 위에 있는 손님들에게 주었습니다.

나는 그때까지 생각하기를 언니가 비밀리 하는 혁명 사업은 단지 나만 알고서 삼촌 니콜라이 세묘노비치는 알지 못하는 줄로만 알았던 것이 도리어 미안하였습니다.

나는 여러 가지 음식을 하여 가지고 빈고 안에 계시는 볼셰비키들을 차로 대접하느라고, 삼촌은 그들을 다른 곳으로 보낼 준비를 하시노라고 분주하게 지냈습니다. 이와 같이 어마어마한 시일이 한 주일 지나간 그 어간에 알렉산드라는 러시아 동무들을 조선 사람으로 변장시킬 준비를 했습니다. 하루 밤중에 나는 삼촌이 시키는 대로 볼셰비키 5명을 조선 사람으로 변복시키게 되었습니다. 그들에게 솜바지와 저고리를 입히고 솜버선과 칼로시를 신겨 후양과 갓을 씌우고 나니 새 조선 사람 볼셰비키 5명을 보는 듯했습니다. 그리고 그 집 쌍마파리에 푸근푸근하게 새(짚)를 갖다놓고 그들을 앉히고 털가죽 옷을 입히고 풍으로 덮어놓았습니다. 그들을 태운 마파리는 해삼 앞바다 아무르만 시퍼렇게 언 강판에 나가 네 굽을 걷어안고 뛰어서 먼 산천이 얼씬얼씬하게 달렸습니다.

그런지 3일 후에 마파리를 몰고 갔던 사람이 돌아와서 그들은 알렉산드라가 지도하던 러시아-중국-조선, 국경 지대에 사는 조선촌의 지정하던 장소에 가서 무고히 있다는 보고를 듣고서 우리는 안심하였습니다. 당시 5명의 볼셰비키들의 성명을 지금에 기억하기는 곤란하나 그중 한 동무는 '와실레프'라는 것이 지금에도 기억에 남아 있습니다. 그리고 그들은 당시에 아무리 변복을 시켜도 눈이 우묵하고 코가 덩실한 것이 서양 사람은 역시 서양 사람으로 보여서, 떠나보내고도 근심되던 것이 지금에도 눈에 보이는 듯 기억에 남아 있습니다.

그 집에서 러시아 볼셰비키들이 은신하였다가 떠나가던 일주일 어간에 그 집 주인 김병학은 자기 각시 아버지(장인)가 주는 약담배(아편)를 피우고 코냑까지 마시고 정신이 얼망하고 하늘이 콩짝만 하여서 부지세상이었고, 빈고지기 자웨라 늙은이는 8~9일 술을 양껏 마시고 얼큰한 김에 잠만 자고 있었습니다.

차르 헌병과 경찰들은 조선 사람 집에 은신하여 있는 혁명가들을 생통같이 노동자 부락 철도 종업원들 주택을 찾아다니며 수색하느라고 헛되이 발악을 하고 있었습니다. 마파리꾼한테서 러시아 동무들이 무사히 피신하여서 안전지대에 가서 있다는 소식을 듣고 안심되자 나는 알렉산드라를 찾아보기 시작했습니다. 이전에 알렉산드라가 다니며 비밀리 공작하던 러시아, 조선, 중국인 집들을 다니면서 알아보았으나 그를 보았노라는 사람은 없었습니다. 감옥에나 가지 않았는가? 기타 좋지 못한 사변이나 없는가? 근심하고 번민하며 계속하여 찾아다니다가 나중에는 번민에 사로잡혀서 수심을 하며 말없이 있었습니다.

모두 잠이 든 깊은 밤중이었습니다. 삼촌은 나를 청해놓고서 말씀하시기를 "너는 요즘에 조심성 없이 어디를 그리 다니느냐"고 다정스럽게 물으셨습니다. 그래 자초지종을 자백하였습니다.

삼촌은 미소를 띠면서 "아무 근심도 하지 말아라. 네 언니는 안전한 지대에 가서 있다. 너도 해삼위에 있는 것이 불편하니 네 언니의 아들 형제 어린 것들을 데리고 농촌 우리 집으로 갈 차비를 하여라" 하시었습니다. 그 이튿날 새벽이었습니다. 나는 어린아이 형제를 데리고 쌍마파리에 앉아서 얼음판으로 랑냥수를 지내서 소왕영(우수리스크) 도시를 경유하여 대단재(시넬리코보) 우리 집까지 무사히 당도하였고 마파리꾼 왕노우라는 중국인은 해삼위(블라디보스토크)로 돌아갔습니다.

집에 가서 있은 지 3일 만이었습니다. 아닌 밤중에 언니가 찾아와서 우리 자매는 고사하고 어린아이도 마마를 만나게 되었습니다. 우리 자매는 해삼위서 진행하던 사업을 계속하였는데 심지어 집안 식구들에게도 절대 비밀이었습니다.

알렉산드라는 중국령 길림성 동령현 산차거우山岔口 남가우령 조선인촌에 가서 사업을 계속하는데 러시아, 조선, 중국 혁명가 14명이 함께 모여 있다고 하였습니다. 그 후 계속하여 남가우령에 가서 있으면서 집으로는 별로 아니 왔는데 아령 연해주 연추 수청 등지와 중국 훈춘 방면에서는 조선 의병들이 일어나서 조선에 나가 일군日軍과 싸운다는 소문이 났습니다.

세월은 벌써 1년이 갔습니다. 채행길이라는 총각이 이따금 나를 찾아와서 알렉산드라의 소식을 비밀리 전해주어서 그와 사업으로 친밀하게 되었습니다. 그는 조선 빈농 가정에서 나서 어려서 남사당패 미동(피리와 퉁소를 불고 북과 제금을 치며 노래하는 순회연주단 고운 아이)으로 대단재에 와서 놀다가 그 촌 토호 괴수 안 사장(총장)이 라는 자가 억지로 앗아 빼어서 소위 양자라는 명칭으로 14년 동안 을 돈 한 푼 아니 주고 떼어먹던 고용주였습니다. 하루는 알렉산드 라가 채 총각을 데리고 와서 말하기를 "아버지께서 유언하시기를 너는 부모 없는 홀몸 사람과 혼인을 하여 같이 데리고 살라고 하시 었다. 그리고 지금 남의 노력을 착취하는 자들은 장래 우리 발에 짓밟히게 되고 지금 천대받던 사람들은 온 세상에서 주인 노릇을 하게 된다고 하시었다. 그런데 내가 지내본 경험에 의하면 채행길 총각이 아버지가 유언하시던 사람이라고 생각된다. 만일 네가 반 대하지 않는다면 서로 자유결혼을 해라"고 하시며 나와 행길의 눈 치를 살피었습니다.

나는 미처 생각할 여지도 없이 "언니, 저는 아버지 유언이라면 꼭 실행하겠습니다"라고 하자 언니의 소개로 행길 총각은 다정한 손을 주어 처음으로 악수하니 이것이 결혼 맹약이었습니다. 그런 데 우리 자유결혼은 원호 사람 김노예의 딸이 보토재한테 시집을 간다고 또는 부모나 손위 오빠나 삼촌 기타 친척의 허가도 없이 간 다고 야단이었습니다. 그뿐인가요. 김노예의 맏딸 수라는 타국 사 람한테 시집을 가더니 같이 살림을 아니 하고 정처 없이 돌아다니 는데 작은 딸 마리야는 보토재, 친척도 없는 사람과 자유결혼을 한 다고 일반 조선 사람들이 비판하고 비소하기 시작했지만 나는 "아 버지의 유언을 실행하는 것이니 누구든지 관계치 말라"고 강경히 선언하였습니다. 그리고 채행길과 나의 결혼은 자유결혼이자 아버지께서 미리 예언하시던 결혼인 것이니 누구든지 참여하거나 방해하지 말라고 강경히 투쟁하여 승리하였습니다.

1906~1907년 동삼에 중국령으로 떠나간 알렉산드라는 오랫동안 소식이 없어 우리 부부는 매우 근심하고 있었습니다. 하루는 남가우령에 사는 채광률 씨가 찾아와서 말하기를 "알렉산드라는 중국 관청의 주목을 피하여 밤중에 쑤이펀강을 건너다가 물에 빠져서 두 발을 얼구어 가지고 지금 포크롭스크 농촌 빈농민 집에서 고생을 하고 있다고 하였습니다. 나의 남편 채행길은 채광률 씨와 함께 마파리를 타고 가서 언니를 모시고 왔는데 두 발을 어찌도 험상스레 얼구었던지 꼼짝 못 하고 동삼 내내 치료하였습니다. 그 이듬해 봄철에야 병신은 아니 되고 운신하여 바깥출입을 간신히 하게 되었습니다. 그간에 알렉산드라의 편지를 가지고 나의 남편 행길이 중령에 가서 혁명가들에게 전하고 그곳에서 편지를 가지고 왔습니다. 그러다가 한번은 국경을 지키던 차르 관리들에게 붙잡혔던 사실도 있었습니다. 그리고 알렉산드라는 짬만 나면 무슨 글을 계속하여 쓰고 있었는데 그 재료로 무슨 책이나 출판할 수 있었는지 알 수 없습니다.

이와 같이 복잡하고 조심성 있게 사업을 계속하고 있는데 하루 밤중에는 포크롭스크 구역 기관에서 일하고 있던 우리 오빠 추프로프가 찾아와서 말하기를 "지금 러시아 행정기관에서 누이 알렉산드라를 체포하자고 탐지하는 중이니 빨리 이곳에서 피신하라고 인차 떠나가면서 심지어 자기가 집에 왔다 갔다는 것까지 비밀에 부치라"고 하였습니다.

이튿날 미명하에 알렉산드라는 우리 집을 떠나갔는데 그것이 우리 자매 간 마지막 작별이었습니다. 다시는 편지도 없었습니다. 그리고 내가 기르던 언니의 어린 아들 형제는 모두 앓아서 고생을 했고 내가 낳아 키우던 아들까지 그만 죽어서 쓰라린 가슴을 끌어 쥐고 대단재 깊은 물을 찾아가기도 하였습니다.

늙은 마리야의 두 눈에는 뜨거운 이슬이…. 이인섭도 알렉산드라를 보듯, 말없이 고개를 숙였다.

편지들
—어느 사랑 이야기

파블로다르에 살고 있던 알렉산드라의 아들 오가이 보리스 와실리예비치에게 보낸 비홉스키의 편지 봉투.
파블로다르는 카자흐스탄 북동부에 위치한 파블로다르 주의 주도로 수도 아스타나에서 350km 떨어진 곳에
있다.

＊

＊

1957~1967년

낫과 망치로 장식된 소련 국기가 상단에 인쇄된 편지지에 키릴문자
로 깨알같이 써내려간 루코피시(육필)의 현란한 필기체는 누군가의 안
부를 묻고 있었다. 루코피시는 그걸 쓴 사람의 인생 역경을 함축하고
있었다. 발신자는 무엇인가를 묻고 있었고 그 질문을 앞에 둔 수신자
는 과연 어디에서부터 말을 꺼내야 할지 전전긍긍했다. 필기체는 그
전전긍긍을 표층에 드러냈다. 그 전전긍긍은 은밀하고 어두운 생애의
그늘을 닮았다. 편지지에서 발신자와 수신자의 손에 고였을 땀이 느
껴졌다.

  사람은 누구나 자신 안에 그늘을 숨기고 살아간다. 발신자는 그걸
털어놓으라고 종용했다. 발신자는 가차 없이 질문을 던졌다. "오가이
보리스 씨, 당신은 대체 누구요?" 이 질문을 앞에 두고 오가이 보리스
는 속수무책으로 무너졌을 것이다. 이런 질문과 대답이 하바롭스크

순서	발신인	수신인	작성일
1	이인섭	오가이 보리스	1957년 4월 21일
2	베르친코바	오가이 보리스	1957년 12월 26일
3	오가이 보리스	이인섭	1958년 1월 18일
4	이인섭	오가이 보리스	1958년 2월 1일
5	나탈리야 그리네바	오가이 보리스	1959년 1월 1일
6	박청림	오가이 보리스	1963년 9월 3일
7	박청림	오가이 보리스	1963년 11월 3일
8	박청림	오가이 보리스	1965년 1월 1일
9	이인섭	율랴 이바노브나	1965년 1월 1일
10	이인섭	오가이 보리스	1965년 2월 19일
11	김세일	오가이 보리스	1965년 9월 27일
12	비홉스키	오가이 보리스	1966년 2월 26일
13	비세노비치	오가이 보리스	1966년 3월 13일
14	비홉스키	오가이 보리스	1966년 5월 2일
15	오가이 보이스	비홉스키	1966년 5월 9일
16	이인섭	오가이 보리스	1967년 11월 12일

지역박물관 소장 자료인 열여섯 통의 편지에 적혀 있다.

발신자들은 하나같이 오가이 보리스에게 집중적으로 서신을 보냈다. 하지만 오가이 보리스가 답장을 보낸 사람은 이인섭과 비홉스키, 두 사람뿐이었다. 물론 오가이 보리스가 다른 사람에게도 답장을 보냈을 가능성은 배제할 수 없다. 다만 하바롭스크 지역박물관 소장본 가운데 다른 답장은 찾아볼 수 없다.

오가이 보리스에게 편지를 보낸 사람 가운데 단연 눈길을 끄는 인물은 이인섭이다. 이인섭은 1957년 4월 21일자 편지를 시작으로 1967년 11월 12일자에 이르기까지 만 10년 동안 모두 다섯 통의 편지를 오가이 보리스에게 보냈다. 이인섭의 편지 문체는 매우 정중했고 상대방을 배려하는 심사숙고가 배어 있었다. 오가이 보리스가 이인섭에게 답장을 보낸 것은 이인섭의 이러한 태도에 상당한 신뢰를 갖고 있었음을 반증한다.

　여기서 '신뢰'라 함은 스탈린 공포정치하의 억압을 반영하는 말이다. 스탈린 시대는 누구도 믿어서는 안 되는 불신의 시대였다. 불신을 극복하고 자신의 이야기를 남에게 들려주는 데엔 많은 시간이 필요했다. 그때는 스탈린 체제가 모든 소련 국민에게 침투되어 있었다. 스탈린 체제는 남몰래 당국에 고자질하거나 귓속말하는 사람들에 의해 유지되었다. 고자질과 귓속말이 대숙청의 단초가 되었기에 사람들은 쉽사리 자신이 살아온 이야기를 남에게 털어놓을 수 없었다.

　그들은 스탈린 체제의 공적 규범에 충돌하는 정보와 견해, 종교적 믿음, 가족의 가치관과 전통, 사적인 생활양식 등을 모두 숨겨야 했다. 심지어 러시아 내전(1917~1923) 기간 동안 백위군에 가담한 가족이나 친척이 있는지, 외국에 가족이나 친척이 살고 있는지 여하에 따라 그들은 위험에 처해지거나 감시의 대상이 되었다. 평범한 사람들에게조차 '입조심'은 생활의 신조가 되었고 '일기'를 쓰는 일조차 위험을 무릅쓰는 행위였다. 누구를 막론하고 '반소비에트적'이라고 낙인찍히면 언제든지 체포되어 굴라그(강제수용소)로 보내졌다.

　그렇기에 그들은 일기, 연대기, 작업 일지, 연감, 스크랩북 등 사적인 기록을 가능한 한 남기지 않으려고 신경을 곤두세웠다. 만약 그런 문건들을 압수당해 어떤 생각이나 감정의 단초에 밑줄이 그어지고 '반소비에트적인 문건'이라고 판명되는 순간, 모든 건 끝장이었다.

오가이 보리스의 입장에서도 마찬가지였다. 그는 많은 사람에게 자신의 신상을 묻는 여러 통의 편지를 받았지만, 그들에게 답장을 쓰는 일은 이러한 이유 탓에 매우 두려워했다.

오가이 보리스는 알렉산드라 페트로브나 김 스탄케비치가 남긴 두 혈육 가운데 둘째 아들이다. 알렉산드라는 러시아 10월 혁명 당시 극동소비에트 외무위원으로 활동하다 1918년 백위군과의 내전에서 죽음을 맞은 한인 최초의 볼셰비키였지만, 1950년대까지 그 눈부신 활동상이나 가족관계 등 세부 정보는 베일에 싸였다. 발신자들은 알렉산드라의 일대기를 복원하기 위해 오가이 보리스에게 질문을 던졌다. 하지만 그런 질문들은 자칫 신상 털기라는 오해를 빚을 수 있기에 발신자들은 매우 조심스러울 수밖에 없었다.

1

오가이 보리스 와실리예비치 씨!

안녕하십니까. 나는 당신의 어머니 수라 페트로브나의 동지입니다.

당신이 기억하고 있는지…. 1918년 나는 당신의 어머니와 함께 체포당했습니다. 당신의 어머니는 그때 총살당했지만 나는 도주할 수 있어서 지금까지 살아 있습니다. 오래전부터 당신을 찾아다니다가 끝내 침켄트 시민주소안내소를 통하여 당신을 찾아냈으며 지금 이 편지를 쓰고 있습니다.

당신의 어머니와 함께 사업을 하던 동지들은 모두 죽고 나 혼자만 남았습니다. 나는 당신의 어머니와 함께 옴스크와 스베르들롭스크에서 한인 노동자들을 중심으로 한 우랄노동자동맹을 조직했습니다. 현재 그것이 '조선노동당'으로 되었습니다. 지금 조선 정부는 '한인사회당'에 대해서 자주 말하고 있습니다. 그러므로 당신의 어머니는 조선 사회주의운동의 첫 번째 조직자이며 지도자인 것입니다.

보리스 와실리예비치 씨, 당신에게 묻습니다. 내가 당신의 어머니에 대해 소책자를 쓰고자 하는데 당신 어머니의 전기를 보내줄 수 있겠습니까. 확실한 출생일, 사망일 그리고 만약에 사진이 있다면 보내주십시오. 만약 당신에게 사진이 없다면 크즐오르다에서 '리 이반 마나로비치'에게 있는 것을 본 적이 있는데 어떻게 해서든 그분에게서 받아서 나에게 보내주십시오. 또 당신의 어머니가 남긴 유고가 있습니까. 지금 당신은 어떻게 지내고 있습니까. 아이들은 있습니까. 사업에서의 당신의 성과는 어떻습니까.

내 자신에 대해서도 약간 알려주겠습니다. 내 나이는 벌써 69세입니다. 연금을 받고 있습니다. 가족과 아이들도 있습니다. 당신의 편지를 받은 후 답장에서 더 자세히 이야기하겠습니다. 나는 당신에게서 답장이 올 것이라고 믿으며 편지가 온다면 당신의 어머니와 다시 만나는 기분이 들 것입니다. 안녕히 계십시오.

1957년 4월 21일

우즈베키공화국 안디잔에서 이인섭

왼쪽부터 알렉산드라의 두 번째 남편 오가이 와실리, 둘째 아들 오가이 보리스, 첫째 아들 왜체슬라브.

 '수라'는 알렉산드라의 어린 시절의 예명이다. 가족이나 가까운 지인들은 알렉산드라가 성장한 후에도 '수라'라고 호칭했다. 이인섭이 '수라'라고 호칭한 데에서 두 사람의 친근감을 짐작할 수 있다. 이인섭은 적위군과 백위군 간의 내전이 치열하게 전개된 1918년 9월 하바롭스크에서 알렉산드라와 함께 백위군에게 포로로 잡혔다가 극적으로 탈출한 혁명 동지이다. 이인섭은 살아남았으나 알렉산드라는 백위군에 체포되어 처형되었다. 이인섭은 평생 이에 대한 부채 의식에서 자유롭지 못했다. 그 부채 의식이란 '살아남은 자의 슬픔'이나 마찬가지였다.
 말년의 이인섭은 알렉산드라에 대한 일대기 집필을 자신의 최우선 과제로 삼았다. 하지만 그는 1916~1918년에 걸쳐 알렉산드라와 나눈 대화와 곁에서 지켜본 목격자로서의 경험을 제외하고는 알렉산드라의 탄생과 성장에 이르는 과정에 대해 잘 알지 못했다. 그런 그가 1957년 카자흐스탄 침켄트 시민주소안내소를 통해 오가이 보리스의 주소를 알게 되었을 때의 기쁨은 이루 말할 수 없었으리라.

여기에 등장하는 '리 이반 마나로비치'는 오가이 와실리 와실리예비치와 첫 부인 사이에서 태어난 막내딸의 남편으로 당시 카자흐스탄 크즐오르다에 살았다.

편지에서 주목해야 할 것은 1957년이라는 연도이다. 흐루쇼프는 1956년 2월 모스크바에서 열린 소련공산당 제20차 전당대회에서 장장 7시간에 걸친 연설을 통해 스탈린의 독재와 개인 숭배를 정면으로 비판했다. 그는 스탈린이 권력을 남용하고 테러를 동원해 공포정치를 자행함으로써 스스로를 우상화했다고 폭로했다. 비밀 연설이긴 했으나 내용은 즉각 새어나갔다. 흐루쇼프는 모스크바 주재 외국 기자단과 각급 학교의 사상·철학 담당 교수들을 대회장에 초청해 비밀 연설이 비밀로 남아서는 안 된다는 자신의 생각을 관철시켰다. 엄청난 파문을 몰고 온 연설은 스탈린의 망령과 살아 있는 흐루쇼프 간에 펼쳐진 기괴한 싸움이었다. 스탈린 격하 운동은 소련뿐 아니라 동구권 전체에 일대 민주화를 몰고 왔다. 가장 민감한 반응을 보인 이들은 지식인이었다. 헝가리 부다페스트에서는 스탈린 동상이 박살 났고 낫과 망치를 지워버린 국기가 도처에서 펄럭였다.

해빙은 1937년 스탈린의 명령에 의해 중앙아시아로 강제 이주당한 고려인들에게는 실로 20년 만에 찾아온 명예 회복의 기회였다. 해빙이 없었다면 이인섭은 보리스에게 편지를 보낼 수 없었을 것이다.

하지만 이인섭이 그토록 고대했던 보리스의 답신은 한 달이 지나고

두 달이 지나도 오지 않았다. 바로 이 시기, 이인섭에게 답장을 써야 할지 망설이고 있을 때 보리스는 또 한 통의 편지를 받았다.

2

존경하는 보리스 와실리예비치.

알렉산드라 페트로브나 김 스탄케비치에 대한 소수필을 쓴 골리온코에게서 당신을 찾았다는 소식을 아주 반갑게 받았습니다. 이제는 가상이나 추측으로써가 아니라 당신이 살아 있다는 것을 말할 수 있습니다. 우리들은 당신의 어머니가 총살당할 당시까지 함께 살았던 여자아이들을 '그녀의 딸 둘이 아니었던가'라고 추측하고 있었는데 골리온코가 당신의 편지를 통해 아들 둘이 있었다는 것을 알게 되었다고 하더군요.

물론 당신의 그때 나이로서는 많은 것을 생각해내지 못하겠지만 그래도 당신의 기억이 알렉산드라 페트로브나의 일생에 대하여, 그의 가족, 아이들이 어디서 어떻게 살았는가에 대하여, 더 정확하게 말할 수 있을 것입니다. 그뿐 아니라 당신이 아버지 오가이 와실리의 이야기나 혹은 다른 한인들의 이야기를 통하여 당신 어머니에 대해서는 골리온코보다 더 잘 알 것 같습니다.

몇 가지 문제를 정확하게 밝히기 위해 골리온코가 당신의 주소를 가르쳐주었습니다. 그녀에게 이미 당신이 알고 있는 사실을 전해주었을 테지만 나는 아직 아무것도 모르고 있기 때문에 나에게도 당신이 아는 사실들을 보내주길 부탁합니다. 당신이 어머니에 대한 골리온코의 글을 읽었을 줄로 믿으며 사실과 다른 것이 있는

가에 대해 알고 싶습니다.

(어머니의 일생 중 하바롭스크에서 활동하기 전 시기에 대한 정보들이 부족합니다.) 또 무엇을 고쳐야 할까요.

다음 몇 가지에 대해 말해주기 바랍니다.

1. 어머니의 나이가 얼마나 되었는지 모르겠습니까? 그녀가 어디에서 출생했으며 그녀의 부모들은 누구였으며 어디에서 자랐는지 당신은 알고 있습니까? (연해주에서 아니면 조선에서 태어났는지 또는 그 부모들이 1900년경에 이미 연해주로 이주했는지요.)

2. 당신과 왜체슬라브 또는 할머니와 함께 페름 시에 산적은 없습니까? 그렇지 않으면 연해주 니콜라옙스크-우수리스크나 혹은 다른 지역에 살았습니까. '할머니'는 알렉산드라 페트로브나의 어머니입니까?

3. 하바롭스크에 있었을 때 그녀가 어디에서 누구와 같이 살았는가는 아주 중요합니다. (혹시 어느 구역에서 살았는지 모르겠습니까?)

4. 어머니가 당신을 하바롭스크에 할머니와 함께 두고 갔습니까? 아니면 당신 혼자 남겨두었습니까? 그렇지 않으면 당신을 데리고 갔습니까? (그녀에게 여자아이 둘이 있었다는 말이 있는데, 잘못 본 건 아닙니까? 여자아이 둘이 아니라 남자아이 둘이 그녀의 아들들이 아니었습니까?)

5. 할머니는 언제 체포되었는지, 형 왜체슬라브도 칼미코프 병사들이 체포했는지요?

이런 질문으로써 끝마치겠습니다. 그리고 이 질문의 답변을 골리온코에게도 보내주시기 바랍니다. 당신이 이미 골리온코에게 한 답변을 복사한 게 남아 있다면 그것을 나에게도 보내면 될 것입니다. 미리 당신의 답변에 감사드립니다. 혹시 당신의 어머니를 알고 있던 한인들이 있는지 모르겠습니까?

1957년 12월 26일
베르친코바

(추신) 당신이 기억하는 대로, 어머니에 대하여, 당신의 아동 시기와 가족, 하바롭스크에서의 생활, 도시를 백위군이 점령한 후의 불행한 시기에 대해서 누구에게 얘기한 적은 없습니까? 왜 이렇게 묻느냐 하면, 당신의 이야기를 출판사에 보냈으면 하고 나는 생각하고 있습니다. 당신의 편지를 기다리겠습니다.

알렉산드라에게는 두 아들이 있다. 첫 남편인 폴란드 출신 마르크 이오시포비치 스탄케비치와의 사이에서 태어난 첫 아들이 왜체슬라브 마르코비치이다. 그리고 두 번째 남편 오가이 와실리 와실리예비치와의 사이에서 태어난 둘째 아들이 오가이 보리스 와실리예비치이다.

왜체와 보리스는 어머니 알렉산드라와 함께 1918년 여름까지 하바롭스크에서 살았으나 어머니가 그해 9월 총살당한 직후 왜체는 하얼빈에 살던 친부가 데려갔고 두 형제는 평생 해후하지 못했다. 그러니 오가이 보리스는 알렉산드라에 대한 생생한 증언을 들려줄 수 있는 유일한 혈육이었다.

발신자인 베르친코바는 알렉산드라의 혁명 동지인 골리온코로부터 일정한 정보를 얻었지만 골리온코 역시 알렉산드라의 혈육이 딸 둘인지 아들 둘인지, 확신하지 못했다. 이런 오류는 그냥 생기지 않았을 것이다.

알렉산드라가 백위군에 체포되었을 때 가족을 보호하기 위해 아들 둘이 아니라 딸 둘이 있다고 진술했을 가능성을 배제할 수 없다. 혹은 이런 위험을 염두에 두고 평소에 주변 사람들에게 가족 관계를 정확히 말하지 않았을 수도 있다. 그만큼 알렉산드라는 가족을 보호하기 위해 최후의 순간까지 입을 열지 않았음을 짐작할 수 있는 대목이다.

베르친코바 역시 알렉산드라의 전기를 쓰기 위해 무진 애를 썼음을 알 수 있다. 예컨대 그는 하바롭스크 이전의 삶에 대해, 우랄산맥의 한 거점인 페름 시절의 가족 관계에 대해, 두 아들을 돌본 할머니의 정체에 대해, 나아가 알렉산드라의 출생지에 대해 꼬치꼬치 묻고 있다. 알렉산드라의 삶은 여전히 베일에 싸여 있었다.

3

존경하는 이인섭 선생님.

안녕하십니까. 당신의 편지를 받았습니다. 40여 년이나 지난 후 어머니 알렉산드라 페트로브나에 대하여 이야기할 수 있는 기회를 아주 반갑게 맞았습니다. 그녀는 훌륭한 사람이었으며 인민을 위해 생명을 바쳤습니다. 어머니의 일생에 대해서는 여러 가지 말들이 있었습니다. 그래서 나는 당신의 편지를 아주 반갑게 받았으며 당신의 질문에 답변을 하려고 노력하겠습니다.

나는 아주 어렸을 때 어머니와 헤어졌습니다. 그때 나는 8살

(1918년)이었으며 그 후에 그녀에 대한 이야기를 많이 들었습니다.

1. 김 알렉산드라의 출생 시기 (회상과 이야기를 종합해서)

김 알렉산드라는 1885년 러시아 연해주의 어느 한 촌 빈곤한 농민의 가정에서 태어났습니다. (촌 이름은 기억하지 못합니다.) 그녀는 어렸을 때 아버지를 잃었습니다. 김 알렉산드라를 그 당시 블라디보스토크에서 살던 '추프로프' 가정에서 데려다 교육시켰습니다.

여기서 그녀는 시市 학교에서 공부하고 졸업했지만 공부를 더 계속할 형편이 되지 않아 일을 하게 되었습니다. 김 알렉산드라는 어렸을 때부터 농사일을 경험했으며 후에는 노동 현장에서 노동일도 하게 되었습니다. 이런 어린 시절의 경험과 또 블라디보스토크에서 선진적인 노동자들과의 접촉이 자본주의 압박에서 노동자들을 해방시켜야 한다는 사상을 형성했다고 할 수 있습니다.

김 알렉산드라는 아주 동정심이 많은 사람이었으며 노동자들은 그녀를 존경하고 따랐습니다. 노동자들의 생활에서 어떤 불행이나 불만을 알면 그녀는 힘자라는 데까지 도움을 주려고 항상 노력했습니다. 이것이 그들을 크게 만족시켰습니다.

그녀는 노동자들과의 관계를 끊지 않았습니다. 결혼 후 생활은 행복이 없었습니다. 남편 스탄케비치는 그녀와 삶의 목적이 정반대였으며 또 그녀에게 짐승 같은 태도를 취했습니다. 그는 그녀를 자기 마음대로 하려고 대들었습니다. 이러한 상황에서 그녀의 곧은 정신만이 이 곤경을 견뎌내게 했습니다. 그러나 끝내 김 알렉산드라는 남편 스탄케비치와의 관계를 끊을 수밖에 없었습니다.

2. 김 알렉산드라에게 자식이 둘 있었는가.

이에 대해서는 전에 골리온코에게 말한 것을 반복합니다.

할머니(러시아인 보모)의 이야기에 의하면 당시 백위군 칼미코프 정벌대의 재판부에서 심문을 받을 때 보모 할머니와 나의 생명에 위험이 생겼으며 그때 어머니가 아들 둘이 아니라 딸 둘이 있다고 했으며 내 추측으로도 어머니는 충분히 그렇게 하셨을 것입니다. 김 알렉산드라에게 아들이 둘 있다는 것은 많은 사람이 확인하고 있습니다. 나는 어머니를 알고 있던 사람들을 찾아내서 이것을 확인해보도록 하겠습니다.

3. 우리(보모 할머니, 왜체슬라브, 나)는 어머니와 함께 하바롭스크 카를-마르크스 거리와 포폽스키 거리 이층집에서 살고 있었습니다. 이 질문에 대해서는 모든 것을 이미 골리온코에게 대답한 바 있습니다.

4. 어머니와 같이 활동했던 골리온코의 수필을 읽어본 적이 없으므로 이에 대해서는 대답하기가 곤란합니다.

만약 당신이 이에 대해 도와줄 수 있는지, 수필을 구할 수 있다면 보내주십시오. 다른 질문에 대해서는 다음 편지에서 답변을 하도록 하겠습니다. 안부를 전하면서.

1958년 1월 18일

카자흐공화국 침켄트 시에서 오가이 보리스 와실리예비치

이인섭이 보리스의 답장을 받은 때는 편지를 보낸 지 무려 8개월이나 지난 1958년 1월이었다. 왜 보리스는 8개월 만에 답장을 보냈을까. 이는 보리스가 답장을 무척이나 망설였음을 보여준다. 보리스는 소비에트 체제의 공적 담론을 의식하지 않을 수 없었다. 어떤 사소한 부분도 공적인 담론과는 다른 생각이나 감정을 담을 경우 그건 개인의 위기를 자초할 수 있기 때문이다.

하나의 문장이 가슴에 와 닿는다. "어머니의 일생에 대해서는 여러 가지 말들이 있었습니다." 이는 알렉산드라의 삶을 두고 많은 이설異說이 있음을 상기시킨다. 알렉산드라는 비록 짧은 생을 살았지만, 그 짧은 인생에 인간 현상이 보여주는 온갖 풍경이 들어 있다. 온갖 풍경이야말로 모든 인간을 관통하는 명징한 징후이다.

편지에서 '추프로프'는 알렉산드라의 오빠를 지칭한다. 알렉산드라에겐 두 오빠가 있었다. 큰오빠 김새별은 어려서 사망했고 작은오빠 추프로프가 장남 역할을 했다. 하지만 보리스의 기억에도 오류가 있다. 하얼빈에서 아버지가 사망하자 오빠 추프로프가 알렉산드라를 블라디보스토크로 데려갔다는 대목이 그것이다. 하지만 오히려 삼촌 김홍재(알렉세이 세묘노비치)와 김양재(니콜라이 세묘노비치)가 하얼빈에 있는 알렉산드라를 블라디보스토크로 불러들여 여학교에 다니게 했을 가능성이 크다.

알렉산드라의 가족사는 오랫동안 베일에 가려졌고 이인섭은 그 베일을 벗기고자 보리스에게 많은 질문을 던졌다. 하지만 질문과 답변이 계속될수록 이 걸출한 혁명가는 비애와 상처를 간직한 비련의 대상으로 모습을 바꾸었다. 한 인간의 생애를 복원하는 일은 영광과 상처라는 양면성을 분별하는 능력과 관련된다. 새로운 사실은 질문자가 원하는 방향에서 발굴되지 않을 수도 있다. 이인섭은 보리스의 증언을 통해 알렉산드라의 개인 생활에 접근하려고 했지만 보리스는 정확하게 답변할 준비가 되어 있지 않았다. 하지만 이인섭은 지푸라기라도 잡는다는 심정으로 보리스에게 어머니에 대한 회상기를 직접 써볼 것을 권유했다.

4

존경하는 오가이 씨에게.

반갑게 당신에게서 첫 소식을 받았습니다. 당신에게 이미 쓴 바와 같이 나는 오래전부터 당신의 어머니에 대해서 어떤 정보를 얻고자 많은 시도를 해왔습니다. 그러나 골리온코를 직접 만나지는 못했습니다.

내가 알기로는 그도 당신 어머니를 하바롭스크에서 함께 활동하였던 시기에 대해서만 알고 있다고 합니다. 그러나 그는 김 알렉산드라의 조카와 연락을 취하게 되어 그가 김 알렉산드라의 일생에 대한 정보를 약간 추가해주었답니다. 그도 역시 자세한 것을 모르거나 아니면 골리온코가 그의 정보에 관해 관심이 없을 수도 있습니다. 골리온코가 《극동》 잡지 1957년 4월호에 쓴 수필을 당신에게 보냅니다. 수필은 내가 잡지에서 발췌한 것이므로 읽은 후 다시 돌려주시기 바랍니다. 수필에는 당신이 준 정보와 약간 다른 것도 있습니다. 동시에 나는 당신이 어머니의 일생에 대해서 직접 수필을 썼으면 좋겠다고 생각합니다. 그 이야기가 지금 자라나는 청년들을 위한 것이니 당신의 입에서 직접 나오는 것이 되어야 하며 될 수 있으면 당신의 유년 시절 기억들, 김 알렉산드라를 알고 있던 사람들에게서 나온 이야기, 친척들이 하던 이야기 등이 아주 중요합니다. 내 생각으로는 이런 식으로 작성하면 좋을 것 같습니다.

─당신의 기억에 있는 어떤 집, 하바롭스크나 다른 도시에 살던 때의 어떤 장면들, 당신의 유년 시절의 기억들, 어머니에 대한 회상과 인상 등을 기억나는 대로 쓰면 될 것입니다. 내가 생각하는 글의 순서는 이렇습니다.

제1장에서는 어머니에 대해서, 그녀의 투쟁 활동에 대한 이야기가 청년들에게 감명을 줄 것으로 생각합니다. 어머니와 한인 친구, 전우, 주민들과의 관계가 대해서도 기억에 남아 있다면 좋은 자료가 될 것입니다. 앞으로도 김 알렉산드라의 전기, 일생에 대하여 당신과 계속 서신이 있길 기대합니다. 내가 골리온코와 김 알렉산드라의 성姓에 대해서 논쟁한 적이 있는데 이에 대해서 당신의 의견을 듣고 싶습니다. 그녀의 약전에는 김 알렉산드라의 성을 '스탄케비치 김'이라고 했는데 그 이유는 김 알렉산드라가 항상 '스탄케비치'라는 성을 가지고 활동했기 때문입니다.

여러 문서에도 이렇게 쓰여 있기 때문이라고 하더군요. 내 생각으로는 김 알렉산드라는 한민족의 딸이기 때문에 그녀의 이름을 '김 알렉산드라'라고 부르는 것이 옳다고 주장했습니다. 더우기 김 알렉산드라가 이론적으로나 경제적으로 '스탄케비치'라는 성姓과는 아주 관계가 멀기 때문입니다. 당신의 의견을 듣고 싶습니다.

붉은군대 중앙박물관에 가면 그녀의 사진 앞에 "알렉산드라 페트로브나 김 스탄케비치"라고 쓰여 있습니다. 앞으로는 그녀의 이름을 이런 식으로 써야 한다고 생각합니다. 나는 당신에게서 다음과 같은 정보를 기대합니다.

1. 될 수 있으면 김 알렉산드라의 아버지가 벌써 1880년, 혹은 더 일찍이 극동 지역의 어느 촌에서 살았다는 것이 밝혀졌으면 좋겠습니다. (연해주 남부 지방인지 아니면 한국과의 경계를 가진 해안 지방인지.)

2. 당신의 말로는 김 알렉산드라의 어머니가 어려운 생활과 노동 때문에 고생하시다가 돌아가셨고 이 때문에 김 알렉산드라가 추프로프 가정에서 교육을 받았다고 해야 합니까? 아니면 빈곤에 따른 가정 형편 때문에 교육을 받지 못했는지가 궁금합니다.

3. 하바롭스크에서 당신과 같이 살던 할머니가 그녀의 어머니입니까? 모든 것에 대해서 당신이 아는 사실, 당신이 발견한 사실, 친척들에게서 들은 사실, 김 알렉산드라와 같이 활동한 사람들 중 골리온코의 글을 읽고 당신에게 어떤 새 소식을 전해왔는지 그것까지도 같이 보내주셨으면 합니다. 김 알렉산드라를 심문할 당시 그녀가 딸만 둘 있다고 한 것에 대해서 나는 전적으로 당신의 의견에 동감합니다. '유히쉐크'는 김 알렉산드라가 여자아이 둘을 데리고 있었다고 하나 그 역시 직접 본 것은 아니랍니다. 이것으로 편지를 마칩니다. 당신의 행복을 빌며….

1958년 2월 1일

이인섭

(추신) 당신이 노보시비르스크에 살 때 나도 그렇게 생각한 적이 있는데 나의 호기심을 용서해주시기 바랍니다. 당신은 그곳에서 1년 이상 몇 년을 살았는데 그동안 나는 모스크바에서 김 알렉산드라

왼쪽부터 오가이 스타니슬라브 보리소비치(알렉산드라의 손자), 오가이 세료자(알렉산드라의 증손자), 오가이 보리스(알렉산드라의 둘째 아들).

를 알고 있는 사람들을 찾아다니느라 헤매고 있었습니다.

모든 사실 관계는 여전히 안개 속에 있었다. 실체는 좀처럼 드러나지 않았다. 그건 아지랑이를 붙드는 것이나 마찬가지였다. 손을 대면 사라지고 마는 연기처럼.

두 사람은 어설프게 묻고 있으며 어설프게 대답하고 있다. 모든 것은 불확실했다. 발신자들은 보리스에게 경쟁적으로 서신을 보냈으나 사실 보리스가 알고 있는 정보도 그리 많지 않았다. 그럼에도 보리스는 비슷비슷한 질문에 반복적으로 시달렸다. 편지는 끊이지 않고 도착했다. 일면식도 없는 낯선 사람에게서 어머니에 관한 질문을 받는 보리스의 심정이 어떠했을까. 그는 성실한 답변을 하려고 애썼고 그 것만이 어머니의 명예를 복원할 수 있는 것이라고 생각했을 것이다. 하지만 보리스가 감당하기에 그들의 질문은 벅찼을 수밖에 없었을 것이다.

5

존경하는 보리스 와실리예비치 씨.

이 편지를 정초에 받을 것입니다. 새해를 진심으로 축하합니다.

당신을 잘 알지 못하기 때문에 초면에 무엇을 축복해야 할지 망설이게 되는군요. 당신의 건강과 사람들 간의 따뜻한 관계가 있길 축복합니다.

나는 당신이 답변을 해주겠다는 편지를 받고 아주 반가웠습니다. 내일 조선노동당출판사에 김 알렉산드라에 대한 자료를 보내 달라고 부탁할 계획입니다. 자료가 출판사에 남아 있어서 내가 그것을 받게 되면 당신에게도 보내겠습니다. 만약 필요한 기사를 얻지 못할 경우 모스크바의 레닌도서관에 가서 복사라도 할 것입니다. 당신은 조선말을 어느 정도 할 줄 압니까? 한글은 아주 어렵습니다. 나도 조선말을 최소한이라도 배우고 싶습니다.

1959년 1월 1일

(추신) 이 편지를 쓴 후 연초에 일이 많아서 편지를 보낼 시간이 없었습니다. 미안합니다. 뒤늦은 새해 인사라도 받으세요.

얼마 후에 김 알렉산드라에 대한 다른 회상기가 출판된다고 하니 기다려지는군요. 어제 '니콜라이 마트베예프 보드리'에게서 전화가 왔습니다. 그에게도 다음 주소로 편지를 하면 고맙겠습니다. —모스크바, 말라야 그루진스카야 거리 34-4호.

그녀는 당신의 편지를 기뻐할 것입니다. 그녀는 아주 재미있고 친절한 사람이며 극동에 대한 모든 것에 아주 관심이 많은 사람입니다. 그녀는 당신의 어머니를 아주 어렸을 때 알고 지냈답니다.

검은 치마와 흰 자켓을 입은 날씬한 체격의 여자, 반짝거리는 검은 머리카락, 사교성 많은 쾌활한 성격, 그녀의 웃음은 항상 모두를 유쾌하게 이끈 것으로 지금까지도 기억하고 있는 사람입니다. 그녀의 기억을 내가 한 회상기에 쓴 적이 있습니다.

김 알렉산드라의 어린 시절에 대한 어떤 것들을 알고 싶습니다. 그녀가 당신을 어떻게 불렀는지 그 호칭을 기억하고 있나요? 또는 할머니를 어떻게 불렀는지요. 당신이 그 당시 살던 방은 어떤 모습이었나요. 나는 이 모든 것에 대해 자세하게 알고 싶습니다. 당신의 현재 생활과 취미는 무엇입니까. 칩켄트란 도시는 살기에 어떻습니까. 편지를 기다리겠습니다.

1959년 1월 1일
나탈리야 그리네바

또 다른 알렉산드라 연구자인 나탈리야 그리네바는 당시 모스크바에 거주했던 것 같다. 그는 알렉산드라의 친구였던 니콜라이 마트베예프 보드리와 만나 이야기를 듣는 동안 알렉산드라의 인간적인 모습에 관심을 두고 있었다. 보드리가 그리네바에게 들려준 알렉산드라의 인상은 "검은 치마와 흰 자켓을 입은 날씬한 체격의 여자, 반짝거리는 검은 머리카락, 사교성 많은 쾌활한 성격, 그녀의 웃음은 항상 모두를 유쾌하게 이끈 것으로 지금까지도 기억되는 사람"이었다.

그는 자료를 얻기 위해 조선노동당출판사에 편지를 보냈다고 썼다. 이는 당시 조선노동당출판사가 이인섭의 《알렉산드라 일대기》를 출간했음을 반증한다. 나아가 "필요한 기사를 얻지 못할 경우 모스크바의 레닌도서관에 가서 복사라도 할 것"이라든지 "조선말을 배우고 싶다"는 대목은 알렉산드라에 대한 그의 열정이 얼마나 뜨거웠는지를 보여준다.

6

존경하는 보리스 와실리예비치 씨.

나는 당신을 하바롭스크에서 1918년 칼미코프 악당의 손에 죽은 위대한 혁명가, 알렉산드라 페트로브나의 아들로 알고 있습니다. 나 역시 극동 내전 참가자이며 지금 하바롭스크에 살고 있습니다. 김 알렉산드라의 1917~1918년간의 적극적인 조수였던 이인섭과 함께 그녀의 혁명 역사를 연구하고 있습니다. 극동에서의 한인 혁명가들과 빨치산 내전 참가에 대해 특히 당신 어머니에 대한 논문을 만들려고 합니다. 이와 관련해 당신의 도움이 절대적이며 어머니에 대한, 가족에 대한, 혁명 활동에 대한 많은 회상이 필요합니다.

우리가 생각하는바 어머니의 귀중한 유품들, 사진, 서류, 개인 물건, 편지 등을 당신이 간직하고 있을 것입니다. 이것들은 당신에게도 소중한 것이지만 동시에 그것은 사회의 소유가 되어야 하며 특히 당신 어머니를 연구하는 사람들에게는 매우 중요한 것들입니다. 그런 것이 있다면 저에게 보내주시기 바라며 꼭 돌려드리겠습니다.

그 외에도 당신의 이력이 우리의 논문에 필요합니다. 당신의 사진이나 와실리 와실리예비치에 대한 이야기도 생각나는 대로 전해주면 좋겠습니다.

1963년 9월 29일

박청림

1899년 강원도 철원 태생인 박청림은 3·1운동에 참가한 직후인 1919년 중반 러시아 연해주로 이주해 빨치산 부대에 입대했다. 그는 1921년 신용길 빨치산 부대의 일원으로 올가 방위 전투에 참가했다가 부상을 입고 회복된 뒤 다시 종군했다. 그가 말하는 '극동 내전'이란 백위군에 맞서 싸운 올가 방위 전투, 1922년 9월 리푸 전투와 네지노 전투를 말한다. 내전이 끝난 뒤 하바롭스크에 살던 그 역시 이인섭의 자극을 받아 알렉산드라의 일대기를 복원하기 위해 자료를 찾았다. 그는 보리스에게 어머니의 유품은 사회의 소유라고 쓰고 있다. 그런 유품이 남아 있을 리 만무한 보리스로서는 이런 전언이 너무 고답적이고 쓰디쓴 약처럼 다가왔을 터이다. 그럼에도 불구하고 그는 박청림에게 약간의 자료를 보내지 않을 수 없었다. 박청림은 고마움의 표시로 다시 편지를 보낸다.

7

존경하는 보리스 마르코비치 씨.

내가 연구하는 알렉산드라의 일생에 대한 자료 중 당신이 보내준 편지는 중요한 자료가 될 것입니다. 당신이 원하는 김 알렉산드라의 혁명 활동에 대한 자료들을 보내겠습니다. 그 자료들은 하바롭스크 공산당 문서보관소에서 구했습니다. 그곳에는 몇 개의 사료도 있는데 그중에는 김 알렉산드라의 논문도 있습니다.

또 이인섭이 한글로 쓴 것을 번역한(약간 잘못된 번역이기는 하였지만) 전기도 있는데 아마 당신도 이인섭에게서 전기를 구해 보았을 줄로 믿습니다. 내가 이번 기회에 그것을 다시 구해 보내는 것은 당신의 세밀한 연구와 의견을 기대하기 때문입니다. 자료들은 연구 후에 다시 돌려주기 바랍니다. 왜냐하면 저에게도 하나밖에 없으니 말입니다. 보내는 자료에 대한 의견, 소견 등을 자세히, 혁명 활동의 부정확한 점이 없도록 써주시기 바랍니다. 또 한 가지 부탁은 당신의 자세한 자서전, 당신의 사회적 상태, 지식 상태, 직위 등을 포함하는 자료 등을 보내주시기 바랍니다.

또 가족사진, 즉 어렸을 때 부모와 같이 찍은 사진 혹은 어머니와 함께 찍은 사진이나 당신의 형 왜체슬라브 마르코비치의 일생과 활동에 대한 것들이 아주 중요합니다. 앞으로 당신이 한글을 읽을 수 있다면 내가 사진으로 떠서 복사한 책과 당신 어머니의 활동에 대한 자료(그녀의 사진이 포함된)를 보내주겠습니다.

1963년 11월 3일

하바롭스크에서 박청림

박청림은 보리스의 부칭을 마르코비치라고 오기했다. 그러나 마르코비치는 알렉산드라의 첫 남편 마르크 이오시포비치 스탄케비치의 아들 왜체슬라브의 부칭이다. 보리스는 1918년 형 왜체와 헤어진 뒤 평생 왜체를 만나지 못했다. 그러니 보리스야말로 왜체의 소식을 가장 알고 싶은 사람이다. 그런데도 박청림은 다짜고짜 왜체의 소식을 아느냐고 보리스를 다그친다. 보리스는 대답할 입장은커녕 오히려 되묻고 싶은 심정이었을 것이다. 보리스로서는 감당할 수 없는 질문들이었다.

8

존경하는 보리스 와실리예비치.

당신과 가족들에게 새해 인사를 보냅니다. 새해 행복을 빕니다.

내가 보기엔 나나 다른 사람들이 당신 어머니에 대한 회상기를 쓸 때 공동으로 쓰기를 당신은 원하는 것 같더군요. 나 자신도 그런 생각은 있지만 자료를 수집하는 어려움을 생각하면 망설이지 않을 수 없습니다. 그래서 이를 위해 그녀가 혁명 활동을 했던 지역들 즉, 극동, 우랄, 시베리아, 하얼빈 등 기타 지역을 다니면서 많은 시간을 보냈습니다. 나는 지금 상당한 자료를 모았으며 그중 중요한 것은 《1905~1907년 혁명에 대한 이야기》라는 책으로, 이를 참고하여 나는 지금 제2부를 끝냈습니다. 당신 어머니의 일생과 영웅적 혁명 활동에 대한 책을 쓰고 있는 이 작업을 당신에게 알려주는 것이 나의 의무라고 생각합니다.

(제목: 한인의 영광스러운 딸. 김 알렉산드라)

1. 중국 동청철도 건설장에서

2. 1905~1907년 1차 러시아 혁명 시기

3. 가정에서의 교육

4. 일본의 병합을 반대하여, 조국의 독립을 위하여

5. 우랄 노동자들 사이에서

6. 당의 명령으로

7. 위대한 레닌주의로 극동에서의 승리

8. 한인사회주의자동맹 조직

9. 외무성 인민위원

10. 백파 침략을 반대하며 극동공화국을 위한 투쟁

11. 반혁명군의 공격

12. 체포와 죽음

13. 위대한 10월 혁명의 아시아 피압박 인민을 분기시키는 역할

14. 에필로그

이 계획에 당신이 동참할 것을 원한다면 기꺼이 같이할 것을 청합니다. 다른 자료들이 있으면 보내주십시오.

1965년 1월 1일

박청림

박청림은 14부로 구성된 알렉산드라 일대기의 목차를 보리스에게 보냈다. 그는 2부 '1905~1907년 1차 러시아 혁명 시기'까지 집필을 끝내고 이제 3부 '가정에서의 교육'을 쓸 차례에 보리스에게 '집필에

동참하겠냐'고 묻고 있다. 공저자가 되어도 무방하니 함께 집필해보자고 권유한다. 하지만 보리스가 아는 어머니에 대한 정보는 극히 제한적이었다. 그러니 선뜻 박청림의 요청을 수락했을 리 없다.

보리스와 박청림이 편지를 주고받는 동안 이인섭은 알렉산드라 탄생 80주년(1965년)을 맞아 알렉산드라의 일대기를 카자흐스탄 조선인 극장에 연극으로 올릴 채비를 하고 있었다.

9

존경하는 유리 이바노브나.

올해 알렉산드라 페트로브나 김 스탄케비치의 탄생일 80주년이 돌아옵니다. 카자흐공화국 조선인국립극장은 모스크바에서 진행되는 위대한 10월 혁명 50주년 예술 콩쿠르에 김 알렉산드라의 활동에 대한 연극을 가지고 출연할 준비를 하고 있습니다.

올봄에 연성룡 씨(알마아타 거주 고려인 학자)가 당신과 이야기를 나누기 위해 찾아갈 것입니다. 그때까지 당신이 여동생의 남편인 N. B. 에쿠와 담화가 있었으면 좋겠습니다. 그가 김 알렉산드라의 영화 대본을 준비하고 있으니 말입니다. 1957년 이후 극동의 여러 신문과 잡지에서 김 알렉산드라에 대한 기사가 많이 나오고 있습니다. 현재 나는 이 기사를 수집하여 회상기를 만들 준비를 하고 있습니다.

하바롭스크 주 공산당 문서보관소에서 받은 김 알렉산드라에 대한 자료들을 복사해 보내주십시오. 이는 전에도 부탁한 적이 있는데 지금까지 받지 못하고 있습니다. 동시에 에쿠에게서 나의 책

《하바롭스크》를 받아서 돌려주시기 바랍니다. 주소는 모스크바 마야콥스카야 거리 25-37, 12호입니다.

그곳에는 '구벨만 모이세이 츠즈란료비치'가 살고 있는데 그는 김 알렉산드라의 옛 전우입니다. 그와 연락하면 김 알렉산드라에 대한 다른 어떤 이야기를 들을 수도 있을 것입니다. 나는 얼마 전 그에게 당신의 어머니에 대한 내 회상을 보냈습니다.

연해주 고리키 명칭 도서관에서 온 편지도 받았는데 거기에는 《극동에서의 첫 번째 혁명》이라는 책이 있습니다. 이 책은 1905~1908년까지의 극동 역사를 쓴 것인데 저자가 '김 알렉산드라'라는 것입니다. 나는 이 책을 보내달라는 편지를 보냈습니다. 또 나는 한 번 더 하바롭스크 주 붉은군대―붉은 빨치산 부대에 김 알렉산드라의 동상을 세워줄 것을 요청하였습니다. 당신의 어머니에게도 안부를 전해주십시오. 또 여동생과 남편인 에쿠에게도….
안녕히 계십시오.

1965년 2월 8일
이인섭

유리 이바노브나는 마리야의 첫째 딸이다. 그녀의 여동생은 고려인 여배우 류랴 이바노브나이다. 그렇기에 이인섭은 "조선인국립극장은 모스크바에서 진행되는 위대한 10월 혁명 50주년 예술 콩쿠르에 김 알렉산드라의 활동에 대한 연극을 가지고 출연"할 예정이라는 사실을 자랑스럽게 유리 이바노브나에게 알렸다. 그런데 편지에 따르면 여동생 류랴의 남편 N. B. 에쿠도 알렉산드라의 영화 대본을 쓰는 중이어서 극동에서의 내전 상황을 알고 싶어 이인섭에게서 《하바롭스크》라는 책을 빌려갔다. 또 다른 정보는 연해주 고리키 명칭 도서관에 《극동에서의 첫 번째 혁명(1905~1908)》이라는 책이 있는데, 저자가 알렉산드라라는 것이다. 이 말이 사실이라면 알렉산드라가 저작을 남겼다는 말이 된다. 하지만 필자가 하바롭스크 고리키 명칭 도서관에 문의한 결과 그런 책은 찾을 수 없었다.

한편으로 1957년 이후 극동의 여러 신문과 잡지에 김 알렉산드라에 대한 기사가 많이 나올 만큼 알렉산드라 붐이 일어났음을 알 수 있다. 그럼에도 불구, 알렉산드라의 동상 건립은 1957년 하바롭스크 변강위원회 고문서보관소장 엘리자로바가 이인섭에게 보낸 편지에서 처음 언급된 이후 지금까지 이뤄지지 않았다.

10

존경하는 보리스 와실리예비치 씨.

올해 당신의 어머니 김 알렉산드라의 탄생일 80주년이 돌아옵니다. 카자흐공화국 조선인국립극장은 나의 자료에 의해 10월 혁명 50주년을 기념하는 모스크바 예술 공연에 김 알렉산드라에 대한 자료를 수집하고 있습니다. 어머니에 대한 어떤 자료들이라도 좋으니 더 있으면 보내주십시오. 나는 당신에게 내가 가지고 있는 자료와 사진 4장을 보냅니다.

1965년 2월 19일
이인섭

이 말이 사실이라면 알렉산드라의 일대기를 담은 연극은 1965년 모스크바에서 막을 올렸을 것이다. 실로 해빙 이후 10년 만의 일이었다. 알렉산드라가 소련의 심장부인 모스크바에서 연극으로 부활했다면 그 자체만으로도 일대 사건이라 할 수 있다. 하지만 공연 여부는 확인되지 않는다.

11

보리스 와실리예비치 씨.

우선 나 자신을 소개합니다. 나는 올여름에 모스크바에서 당신의 이모를 그녀의 집에서 만난 적이 있습니다. 내 이름은 '김 세르게이 표도로비치'입니다. 나는 당신의 이모에게 어머니의 활동에 대한 자료를 구해줄 것을 부탁했으며 어떤 자료들은 그 자리에서 즉시 얻어 보기도 했습니다.

당신의 이모는 당신 집에도 어떤 자료가 있을 것이라고 얘기를 하더군요. 나는 잘 찾아보고 즉시 보내줄 것을 부탁했습니다. 이젠 당신이 자료를 직접 내게 보내주셨으면 합니다. 나에겐 김 알렉산드라에 대한 말 한마디라도 보물과 같습니다. 당신이 아실는지 모르지만 나는 타슈켄트 출판부와 계약을 맺어 김 알렉산드라에 대한 글을 쓰고 있으며 계약은 올 연말까지 입니다.

모스크바에 있을 때 많은 자료를 모을 수 있었습니다. 그것은 김 알렉산드라를 알고 있던 사람들의 회상기입니다. 그러나 내게는 그녀의 학창 시절과 스탄케비치와의 결혼 생활에 대한 정보가 아무것도 없습니다. 어제 알마아타에서 한 사람이 와서 그곳에 김 알렉산드라와 블라디보스토크에서 함께 공부한 사람이 살고 있다고 하더군요. 그 사람의 아내가 김 알렉산드라와 같이 학교에서 공부했다고 합니다. 그래서 조만간 내가 그곳에 가서 그 사람을 만나볼 생각입니다. 내가 보기에 그가 소중한 정보를 들려줄 수도 있을 것입니다. 무슨 얘기가 있으면 즉시 당신에게도 알리겠습니다.

내가 어떤 기사를 읽었는데 당시 하바롭스크에서 김 알렉산드라라는 조선인 여성만큼 연설을 잘하는 사람이 없었다는 것입니다. 멘셰비키의 우두머리였던 '바쿠즌'의 재간도 그녀에 비교하면 아무것도 아니라고 합니다. 이는 김 알렉산드라에 대해서 많은 것을 말해줍니다.

이런 말을 듣는 당신의 기분도 좋으리라고 생각합니다. 한마디로 나를 될 수 있는 대로 많이 도와주십시오. 당신이 보내는 자료들은 읽은 후에 다시 돌려보내겠습니다. 하바롭스크에 살 때 당신 어머니와 가족들이 살고 있었던 집이 어느 거리에 있었는지 모르겠습니까. 집 주소와 구조며 방이 몇 칸짜리였는지….

나는 올해까지는 타슈켄트에 있을 작정입니다. 내년 1월 1일부터는 모스크바에 가서 일을 할 것입니다. 나는 진짜 모스크바 시민이 되었습니다. 딸네 집에 주소를 정해 수속했으나 내 집을 영원히 떠나기는 싫군요. 내년에 모스크바에 온다면 내 집에 꼭 들리시기 바랍니다. 안녕히 계십시오.

1965년 9월 27일

김 세르게이 표도로비치

김 세르게이 표도로비치는 작가이자 언론인으로 활동한 김세일 (1912~1999)을 지칭한다. 러시아 연해주 포시예트 구역 박석골에서 출생한 그는 블라디보스토크 조선사범대를 졸업하고, 26세 때 중앙아시아로 강제 이주를 당한다. 이주 이후 일자리가 없어 농장에서 일하던 그는 조선어 교육이 폐지되고 이를 러시아어가 대체하게 되자 조선학교의 러시아어 교사로 재직했다.

이후 소련공산당 중앙위원회 직속 고급 당학교를 통신 과정으로 수료한 그는 공산당에 입당한 후 《레닌기치》 기자로 활동하다가 제2차 세계대전 기간에 소련군에 입대해 대일 전쟁에 참전했다. 해방 이후 소 군정과 함께 평양에 입성한 그는 소련군 신문기자로 10년 가까이 활동하다가 1954년 모스크바로 귀환했다. 다시 《레닌기치》 기자로 복귀한 그는 1956년 스탈린 격하 운동으로 정치 상황이 급변하자, 강제 이주 이후 잊고 지냈던 과거로 눈을 돌려 소설 창작에 매진한다. 그가 1968년부터 2년 동안 《레닌기치》에 연재한 장편소설 〈홍범도〉는 고려인 산문문학의 개가라고 할 수 있다. 소설 〈홍범도〉는 역사소설의 성격을 가지는 동시에 이인섭이라는 실존 인물의 진술을 기반으로 한다는 점에서 기록문학의 특성을 보여준다. 그만큼 고려인 문단은 기록문학을 중심으로 한 사실주의 성격이 강했다.

편지에 따르면 당시 우즈베키스탄 타슈켄트에 살던 김세일도 모스크바의 마리야를 찾아갔던 모양이다. 그 역시 마리야의 회고를 청취하고 다수의 문건을 확보했음에도 불구, 알렉산드라의 학창 시절과 스탄케비치와의 결혼 생활에 대한 정보에 목말라한다. 아울러 알렉산드라가 멘셰비키의 우두머리였던 '바쿠즌'보다도 대중 연설을 잘했다는 기사를 읽었다고 보리스에게 전한다. 또한 그는 1966년 1월 1일부터 모스크바 시민이 되어 모스크바에 거주하게 되었음을 자랑스럽게 털어놓는다. 그만큼 모스크바 이주는 어려운 일이었다. 그는 소설 〈홍범도〉를 모스크바에서 매주 집필해 원고를 카자흐스탄 알마티(알마아타)의 레닌기치사에 우편으로 보냈다.

12

보리스 와실리예비치 씨.

나의 공저자와 함께 영웅적인 볼셰비키 당원이며 국제주의자였던 김 알렉산드라의 일생과 활동에 대한 진실된 소설을 쓰려고 하는 나는 그녀의 아들에게 말합니다.

우리는 당신의 용감한 어머니에 대해 많은 기록 문서 및 기타 정보를 수집했습니다. 또 그녀의 여러 시기에 대해서 기억하고 있는 사람들을 만났으니 당신도 더 기억하고 있는 것들을 적어 보내주면 좋겠습니다.

당신 어머니에 대한 실제적인 기억이 당신을 기쁘게 할 것이라고 우리는 확신합니다. 마지막 어머니와의 작별은 당신이 8살 때인 1918년이었고 그런 나이로서는 많은 것을 몰랐을 것이나 기억에 남아 있는 만큼의 역사적인 진실을 되살려 답변을 해주시기 바랍니다.

1. 1917년 어머니가 블라디보스토크에 와서 당신의 형 그리고 할머니를 데리고 무라비요프-아무르스키 역으로 데리고 가기 전 당신의 어린 시절에 대한 어떤 기억이 남아 있습니까.

2. 무라비요프-아무르스키에 살았을 때 무슨 기억이 있습니까.

3. 하바롭스크에 있을 때 어머니와 만났던 어떤 기억이 남아 있습니까.

4. 마지막으로 어머니를 만났을 때 그녀가 무슨 말을 했는지요.

5. 당신과 형 그리고 할머니 셋이서 하바롭스크를 떠나 시넬리코보라는 촌에 간 후 얼마 되지 않아 아버지가 나타나서 형 왜체슬라브를 데려간 사실이 기억납니까. 스탄케비치 아버지에 대해서는 무슨 기억이 납니까. 그 얼굴을 되살릴 수 있습니까. 당신에게는 무슨 얘기를 했습니까.

6. 형에 대해서, 그의 성격은 어떠했습니까. 당신과의 사이는 어떠했습니까. 그의 얼굴을 되살릴 수 있습니까. 당신에게는 무슨 말을 했습니까.

7. 당신의 사진을 보내주시고 또 어떻게 생활을 꾸려왔으며 성공했는지 알려주십시오.

8. 당신의 교육을 맡은 아버지 오가이와 그 가족, 그에게 가족이 있었는지, 있었으면 그들 중 누가 지금도 살아 있는지 이야기해주십시오.

대신 우리가 알고 있는 점에 대하여 어머니의 다른 이야기를 알고 싶으면 언제든지 물어주십시오.

1966년 2월 26일

비홉스키

또 다른 연구자인 비홉스키는 번호까지 매겨 조목조목 보리스에게

묻는다. 어머니에 대한 기억, 보모 할머니에 대한 기억, 무라비요프-
아무르스키에 살던 기억, 하바롭스크에서 어머니와 나눈 마지막 대
화, 형 왜체에 대한 기억과 인상, 교육을 맡은 아버지 오가이에 대한
기억 등등. 모든 질문은 보리스를 끊임없이 들쑤셨다. 보리스로서는
그 질문에 일일이 답변해야 할 의무도 없었다. 그렇다고 해서 답변하
지 않는다면 더 많은 의문을 키우는 일이기에 보리스는 이러지도 저
러지도 못하는 전전긍긍의 시간을 보냈을 것이다.

13

존경하는 보리스 와실리예비치 씨.

당신의 편지를 받고 매우 기뻤으나 당신이 내 질문에 대해 도와
줄 수 없다는 것을 알고 매우 실망했습니다. 제발 제 질문에 대한
답변을 속히 보내주십시오. 이것은 나에게 큰 도움이 될 것입니다.
부탁합니다.

내 질문에 대한 답변 외에 당신의 이력서와 사진을 받았으면 좋
겠습니다. 김 알렉산드라에 대해 말할 때 그녀의 아들에 대한 사실
도 매우 중요하지 않겠습니까. 당신은 혼자의 힘으로 인생을 걸어
가고 성공을 거두었으며 훌륭한 가족을 가진 매우 강인한 사람이
라고 할 수 있습니다.

당신의 어머니에 대해 어느 정도의 자료를 모았는가에 대해서
는 꽤 많은 자료를 모았다고 할 수 있습니다. 다만 그녀의 어린 시
절에 대한 자료와 1905~1907년 사이의 혁명운동에 참가한 사실을
좀 더 첨부할 필요가 있습니다.

또 1917년에 그녀가 모스크바와 페트로그라드에서 누구와 만났는가에 대해서는 정보가 없습니다. 마지막 총살 현장에 대해서도 몇 가지 의문이 있습니다. 1917년 당신의 형과 어머니와 함께 살았다는 무라비요프-아무르스키의 생활에 대하여 또는 당신 가족들의 이별 장면 등은 기억나지 않습니까. 그녀의 페리미 나제진스크, 옴스크 시기의 활동에 대해서도 정보가 없기는 마찬가지입니다.

당신은 나에게 김 알렉산드라를 알고 지내던 사람들과 서신 왕래가 있냐고 물었지요. 나는 골리온코, 게라시모바, 표도레츠, 보로가비치, 보드리, 이인섭, 박청림, 추프로프, R. N. 김, 골치체르, 스탈포바, 박노순 그리고 당신의 사촌 누이 류라 채와 그녀의 어머니 등과 서신 연락이 있습니다.

그 외에 다른 문서보관소, 박물관, 도서관들과도 연락이 있습니다. 이 일은 아주 어렵지만 이미 시작한 일이니 그것을 진실하게 규명하고 확실히 해야 되겠습니다. 내가 누구냐는 당신의 질문에 대답하겠습니다.

나는 오랫동안 잠수함 승무원이었으며 '판테라'라는 잠수함의 선장이었습니다. 지금은 은퇴했지만 문학, 역사에 관심을 두고 있습니다. 당신의 어머니 즉, 해군과는 전혀 무관한 어머니에 대해서 관심을 갖게 된 경위는 다음과 같습니다.

내가 은퇴 후 아무르 해군에 관한 자료를 찾고 있을 때 우연히도 당신 어머니의 일생에 대한 자료를 발견하게 되었습니다. 그때 나는 전에도 그 사실에 대해 들은 기억이 났습니다. 그러다가 결국은 생각해냈습니다. 1928년의 일입니다. 당시 프룬제 명칭 해군대학 학생으로 '김 아베르킨 추프로프'라는 한인 학생과 만난 적이 있습니다. 그는 니콜라옙스키-아무르스키 근처에서 태어났다고 하더군요. 한번은 내가 그에게 1918년 오데사에서 백위군에게 총살당한 용감한 프랑스 혁명 당원 '잔나랴부르그' 여사에 대해서 이야기했을 때 그 이야기와 비슷한 당신의 어머니에 대한 이야기를 하더군요. 아베르킨이 자신과 친척 분이라고 했지만 그때는 김 알렉산드라라는 이름을 얼핏 들어 기억하지 못했습니다. 지금에 와서야 나는 그 일을 기억해냈으며 그때부터 김 알렉산드라에 대한 기록 소설을 써 그녀의 일생을 영원히 가슴에 간직하려고 결심했습니다. 나의 이러한 작업은 역시 해군 시절 동료들이 도와주고 있습니다.

자, 앞으로 서로 알고 지냅시다. 이것이 우리가 하고자 하는 필요하고도 영광스러운 일을 하는 데 큰 도움을 줄 것입니다. 편지를 기다리겠습니다.

1966년 3월 13일

비세노비치

또 한 사람의 발신자인 비세노비치는 매우 문제적인 인간으로 보인다. 그는 이 편지 이전에도 여러 차례 보리스와 서신을 주고받아 요점과 급소를 잘 알고 있는 인물이다. 알렉산드라의 행적 가운데 모스크바와 페트로그라드에 간 일이 있는지, 만약 갔다면 무슨 일로 갔는지 묻고 있다. 지금껏 아무도 알렉산드라의 모스크바 체류와 페트로그라드 체류에 대해 물은 이는 없었다. 그런데 비세노비치는 불쑥 보리스에게 그 점에 대해 묻는다.

비세노비치는 매우 활동적인 사람이었는지, 알렉산드라를 알고 지낸 모든 사람과 서신 왕래를 했다고 털어놓는다. 골리온코, 게라시모바, 표도레츠, 보로가비치, 보드리, 이인섭, 박청림, 추프로프, R. N. 김, 골치체르, 스탈포바, 박노순 그리고 보리스의 이종사촌 누이 류랴 이바노브나 채와 보리스의 이모 마리야가 그들이다.

더 기이한 일은 그가 알렉산드라의 오빠인 추프로프의 아들, 즉 보리스와 사촌 형제인 '김 아베르킨 추프로프'라는 한인 학생을 1928년에 만났다는 사실이다. 그는 편지를 쓴 1966년으로부터 무려 38년 전인 1928년의 기억을 떠올린다. 당시 김 아베르킨 추프로프는 러시아의 해군사관학교인 프룬제 명칭 해군대학 학생으로 재학했다. 페테르부르크에 소재한 프룬제 해군대학은 고교 과정을 마친 학생(17~18세)들이 진학해 초급 해군장교를 육성하는 5년제 해군학교로 1701년에 개교했으며, 모스크바 근교에 위치한 3년제 프룬제 군사대학과는 별개의 교육기관이다.

비세노비치는 프룬제 해군대학 재학 시절, 아베르킨에게서 알렉산드라에 대한 이야기를 들은 적이 있었으나 까마득히 잊고 있다가 '판테라'라는 잠수함 선장을 끝으로 전역해 아무르 해군에 관한 자료를 찾던 중 우연히 알렉산드라에 대한 자료를 읽고 감동을 받은 나머지 소설을 쓰기 위해 자료를 수집하기 시작했다고 보리스에게 털어놓았다. 그는 해군 시절 동료들의 도움을 받고 있다고 했다. 그는 알렉산드라를 보리스의 어머니에서 고려인 모두의 어머니로, 그리고 러시아 해군마저도 인정하는 아무르의 영웅으로 부활시키고자 했다.

14

보리스 와실리예비치 씨.

오월 명절을 축하하며 당신과 가족들에게 좋은 일이 있기를 기대합니다.

무슨 이유인지 모르겠으나 내 편지에 대해서 답변이 없습니다. 나는 당신의 질문에 대해서 즉시 답변을 해드렸으며 당신도 그럴 줄 알고 있었는데 내 질문과 관련, 무슨 비밀이 있어서 대답을 주지 않는 것인지 모를 일이군요. 만약 그렇다고 솔직히 답변하면 더 이상 아무것도 묻지 않을 것입니다. 혹시나 당신의 형이 다른 이름으로 비밀 생활을 하고 있는지 아니면 외국에 살고 있는 것인지 그래서 답변을 하지 않는 것인지 그런 일이 아니면 당신이 즉시 답변을 했을 것인데 말입니다.

나에게 당신과 형의 사진이 있습니다. 둘 다 아주 어릴 적에 찍은 것입니다. 서로를 잊지 않았을 터인데 답변이 없는 것을 보면 다른 이유가 있는 모양입니다. 나는 잊지 못할 알렉산드라의 아들에게 좋은 마음만을 간직하려고 합니다. 내가 아는 다른 사람들을 통해서 파블로다르에 있는 당신에게 찾아가 보라고도 하고 싶지만 남을 경유하여 이야기를 듣고 싶지는 않군요.

당신과 직접 편지해서 이야기하는 것이 좋겠지요. 이번에는 무슨 회답이 올 것을 믿으며 이만 줄입니다.

1966년 5월 2일

비홉스키

비홉스키는 1966년 2월 26일 보낸 편지에 대한 답장을 받지 못했는지 5월 2일 다시 보리스에게 편지를 보냈다. "오월 명절"이란 제2차 세계대전의 승리를 기념하는 5월 9일 전승일을 말한다. 이런 인사말은 당시 소련 사회에서는 늘 주고받는 관용어나 마찬가지지만 문제는 그다음 문장이다.

"내 질문과 관련, 무슨 비밀이 있어서 대답을 주지 않는 것인지", 혹은 "솔직히 답변하면 더 이상 아무것도 묻지 않을 것"이라든지 "혹시나 당신의 형이 다른 이름으로 비밀 생활을 하고 있는지 아니면 외국에 살고 있는 것인지 그래서 답변을 하지 않는 것인지"라는 대목이 그것이다. 비홉스키는 답장을 보내지 않은 보리스를 다그친다. 어쩌면 비홉스키는 답장을 받지 못해 받은 마음의 상처를 이렇게 협박성 비슷한 문장에 담아 보리스에게 보냈을 수도 있다. 해빙의 시기라지만 이 정도의 급박한 편지를 받고 보면 두려운 생각이 왜 들지 않겠는가. 이런 질문은 스탈린 폭정 아래 살았던 소련 시민들의 내면에 균열을 일으키기 마련이다.

그때는 수많은 사람이 가족과 친척이 받은 억압 때문에 늘 공포를 느끼며 살아갔다. 만약 왜체가 그 아버지인 스탄케비치의 부르주아적 영향을 받은 반볼셰비키적인 인물이라면 그런 사실을 고발하지 않은 보리스에게도 연대책임이 돌아올 수 있었다. 하지만 보리스는 1918년 하바롭스크에서 왜체와 헤어진 뒤 아무런 소식도 듣지 못했다. 그런데도 비홉스키는 막무가내로 압박하고 있다.

문밖은 위험한 이웃이 두 귀를 쫑긋 세우고 다니는 염탐꾼의 세계였다. 모든 시민에게 스탈린 체제가 침투했다. 그러니 해빙도 믿지 못할 해빙이었다. 녹은 줄 알고 뛰어든 강엔 여전히 살얼음이 얼어 있었다. 보리스는 더 이상의 오해를 막기 위해 비홉스키에게 답장을 보낸다.

15

존경하는 비홉스키 씨.

당신의 편지를 5월 8일에 받았습니다. 당신의 솔직한 말에 반갑습니다. 당신은 왜 내가 당신에게 답변을 하지 않느냐고 물었습니다. 그건 전에도 여러 동지들에게 여러 차례 같은 답변을 했기에 이제 와 반복하고 싶지 않아서입니다. 나는 이런 질문들과 관련 노보시비르스크, 하바롭스크, 안디잔, 모스크바, 타슈켄트 등에서 연락이 있었고 지금도 계속되고 있습니다.

나는 이것이 나의 사적인 연락이라고 생각합니다. 또 내가 아는 바 당신은 이미 알렉산드라에 대한 많은 자료를 가지고 있는 것으로 보입니다. 그것을 내가 읽어보기 전에는 아무런 답변을 할 수가 없군요. 이것이 당신이 말하는 '가정의 비밀'이라는 것일까요.

편지에서 보면 당신은 경험 많은 해군이자 비밀요원인 체키스트였으며 시인인 것 같습니다.

나도 해군에서 복무했으며 비밀요원이었고 대전자포에서 근무했습니다. 군대 지식은 아주 유용한 것이었으나 조국전쟁(2차 세계대전)에 단 한 번도 참가하지 못했습니다. 조국의 어려운 시기에 나는 집단농장 지배인이었으며 거기서 비록 후방이기는 하지만 조국의 승리를 위해서 노력했습니다.

나는 어머니의 동지였던 볼셰비키 당원 골리온코에게 편지를 쓴 적이 있는데 자기 할머니 말에 의하면 나의 양아버지 스탄케비치 씨의 부모는 사업가였는데 적극적으로 소비에트 정부를 위해 싸운 것이 아닌 동청철도 건설업자였으며 거기서 어머니가 통역으로 일하면서 스탄케비치와 알게 되었으며 나중에 그 아들과 결혼했음을 내게 얘기했으나 아직 그녀로부터의 답변은 더 이상 없습니다.

당신이 지적한 바와 같이 나는 내가 정직하지 않은 사람이라고는 생각지 않습니다. 현재 형이 소비에트 정부를 피해 어딘가에 다른 성을 가지고 살고 있어 그것을 숨긴다든지 외국에 나가 살고 있다고 묻는다면 그것은 호전적인 질문입니다. 당신이 꼬치꼬치 캐물으니 나에게도 골치 아픈 문제를 다음과 같이 답변합니다.

1. 나는 소련 국적 소유자로 절대로 내 평판을 해친 일이 없으며 어머니가 목숨까지 바쳐 세계 최초의 사회주의국가를 건설하는 데 희생했음을 자랑스럽게 느끼며 이를 적극적으로 지켜나가겠습니다.

2. 골치 아픈 문제는 내 자신이 김 알렉산드라의 아들로서 조국 건설에 어떤 역할을 했는가입니다. 기여는 적습니다. 정직한 소련 공민이었다는 것은 그리 큰 것이 아닙니다. 사회의 적극적인 건설자가 되었어야 했는데도 나의 생활에 어려움은 있었습니다. 그 어려움을 나 혼자 극복해야 했습니다. 사람들은 김 알렉산드라의 아들이기 때문에 더 훌륭한 일을 할 것으로 생각하는데 그 점이 나에게는 큰 부담입니다. 지금껏 이 문제를 아무에게도 말하지 않았으나 이제 와서 나는 나의 자서전을 완전히 알게 되었습니다. 이제는 나에게 형 '왜체슬라브 마르코비치 스탄케비치'가 있다는 것을 숨

길 이유가 없습니다. 오히려 많은 사람들이 김 알렉산드라에게 딸 둘이 아니라 아들이 둘 있다고 썼으며 그것을 증명할 공증된 호적 출생부도 있습니다.

하바롭스크 아무르 공원에서 어머니가 칼미코프 백위군에게 총살당할 때인 1918년, 형과 나는 헤어졌습니다. 그 당시 나는 시넬리코보 마을로 옮겨졌으며 할머니의 말에 의하면 당시 칼미코프 악당으로부터 우리를 숨기기 위해서였답니다. 얼마 지나지 않아 스탄케비치 아버지가 나타나서 왜체슬라브를 데려갔습니다.

그때 나는 그 아버지를 보지 못했습니다. 왜냐하면 내가 한 살도 되기 전에 그와는 같이 살지 못하였으며 왜체슬라브하고도 결국은 1918년 헤어지게 된 것입니다. 그 후로는 아무런 연락도 없었습니다. 나는 그를 오랫동안 찾았습니다.

1963년 극동주 공산당출판사 문서보관소를 통해 나의 친이모 '마리야 파블로나 채'를 찾았고 지금 그녀는 모스크바에서 살고 있습니다. 그녀의 말에 의하면 1941년 왜체슬라브가 항공대학에 입학하기 위해 필요한 서류들을 가지고 왔답니다. 나에게는 아무런 연락이 없었습니다. 1918년까지 우리는 친형제처럼 지냈습니다. 그때 나는 8살, 형은 10살이었습니다. 그의 아버지는 폴란드인이었습니다. 내 생각으로는 왜체슬라브가 조국전쟁에서 죽지 않았다면 지금쯤 폴란드에서 살고 있을 것으로 생각됩니다. 그에 대한 다른 기억은 없습니다. 이것으로 끝마치겠습니다.

1966년 5월 9일

오가이 보리스 와실리예비치

보리스는 반격에 나섰다. 신경질적으로 소용돌이치는 심정을 억누르면서. "나는 이것이 나의 사적인 연락이라고 생각한다", "이것이 당신이 말하는 '가정의 비밀'이라는 것인가" "당신은 경험 많은 해군이자 비밀요원인 체키스트(1928~1932년 사이 반혁명 및 투기 단속 비상위원회 요원)였으며 시인인 것 같다", "나도 해군에서 복무했으며 비밀요원이었고 대전자포에서 근무했다", "나의 양아버지 스탄케비치 씨의 부모는 사업가였는데 적극적으로 소비에트 정부를 위해 싸운 것이 아닌 동청철도 건설업자였다", "당신이 지적한 바와 같이 나는 내가 정직하지 않은 사람이라고는 생각지 않는다", "형이 소비에트 정부를 피해 어딘가에 다른 성을 가지고 살고 있어 그것을 숨긴다든지 외국에 나가 살고 있다고 묻는다면 그것은 호전적인 질문이다" 등등.

보리스는 조목조목 번호를 매겨 비홉스키가 딴마음을 먹지 않도록 반격했다. "골치 아픈 문제는 내 자신이 김 알렉산드라의 아들로서 조국 건설에 어떤 역할을 했는가입니다. 기여는 적습니다. 정직한 소련 공민이었다는 것은 그리 큰 것이 아닙니다. 사회의 적극적인 건설자가 되었어야 했는데도 나의 생활에 어려움은 있었습니다. 그 어려움을 나 혼자 극복해야 했습니다. 사람들은 김 알렉산드라의 아들이기 때문에 더 훌륭한 일을 할 것으로 생각하는데 그 점이 나에게는 큰 부담입니다"라고.

그리고 가장 아픈 질문에 해당하는 왜체 형에 대해 이렇게 진술한다. "하바롭스크 아무르 공원에서 어머니가 칼미코프 백위군에게 총살당할 때인 1918년, 형과 나는 헤어졌습니다. 그 당시 나는 시넬리코보 마을로 옮겨졌으며 할머니의 말에 의하면 당시 칼미코프 악당으로부터 우리를 숨기기 위해서였답니다. 얼마 지나지 않아 스탄케비치 아버지가 나타나서 왜체슬라브를 데려갔습니다. 그때 나는 그 아버지를 보지 못했습니다. 왜냐하면 내가 한 살도 되기 전에 그와는 같이 살지 못하였으며 왜체슬라브하고도 결국은 1918년 헤어지게 된 것입니다. 그 후로는 아무런 연락도 없었습니다. 나는 그를 오랫동안 찾았습니다"라고.

보리스는 놀랄 만한 사실도 털어놓고 있다. 왜체 형은 1941년 모스크바 항공대학 지원 서류를 쓰기 위해 이모인 마리야 채를 모스크바 집으로 찾아왔지만 항공대학에 입학을 포기하고 아버지의 조국인 폴란드로 돌아간 것으로 알고 있다고. 이런 답장을 쓰는 보리스의 손은 얼마나 떨렸을까.

16

보리스 와실리예비치 씨, 안녕하십니까.

어떻게 지내고 있습니까. 하바롭스크에 당신의 어머니 동상을 세울 계획이 있답니다. 자료들을 찾기 위하여 나는 크즐오르다 시에 가서 한 달 동안 있다가 며칠 전에 돌아왔습니다. 당신 어머니에 대한 자료와 사진들을 보냅니다. 동상을 세우는 데 필요한 당신의 가족사진, 당신의 사진 그리고 지금 어디서 무엇을 하고 있는지, 어디서 공부했으며 등을 적은 간단한 이력서를 보내주시기 바랍니다.

내가 하바롭스크 공산당 중앙위원회에서 받은 자료들을 크즐오르다에 사는 오가이 예카테리나에게 남겨두고 왔습니다. 당신은 그녀에게 그 자료를 요구할 수 있으며 그 자료들을 볼 수 있습니다. 당신이 하바롭스크 주 공산당 중앙위원회 문서보관소 '엘리자로바' 소장에게 편지를 쓰는 것이 좋겠습니다. 그곳에서 받은 자료를 복사해 나에게도 보내주십시오.

1967년 9월 12일

이인섭

이인섭은 하바롭스크 공산당 중앙위원회가 알렉산드라의 동상을 세울 계획이 있음을 보리스에게 재차 알린 한편, 자료를 찾기 위해 크즐오르다에 가서 한 달간 머물렀다고 밝힌다. 그는 크즐오르다의 오가이 예카테리나를 방문했다. 그녀는 오가이 와실리 와실리예비치와 둘째 부인과의 사이에서 태어난 딸로, 첫 부인과의 사이에 태어난 마나로비치의 이복동생이다. 그렇다면 보리스의 친부는 대체 누구란 말인가. 오가이 보리스라는 이름이 말해주듯 그는 오가이 와실리 와실리예비치의 성姓을 물려받은 아들로 살아왔지만 과연 그 이름이 호적에 올라있는지 여부는 여전히 불확실했다. 그로부터 4년이 지난 1971년 보리스는 마침내 극동주 국립문서보관소로 편지를 보내 자신의 친부가 누구인지를 조회하기에 이른다.

오가이 보리스 와실리예비치에게.

러시아공화국 국동주 소비에트   카자흐공화국 파블로다르 시

집행위원회   쿠이븨예바 거리 54-45호

문서보관국
극동주 국립문서보관소
1971년 9월 22일
번호 0-15
주소 블라디보스토크 볼로다레코보 22번지
전화 2-01-23, 2-31-27

존경하는 보리스 와실리예비치 씨.
극동주 국립문서보관소에서는 당신을 오가이 와실리예비치 씨의
양자로 삼는다는 것을 증명할 법적 수속 문서가 없으며
김 알렉산드라 페트로브나 스탄케비치에 대한 정보도 없음.
우리는 김 알렉산드라에 대한 정보를 모은 책과 회상기 등을
통해서만 알 수 있을 뿐으로 당신은 문서로 확인을 요구하나
구체적인 자료는 없음.
당신의 생년월일, 아버지의 성, 어머니의 성에 대해서는
우리가 주 문서보관소 호적등록과에 조회서를 보냈음.

극동주 국립문서보관소 지배인 줴. 이. 드빈스키
과학 연구원 에르. 엠. 리쎈코

극동 국립문서보관소의 회신을 받은 보리스는 하늘이 무너지는 심
정이었을 것이다. "당신을 오가이 와실리예비치 씨의 양자로 삼는다
는 것을 증명할 법적 수속 문서가 없으며 김 알렉산드라 페트로브나

스탄케비치에 대한 정보도 없음"이라니. 또한 "당신은 문서로 확인을 요구하나 구체적인 자료는 없음"이라니.

보리스는 서류상 사생아였단 말인가. 사생아私生兒의 사전적 정의는 "법률적으로 부부가 아닌 남녀 사이에서 태어난 아이"이다. 그렇다면 친부인 오가이 와실리는 보리스를 호적에 올리지 않았단 말인가. 그 랬다. 보리스는 오가이 와실리의 호적에 올라 있지 않은 사생아였다.

보리스가 태어난 때는 오가이 와실리가 블라디보스토크 신한촌 한 민회 부회장으로 활동하던 1910년이다. 그때는 한인 정치 망명자들 과 함께 도우며 항일운동을 전개할 때다. 당시 알렉산드라는 오가 이 와실리와 동거하면서 본격적으로 지하운동을 전개했다. 급박한 시 기였기에 보리스의 출생신고도 2년 뒤인 1912년에야 했다. 와실리 역 시 첫 부인과 이혼하지 않은 상태였기에 보리스를 호적에 올릴 수 없 었다. 보리스는 자신의 혈관에 알렉산드라와 오가이 와실리의 피가 흐른다는 사실을 부정하지 않았다. 그건 시대가 낳은 비극이었을 뿐, 누구의 잘못도 아니었다.

16통의 편지는 이처럼 발신자와 수신자 사이의 세밀한 감정과 인과 관계로 점철되었다. 때로는 과도하게, 때로는 과잉되게 보이는 많은 질문은 보리스를 번민에 휩싸이게 했다. 그것은 질문자의 사리사욕을 채우려는 목적이 아니라 오직 알렉산드라에 대한 지극한 사랑에서 비 롯했음은 의심의 여지가 없다. 알렉산드라 일대기는 이들의 열정에 의해 부분부분 복원되었다.

이력서는 오가이 보리스가 이인섭에게 보낸 답장에 삽지되어 있었 다. 이력서는 1955년 8월 15일에 작성되었다. 이에 따르면 보리스는

<오가이 보리스의 자필이력서>

오가이 보리스 와실리예비치.
1912년 러시아 극동 블라디보스토크 시에서 출생했다.
1918년까지 당시 볼셰비키 당원으로 사업하고 있던
어머니의 돈으로 부양되고 있었다.
1918년 어머니는 하바롭스크 시 소비에트 외무부장으로 있었는데
칼미코프 정벌대에 의해 총살당했음.
아버지는 어렸을 때부터 모른다.
1918년부터 1927년까지 혁명 이후에 교사로 있던 사람의 교육을
받고 자랐다. 그도 1936년에 사망했다. 1927년부터 1929년까
지 국가기숙학교에서 교육을 받고 살았다. 1919년 극동교육부
가 주관하는 하바롭스크 공영경제전문학교에 입학했다.
1931년 전문학교 졸업. 상품담당자 전공.
극동주 노동동맹 소비에트가 나를 노보시비르스크의
무역-상품 전문 대학교로 보냈다. 1935년 대학 졸업 후
하바롭스크 소비조합에서 계획재정부 부장으로 일하는 동시에
노보시비르스크 고등사범 과정을 끝마쳤다.
1935년 러시아 노동자-농민 붉은군대에 징병됨.
극동 블라고베셴스크 시에서 복무. 제12보병사단 제12대포부대.
군 복무 시기 별종, 조준수, 포수대 지휘관으로 복무했음.
1936년 예비군으로 동원 해제.

그 후 공산청년동맹 극동주위원회가 나를 채금회사인
프리모르 졸로토(연해주 금) 회사에 전문가 양성을 위해 보냈다.
거기에서 1936~1937년까지 금 공업 전문가 교육-재교육
지배인으로 일했다.
1937년 나는 카자흐공화국 교육부로 보내졌다.
교육부는 나를 침켄트 주 교육과로 보냈고 그때부터 지금까지
계속 침켄트에서 일하고 있다.
1937년부터 1941년까지 침켄트 주 교육과 계획-재정부 부장으로,
1941년부터 1944년까지 콜호스 중학교 교장으로,
1944년부터 1945년까지 몰로토프 명칭 집단농장 회장으로,
1945년부터 1947년까지 남카자흐공화국 주교육과 소학교
검열관 겸 계획재정부장으로,
그 후 4년 동안 침켄트 식당기업합동에서 일했고
중앙아시아 '강철조립' 관리국에서도 일했다.
현재 침켄트 식당기업합동에서 일하고 있다.
1926~1941년 공청동맹 위원, 1941년 공청동맹 탈퇴,
공산당에 입당한 적은 없음.
유죄 판결 없음. 외국에 친척이나 아는 사람이 없음.
외국에 나간 적이 없음.

1955년 8월 15일

고등교육을 받은 인텔리 출신이다. 그는 포병 지휘관을 거쳐 침켄트
주 교육부 관료와 중학교 교장까지 지낸 당성 높은 인물이지만 공산

당에 입당한 적은 없다. 이는 소련 사회에서 공산당원이 되는 게 말처럼 쉽지 않은 일임을 보여준다. 보리스는 이때까지만 해도 여전히 태생의 비밀을 풀지 못하고 있었다.

Многоуважаемый Борис Васильевич!

Обращаюсь к вам как к сыну героической большевички-интернационалистке А. П. Ким-Станкевич, правдивую повесть о жизни и деятельности которой мы хотим создать вдвоем с моим соавтором. Мы собрали много документальных и иных сведений о Вашей мужественной матушке, выявили многих живых людей, знавших её в разные периоды жизни и просим Вас также помочь нам своими воспоминаниями. Думаю, что Вам приятно будет знать, что

1966년 2월 26일 오가이 보리스 와실리예비치에게 쓴 이인섭의 편지.

*

*

1966년

존경하는 김세일 동지 앞.

1966년 3월 26일에 보내주신 편지를 받아보았습니다. 그런데 심장병으로 그간 고생하신다니 매우 경탄하게 됩니다. 우리 부처夫妻 간도 심장병 기압이 낮아지고 하여 계속 치료를 하고 병과 싸우고 있습니다.

1)추프로프는 알렉산드라의 친오빠입니다. 그는 러시아정교회 예배당에서 세례를 받을 때 양부 러시아 사람의 성을 따서 추프로프라고 하였습니다. 그는 자기 부친 표트르 세묘노비치 김이 두고 간 토지를 가지고 고용 노동자들을 두고 농사를 지어 생활하는 동시에 자기 부친이 동청철도 건설 현장에서 벌어 보내주는 재정을 가지고 생활하고 자기는 노력을 아니 하는 당시 사회에서는 유세

력한 분자의 한 사람인 얼마우재(원호인)였습니다. 그는 자랑하기를 자기가 소비한 러시아 차르 때 지전은 100루블짜리 한 장씩 쌓아놓으면 자기 키만큼 된다고 자랑하였다고 고 최태열 동지는 늘 회상하였습니다. 그는 악명 높은 대한국민의회 열성자였습니다.

1918년 여름에 소왕영에서 소집되었던 국민의회 제2차 대회 당시에 원동소비에트 인민위원회 위원장 크라스노쇼코프와 자기 누이 알렉산드라가 시국 정세를 토론하고 대표들을 향하여 소비에트 조국을 옹호하여 투쟁하자고 호소하자 그는 단포를 빼어 들고 위협하였던 것입니다. 결과 당시 임시 회장이던 이동휘와 서기이던 김립 기타 동지들이 그 회의에서 탈퇴하여 하바롭스크로 돌아갔던 것입니다. 1922년 연해 변강까지 우리 붉은군대와 빨치산들이 해방시키고 1928~1930년 농촌에서 토호를 청산할 시기에 그는 여러 차례에 걸쳐서 토호로 지적되었던 것입니다.

그러나 구역회나 군에서, 현과 변강에서까지 알렉산드라 전우들이 극력 주선하여 추프로프를 경유하여 그가 자기 토지를 콜호스에, 자기 집은 유치원에 기부한다고 청원하고 단 자기는 대단재 농촌에서 떠난 지 오래니 농촌과 관계가 없다고 하여서 모면시킴으로써 알렉산드라 가정을 옹호하는 의미에서 그가 의류 분자가 아니 된 것이 사실입니다.

그래서 나는 그에 대해서 가타부타 아무것도 아니 썼습니다. 그런데 알렉산드라에 대하여 글을 쓰는 러시아 동지들이 사실도 아닌 글을 써서 그의 이름이 희미하게나마 알려지게 되었습니다.

2)마리야 채 남편 채행길은 본시 조선인 순회연극단(남사당패) 단

원 중 어린 배우美童로 대단재 촌에 와서 공연하다가 당시 그 촌 토호 괴수 안 사장이라는 악당에게 억류를 당하여 소위 양자라고 하고 14년이라는 긴 세월을 착취를 당한 사람입니다. 그러다가 1906년 알렉산드라가 피신하여 중국령 산차거우-동령현 남가우령(고려촌)에서 조선 애국자 채광륜을 만나서 그의 소개로 채행길을 비밀 통신원으로 이용하게 되었던 것입니다. 그 후 알렉산드라의 소개로 마리야 김 처녀와 채행길 총각이 자유결혼하게 되었는데 당시 원호촌 사람들은 여호촌 사람들과는 결혼도 아니 하고 독신자들은 '보토재'니 '아재비'니 하고 멸시에 천대를 받든 처지에서 알렉산드라 동생, 김노예 딸, 추프로프의 누이가 남의 집 '보토재' 총각한테 시집을 가게 된 것은 실로 몽상도 못 할 사변이었다고 말할 수밖에 없는 사변이었습니다.

그들 부처(채 마리야 부부)는 1922년에 해방된 연해주에서 농촌 소비에트 대의원으로 천거되었고 대단재 농촌의 프리모르스키(연해주) 빨치산에 조직자들로 참가하였고 김 노예가 예전에 살던 집을 유치원으로 내놓고 유치원을 알렉산드라로 명칭하고 유치원 지도자로 마리야 채가 사업하게 되는 영예를 가지는 행복한 혁명가를 후대에 자랑하였습니다.

3) 오 신부는 연해주 포시예트 구역 농민 가정에서 탄생하여 종교 학교를 졸업하고 해삼 신한촌 러시아정교회 예배당에서 목사로 사업하게 되었습니다.

그는 신한촌을 근거하고 사업하는 조선인 정치 망명자들과 연결을 가지고 반일 운동 사업에 직접 간접으로 참가하게 되었습니다.

그에 대한 사실 중에는 조선 애국자 최 목사가 하얼빈에서 러시아 헌병대에 체포되었을 때 그를 석방시키었고 그 후에도 수차 정치 망명자들이 해삼에서 체포당하게 되면 그는 러시아정교회 목사(중 감사)를 경유하여서라도 석방시키는 데 성공하여 이동휘 김립 기타 들과 지기지후가 되었습니다.

1905년 러시아 제1차 혁명 당시에 오가이는 신한촌에서 자기 부 인과 딸 올리가 기타와 함께 해삼에서 살다가 알렉산드라와 그의 동지들이 차르 당국에서 체포하려고 수색하는데 그들을 도와 피신 하는 과정에 열성 참가함으로써 관계를 가지게 되었습니다.

차르 헌병경찰 당국이 알렉산드라를 찾을 때에는 오 신부 집에 서 그를 자기 부인이라고 하여 수년간 지내며 그 집 전 가족들이 친절히 지내며 위급한 시기를 지냈던 것입니다. 1908년 알렉산드 라가 맏아들 왜체슬라브를 낳았고 1910년 둘째 아들 보리스를 낳 았습니다. 그들이 해삼에서 태어난 것을 보아 알렉산드라가 당시 해삼에 있었다는 것이 실제로 증명됩니다. 이와 같이 오 신부와 알 렉산드라 관계는 만일 차르 당국에서 물으면 외형으로는 부부간이 라고 하였고 사실로는 혁명 사업 하는 전우로 인연을 가지게 된 것 입니다.

1917년 2월 혁명 후에 오 신부는 러시아정교를 걷어치우고 머 리를 시원히 깎아던지고 하바롭스크에 와서 사회생활에 헌신하였 습니다. 그는 조선인민회회장으로, 보문사에서 조선 역사를 출판 하는 데 참가하였고 자유시에서 체포된 이동휘 동지를 해방시키 는 데 열성 참가하였으며 1918년에 한인사회당 조직 시에 개최된 정치망명자대회에 참가하여 한인사회당 부회장으로 피선되었습니다.

그는 자기 조카 오하묵(민회서기)과 함께 로문으로 작성하는 문헌들을 전부 담당하여 우리 로문을 알지 못하는 다른 동지들에게 많은 존경을 받았습니다. 알렉산드라와 오 신부는 1918년에 서로 다른 집에서 생활하였는데 알렉산드라가 자기 아들 형제를 데리고 살았고 오 신부는 자기 부인과 수다한 자녀들과 다른 집에서 살았으나 두 집 가정이 마치 한 가정 식구같이 진정으로 화목하고 친절히 지내던 것이 사실입니다.

우리가 하바롭스크에서 떠나갈 시에 알렉산드라의 아들 형제는 모두 오 신부네 집에 맡기고 갔는데 그 후 알렉산드라가 희생된 후 하얼빈에서 마르크 이오시포비치 스탄케비치가 와서 아들 왜체슬라브는 데려가고 작은아들 보리스는 두고 갔습니다.

그 후 작은아들은 보리스 와실리예비치 오가이라는 공민증을 가졌습니다. 그 후 오 신부 전 가족이나 그를 잘 아는 사람들은 모두 보리스가 오 신부 친아들이라고 하는데 보리스 오가이는 오 신부 양자이고 자기 어머니 알렉산드라는 오가이 보리스 와실리예비치와 아니 살았다고 합니다. 이 점에 대하여 그 당사자 보리스 소원대로 우리는 취급하여야 된다고 생각합니다.

오 신부는 1919년경에 빨치산 부대와 연락하면서 무기(베리단)를 공급하다가 일본 헌병대에 체포되어 여러 달 악형을 당하고 심장에 병을 앓아 석방되어서 사범대학을 필하고 중학교 교장으로 오래 사업하며 많은 표창을 받았는데 지금 크즐오르다에 사는 막내

딸은 리 이반 마나로비치라는 사위와 사는데 그 집에 오가이 가정
도서관이 있고 알렉산드라 사진 원본이 있습니다.

　오가이의 마지막 부인과 딸 올가의 말에 의하면 오가이는 생전
에 알렉산드라에 대한 회상기와 알렉산드라가 친필로 쓴 자료들이
보관되어 있었는데 스탈린 개인 숭배 당시에 오가이는 수일간 수
감되었다가 석방되었고 그 후 크즐오르다에 와서 있을 때 연대장
으로 복무하던 오하묵, 사범대학 총장으로 사업하던 오가이 형제
가 체포될 시에 오 신부의 막내아들이 와서 여러 가지 재료와 사진
들까지 모두 없애버렸는데 심지어 오가이의 이력서까지 없앴다고
합니다. 나는 1957년에 그 집에 가서 6~7일을 유하다가 알렉산드
라 사진 한 장밖에 얻어 보지 못했습니다.

　(추신) 1965년 말부터 레닌그라드에 있는 공산당원 비홉스키 작
가가 10월 혁명 50주년에 대하여 소수민족들이 국민 전쟁에 참가
하던 자료를 수집하는데 도와달라는 서신을 받았습니다.

　그가 알렉산드라 김에 대한 재료를 따로 소책자로 출판하자고
하여 지금 그가 요구하는 첨부 자료들을 공급하고 있습니다. 그리
고 그 후 작가 쉐벨킨도 알렉산드라의 자료를 수집하다가 지금은
그들과 함께 사업하게 되었다고 합니다.

　그런데 그들한테는 이미 얻은 재료(알렉산드라에 대한 것) 십여 가
지가 있는데 내가 1957년에 쓴 자료도 있다고 합니다. 그들은 알
렉산드라의 부모가 조선에서 이주해 오던 사실로 시작하여 소소한
사정들을 문의합니다.

그리고 폴야르나야 즈베즈다(평원의 별) 중학교에서 교원 노릇하다가 지금은 연금 생활을 하는 김 세르게이 표트로비치(김세일)도 알렉산드라에 대한 책을 쓰는데 이미 채 마리야와 보리스 오가이도 방문하였다고 하나 나와는 연락이 없습니다.

아르촘에 사는 박청림이라는 동지도 수년 전부터 책을 쓴다고 했는데 병이 나서 중지하고 있다고 합니다. 오하묵과 오 빼도리(표트르)는 오가이의 친조카였는데 사후에 복권되었습니다. 그리고 오가이 자녀들은 모두 대학을 필하고 모스크바와 원동에서 사업하고 있습니다.

1966년 3월 31일

2. 식료품 문제에 대하여

보내주신 편지와 김승화 작 《쏘련조선인 력사》를 감사히 접수하고 회답을 쓰다가 1966년 11월 25일에 보내주신 편지를 다시 받고 동지가 문의한 순차대로 회서回書를 쓰나이다.

1) 식료품 문제로 카르토치나야 시스테마(식량배급 제도)는 없었으며 농촌에 가서 곡물을 압수한 사실도 없었으며 국민 전쟁 군사 공산 시대에 중앙에서만 곡물 압수가 있었고 원동에서는 아예 없었소.

하바롭스크가 소비에트 주권인 볼셰비키 주도하에 들어오자 식료품 및 일용품 가격은 매일 올라가고 나중에는 특히 결핍하여 새로 조직된 적위군과 생산 노동자 공급에 극심한 곤란을 당하였소.

당시 에세르-멘셰비키 악당들은 속히 전쟁이 일어난다고 무르만스크 항에는 미·영 기타 연합군들이 상륙하였다고 군중들을 선전하였고 자본과 상업과 투기업자들은 식료품을 무제한으로 농민들로부터 사서 감추었고 상업자들은 물가를 마음대로 올리었소.

멘셰비키 악당들은 부자와 상업과 토호들을 결탁하여 식료 부족이 모두 볼셰비키들이 지도하는 소비에트 주권 당국들이 인민들을 관리하려는 정책이라고 군중들을 선동하기 시작하였소. 이와 같은 난관을 극복하기 위하여 러시아사회민주노동당 시당 간부회에서는 수차례 회의를 열어 알렉산드라 책임비서 지도하에 다음과 같이 결정을 지었는데,

① 시내 각 상점 쿤스트알베르스와 미추린 기타 상점에 감독원들을 파견하여 물가를 올리거나 투기업자들에게 도매로 팔거나 식료를 감추는 일을 세밀히 감시하고 범죄자들을 처벌케 하였소. (당시 국가 상점은 전무하고 모두 개인 상업가들이었소.)

② 외교인민위원장 알렉산드라에게 중국에서 식료 기타 상품을 수입하는 사업을 위임하고,

③ 일반 당원들을 동원하여 노동자 중-빈농민들에게 선동선전 해석 사업—국제 국내 정세를 자세히 해석하여 멘셰비키-에세르들의 악선동을 반박하였소. 하바롭스크, 블라고베셴스크 기타 도시에 있는 중국 상무회 당국들과 처음에는 중국에서 식료품을 수입하라는 담화를 하고 그들이 승락하자 중국영사관 직원들과 몇 번 연회를 차리었는데 중국 당국들은 자기 주권 주민들 특히 상업가들도 곡물 기타를 수입하기를 요구하는 청원이 있다고 솔직히

말하였소. (이 사업 진행에는 하바롭스크 시내에서는 중국 연길 부윤 감학원으로 사업하던 중어를 잘하는 오성묵, 블라고베센스크에서는 차르 당시부터 헤이룽주 기관 외교원으로 사업하던 김부위라는 애국자들의 활동과 역할이 과연 많았소.)

결과 하얼빈에서 순가리(쏭화강)로 내왕하는 중국 상선들은 단지 식료품만 아니라 여러 잡화도 수입하게 되었소. 그런데 헤이룽장성 일대 곡물은 '애훈'이라는 현에서 직접 아무르강 우리 지역으로 수입시켰는데 이것은 모두 한인사회당 간부위원 이한영 동지가 파견되어 김부위와 함께 외교한 결과였소. 당시 알렉산드라가 우리에게 수차 말하기를 김부위를 우리 영사로 임명하여 애훈 현으로 파견하겠다던 것이 지금에도 기억에 남아 있소.

시세가 이와 같이 되어 수개월간에 도시는 고사하고 농촌까지 식료가 차고 넘게 되자 중국 상점이 설립되어 간상배 사업가들은 이전 무역하였던 식료를 도로 팔고 시장에서 사용하는 금전, 은전, 차르 지폐들을 걷어서 감추기 시작했소. 당시에 사용하던 지폐는 차르 당시 금전, 은전 지폐와 케렌스키 지폐(임시정부에서 발행하였던 지폐)였소. 당시 소비에트 지폐는 발행하기 이전이고 이상의 지폐가 은행에 있는 것을 가지고 노동자와 사무원들의 월급을 지불하였고 사실 1918년 초에야 소비에트 주권이 수립된 원동에는 아무런 수입도 없으나 다름없으니 은행에는 지폐까지 없이 되었소. 결과 우리는 게르보이 마르크(국가수입인지)를 월급에서나 기타로 사용하면서 이후 새로 나올 소비에트 화폐로 바꾸어주겠다고 광포하였소.

이 기회를 이용하여 에세르-멘셰비키 악당들은 또한 볼셰비키들은 국고에 있는 금전, 은전, 지폐까지 모두 없애버리고 게르보이 마르크를 쓰자고 하니 그것을 받고는 물품을 팔지 말라고 악선동을 하게 되자 중국 상민들은 마르크를 받고 물품을 아니 판다고 하여 민심은 소란하게 되었소. 하루는 알렉산드라가 중국 상업가 기타 주민들을 모아놓고서 연단에 나가더니 차르 지폐 1장과 케렌스키 지폐 1장을 가지고서 군중들과 어느 지폐가 더 중한가고(값이 높은가) 하자 모두 차르 지폐라고 대답하였소. (사실 차르 지폐는 케렌스키 지폐보다는 값이 더하였소.)

알렉산드라는 "만일 그렇다면 수입인지도 임시정부에서 발행한 것이 아니라 차르 주권에서 발행하였으니 케렌스키 지폐보다 더 높게 값을 쳐야 될 것이라고 당신네 의견에 동의합니다" 하고 말을 시작하였소.

청중은 대답 없이 잠잠하였소. 그는 다시 연설을 시작하여 "차르 주권이나 케렌스키 주권은 모두 이미 우리 노동자 농민 무산 군중들—중국 인민도 포함한 무산자들이 레닌 선생님 영도하에서 정복되었으니 그들이 발행하였던 화폐들도 주권 잃은 화폐인 것이다. 그런데 이 수입인지는 이후에 발행되는 소비에트 지폐로 교환하여 주자고 우리 인민위원 소비에트에서 선포하고 임시 사용하는 것이다. 그런데 당신들은 차르와 케렌스키 당시에 우리 소수민족들을 비인간적으로 기만 멸시 착취하던 흉계를 계속하려는 당신들이 말하는 '푸당富黨' 부자 무리 멘셰비키들의 충동에 들어서 자기주장과 정신을 잃고서 행동하지 말아야 한다"고 강조하고 결말에는 "이와 같은 악선동을 감행하던 악당들은 상당한 처벌을 받을 것이고 동시에 중국-조선 기타 인민들도 소비에트 주권에서 사용하라는 수입인지를 아니 쓴다고 하는 자도 처벌을 당할 것이니 명심하라"고 듣기 좋게 주의시켰소.

소집되었던 중국 인민들은 자기 말로써 간단명료하게 해석하는 알렉산드라의 연설을 박수갈채로 환영하여 다시는 '푸당'들의 충동에 들지 않겠다고 하자 오성묵 동지는 "러시아 대상업가들은 수입인지를 받고서 물건을 팔면서 중국 상인들이 물건을 팔지 못하게끔 하는 흰파들의 흉계에 우리는 속지 말자"고 하자 군중들은 모두 박수하고 "우리 꼬미싸리를 잘 믿는다"고 하던 사항이 항상 기억에 남아 있소.

1966년 12월 2일

알렉산드라의 전우 이인섭

3. 합동민족적위군 부대 조직 사실

1918년 한인사회당이 조직되어 하바롭스크에 조선사관학교를 설립하였는데 이것은 남만에 있는 독립단(단장 조맹선)에서 이미 양성한 사관학생 1000명을 이전시켜 기본대를 형성하고 그 후에는 소비에트 지대에, 중령에 거주하는 애국청년대들을 대대적으로 모집하여 사관을 양성하는 동시에 단합 농장을 토대로 하고 조선해방군을 양성하려던 장구한 대책이었다. 그리고 교관들은 이미 이동휘·유동열 기타들이 중국 황포, 운남 기타 사관학교에 파견하여 이미 졸업하고 중국군에서 복무하고 있던 장교들 리용, 최명옥, 채영, 한운용과 독립단에서 사업하는 최영호 기타 이전 조선 군대 장교들을 이전시킬 예정이었다.

그러나 남만에서 첫 학생단 50명이 하얼빈에 와서 쑹화강 중국 상선에 앉아 하바롭스크에 당도하자 국민 전쟁이 시작되니 학생들은 계속하여 오지 못하고 중단되었다. 우리들은 독립단 학생들을 여러 지방 아령에서 온 학생들이라고 하고 남만에서 왔다는 것을 극비밀에 부쳤다. 후에 오는 학생들은 위험을 피하기 위하여 하바롭스크와 이만, 블라고베셴스크 등의 간부위원을 파견하여 처음에 학생 모집을 하니 40~50명이 모집되어 사관학교에 유하면서 교련을 받고 있었다.

당시 우리들이 지방으로 떠나갈 때에는 알렉산드라 김한테서 출장 가는 증명서와 여비를 받았는데 그는 항상 우리에게 주의시키기를 "농촌에 나가면 아재비(고용 노동자) 빈농민들에게 공산주의 꽃씨를 많이 심으시오. 그리고 각 촌에 중국 홍의적들을 방어하기 위하여 지방대를 조직하고 무기를 장만하라고 선전하고 조직하는 데 도와주오. 학생 모집에 대하여는 더 부탁하지 않겠소. 동무들이 직업적으로 하는 사업이니까. 그런데 우리 볼셰비키들은 무슨 사업인지 착수하면 성공하고 마는 데 습관이 되어야 되오" 하고 우리 두 손을 꼭 쥐고 부탁하는 사실이 항상 잊히지 아니한다.

그런데 6월 말에는 우수리 전선이 열리어서 사관학교는 열지도 못하고 합동민족부대에 편성하게 되었다. 노문으로 된 선포문을 알렉산드라한테서 받아서 중국 글로 오성묵이가 번역하고 일어로는 김립·유동열이가 번역하고 석판에다가 이한신이가 찍어내는 사업이 시작되었다.

동시에 그해 3월부터 외국인들을 소비에트 국민으로 받아들이는 사업을 시작하였는데 당시 하바롭스크 조선민회 서기인 오하묵이 입적하는 사람들의 청원을 써가지고 승인을 받고 소비에트 국민으로 되었다는 증명서를 가져다 나눠주었는데 우리 한인사회당 당원들과 사관생도들이 모두 입적증서를 타고 소비에트 국민이 되었다.

동시에 케렌스키 주권당국에서 감옥에 가두었던 제1차 세계대전 당시 포로병들인 웽그리아(헝가리), 체코 기타 수천 명을 석방시켜서 외국노동자협의회를 조직하고 그들을 소비에트 국민으로 수용하느라고 알렉산드라는 참말 눈코 뜰 새 없이 분망하였는데 그들은 모두 후일 적위군에 참가하여 우수리스크 전투에 참가하였다. 당시 외국 노동자 회장은 골드핀게르 아브구스트 프란체비치였다.

한인사회당에서 적위군에 조선 부대를 편성한다는 사실이 우리 《자유종》과 선포문(삐라)에 발표되자 조선인 토호 에세르들로 조직되었던 악명 높은 전로한족총회(3·1운동 후에는 대한국민의회)는 발악하기 시작하였다. 그들 기관지 《청구신보》(주필 윤해, 부주필 오창환)에는 조선 인민들은 "러시아 정변에 참가할 것이 아니라 중립하여야 한다"고 지적하고 "대한 독립은 다만 파리에서 열리는 평화회의에서 미국 윌슨 대통령이 지적한 민족자결주의에 있다"고 하였다. 이를 반대하여 한인사회당에서는 일본 제국주의자를 포함한 제1차 세계대전에 참가하였던 미국 영국 기타 승전 국가들이 모두 세계 식민지를 다시 분할하는 '양의 고기를 판다고 현관에 써 붙이고

개고기 파는' 회의에 가서 빌 것이 아니라 소비에트 영역에 몰염치하게 침입한 미국, 일본, 프랑스, 이탈리아 기타 무장 간섭자들에게 반항하고 소비에트 주권을 옹호하는 적위군에 참가하는 것으로 우리는 조선 해방전쟁을 무력 합동민족 군사력으로 개시한다고 선언하였다.

그 후 한족총회 문창범을 괴수로 하는 악당들은 "대한 인민의 변절자 집단 '한인사회당' 당원들인 붉은파인 마우재 볼셰비키들이 자기 민족을 팔아먹는 두 번째 일진회(매국노)들이다. 대한국민인 청년들은 이동휘, 김 알렉산드라 일파들이 의붓아비인 홍파(붉은 볼셰비키)를 떠메고서 춤추는 추잡한 붉은파 군대에 한 사람도 참가하지 말라"는 선포문을 조선인 농촌에 살포하였다.

그뿐인가. 놈들은 최의수를 그해 7월 초에 우수리 전선을 넘어 하바롭스크 이동휘 동지에게 보내 파리에서 개최되는 만국평화회의에 해외 대한 인민들을 대표해서 가고(가는 대신) 한인사회당 적위군에 조선인들의 참가를 폐지하자는 정치적 희극을 감행하였다.

당시 이동휘 동지는 하바롭스크 포폽스카야 18번지 보문사 마당 안 벽돌집에 있었다. 들어가서 첫 칸에는 우리 병원 약국 의사 신성삼, 간호원 박영숙(유동철 부인)이 있고 그 집 마지막 방에 이동휘가 류하는데 면목을 알지 못하는 사람들은 이동휘 있는 방으로 허가 없이 못 들어갔다.

이한영, 이인섭, 김립은 그 집에서 두 집을 지나 있는 두 층대 벽돌집 한인사회당 사무실에서 시무하고 있었다. 이한영 동지가 전화를 받았는데 박영숙이가 전하기를 어떤 면목 알지 못하는 사람이 와서 성제(이동휘) 선생을 찾기로, 없다고 하는데도 그의 방으로 들어가니 빨리 와서 보라는 것이었다. 이한영 동지는 "형님 같이 가보게요" 하고 나를 보자 둘이 떠나가게 되었다.

나는 마당에 나서가 보이는 석전(돌싸움)하기 좋은 돌 2개를 집어 협량에 넣으니 이한영이는 히죽이 웃으며 말이 없었다. 이한영 동지가 앞을 서서 성제 선생 방문을 열고 들어가자마자 "야, 이 개자식 잘 왔구나" 하며 오른손으로 귀쌈을 치는데 혼비백산한 최의수는 놀라 밖으로 따라 나왔다. 이인섭이가 힘껏 골받이(헤딩)를 하는 바람에 최의수는 코정방을 얻어맞고 선지피를 입으로 게우고 장판에 쓰러졌다. "야들이 사람을 쥑인다" 하고 성제 선생이 달려 나와 인섭이를 끌어안았다.

"선생님! 나를 놔주세요" 하고 몸부림을 치고 따라 나가는 신성삼 박영숙을 성제 선생이 끌어안았다. 최의수는 달아나고 이한영 동지는 망치를 쥐고 따라 나갔다. 당시에 제일 곤란하던 문제는 중국에서 오자던 조선인 장교들이 오지 못하는 문제였는데 최명옥 동무는 우리가 떠난 후에야 당도하였다. (최명옥은 몇 해 전 크즐오르다에서 사망하였고 근 10년 감옥 생활에 불구가 되었다.)

이와 같은 곤란은 중국인 적위군에서도 있었다. 1917년 알렉산드라가 하바롭스크에 당도하여 중국 정치 망명자 순지우 동지를 만났는데 그는 의화단 사건에 참가한 혁명가였다. 그를 중심하고 중국 노동자들 가운데 공산주의자 그루빠(그룹)가 조직되고 그의 지도로 적위군 부대를 조직하고 무장까지 내어주었다. 당시 중국 자본가 소굴이던 하바롭스크 시 아무르강 변 홍커우에 있는 상무회를 중심하고 반동분자들은 우리 조-중 적위병들을 보면 일하기는 싫어하고 부자들 재산을 앗아먹는 궁당이라고 비소하고 소비에트 주권을 음흉하게 비관하였다.

1918년 7월 초였다. 알렉산드라는 "중국 반동분자들이 순지우 부대 무장을 해제하기 시작하였다"는 첩보를 받았다. 조선인, 마자리(만주), 러시아 적위군 부대와 러시아 조선 민경들을 동원하여 중국인 부락을 포위하고 영사관과 상무회를 포위하여 중국인들(경찰대)을 무장 해제하고 집집을 수색하고 혐의자 수십 명을 검거하고 개인들 집에 있던 장총 단총들을 죄다 압수하는 무시무시한 대수색이 진행되었다. 놈들에게 억압당하였던 순지우 부대들이 선두에 나서서 반동분자들을 모두 체포하였다.

중국인 극장(창시간)에는 수다한 중국인들이 모아들기 시작하였다. 연단에는 군모(포바크)를 쓰고 군복을 하고 단포를 찬 알렉산드라 김이 나섰다. 그는 중국어로 시국 정세를 말하고 외국 무장 간섭자들—미국, 일본, 프랑스, 이탈리아, 캐나다, 중국 군대까지 포함하여 소비에트 주권을 옹호하기 위하여 조직하는 조선, 중국, 마자리 기타 합동민족부대에 반항하여 음모하는 악당들—을 모두 군사재판에 넘겨서 처단한다고 강경히 경고하였다.

그리고 "만일 자백한 자들은 용서를 받을 것이다"고 하자 범죄자들이 자원하여 나와서 용서하여달라고 자백하고 수십 명 노동 청년들이 순지우 군대에 자발적으로 참가하겠다고 나서게 되었다. 이 사변을 보고 창황망조한 상무회 당국들과 중국영사관 대변인들이 연단에 나타나서 다시는 어떠한 사변도 없도록 자기들이 조직할 터이니 용서해달라고 하던 사변은 우리 기억에 언제든 남아 있다.

1966년 12월 3일

이인섭

4. 알렉산드라의 개인적 인간 생활에 대하여

하바롭스크에 있을 때 포폽스키 정거장에서 들어가는 큰 거리 왼편 거리에 이층집 위층에 살았는데 집 안에는 보잘 것 없는 정치 망명자 생활 그대로 보통 장 1개, 걸상 몇 개뿐이었소. (당시 크라스노쇼코프 기타들의 집도 마찬가지였소.)

식구는 1908년생 왜체, 1910년생 보리스, 16세가량 되는 러시아 여자(식모) 그리고 알렉산드라까지 4인이었소. 알렉산드라Ким는 별로 집에 있지 못하고 분주하고 피곤하게 사업하였는데 주일에 간혹 집에 있게 되면 러시아 동지—이전 정치 망명 생활하던 동지들—조선 중국 마자리 동지들—이 찾아와서 담화하니 그에게는 늙은 혁명가들의 제일 다정한 지기지우였소. 그에게는 자기 집에 누가 가면 마중 나와 두 손을 꼭 쥐고 다정히 대하고 조선 혁명가, 이동휘 기타를 대할 때에는 항상 "선생님"이라고 존칭하였고 나를 만나면 "이완"이라고 나는 그를 "수라"라고 하였고 러시아 노동자들이 있을 때에는 그가 나를 "이완 세르게예비치"라고 하고 나는 그를 "알렉산드라 페트로브나"라고 존칭하였소.

그리고 오 신부 가정과는 두 집 식구가 마치 한 친척같이 친밀하였으나 혹시 우리들이 무슨 담화할 사업이 있으면 조용히 오 신부네에 가서 토의하게 되면 그 집 있는 음식을 차려 권하고 (알렉산드라의) 아들을 (보고) "조카가 왔다"고 하였소. 그의 동생 마리야는 당시 대단재에 있었으나 연락이 없었소. 1918년 5월경에 소왕영에서 소집되었던 한족총회 회의 장소에서 크라스노쇼코프 위원장이 토론하다가 조선 토호들에게 언권 정지를 받았고 알렉산드라가 토론하는데 그의 오빠 추프로프가 단총을 겨누고 자기 누이를 위협하니 임시 회장 이동휘, 서기 김립, 기타들이 회에서 탈퇴하여 하바롭스크로 돌아와서 '조선자치국'을 조직하고 '한족총회'를 폐지하였으나 이미 시기는 늦었던 것이오.

알렉산드라는 보통 시에는 수수한 여복을 입었고 머리에는 수시가 조롱조롱 달린 섈에를 쓰는데 간혹 조선 늙은이들이 있는 집에 가면 여자들 있는 방으로 들어가서 여러 여자들과 인사하고 나중에는 새이깐(사이 칸) 문을 열고 남자 노인에게 인사하고 여자들과 같이 앉아 담화하여 존경과 친애를 받았소.

사무실에 다닐 때는 검은 천 양복을 입고 보통 신발을 신고 머리에는 오리 깃을 붙인 여자모를 쓰고 다니었소. 당시 그가 큰 거리에 나타나면 아이들이 '우리 꼬미싸리'가 간다고 소리를 치고 모여들면 그는 연연한 손을 들어 아이들에게 답례하며 지나가면 마차나 간혹 자동차로 오고 가던 남녀들이 가던 걸음을 멈추고 그가 아니 보일 때까지 바래든 것이 지금에도 기억되오. 그를 모두 '우리 꼬미싸리'라고 하였소.

그는 10월 혁명 후에도 자기 전우를 사사로 만나서 담화를 할 시간도 없이 분망하였으나 언제든지 곤하다든지 쉬어야겠다든지 하는 말은 들을 수 없고 매우 피곤하면 그의 두 뺨에 죽은깨가 나타

났소. 그럴 때 나는 그를 만나면 "좀 쉬시오, 수라, 죽은깨가 없어
지게요" 하면 그는 대답하기를 "혁명가는 우리가 지금처럼 곤하게
사업할 시기가 오기를 도달하기 위하여 투쟁하던 이전 시기를 잊
지 말아야 하오. 우리 앞에는 지금보다도 곤란한 사변을 정복할 과
업이 많이 있으니 아직 휴식이란 것은 생각할 여지도 없으니 시작
한 우리 사업을 성공할 때까지 휴식을 생각지 말아야" 된다고 하던
말을 마치 어제 들은 듯한데 어느덧 50주년이 지내갔소.

존경하는 동지! "알렉산드라에 대한 각본을 쓰는 것은 다른 각본
을 쓰는 것보다 몇 곱절 더 힘듭니다" 하는 말씀을 절실히 동감합
니다. 나는 눈물 없이는 회상하지도 못하고 글을 쓸 수도 없는 우리
영웅의 업적을 1957년부터 시작하여 초집하다가 10월 혁명 50주
년을 앞에 두고 동지를 만나서 그의 업적을 조선극장 무대를 경유
하여 수천 수만 우리 관람자—후진들에게 알려주는 데 여러 해를
두고 창작하는 동시에 그가 성공되도록 성의를 다하는 극장 당국
에 감사를 드리며 희생되어 말 못하는 우리 영웅 알렉산드라를 추
억하고 머리를 숙이나이다. 동지! 창작에서 성과와 성과를 쟁취하
시라고 또 부탁하나이다.

1966년 12월 4일

이인섭

5. 콜차크의 패망

1918년 11월 13일 밤. 옴스크 큰 감옥이 있는 지점에서는 장총,
기관총 소리가 동삼 밤중의 적막을 깨뜨렸다. 이곳은 콜차크 악당

들이 감옥에 갇힌 정치범들을 학살할까 봐 도시에 비밀리에 조직되어 있는 볼셰비키 군대들이 금방 강 얼음을 건너선 붉은군대들과 합세하여 감옥을 수비하던 흰파 군대를 쫓고 감옥을 점령하는 전투였다.

콜차크 악당들은 2~3일 동안 지원병을 모집하느라고 큰 거리에다가 큰 상을 내다 놓고서 그 곁에는 여러 가지 장총도 쌓아놓고서 누구든지 가서 등록하면 그 자리에서 무기를 준다고 하여 우리 볼셰비키들은 힘들게 무기를 비밀리에 장만하던 문제는 쉽게 해결되었다.

당시 토볼스크를 악전고투로 해방시킨 3호 군단과 첼랴빈으로 진공하여 나오는 5호 군단은 밤중에 이르빌리강 얼음판을 건너서 거의 날이 밝을 시에야 옴스크 도시를 해방시키었다. 흰파들은 화약고를 폭파시켜서 수다한 건물을 파괴하였다.

날이 금방 밝자 여러 공장에서 기적을 뽑는 소리, 우라(만세) 소리와 같이 여러 도시에서는 호각 소리, 아우성 소리가 들리더니 팔과 모자에 붉은 댕기를 두른 민경들이 나타나고 여러 기관 집들에서, 개인 집에서, 씨비리(시베리아) 총독부 청사 꼭대기에도 '붉은 깃발'이 펄럭이게 되었다.

14일 12시쯤 되어서 바이아야 거리 63호 집에는 말머리, 말꼬리까지 붉은 천으로 주렁주렁 드리우고 왼팔에는 붉은 댕기를 두르고 무장한 붉은 군인 2명이 나타났다. 그들은 "이 집이 이인섭이와 김 류바가 사는 집인가?" 하고 물었다. 당시에 필자는 동지들이 전투하는 곳에 나가 있어서 집에는 없었다. 류바는 "주인은 집에 없다"고 하니 군인들은 "주인을 총사령관이 오라고 합니다" 하여서 군인들은 류바를 털가죽 옷으로 뒤집어 입혀가지고 말 썰매에 얹혀가지고 옴카강 철교를 건너다가 나를 만나서 씨비리 총독이 있던 집에 가서 당시 5호 군단 사령관이던 스미르노프를 방문하게 되었다.

총사령관은 자리에서 일어서 이미 다정히 알던 전우처럼 손을 잡으면서 "승리를 축하하오" 하였다. 나는 처음으로 그와 같은 책임자를 대하는 것인 만큼 다만 "감사합니다" 하고만 대답하였다. 사령관은 "당신네 대표 이한영, 박애 두 사람은 장티푸스에 걸려 지금 첼랴빈스크 야전병원에서 치료를 받고 박진순이는 모스크바로 떠나갔습니다. 우리는 그들에게서 또한 우리 공작원들에게서 당신의 소식과 사업을 잘 알고 있습니다"고 하였다. 그제야 나는 총사령관이 나를 청한 이유를 알게 되었다.

그는 새 소식이 있는가 하고 물었다. 나는 대답하기를 "우리 동지들이 러시아 동지들과 지금 전선으로 나가서 싸우는 중이고 크라스노야르스크에는 변창호 동지가 지도하는 우리 조직이 있으니 지금부터 그들과 연계를 가지고 사업하여 또 그 도시를 해방시킬 때에 조선 부대들이 참여할 것"이라고 보고하였다.

이 보고를 들은 사령관은 또다시 손을 잡고 "전투적 감사를 드리오" 하고 자리에 앉더니 초인종을 누르자 그의 부관이 나타났다.

그는 명령하기를 "지금 전선에 나가서 이 도시에서 무기를 가지고 우리 붉은군대들과 함께 싸우는 조선 사람들을 모두 모아서 시내 어느 한 장소에 모아가지고 식료 기타를 모두 공급하게 하고 보고하라"고 말하였다. 그리고 나를 보고서 "다시 감사를 드리오. 당신네 100 사람이 지금 우리 전선에서 싸우다가 한 시간에도 수천 명씩 희생당하는 용사들의 떡(흘레브)은 날라다 주지 못할 것이오. 속한 기일 내 옴스크에 속성 사관 양성소를 설하게 될 것이오. 그러니 그 사관학교에 조선인 반을 조직하고서 사관을 양성하여 원동과 중령에 공작하는 조선 빨치산대로 파견하시오. 거기서는 사관이 없어 곤란을 당하는 것이오" 하였다.

이 말을 들은 나는 이상한 감동에 사로잡히었다. 나는 사령관이 조선인 부대를 더 모집하여 전선으로 내어 보내려고 한다는 데 생각이 사로잡히었다.

나는 조선반을 열면 250명은 공부시킬 수 있겠는가 하고 물었다. 그는 말하기를 "2~3일간으로 외교부 전권위원인 빌린스키 동지가 여기로 올 것이니 여러 가지 자세한 사업 방침을 토론하라고 하더니 지금 5호 군단 야전병원 원장은 조선 의사 전윤언인데 당신을 잘 아는 친구라며 수일 안에 그도 만나보라"고 하였다. 이 소식을 들은, 알렉산드라 김 지도하에서 페름 도시에서 공작하던 동지 전윤언이는 당의 사업을 충실히 실행한다는 것을 속으로 감탄하였다.

11월 17일 외무인권위원부 원동부가 옴스크에 와서 씨비리 국립은행 집을 차지하는 사업이 시작되었다. 전권위원으로 빌린스키 대리로 가폼이 와서 사업을 실행하였는데 선우정, 리피득 동지도 그 기관 사무원으로 왔다. 그들에게서 우리 대표들 박애, 이한영 동지들이 야전병원에서 치료하는 동안 박진순 동지만이 무사히 모스크바에 간 사실을 알게 되었다.

수일 후에 모스크바에서 얀손 동지가 내도하여 전권위원으로 일하게 되었는데 그는 하바롭스크에서 1918년 알렉산드라 동지와 함께 일하던 사람이었다. 나는 전권위원회에서 일하게 되었다. 나는 알렉산드라 김이 포로로 되었을 때 나에게 지시하던 여러 가지 과제를 자세히 말하였다. 얀손 동지는 모두 실행할 수 있는 문제이니 우선 사업자들을 징모하라고 하고 자기의 대리 가폼 동지를 청하여놓고서 둘이서 사업서를 작성하라고 하였다. 처음으로 비밀리에 공작하던 동지 안경억, 최영훈, 조구봉 기타 12명 열성자들로 러시아 공산당 기관 내에 '고려부'를 조직하니 이것이 러시아 공산당 안에 처음으로 조직되는 고려부였다.

시내에는 러시아 사관학교에 조선반을 특별히 조직하고 전체 사무를 안경억 동지에게 위임하고 조선말로 신문을 출판하기로 하고 일-중-조선말로 된 자료들을 번역하여 중앙 신문에 게재하고 로문으로 번역된 공산주의 서적 소책자들을 조-중-일어로 번역하여 출판하는 사업을 착수하였다. 시작할 사업이 많고도 많은데 사업할 인재가 문제였다. 비밀 공작하던 사람들은 있으나 사업할 장소가 없던 것 같더니 정작 해방이 되고 나니 사정은 판이하였다.

사관학교 교관 문제는 참으로 망연하였다. 조선말로 된 교과서가 없었다. 안경억, 최영훈, 조구봉 동지들은 시내에서 거주하는 조선 사람 수천 명을 개인개인 찾아다니면서 인재를 구하기 시작하였다.

처음에는 평양 이전 전위대 상등병 김명한 동지를 만났고 제1차 세계대전에 참가하였다가 대포 사격에 허리를 부상하여 쓰지 못하는 애국지사 이다물 선생을 만났다. 김 메포지와 최 필립을 만나서 그들이 교관으로 일하게 되었다. 그런데 그들은 헐벗고 신발도 없이 지내는 동지들이었다. 우리는 의연금을 걷어서 그들의 의복과 신발을 갖추어 주었다. 그들은 자기들이 있는 열성을 다하여 사업을 하였다. 톰스크. 세미팔라딘스크, 튜멘 각 도시에 있는 우리 동지들 120여 명은 사관 학생으로 모집되어 개학하였다. 당시 그들의 열성은 일찍이도 그 후로도 볼 수 없던 진정의 사변이었다.

사관학교 고려인 교장은 이다물이었는데 그는 허리를 상한 곳이 완치되지 못하여 붕대로 싸매고 좌우 팔에 나무다리를 끼고 간신히 동작하였는데 개학 첫날부터 침대를 강당 한 귀때기에 대어놓고서 거기서 유하면서 러시아말로 발표된 교과서를 가지고 조선말로 번역하여 강의를 하면 학생들이 필기하였다. 그는 학생들에게 진정한 존경을 받았는데 특히 지적할 것은 학생 한 사람이 그의 곁에 앉아서 밤낮으로 같이 있다가 대소변을 받아내고 음식도 권하고 하며 잠시도 그이 곁을 떠나지 않아서 일반의 동정과 칭찬을 받았다.

김 메포지 동지를 대대장 겸 교관으로, 최 필립 동지를 중대장 겸 교관으로 모두 학생들과 합숙에서 유하면서 러시아 교과서를 번역하고 강연하였고 체조 교사는 김명환 동지가 조선말로 교련하였다.

안경억 동지도 집에서 떠나서 학교에 가서 학생들과 같이 공부하였는데 지금도 잊지 못할 사실은 당시 그는 2살 먹은 아들이 집에서 앓아 죽었는데 가보지도 아니하고 그의 친구 최영훈 동지가 자기 동지를 데리고 가서 장사 지냈던 것이다.

신문을 발간할 인재에 대한 문제는 이미 여름에 튜멘 도시에 거주하는 이성 동지를 만나서 상론한 일이 있으나 그는 당도하지 아니하고 그 도시에 유하던 우리의 비밀 공작원 안용학 동지가 와서 말하기를 그들 형제는 튜멘에서 전투 시에 떠나서 토볼스크로 떠났다고 하였다.

그래서 토볼스크 시 혁명위원회에 전보를 쳐 그들을 찾아 옴스크로 보내라고 하였으나 없다는 회전을 받고서 안룡학 동지를 파견하였는데 그들이 떠나오는 것을 중도에서 만나 당도하였고 이성, 이괄 형제는 채동순이라는 이전 흰파 장교를 데리고 왔는데 중어를 번역하는 번역원으로 사용한다고 하였다.

결과 석판인쇄로 《새벽종》이라는 주간 신문을 발간하는데 이성이 주필이고 이괄 동지가 글을 써서 인쇄하게 되었다. 이것이 조선 말로 출판된 당 기관신문으로 소련공산당에서는 처음이었다.

이제는 외교인민위원회 전권위원부에서 외국 신문 자료들을 번역하고 주의적인 책자들을 번역하는 문제였다. 당시 씨비리와 구라파 등지에 거주하는 조-중 인민들은 모두가 노동자들이었다. 그들 가운데 번역원을 얻어 보기에는 극난한 일이었다. 그중에서도 사관학교로 쓸 만한 동지들이 동원되니 인원을 구하기 더욱 곤란하였다.

페름 시에서 공작하던 우리 당원 이제와 임치학 동지가 찾아오고 옴스크에 있던 손풍익 기타 동지들이 모였으나 모두 러시아말을 모르는 동지들이었다. 그러다가 채 그리고리(성룡) 동지를 만나게 되었는데 그는 로문을 잘 아는 동지였다.

그리고 러시아 학교에 유학하던 김시돌 기타 3~4명의 청년들을 모집하여 사업을 시작하였다. 그래서 로어 아는 사람들이 책을 보고 서로들 조선말로 대강 말하면 조선말 아는 사람이 조선 글로 받아쓰는 일을 하여서 2~3인이 합하여 힘든 번역 사업도 하였다. 그런데 중어나 일어를 아는 사람은 필자 하나뿐이었으며 중-일 잡지에 있는 자료들을 필자와 채성룡이가 같이 번역하여 중앙 신문에 게재하게 되었다. 중어로 서적을 번역할 인재는 얻어보기가 극난하였다.

그래서 필자는 안용학 동지와 여러 날을 두고 상론한 결과에 이 사업을 붉은군대 합동민족부대에 중국 동지 수만 명이 공작하고 있는 모스크바에 가서 해결하기 위하여 안용학 동지가 출발하여 모스크바에 가서 중국 혁명동지들과 상의하여 모스크바 시당 간부 내에 중국과를 조직하고 제3국제당 2차 콩그레스에 중국 대표로 안용학 동지가 참가하였고 나는 그 후에 중국부 선전부장으로 참가하였다.

1919년 12월 14일에 노보시비르스크 도시를 해방시키고 28일에는 이르쿠츠크에서 콜차크 대장이 우리 붉은군대와 빨치산 부대에 체포되어 군사혁명위원회 판결로 종말을 고하게 되었다. 1920년 1월 ~7월 1일까지 미·영·불 기타 간섭군(일본은 제외)들은 전부 원동에서 철병하였다. 조선으로는 임치학 동지가 공산주의의 씨를 가지고 떠나갔다.

원동 수청의 선우정, 박준팔 동지들이 떠나가고 이제 동지가 솔밭관 공산당에 파견되어 《군성》과 《한살림》 주필로 사업하였다. 이들은 모다 1917년에 알렉산드라 동지 지도하에 사업하던 사람들이었다. 얀손 동지도 이르쿠츠크 도시로 떠나갔다. 그리하여 그렇지 아니하여도 일꾼 부족을 느끼던 우리는 더 큰 곤란을 당하게 되었다.

1920년 1월. 얀손 동지는 가폼과 나를 이르쿠츠크로 바삐 오라고 전보하였다. 그래서 우리는 갈 적에 채성룡이를 데리고 가게 되었다. 우리는 중앙에서 파견되어 해방된 도시들에 당과 소비에트 기관 지도자로, 신문 주필, 기타 등과 같이 동행하여 노보시비르스크에 당도하니 흰파들이 장티푸스에 앓아 죽은 것이 수천이었다.

크라스노야르스크 도시에서 행정기관을 정돈하는 사업에 참여하고 이르쿠츠크에 당도하였다. 얀손 동지는 이르쿠츠크 시 군사혁명위원회 위원장 겸 외교부위원으로 혼자서 분주히 보냈다. 그는 가폼과 필자를 대하자 모스크바에서 레닌 동지로부터 지시를 받았는데 "조선, 중국, 몽골, 일본 혁명위원회를 조직하고 기밀리에 사업에 착수하라"는 것을 위임하였다. 며칠 후에 모스크바에서 중국 동지 류야오 동지가 왔고 몽골 대표 초이발산 동지가 와서 임시위원회를 형성하고 위원장을 가폼 동지로 하고 우리들은 위원이 되어서 사업 설계를 작성하고 사무실을 정리하여 사업에 착수하였다. 일본 대표가 없으니 필자가 정식 대표가 올 때까지 대리하게 되었다. 로문으로 작성된 일본 군인에게 전하는 삐라는 내가 번역하였다. 이것은 알렉산드라 김의 유언이 실현된 것이다.

옴스크 사관학교 조선반이 종업하였다는 보고로 안경억 동지가 가게 되었다. 얀손 동지의 지시에 의하여 당시 이르쿠츠크, 크라스노야르스크, 베르흐-네우진스크에 있는 조선인 부대들과 몽골 부대, 중국 부대, 마자리 부대들도 연합하여 5호 군단 내에 합동민족 부대를 편성하였다.

사단장은 중국인 순푼 동지, 조선 연대 연대장에는 김 메포지, 대대장 최 필립, 제1중대장 한호, 2중대장 남도희, 3중대장 조구봉, 4중대장 최영훈, 5중대장 고운용 기타 사관학교 출신들이었다. 이 조선 연대는 다음 해 '공산주의 연대'라고 하였다.

원동소비에트 인민위원회 위원장이던 크라스노쇼코프 동지가 보다이보 등지에서 공작하다가 이르쿠츠크에 당도하였다. 그를 만나서 알렉산드라 동지와 함께 사업하던 사변 등을 자세히 말하며 추억하였다.

원동에서 1918년에 사업하던 러시아 동지들 27명이 이르쿠츠크에 당도하였다가 모두 남쪽 전선으로 떠나가고 크라스노쇼코프만 남아 있었다. 1920년 4월 원동에서 미, 영, 불 무장 간섭자들은 모두 철병하여 떠나고 단지 일본군만 남아 있으면서 소비에트 주권을 원동에서는 허용치 않겠다고 반발하였다.

얀손 동지의 직접적인 지도에 의하여 일본군과의 직접 전쟁을 피하기 위하여 완충국인 원동공화국을 조직하고 중국 북경으로 전권대사를 파견하게 되었다.

원동공화국 주석으로 크라스노쇼코프 동무가 사업하게 되었다. 그는 당시 필자와 이런 농담을 주고받던 것이 항상 기억에 남아 있다. 그는 말하기를 "이동휘 동지는 지금 상해 불란서 조계지 안에서 조선 임시정부 총리대신으로 일하고 나는 지금 베르흐-네우진스크 도시에서 원동공화국 주석으로 일하게 되오. 우리는 모다 알렉산드라 김의 전우들이오. 그가 없는 비애는 이동휘나 내가 피차 일반이오. 그러니 우리는 서로 사업에서 사회주의를 누가 더 잘 건설할 토대를 닦아놓는가로 경쟁하겠다"고 하면서 웃었다.

그런지 며칠 뒤엔 이동휘 동지가 파견한 대표 한용헌이 와서 2~3일 지체하면서 가폼 동지의 접견을 받고서 모스크바로 떠나가고 그가 가져다가 크라스노쇼코프에게 전한 편지는 원동공화국 신문에 발표되었다.

한인사회당은 상해에서 공작하다가 제3국제당에서 파견한 보이딘스크 동지 참가하에서 '한인공산당'(고려공산당)으로 고치었다. 1920년 말에 박진순 동지도 상해에 가서 공작하고 있었고 기관 잡지로《효종》과《공산》이 발간되었다. 그 잡지는 조선, 일본, 중국 각 지역에서 공작하던 당원들에게 분전되었다.

로령 원동에서는 중국 랴오허강 호림 지대까지 중국 우편들을 경유하여 보내고 이만 시를 경유하여 빨치산 부대 기타의 공작원에게 분전되었다. 1921년 봄에 한인공산당에서는 원동공화국 수도 치타에다 공산당 대표회를 개최하려고 준비위원회를 파견하였다. 처음으로 김하영, 최광륜 동지가 상해에서 오고 그다음에는 오성묵이 이동휘의 특사 자격으로 왔는데 그와 동행하여 북경 시를 근거하던 당 조직에서 유동렬 기타 7~8명이 치타에 당도하였는데 그중에는 중국 동지도 있었다.

동시에 연해주 수청 빨치산에서 공작하던 장기영 기타 동지들도 만났다. 이르쿠츠크에서 김철훈, 이성 기타들도 치타에 와서 회의를 이르쿠츠크에 가서 하자고 주장하면서 치타 원동 뷰로 안에 조직하였던 러시아 공산당 내 고려부를 국제당 동양비서 명의로 해산하였다. 그러니 박애가 또한 고려부 비서하던 이름까지 박탈을 당하였다.

오랜만에 장기영 동지를 다시 만나서 피차간에 지내던 사정을 차제에 말하였는데 그가 수청 빨치산 지방대들과 함께 협력하여 왜놈들이 조선 빨치산들에 대항하기 위하여 조직하였던 중국 마적들을 토벌하던 회상을 재미있게 들었다.

유동열을 만나서 그간에 진행하던 사정, 필자가 이미 참가하여 진행하던 사정과 지금 이르쿠츠크 동양 비서부 내 고려부 사정을 자세히 진정으로 말하였다. 그리고 당분간 치타에서 휴식하면서 필자가 하는 사업에 함께 참가하자고 제의하니 그들은 이르쿠츠크에 가서 보고서 의사에 맞지 않으면 돌아온다고 하고 가더니 그들 공상은 망상으로 되고 말았다.

오성묵 동지를 3년 만에 만나서 그에게서 상해임시정부 내막, 한인공산당 사항, 자기가 이동휘와 동행하여 광동 정부에 가서 손일선과 진형명을 회견하던 사항을 자세히 들었다. 대표회는 이르쿠츠크에 가서 하기로 하여 모다 치타에서 떠나게 되었다. 오성묵이도 떠날 채비를 하였다.

그는 처음 만나서부터 아르쿠츠크 사정을 물으니 말하지 아니하고 요즘에 진행되는 회의에 온 여러 사람들도 만나서 사실들을 잘

들은 후에 만나자고 냉정히 대하였다. 그는 당시 박창극(국민회파)네 집에서 유하였다. 필자는 잠깐 조용히 만나 상론할 일이 있으니 나 있는 데로 같이 가자고 그는 승락하여 함께 떠나게 되었다.

외무성 책임자들이 유하는 기숙사에서 필자는 통신부장 네 부처가 유하는 기숙사에서 혼자 큰 방을 차지하고 유하면서 그 방에서 밤이면 낮에 필요한 일을 계속해나갔다. 그는 필자가 유하는 방에 들어와서 중국, 일본, 조선, 미국 기타에서 출판된 서적, 일본말로 된 삐라 기타를 보게 되었다. 그리고 외무성 일꾼들이 무료로 공급받는 식당에 가서 점심까지 함께 먹었다. 그때까지 필자는 치타에 당도하기는 2~3개월이 되었지만 조선 동포들을 만난 적도 없었고 그들도 내가 무슨 일을 하는지도 몰랐다.

오성묵 동지는 여러 가지 잡지들과 신문들을 고찰하기 시작하였다. 그러다가 거기서 붉은 연필로 표해놓은 것을 발견하고 담화를 시작하였다. 당시 상해임시정부 기관지 《독립신문》(주필 이광수)에서 말하기를 "예수는 말하기를 부자가 천당에 가기는 황소가 바늘구멍 가기보다 더 힘들다고 하였으니 예수는 공산주의자이다"고 한 그곳에 밑줄을 표한 이유를 묻게 되었다.

"성묵 형님!" 하고 필자가 답변인지 담판인지 시작하였다. "요즘에 여러 동지들을 만나다가 최광륜 씨를 만났습니다. 그런데 그는 시간만 있으면 성경을 쥐고 시간만 있으면 낭독하거나 흥미가 나서 단소를 부는 것을 나는 깊게 비참하게 보았습니다. 그는 상해에서 파견한 공산당대회 준비위원 중 한 사람이기 때문입니다. 그래서 나는 그에게 묻기를 '당신은 한인공산당에서 파견한 대표인 공산주의자로서 어찌 되어 공산주의 서적은 안 보고 성경책만 봅니까?'고 문의하니 그는 서슴지 않고 대답하기를 '사람이 살기 위해서는 공산주의를 믿고, 죽어서 천당에 가기 위하여서는 예수를 믿습니다'고 대답하였습니다. '그러니 이광수와 최광륜이 다른 점이 무엇입니까, 이런 공산주의자들이 공산당대회 준비위원이라고 하니 한심한 일이 아닙니까?' '알렉산드라 동지는 생전에 준비되지 못한 공산주의자 100명을 조선으로 파견하는 것보다 좋은 공산주의 소책자 1권을 번역하여 보내는 것이 낫다던 말이 옳다고 생각합니다.' 이후에 우리와 함께 옴스크에서 공작하던 최영훈, 안경억, 조구봉 기타들을 만나면 형님은 괄목상대한 것입니다. 그들도 맑스-레닌주의로 무장한 훌륭한 정치가고 붉은군대 정교들입니다"고 하였다.

그는 그날 밤을 필자와 함께 유하면서 지나간 사변을 담화하고 필자가 번역한 문헌과 '군사정치학교' 강의를 필기하여 두고 또는 그 이튿날 강습 시간에 같이 가서 몇 시간을 방청하더니 자기도 공부하겠다고 하여서 그는 군사정치학교를 필하고서 이르쿠츠크를 떠나가니 조선인 정치학교 강사로 사업하다가 하바롭스크에서 러시아 공산당 간부 고려부장으로 사업하였다.

이르쿠츠크파에서는 당시 모스크바에 가서 공부하려고 떠나가는 학생들을 공산당대회로 오는 대표들을 위해 정거장에 동원하여 나와서 군악을 재피고 환영하여 맞아들였다. 이렇게 허무추잡한 희극으로 조직한 대회를 열고서 '고려공산당'이라는 것을 만들어 내었다. 그 대회에서 이르쿠츠크파들에 무조건 복종하지 않는 대표들인 장기영, 김 아파나시 기타들을 씨비리로 무기한 정배를 보냈다. 그리고 자기네들에게 무조건 복종하는 유동열은 군사혁명위원회의 위원으로 천거하였고 에세르 당 열성자인 국민의회 부회장 한명세도 군사혁명위원이 되었다.

박애, 계봉우, 장도전, 김진, 기타들은 5년간이나 감금으로 이르쿠츠크 감옥에 갇히었다. 당시 아무르 주 마산 농촌 수랍스크(스냡스크)를 중심하고서 수천 명 조선 빨치산 부대들이 주둔하고 있었는데 그중에는 1918년에 한인사회당에서 조직하였던 부대가 악전고투하다가 알렉산드라 동지가 흰파들에게 잔인무도하게 희생당할 때 같이 희생된 부대도 있었다.

박 그리고리, 최 파샤가 지도하는 '독립단' 부대, 최 니콜라이, 박춘봉이 지도하던 '다반 군대'들이 1920년 봄에 흰파 칼미코프 악당들을 종결적으로 섬멸하는 하바롭스크 합동민족부대에 참가하여 칼미코프 악당을 체포, 총살하고 하바롭스크를 해방시킨 전공이 자자한 부대와 그 뒤를 이어서 또 이만에서 박공세, 최한익, 최운호 동지들이 조직한 '이만 군대'가 야로첸코 빨치산 부대 영솔하에서 인민군 6연대에 편성되었다가 1920년 가을에는 김표돌 동지 지휘하에서 전 련대가 자바이칼 주인 네르치코프, 그루치코프, 다우리 등 전투에서 흰파 세묘노프 카벨레츠 잔당을 청산하고 자바이칼 주를 완전히 해방시킨 훌륭한 부대도 있었다.

니콜라옙스크(아무르 시)를 왜병-흰파들에게서 해방시키었던 러시아 빨치산 부대와 함께 전투한 '사하 군대'도 있었다. 그리고 간도에서 공작하여 봉오동 전투, 청산리, 우대영창, 나자거우, 소추풍 기타 전투에서 왜병들과 악전고투하던 홍범도 군대, 안무 군대, 최진동 군대, 허영장 군대, 서일 군대도 있었다.

동시에 자유시에는 자유대대라는 조선 부대도 있었는데 이 부대는 1920년 봄에 아무르 빨치산들이 헤이룽주를 해방시키니 악명 높은 대한국민의회 열성자들이 조직하고서 한 번도 전투에 참가하지 않은 부대였다. 그 부대는 왜놈들이 내놓은 음흉한 정탐인 김하석이가 군무부장이고 아령에서 반혁명 단체의 시조인 문창범, 그 부회장 에세르 한명세 기타 반역자들의 소굴인 대한국민의회에서 정신적인 지배를 받았다.

자유대대가 조직된 후 1920년 가을에 다반 부대들은 하바롭스크를 왜놈들과 흰파 잔당들에게서 해방시키는데 인민 부대 내 조선 부대로 참가하였고 이만 부대는 자바이칼 주를 해방시키는 전투에 참가하는 때에도 참가하지 않은 것은 우연한 일이 아닌 것이다.

'국민의회' 악한들은 흰파 콜차크 군대 장교들이던 놈들이 공산당에 기어든 채동순, 남만춘 기타등과 연계를 가지게 되었다. 이들은 당시 국민의회라는 명칭을 감추고서 동양비서부의 일족인 이르쿠츠크파로 나섰다. 이들은 러시아에 인접하였던 원호인들로 음흉한 반혁명 집단이었다.

이르쿠츠크파에서는 빨치산들을 모아놓고 자기네(대한국민의회)에 복종하라고 강요하였고 상해파에서는 '한인공산당'에 복종하라고 선전하였다. 이르쿠츠크에서 조직한 조선인 군사혁명위원회 위원장 칼란다리시빌리, 위원인 한명세, 유동열, 채동순(비상위원회 부장)이 합동민족부대를 영솔하고 자유시에 당도하였다. 처음에 장교 회의를 열고 수랍스크에 있는 빨치산 부대들을 자유대대와 합치라고 하다가 불종하니 나중에는 만일 단합하지 않을 터이면 무장을 해제한다고 최후통첩을 내렸다.

1921년 5월 21일 아침, 자유시에서 수랍스크를 향하여 대포 사격이 시작되었다. 그루지아 민족으로 조직된 부대들이 수랍스크에 있는 허영장 부대를 향하여 사격을 개시하고 자유대대는 마산촌을 향하여 진공하였다. 수랍스크, 마시노보(마산)촌에 주둔한 조선 부대에서는 "사격하지 말라"는 명령이 내려져서 침묵을 지켰다. 그루지아 군인들이 가만히 있는 허영장 군인들을 총살하기 시작하였다.

강열렬 전사는 "나는 차마 붉은 군인이니 제 동포를 죽일 수는 없고 그들에게 죽기도 애원하니 자살한다"고 자총하여 죽으니 곁에 있는 동무들은 무기를 쥐고 강에 빠져 죽었고 총살당한 자가 24명이었다.

자유시 조선 군인 자유대대에서는 포로 된 사할린 부대 군인 3명을 총창으로 찔러 죽이고 포로 된 군인들은 1주야 동안 물을 먹이지 않아 기갈이 들어 죽을 뻔하였다. 합동민족 고려 연대에서는 전체 포로병들을 자유대대에서 넘겨받아 그들의 생명은 유지되었다. 포로 된 장교들은 이르쿠츠크 감옥으로 이수하여 더러는 감옥 안에서 사망하였고 최 니콜라이는 도주하다가 두 다리를 잃었다.

이와 같이 다년간 소비에트를 옹호하고 조선 독립을 위하여 투쟁하던 빨치산 부대들은 총살당하고 해산되고 한 번도 전투에 참가하지 않은 자유대대만 남아 있었다.

왜놈의 음흉한 정탐 김학석이가 흰파 장교 반역자들이 조작하여 자족 전쟁을 꾸며낸 이 사변을 가르켜 '자유시 사변'이라고 하였다. 당시 하얼빈에서 발행되던 일본 신문 《할빈일보》에는 "사할린 군대 장교들인 조선인들이 소비에트 주권을 반대하여 무장폭동을 일으켰다"고 하고 이르쿠츠크에서 특별히 발행한 소책자도 그와 같은 내용이 발표되었다.

당시 계급적 원수들은 자유시 사변을 일으켜서 그루지아 군인들로 조선인 빨치산들을 학살시키고 마치 러시아 붉은군대가 조선 빨치산을 죽였다고 사회 물의를 일으키고 조선 빨치산 운동을 정지시키고자 몽상하였다.

그러나 당시나 지금이나 자유시 군대-국민의회-이르쿠츠크파들이 반역 행동을 하였다고 놈들을 저주한다. 옴스크 사관학교에서 허리를 상하여 누워서 학과를 보던 이다물 동지는 감옥에 갇히우고 그 학교를 지도하던 안경억이는 박 일리야와 함께 종적을 감추었다.

몽골 고륜에 우리 당(한인사회당) 연락원이던 이규식 동지는 암살당하고 상해에 있던 김립 동지도 암살을 당하였고 조응순 동지도 상해에서 체포되어 서울로 이송되었다. 상해에서 떠나 원동으로 돌아오던 이한영 동지는 헤이룽장성 동부에 와서 중국 경찰서에 수금되어 폐병을 만나서 석방되어 사망하였다. 상해에 남아 있던 이동휘, 박진순은 흑해 오데사 항을 경유하여 모스크바로 돌아왔다. 솔밭관 군대 안에서 공작하던 유진규 동지도 희생되고 손풍익 동지도 희생되었다.

이와 같이 1917~1918년간에 알렉산드라 동지가 조직한 조선인 공산주의 단체 열성분자들은 아령과 중령에서 감금되고 정배 가고 암살을 당하고 종적도 없을 듯하였다. 그리고 '국민의회' 열성자들은 아령에서는 동양비서부 일꾼이노라고 호통을 하고 상해임시정부에서는 국민대회를 한다고 야단이었다.

1921년 말, 흰파 몰차노프 대장이 흰파 잔당을 총동원하여 가지고 원동공화국을 침범하여 전투가 시작되었다. 당원 4분지 3이 전선에 동원되었다. '군사정치학교' 학생들이 선참, 전투 제1선으로 떠나갔다. 필자도 기관포 부대원의 한 사람으로 참가하게 되었다.

볼로차옙카에서 전투하다가 '이만' 빨치산이라고도 칭하고 '이용대대'라고도 칭하고 '군비단 부대'라고도 칭하는 조선 대대를 만났는데 법적으로는 원동공화국 인민군 제6연대 조선 대대였다. 제1중대장 임표, 제3중대장 감홍일, 최계립 기타들을 처음으로 대하였다. 우랄노동자동맹 부회장이던 안경억이를 2년 만에 만났다. 그를 경유하여 전선에서 박 일리야, 김규면 등을 만났다.

군비단 군인들을 제하고는 사할린 부대, 다반 부대, 기타 자유시사변에 무장해제를 당하였던 군인, 신춘식, 안경억이 조직한 부대였다. 전선에서 장기영 동지가 모스크바에서 돌아오는 것을 만났는데 그는 일주일 동안 흰파에 의해 정배 갔다가 이동휘 동무가 모스크바에 와서 레닌 동무를 만나고 홍범도 동무도 레닌 동무를 만난 결과에 이르쿠츠크 감옥에 수감되었던 계봉우, 김진, 기타 동지들과 씨비리로 정배 갔던 여러 동무들이 모다 무리 방송(석방)이 되었다는 소식을 알게 되었다.

볼로차옐카 전투를 필하고 그해 10월에 우리 인민군은 연해주를 왜병들과 흰파에게서 완전히 해방시키었는데 조선인 빨치산대로 아누치노 군대, 치머우 군대, 임병극 군비단 군대, 솔밭관 허성환 군대가 참가하였다. 이르쿠츠크 국제당 동양비서부는 폐쇄되고 고려부는 해산되었다.

1924~1925년에는 조선인 공청동맹원 가운데서 "종파를 타도하자"라는 구호를 들고 새 종파 'ML파'가 박윤세 지도하에서 조직되어 중령–조선으로 가게 되었다. 1929년 소련공산당 대청결 시에 국민의회–이르쿠츠크파에 속하였던 자들은 모조리 출당당하였다.

1964년 5월 25일

이인섭

러시아 동지들의 회상

1923년 러시아 내전 종전 직후 하얼빈 역.

$$*$$
$$*$$

1957년

1. 바비체프 회상기

알렉산드라 페트로브나는 연해주 남쪽 지역 어느 촌에서 출생. 블라디보스토크 시 학교에서 공부했고 졸업했다. 그는 공부하던 시기에 친척인 한인 추프로프의 가정에서 살았다. 이 가정은 선진 한인 인텔리 가정이었다. 그들은 선진적인 러시아 시민들과 밀접한 관계를 맺고 있었다. 그들이 모일 때는 체르니솁스키, 게르첸, 도브롤류보프, 플라하노프 및 기타 혁명적인 사상을 가진 작가들의 작품을 연구하였다. 이와 같은 환경은 낙천적이고 민감한 처녀에게 큰 영향을 주었으며 그 역시 사회적 문제에 대해 관심을 돌리기 시작했다. 그는 항상 그가 매일 보는 황제 제도가 없는, 착취와 압박이 없는 사회조직에 대해서 생각하게 된다. 학교를 졸업한 후 알렉산드라 페트로브나는 폴란드인 스탄케비치에게 시집을 간다.

그러나 결혼은 성공적이 아니었다. 이론적 차이에 의한 이혼. 알렉산드라 페트로브나는 제국주의 전쟁 시기에 많은 한인과 중국인들과 함께 우랄로 갔다. 거기에서 페름, 예카테린부르크, 나제진스크 등 임업국에서 일한다. 페름 시에서 볼셰비키 공산당에 입당. 알렉산드라 페트로브나 주도하에 1917년 예카테린부르크와 옴스크 한인들을 중심으로 우랄노동자동맹이 조직됐고 후에 이 조직의 지도자 중에서 제1 코민테른 지도자들이 나왔다.

1917년 2월 예카테린부르크 볼셰비키 당위원회가 알렉산드라 페트로브나를 극동으로 파견. 블라디보스토크에 돌아온 그는 혁명 투쟁에 적극적으로 나선다. 알렉산드라 페트로브나는 1917년 10월 무라비요프-아무르스키(현재 라조 驛)에서 열린 주 당대회 대표였다. 1918년 알렉산드라 페트로브나는 하바롭스크로 이주, 그곳에서 러시아사회민주노동당(볼셰비키) 시 조직비서 및 회계원으로 선출되었고 시 소비에트 외교부 부장으로 일하게 되었다. 그는 주로 소수민족과 포로병을 대상으로 사업을 추진했다. 그의 주도하에 1918년 하바롭스크에서 '한인사회당'이 조직된다. 그 당시 알렉산드라 페트로브나는 중국 정부와 하바롭스크에서 식량 공급에 대한 교섭을 한다. 국제 적위군을 조직하는 데도 알렉산드라 페트로브나는 활동적으로 참가했다. 국제 적위군에 들어가기 위해서는 헝가리, 체코, 세르비아, 독일 및 외국인들이 러시아 국적을 취득해야 했다. 이 일을 알렉산드라 페트로브나가 담당했다. 그가 하바롭스크에서 조직한 한인 적위군 부대가 우수리 전투에서 침략자들과 백위군에 저항하며 투쟁했다. 알렉산드라 페트로브나는 혁명 사업에 자신의 모든 힘, 선전가 재능을 다 바쳤다. 그와 같이 사업 활동을 했던 게. 벨로우스, 이인섭, 꼐. 골리온코 등은 그를 낙천적이고 민감하고 예의 있고 친절하고 겸손한 동지로 평가한다.

1918년 초 침략 부대와 백위군이 하바롭스크를 차지했을 때 티쉰, 네페도프, 벨로우스 그리고 알렉산드라 페트로브나를 비롯한 극동소비에트 정부 지도자들이 아무르강 상류로 기선 '바론 코르프'를 타고 피신할 때, 예카테린-니콜스크 촌 근처에서 카자크들에 의해 체포된다. 그들은 그 배로 하바롭스크로 이동했다. 하바롭스크에서는 칼미코프, 일본군 그리고 하바롭스크 부르주아들이 기다리고 있었다. 하바롭스크에 도착하자 칼미코프가 포로들을 그 기선에서 재판하였다. 재판은 기선 내 장교 집회실에서 칼미코프 판사들이 진행했다. 짐칸에 갇혀 있던 포로들을 한 사람씩 그들 앞으로 데려왔다. 재판은 신속했다. 누구든지 볼셰비키 당원이나 군사위원으로 판명되면 카자크 병사들에 의해 강변으로 하선했다. 그 후 그들은 칼미코프 법률부에서 고문을 당했다. 알렉산드라 페트로브나는 고문을 받을 때 온 가슴과 얼굴이 칼로 찔려 고통을 받은 뒤 총살되었다. 그와 함께 네페도프, 티쉰 및 기타 많은 사람들이 총살당했다.

알렉산드라 페트로브나가 총살당할 때 어떻게 행동했느냐는 칼미코프 사형집행인 율니네크의 말을 들어보면 알 수 있다. "군사위원, 지식인, 빈곤한 자들의 지도자인 한인 여자가 죽었다. 그가 죽은 다음 딸 둘이 남았다. 그는 땅을 파고 난 뒤 '전 세계 노동자들을 위하여 죽는다'라고 말하면서 영웅적으로 죽었다. 첫 총탄으로."

총살 후 칼미코프 부대 법률부에 일본 영사 타쿠치가 와서 정말로 알렉산드라 페트로브나가 총살되었는지를 직접 확인했다. 이것을 보면 일본 침략군 지휘관이 알렉산드라 페트로브나의 총살에 얼마나 큰 관심이 있었는지를 알 수 있다. 알렉산드라 페트로브나의 밝은 형상은 소련 인민과 한인들 가슴속에서 영원히 남아 있을 것이며 그가 자신의 목숨을 바친 일은 사회주의 국가 건설에 원기를 북돋워줄 것이다.

1957년 8월 4일

E. 바비체프

—《극동에서의 혁명》, 모스크바-페테르부르크, 1923, 159∼160쪽 참고.

2. 골리온코 회상기

한인 여성 혁명가 스탄케비치!

공산당과 사회주의의 일은 그녀를 사로잡았다. 우리는 그녀가 틀림없이 레닌의 사상을 위해서 목숨도 마다하지 않을 것이라고 확신했다. 1918년 7월 3일 하바롭스크 공산집행기구는 그녀에게 증서를 하사했는데 그 내용을 보면,

하바롭스크 집행위원회는 스탄케비치 인민을 적위군의 일원으로 임명한다. 그녀가 어떤 시간에도 도시에서 공적 활동하는 것을 본 증명서 서명과 도장으로 허용한다.

위원장 게라시모바. 인민 대표위원 셰로노프.

당시 이런 증서들은 내란에 참여한 공산당원들에게 밤 시간대 활동을 위해 발부된 것들이었다. 1918년 하바롭스크가 백위군에게 점령되기 며칠 동안 스탄케비치와 몇 번의 만남들이 있었다. 당시 도시에는 거대한 외부 세력 군들이 주기적으로 들어왔다. 그들은 잔인함으로 유명한 칼미코프 사령관이 이끄는 100명 가까이 되는 무장 군인들의 보호 아래 들어왔다. 그의 난폭함은 이미 하바롭스크까지 들려왔다. 그는 볼셰비키 사람들과 사회주의 노동자들의 지도자들을 처치한다고 선포했다.

1918년 8월 말 5번째 극동 지역위원회의에서 전선에서의 전쟁을 중단키로 결정했다. 위원회는 공산군이 전선에서 돌아와 백위군과 외부 세력과의 게릴라전을 계획했다. 사회주의 단체들과 일부 노동자들은 아무르 지방으로 이동했다. 그리고 하바롭스크 지역에 남은 일부 볼셰비키 사람들과 사회주의 노동자들은 자신들의 일을 외부 세력의 군과 칼미코프군이 들어오는 날까지 이어가야만 했다.

이런 위급한 나날들에 나는 스탄케비치를 도시 어느 정원에서 만났다. 그녀는 압박에 지친 모습이었다. 칼미코프 부대와 일본군이 하바롭스크 시로 들어오기 이틀 전 집행위원회 노동자들과 A. P. 스탄케비치가 탑승했던 '바론 코르프' 증기선은 블라고베셴스크 근처에서 포위됐다.

카자크 지역 예카테린-니콜스크 역에서 증기선은 백위군에 의해 점령됐다. 공산주의 노동자들은 증기선에서 하차되어 하바롭스크에 위치한 칼미코프 재판소로 이송됐다. 10명 정도의 사람 모두 잔인하게 처형됐다. 그중 두 명은 헝가리 출신 포로였다. 화가 프리츠 리포웃과 해군 소위 키셸이 그들이다. 둘은 사회주의혁명에 적극적으로 가담하지 않았지만 처형당했다.

　스탄케비치의 마지막 날들에 대해서는 오늘날까지 보존된 칼미코프 법정 심문조서에서 확인할 수 있다. 심문은 군인 검사인 칸지우로프 소위에 의해서 1918년 9월 2일 행해졌다. 심문은 사형 전에 시행되었으며 심문조서에는 심문자에 의해서 추가된 몇 가지 정보들이 기록됐다. 심문서에 의하면 그녀는 하바롭스크 위원회 외교부 담당이었다. 그녀는 적위군에 입대하는 외국인 등록, 여권 발급, 헝가리계 전쟁 포로 임시 거주 등의 업무를 담당했다. (극동인민위원부에서 필요한 직무였다.) 공산당과의 관계에 대해서는 페름에 있을 때 볼셰비키 당원으로 일하기 시작했고 그리고 하바롭스크에서 일을 이어갔다. 그는 "최선을 다해서 일했다"라고 칼미코프 소속 검사에게 답했다.

　스탄케비치를 사형한 사람은 백위군 율리네크이다. 그는 칼미코프 부대에서 사형 집행에 자원한 사람이다. 그는 사형에 특별한 열정으로 임했다고 전해진다. 얼마 뒤 그는 의무회피죄로 체포됐다. 율리네크는 블라디보스토크에 있는 감옥에 투옥됐다. 감옥에 수감 중인 어느 정치인과의 대화에서 그는 자신의 잔인한 본성에 대해 말했다. 그는 거짓 없이 이렇게 말했다.

　"나는 칼미코프 대장이 이끄는 군대의 군사법부서에서 일했다. 나의 손을 통해 모든 것이 행해졌다. 칼미코프 대장이 도시에 돌아왔을 때 나는 곧장 그를 만났다.

그는 나에게 '총살하라'라는 명령을 내렸다. 하바롭스크 역에는 두 개의 무역용 객차가 있었다. 한 객차에는 호송대원들이 있었고 다른 객차에는 총살되어야 할 죄수들이 있었다. 그 객실에 들어간 사람은 끝이라 보면 된다. 어떤 날씨가 됐건 밤에 그들을 객실에 태웠다. 그들을 도시에서 멀리 떨어진 들판으로 데려가 삽을 주고 구덩이를 파게 했다. 그리고 난 후 그들을 등이 구덩이 쪽으로 향해 서 있게 했다. 날이 어두웠기 때문에 우리는 그들에게서 5보 떨어져 총을 쐈다. 그들은 구덩이로 넘어졌고 우리는 즉시 그것을 메워 땅을 평평하게 만들었다.

영웅적으로 죽은 한국 여인이 있었는데 그녀는 교양 있는 위원회 대표자였다. 그녀 뒤로 두 명의 소녀가 있었다. 그녀는 구덩이를 판 후 자신은 이 세상에 자유를 갈망하는 모든 이들을 대표해 죽는 것이라고 말했다. 그리곤 첫 발에 쓰러졌다."

율리네크는 이야기를 마치면서 말했다. "나는 지금이라도 모든 마자르인, 헝가리인, 독일인 그리고 볼셰비키들을 죽일 수 있다. 내게 1000명을 주면 모두 총살할 것이다(이때 그는 호통을 쳤다). 그리고 단 한 발도 빗나가지 않고 죽일 수 있다.

—《극동에서의 혁명》 국립출판사, 1923, 159~160쪽 참고.

스탄케비치가 총살당한 후 일본인 타케우치 영사가 칼미코프 법정을 방문했다. 영사는 스탄케비치가 사형됐다는 증서를 요구했다. 이것은 일본군사령부에서 명령한 것이었다. 즉, 이것은 혁명가 스탄케비치가 혁명에 큰 영향을 주었다는 증거이다.

* 골리온코의 회상기는 《극동》 1957년 4호에 실려 있다.

3. 나탈리야 그리네바 회상기

'영원히 살아 있다.'

지금 나는 작은 방 안에 앉아 있다. 극동 지역에서 일어난 사건들을 기록한 책들과 서류들이 천장까지 닿아 있다. 이미 늙은, 극동 러시아 지역에서 활동한 볼셰비키, 바실리 페트로비치 골리온코는 혁명의 나날들을 떠올렸다. 그리곤 그 시절 자신이 극동에서 함께 살고 일했던 사람들과의 일화를 나에게 이야기해주었다. 자, 이제 그가 서류 하나를 열었다. 그의 손에는 세월의 흔적으로 빛이 바랜 혁명 시절 선전물(또는 삐라)들이 있다. 나는 그중 한 사진(선전물)에서 하얀 치마를 입은 아름다운 여성을 발견했다.

"그녀는 누군가요?"

바실리 페트로비치는 오랫동안 사진 속 얼굴을 보더니 생각에 잠겼다. 그리고는 침묵을 유지하며 그 사진(선전물)을 나에게 전해주었다. 젊은 고려인. 깨끗하고 봉긋 솟아 오른 이마. 총명하고 생기가 있는 눈동자. 부드럽고 얇은 손. 그녀의 용모는 한 번 보면 평생 각인될 정도로 강한 남성적인 에너지를 내뿜고 있었다. "알렉산드라 페트로브나 김-스탄케비치. 고려인 공산당원이다. 1918년 9월 가장 먼저 레닌주의 공산에 반대하는 백위군에게 잔인하게 죽임 당한 사람 중 한 명"이라고 적힌 사진 속 설명문을 읽었다.

이 여성에 대해서 어디선가 들었던 것이 생각났다. 물론 이것에 대해서 들은 것도 극동 지역에서 혁명운동에 대한 역사 자료를 수집하는 극동 지역 토박이 니콜라이 니콜라예비치 마트베예프-보드리로부터였다. 그가 나한테 이야기했던 것이 생각났다.

"우리 집안에서는 세계 1차 대전에 앞서 젊은 사람들이 자주 모였는데, 그 당시 우리들은 큰 소리로 친애하는 피사레프의《게르테나》책을 읽었어. 우리들 중에는 고려인 여자가 있었는데, 그녀는 날씬했고, 검은 치마와 하얀 카디건을 입고 있었고, 곱게 빗은 검은 머리를 하고 있었으며 외향적인 성격과 항상 밝은 얼굴을 유지했다…. 그리고 나중에 그녀는 여성 영웅이 되었다."

그녀는 위대한 혁명의 영웅이며 뛰어난 공산당원이며 한민족의 아름다운 딸이다. 그녀의 깊은 인생사의 대해서는 바실리 페트로비치 골리온코가 사진을 보며 구체적으로 이야기했다.

알렉산드라 김은 프리모르스키 지방 농장에서 태어났다. 교육은 블라디보스토크에서 받았다. 그 시기에 그녀는 진보적인 사상을 가지고 있는 엘리트 친척 고려인 가족과 함께 살았다. 진보적인 사상을 가진 사람들과의 잦은 만남으로 인해 러시아 문학적 수준이 향상되었다. 주위 사람들은 그녀에게 세상을 보는 새로운 시각을 제공해주려 노력을 했는데 그 결과 그녀는 민족의 깊은 염원을 느끼며 권리를 박탈당한 인민들을 보았고 그녀는 그들에게 한 발 더 다가가 그들의 선생이 되어갔다.

그녀는 항상 누군가를 도왔다, 누군가를 취직시켜주었고, 누군가와는 자신의 급여를 나누었다. 그리고 누군가를 병원에 호송했고, 남의 자식들을 돌보아주었다. 그런 그녀를 극동 지역 사람들은 기억했다. 또 항상 고등학생들에게 둘러싸인 그녀의 모습을 자주 볼 수 있었다. 또 그녀는 당에서 일하는 사람들과 말을 나누곤 했는데 격식을 차리지 않는 그녀의 모습은 상류 계층 사람들의 화를 불러 일으켰다.

알렉산드라 김은 우랄산맥에 있는 페름 지방에서 공장과 벌목 작업을 하는 고려인, 중국인 노동자들과 가까이 지냈다. 그 시기 벌목 작업을 하는 고려인이 많았는데 그 이유는 러시아인들이 강제 징용되었기 때문이었다. 김은 이후 완전히 혁명운동에 참가했고, 볼셰비키 당원으로 활동했다. 그리고 이것으로 인해 2월 혁명에 참가하는 발판이 된다.

이후 그녀는 자신의 고향과 같은 극동 지방으로 갔다. 그 당시 이 지역에는 혁명전쟁이 일어나던 시기였다. 알렉산드라 김은 지역 공산당회의 대표 자리를 맡았고, 10월 혁명의 나날들 이전이었다. 이후 그녀는 무라비요프-아무르스키 공산당 대표회의로 보내져 극동 지방에서 일어난 세르게이 라조 혁명전쟁의 전설적 영웅 칭호를 받게 된다. 그리고 하바롭스크에서 바실리 페트로비치 골리온코를 만난다.

… 이 시기 외국군은 아직까지 어린 사회주의 국가를 간섭하며 위협했다. 김은 군중의 대표자들의 자리에 있었다. 그녀는 하바롭스크 지역 공산당 비서직 자리에 있었고, 사회주의 질서 체제 확립을 위한 새로운 법령을 위해 힘썼고, 또 적들과의 싸움을 위해 적위군 모집에 힘을 썼다.

겸손한 그녀, 아니 어떨 땐 정말 창피할 정도로 소심하다고 할 수 있는 23살밖에 안 된 그녀의 말을—도시인들, 농민들, 어르신부터 어린아이까지 새로운 싸움에서 자신의 자리를 찾아 새로운 인생을 살아가고 싶은—모든 이들은 집중해서 들었다. 김은 자신의 말을 경청하고 있는 모든 이들의 가슴에 길을 안내해주었다. 왜냐하면 그것은 진실된 말이었기 때문이었다.

그녀의 진실된 이야기는 그녀를 중국-고려인들에게 다가가게 만들었고, 또 조국전쟁(독소전쟁)에 참가하는 이들에게 다가가게 만들었다. 김은 혁명을 간섭하는 외부 세력들에 맞서게끔 사람들을 행동하게 만들었다. 그리고 나중에 그녀는 적위군에 들어갔다.

… 당시 러시아는 빵이 부족했다. 하바롭스크 지방의 사람들에게 식료품 보급이 중지되었다. 그래서 그녀는 소비에트 국가 대표로 만주 지방의 사람들과 밀 협상을 벌였다. … 일본과 미국의 지원을 받는 백위군의 압박은 날이 갈수록 더해갔다. 극동 지방 볼셰비키군은 게릴라전(빨치산전)을 벌이며 방어해갔다. 그래서 하바롭스크 지방의 공산당 시설들을 철수시켜야만 했다.

알렉산드라 김은 마지막 순간까지도 도시에 남아 있었다. 그리고 칼미코프를 필두로 한 백위군이 도시를 침범했을 때야 피신을 승낙했다.

하지만 피신은 실패했다. 아무르강을 운항하는 사회주의 지도자들이 승선한 증기선은 백위군에 의해 점령당했다. 김과 다른 동료들은 잔인한 고문을 당하고 총살당했다. 그리고 그녀의 용맹스러운 죽음에 대한 증거와 기록물들이 남아 있다. 자료에 따르면, "영웅적으로 죽은 고려인 여성이 있다. 그녀는 전권을 위임받은 사람이며, 교육을 받은 사람이다. … 그녀는 자신이 죽어 쓰러질 구덩이를 선택한 뒤 '이 죽음은 자유를 갈망하는 모든 노동자들을 위한 것'이라고 외쳤다. 그리고 총의 첫 발에 쓰러졌다."

알렉산드라 김에게는 두 자식이 있었다. 그녀의 남편은 그녀와 인연이 없는 사람이었다. 그녀는 남편과 이혼을 하고 홀로 자식을 키웠다. 그녀가 죽은 후 유모였던 늙은 러시아 여성은 그녀의 자식들을 어느 고려인 마을에서 적들에게 들키지 않으려고 숨기며 살려고 노력했다. 하지만 얼마 지나지 않아 유모는 칼미코프 백위군에 의해 체포되었다. 유모와 함께 아들 왜체슬라브도 죽었다. 그녀의 둘째 아들인 보리스는 고려인 선생님 오가이가 숨겨주었다. 오가이 보리스는 자신의 영웅적인 어머니를 흐릿하게나마 기억하며 노보시비르스키에 위치한 사회주의 사상에 입각한 대학을 졸업했다. 그리고 그는 전문가가 되어 카자흐연방 침켄트 시에서 현재 일하고 있다.

… 그 일이 벌어진 지 40년이 흘렀다. 하지만 민족은 아직도 자신들의 목숨을 다해 자유를 찾으려 싸운 영웅들을 잊지 않고 있다. 알렉산드라 김의 용맹한 혁명 시절의 모습은 민족의 가슴 한편에 영원히 자리하고 있을 것이다.

4. 골드핀게르 자서전

나, 골드핀게르 아브구스트 프란체비치는 1882년 8월 23일 헝가리 나드카니샤에서 태어났으며, 1903년까지 부모님과 함께 살았습니다. 아버지는 나드카니샤에서 운송 관련된 일을 하셨고, 어머니는 전업주부로 지내셨으며, 2명의 누이들이 있었습니다.

이 무렵, 초등학교 4학년을 마치고 1905년 인쇄소 견습공으로 들어가 제본 작업을 마스터하였으며, 이 무렵 야간 기술학교를 3학년으로 졸업하였습니다. 학창 시절, 2번의 경제 파업에 참여하였습니다.

1908년부터 독자적으로 일을 할 수 있게 되었습니다. 1905년부터 1908년까지 헝가리 청년연합회원 및 노동조합원으로 활동하였으며, 1908년 헝가리 국제공산당에 입당하였습니다.

1908년부터 1913년 여러 도시에서 인쇄공과 도금공으로 일하였습니다. 1912년 부다페스트에서 폭동으로 변한 '붉은 목요일' 전체 파업에 참가하였습니다. 1913년 샤프론(도시) 경기병輕騎兵 부대 소속 제13 기마포병대 현역병으로 징집되어 1914년 입대하였으며, 1914년 12월 24일 동부 전선 류블랴나(도시)에 배치되었으나, 차르 러시아군에 의해 포로가 되어 아무르 지역까지 철도 건설 작업을 완료하기 위해 연해주 스파스크로 노역을 가게 되었습니다.

비인격적인 대우는 노역을 포기하게 만들었고, 그로 인해 10여 명의 사람들은 총살되었고, 나머지 인원들은 하바롭스크 감옥으로 보내지게 되었습니다. 감옥에서 6개월 복역 후, 미군 장군들은 1948년 1월 초, 우리를 포로 수용 캠프로 이송하는 데 성공하였고, 보통 수용 캠프 구역 'A'로 보내지게 되었습니다. 그 당시 그곳에서는 이미 하바롭스크 볼셰비키당 지시에 따라 포로로 수용된 장교들과 병사들 사이에서 선전을 담당하고 있는 테이네르 그룹이 활동하고 있었습니다.

1918년 5월 23일, 이 그룹에 합류하였습니다. 하바롭스크 지역 혁명위원회의 결의에 따라 수용소의 모든 죄수들은 석방되었습니다. 우리 무리와 300여 명의 사람들은 수용소를 떠나기로 합의하였습니다. 도시에 전체 회의가 소집되었고, 헝가리 공산주의자위원회가 선출되었습니다. 구성원은 위원장 골드핀게르, 부위원장 문찬 야노시, 서기관 발로 가베르, 위원회 회원으로 갈 프란츠, 키시 프란츠, 테이네르 사무일, 살라이 입쉬트반이었습니다.

우리 부서(위원회)는 외국인노동자연맹이라고 명명되어졌습니다. 위원회는 캠프에 남아 있는 장교들과 사병들 사이에서 광범위한 활동을 펼쳤습니다. 우수리스크 전선 발발 당시, 우리는 카라이차 러시아 해군 선원들의 명령에 따라 볼셰비키당과 정부의 도움으로 외인부대(국제다민족부대) 1200명을 조직하였고, 우수리스크 전선으로 파병되었습니다.

하바롭스크 함락 전 '나'(골드핀게르)는 퇴각하는 적위병들과 함께 아무르 지역으로 후퇴하였습니다. 9~10월 파우트코바 마을 근처 숲에서 은신하였습니다. 10월 말 미하일 파첸코 등 마을 선동가들과 친근한 관계를 가지게 되었습니다. 우리의 보호 아래 그들은 마르가리톱카, 파우트코바, 카니치, 자비드냔스카야, 푸시키나, 바스크리시놉카 마을을 돌며 선동을 하였습니다.

1919년 2월 10일 파우트코바 마을에 도착한 드라기셉스키 유격대에 합류하였으며, 첩보부에 배치되었습니다. 부대는 추격해오는 일본군을 피해 후퇴하였습니다. 마르가리톱카, 바스크리시놉카, 노보(新) 리스트벤카로 후퇴에 후퇴를 거듭하였습니다. 타르바게타야 방향 스타로(舊) 리스트벤카로 첩보 부대를 보냈습니다.

2월 13일 일본군의 수색 정찰에 의해 부상을 당했고, 4군데의 상처를 입었습니다. 바스크리시놉카 산림지기 집에서 기력을 되찾고 회복을 한 후, 3명의 헝가리인과 7명의 러시아인이 제야강을 거슬러 올라가기 시작해 파우트코바로 돌아왔습니다. 아무르 발틱 마을 주변에서 50개 군도를 차고 있는 표도르 슈바처코프의 분대를 만났습니다. 그들은 하나로 합친 후, 부대를 재정비하였습니다.

사령관으로는 이반 마지야르, 코바치 야노시가 되었고, 정보원장(첩보 및 정보 수집을 담당하는 부대)으로 내가 임명되었고, 부사령관은 제1소대장 세르바고프가 임명되었습니다. 제2소대장은 일레 콘이, 제3소대장은 이반 라반 러시아인이 맡았습니다. 나중에 그 부대는 '이반 마지야르'라고 불렸습니다. 우리는 우미리칸 마을, 노보보이소키 마을, 아르비 마을 전투에 참여하였습니다. 4구역 제이스키 지역을 재정비할 때 책임자로는 타류스키, 본부 참모로는 코실레프가 되었습니다. 부대 조정 후, 이반 마지야르 부대는 닥투이 역부터 탈단 역까지의 철길을 폭파하기 위해 그곳으로 배치되었습니다.

7월 중순부터 1919년 11월까지 38개의 전신주를 파괴하였고, 14개의 다리를 폭파했으며, 세묘노프 철도경비대 열차의 운행을 멈추게 하였고 치타 재무부를 위해 예정된 식료품들을 곤샤 마을 역에서 가로챈 후, 그 식료품들을 모두에게 나눠 주어 모두들 기뻐했습니다.

트이그니스크 도로에서 일본 측량대를 파괴하였고, 닥투이 역에서 마가단 헌병대장과 헌병대원 5명을 생포하였습니다. 일본군을 무장해제(중립화)한 후 마그다가치 역을 점령하였습니다.

마그다가치 역에서 부대를 재정비하였고, 부대장으로 미하일 보블레브, 부부대장 겸 정보원장 코바치 야노시, '나'는 보급대장을 맡았으며, 부대원 수는 120명 정도 되었습니다. 이후 부대는 제1 바이칼 게릴라 기병대로 명명되었으나, 1920년 3월 20일 건강 문제로 인해 나는 블라고베셴스크로 떠날 수밖에 없었습니다.

건강을 회복한 후, 탱크 조작 및 관리 교육을 받기 위해 기갑사단으로의 전출 명령에 따라 블라고베셴스크 공산주의 연대로 들어가게 되었습니다. 5월 말, 2대의 탱크와 함께 부대로 복귀하였고, 나는 사령관이 되었습니다. 나는 즉시 전차병들을 위해 훈련을 시작하였습니다. 테테린 지휘 휘하 부대인 국제연대군과 소비에트 5연대의 충돌 이후, 탱크들의 기동이 중단되었고, 부대로 복귀되었습니다. 8월 20일 나는 국제연대 사령관으로 되었습니다.

스베테츠 부대는 블라디미르 보보프가 지휘하는 제3 게릴라 사단의 명령을 받고 바이칼 전선으로 떠났고, 우리 연대는 특수부대로 본부를 방어하고 후방에서 반혁명과의 전투를 치렀습니다. 백위군 세묘노프 일당을 소탕 후, 사령부는 나를 모스크바 크라스나그바르제이스카야 학교(적위병 군관학교)로 파견했습니다. 탐보프주에서 안토노프 부대는 이 학교와 함께 소탕 작전에 참여하였습니다.

1921년 가을, 혁명전쟁위원회의 명령에 따라 동원을 해제(전시해체)하고 극동 지역으로 귀환하였습니다. 1921년부터 1956년까지 소비에트연방 민족 경제의 발전과 부흥을 위해 모든 능력을 동원하여 열심히 근무하였습니다. 1921년부터 1924년 치타에서 "국채대리점"이라는 인쇄소에서 제본 책임자로 근무하였습니다. 1924년

이 인쇄소와 그리고 지역 지도부는 치타에서 하바롭스크로 옮겼습니다.

1924년 소비에트연방 공산당 레닌의 지시에 따라 후보로 입후보하게 되었습니다. 1925년 소비에트연방 공산당 당원이 되었으며, 하바롭스크 노동거래소에 있는 제본 작업소에서 책임자로 근무하였습니다. 1926년 공산당 프락치(프렉션) 지역위원회 결정에 따라 인쇄공들을 전출시키기 시작하였고, 인쇄소는 1927년까지 일했던 우수리스크 철로 변으로 옮기게 되었습니다.

1927년부터 1929년까지 주식회사 '문고(서점)' 인쇄소 제본 책임자로 근무하였습니다. 1925년부터 1929년까지 하바롭스크 지역 당위원회 총회 회원, 지역 공산당 인쇄공협회 회원, 지역 인민대의원(多選), 제조-공장위원회 위원장으로 활동하였습니다.

1929년 주식회사 '문고'의 노선에 따라, 치타 도서 사업을 관장하는 당 지방위원회 책임자로 발탁되었습니다. 1931년 '문고' 치타 인쇄소 당 시위원회 인쇄소 관리자로 자리를 옮겼습니다. 1932년 말 치타 시당위원회 지도부 결정에 따라, 지방 산하 협회의 활성화 및 강화를 위해 1935년까지 근무한 노보 트로츠카 마을에 대표자 자격으로 전근을 갔습니다.

이 기간 동안 모범적인 노동 사례, 다양한 재고들과 그리고 충분한 제빵 공정으로 소비자협회로부터 가치 있는 선물을 수상하였습니다. 마을에서 당의 지령을 수행하였으며, 농업의 해가 끝난 후, 건강 상태로 인해 마을에서 극동시베리아 지역으로 갈 수 있도록 당의 결정이 떨어졌습니다.

1935년 하바롭스크로 돌아와 전공을 살려 주州 지방 산업부 인쇄소에서 근무하였습니다. 21년 동안 쉬지 않고 일만 했습니다. 정직하고 성실하게 일한 공로로 치타 시의회와 시당위원회로부터 극동 지역 해방 10주년 기념 게릴라 활동 공로로 시계와 치타에서의 업무 수행에 대한 공로를 인정받아 표창장 3개를 받았습니다. 하바롭스크에서는 계획된 성과 이상으로 업무를 수행하여 인쇄소로부터 9개의 표창장을 받았으며, 소비에트연방 공산당 시위원회로부터는 2개의 표창장과 여러 번의 상금을 받았습니다.

2차 세계대전 기간 헌신적인 업무 수행으로 하바롭스크 지역위원회와 소비에트연방 공산당 지방위원회로부터 빨치산(게릴라 특공대)으로 용맹훈장과 2개의 표창장을 받았습니다. 은퇴할 때 1개의 공로상과 연금 및 값진 선물을 받았으며, 그리고 주요 정치 표창장을 받았습니다. 소비에트연방 육군과 해군에서 하바롭스크 지역 게릴라 대원으로 당의 임무를 충실히 수행하였으며, 위원회 사상부에서도 활동하였습니다.

에필로그

알렉산드라에 대한 최초의 전기는 북우北遇 계봉우桂奉瑀(1880~1959)가
《독립신문》(상해판) 1920년 4월 17일, 20일, 22일자에 걸쳐 '뒤바보'라
는 필명으로 게재한 〈김 알렉산드라 여사 소전小傳〉이다. 이를 필두로
필명 H. M.의 〈조선의 여류주의자 고 김 알렉산드라 여사 약전〉(《개
벽》, 1925. 3호) 등 알렉산드라에 관한 짧은 전기는 당대 작가들에 의해
작성됐다.

그로부터 40여 년이 흐른 1963년 알렉산드라의 동지이자 전기 작
가인 이인섭(1888~1982)은 집요한 탐사 끝에 비망록 〈러시아 3대 혁
명에 참가한 알렉산드라 페트로브나 김 스탄케비치를 추억하면서〉
(1957~1963)를 남겼다.

1992년 가을, 러시아외무성 외교과학원 박사학위 과정에 있던 필
자는 이인섭의 비망록을 입수하자마자 현장감 넘치는 사실주의적 문

북우 계봉우(1880~1959).

체에 매료되었다. 예컨대 "보통 시에는 수수한 여복을 입었고 머리에
는 수시가 조롱조롱 달린 샐에를 쓰는데 간혹 조선 늙은이들이 있는
집에 가면 여자들 있는 방으로 들어가서 여러 여자들과 인사하고 나
중에는 새이깐 문을 열고 남자 노인에게 인사하고 여자들과 같이 앉
아 담화하"였다라거나 "사무실에 다닐 때는 검은 천 양복을 입고 보
통 신발을 신고 머리에는 오리 깃을 붙인 여자모를 쓰고 다"녔다라거
나 "그가 큰 거리에 나타나면 아이들이 '우리 꼬미싸리'가 간다고 소
리를 치고 모여들면 그는 연연한 손을 들어 아이들에게 답례하며 지
나가면 마차나 간혹 자동차로 오고 가던 남녀들이 가던 걸음을 멈추
고 그가 아니 보일 때까지" 바라보았다는 대목이 그것이다.

이는 알렉산드라가 얼마나 다정다감하고 인간미 넘치는 인물인지 여실히 보여준다. 이인섭에 따르면 알렉산드라는 "매우 피곤하면 그의 두 뺨에 죽은깨가 나타났"고 심장이 좋지 않아 "가슴을 한 손으로 자근이 누르고 있을 때면 얼굴은 차츰 창백색을 띠었다". 그럴 때면 이인섭은 "끓여 식힌 물을 찻숟가락으로 떠 넣고 가슴을 자근이 눌러 드리었다"고 한다.

이인섭은 1917년 봄, 옴스크에서 알렉산드라를 처음 만난 이후 1918년 9월 백위군의 공격을 피해 하바롭스크를 탈출할 때까지 알렉산드라를 곁에서 지켜본 목격자이다. 그가 알렉산드라와 함께한 시간은 2년에 불과하다. 하지만 이 짧은 세월은 영원과도 바꿀 수 없는 소중하고 의미심장한 시간이었다.

이인섭의 회고 가운데 가장 극적인 장면은 1959년 4월 그가 모스크바에 살고 있는 알렉산드라의 여동생 마리야를 방문하면서 시작된다. 이인섭은 마리야로부터 많은 증언을 청취했음에도 이를 비망록에 쓰지 않았다. 마리야의 구체적인 증언이 자칫 알렉산드라의 영웅적 이미지를 훼손시키고 가족 구성원에게 피해가 가지 않을까, 우려하고 경계했던 것이다.

이인섭의 이러한 자기 검열은 당대 소련의 경직된 사회 분위기를 반영한다. 소련 사회는 영웅으로서의 알렉산드라를 부각시키고자 했다. 이러한 상황은 북한의 경우도 마찬가지였다. 이인섭의 비망록은 북한에도 전달되었다.

조선노동당 중앙위원회 직속 당 력사연구소에서는 1957년에서 1961년까지 알렉산드라 김에 대한 문제가 있었는데 알렉산드라의

사진과 홍범도 사진을 확대하여 국립민족해방투쟁박물관(지금의
혁명박물관)에 전시하였고 로문으로 내가 처음 쓴 회상기는 조선어
로 번역하였는데 이 전기는 귀중한 자료로서 당 역사가들과 지도
일꾼들에 의하여 연구되고 있다.

—〈이인섭 회고록〉

　당시 북한 당국은 알렉산드라와 홍범도를 사회주의 영웅으로 부각
시키는 표상화 작업을 하고 있었다. 1956년 12월 조선노동당 중앙위
원회 전원회의에서 대중운동인 천리마운동이 주창된 직후였다. 북한
에서는 전후 복구 3개년 계획이 성과적으로 수행되었지만 기간산업
이 완전히 복구된 건 아니어서 소비재 생산은 매우 낙후했다. 더구나
대외적으로 소련 등 사회주의 국가에서 원조가 감소하는 바람에 소비
재 공급은 더욱 난관에 봉착했다. 이 같은 상황을 극복하기 위해 추진
된 것이 천리마운동이었다. 북한 당국은 인민의 단결된 노동의 가치
를 드높이기 위한 천리마운동의 효과를 극대화하려고 사회주의 영웅
으로 알렉산드라와 홍범도를 내세우고자 했다.
　알렉산드라의 대형 사진이 평양혁명박물관에 내걸린 건 이때였다.
북한은 알렉산드라를 '영웅 따라 배우기'의 일환으로 선정하였던 것이
다. 이인섭은 1958년 7월 러시아어로 쓴 〈알렉산드라 김 전기〉와 함
께 연해주에서의 항일 빨치산 부대 참가자들의 회상기를 조선노동당
역사연구소에 보냈다. 하지만 그해 10월 평양에서 《김 알렉싼드라 뻬
트로브나(스탄케위츠) 전기》라는 제목의 소책자가 출간되었을 뿐, 북한
당국이 약속한 이인섭의 평양 방문은 이루어지지 않았다.

이인섭의 본명은 이용연이다. 1888년 평남 평양에서 빈농의 아들로 태어난 이인섭은 평양 대성소학교를 졸업하고 17세 때인 1905년 잠시 평남 맹산에서 중학교 교사를 하다가 부친이 1907년 김관수 의병대에 가담한 일로 체포되어 구류 처분을 받자 교사를 그만두고 김관수 의병대에 들어가 서기 일을 맡아본다. 1910년 한일병탄 직후 일본 헌병대의 검거를 피해 압록강에서 뗏목 운송 잡부 일을 하다가 다시 국내로 잠입해 삼수, 북청, 단천, 길주, 경흥을 거쳐 두만강 건너 만주 훈춘으로 망명한 그는 25세이던 1913년 블라디보스토크에 있는 장기영과 김성무의 권유로 러시아 연해주 지신허 마을로 건너갔는데 임시 거주증이 없다는 이유로 체포되어 연추, 블라디보스토크를 거쳐 니콜스크 감옥으로 압송되었다.

그는 감옥에서 만난 홍후즈 두목 왕더린의 도움으로 중국 여권을 취득해 석방되었는데 이후 여권상의 이름인 이인섭으로 살아가야 했다. 그가 니콜스크에서 이갑, 홍범도, 안공근 등을 만난 것도 석방 직후의 일이다. 1914년 겨울, 이갑 등의 소개로 추풍 한인 마을 재피거우의 한인 학교에서 교사로 일하던 그는 일본 밀정 혐의로 러시아 당국에 체포되기 직전 블라디보스토크로 피신, 이듬해 4월 캄차카 어장에서 연어잡이를 하다가 통사 김병학이 1차 세계대전의 발발로 인해 민스크 전선으로 송출하는 인력으로 모집되어 시베리아를 군용열차로 횡단하던 중 계약서도 없이 전선으로 가고 있다는 사실을 알고 옴스크 역에서 내려 살길을 모색한다. 옴스크에서 한인 정치 망명자 성묵, 안경억, 최영훈 등과 함께 '국민회'에 가입하고 서기로 활동하던 그는 1917년 2월 혁명 당시 옴스크 한인 청년 30여 명과 함께 청년회

드루즈바를 조직하고 회장을 맡는다. 그해 6월 말 예카테린부르크 볼셰비키당 기관에서 원동으로 파견되어가는 알렉산드라를 만난 것도 옴스크였다.

알렉산드라의 지도에 따라 드루즈바를 우랄노동자동맹으로 재편한 그는 알렉산드라와 함께 하바롭스크에 진출해 원동소비에트 정권 수립에 참가한다. 그러나 러시아 내전이 절정에 달한 1918년 9월 알렉산드라와 함께 백위군의 공격을 피해 하바롭스크를 탈출하는 과정에서 알렉산드라가 백위군에 체포되어 처형당하고 만다. 이인섭은 극적으로 목숨을 건진다. 가까스로 살아남은 그의 운명은 역사의 증인으로 자리매김된다. 그는 알렉산드라 사후인 1919년 4월 대한국민의회가 파리강화회의에 대표로 파견한 윤해, 고창일의 백위군 전선 돌파를 도왔고, 그해 6월 한인사회당 국제공산당 파견 대표 박진순, 박애, 이한영이 모스크바로 갈 때도 백위군 전선 돌파를 도왔다. 이후의 약력은 다음과 같다.

1919년 11월 러시아사회민주노동당(볼셰비키) 입당. 1920년 봄 옴스크 소재 시베리아국 고려부에서 기관지 《새벽북》 편집. 그해 가을 모스크바 당위원회 중국인부에서 활동. 1921년 극동공화국 외무위원회에서 활동. 1922년 치타에서 통역 및 정보관. 1922~1925년 니콜스크-우수리스크 제9소비조합 당 세포 서기. 1925~1929년 블라디보스토크 소재 소련공산당 연해주위원회 선전선동부원. 1929년 동청철도 분쟁 당시 소련군 연해주군단 참모부. 1932년 국경수비군 참모부. 1933~1936년 국경수비대 감시소장.

이인섭의 운명은 1937년 스탈린의 명령에 의한 고려인 강제 이주

이인섭.

를 전후로 뒤바뀐다. 1936년 3월 하바롭스크에서 소련공산당 출당 처분을 받고 정치범 수용소에 수감된 그는 이감되어 간 21호 감방에서 김 아파나시, 김 미하일, 최태열, 홍파, 박 일리야, 장도정, 김진, 홍도 등 고려공산당 상해파 인물들을 만난다. 그해 9월 '일본 정탐' 혐의를 받아 카자흐스탄으로 5년간 유배에 처해진 그는 이듬해 단행된 강제 이주로 말미암아 크즐오르다 구역 내무위원회 정치부에 유배자로 등록하고 유배자 부락인 출락크-아리크촌(땅굴촌)에 거주했다. 1939년 고려인 역사학자이자 문학가인 북우 계봉우를 만나 함께 회상기를 쓰기로 약조하고 계봉우는 〈꿈속의 꿈〉을 이인섭은 〈망명자의 수기〉를 각각 집필하기 시작했다.

1941년 유배에서 풀려난 이인섭은 크즐오르다 직업 조합 '달리네보스토크(원동)' 간부로 일했고 1943년 사망한 홍범도의 분묘수리위원회 위원으로 활동했다. 이때 홍범도의 전우인 박성태, 심상원으로부터 홍범도 일대기를 쓸 것을 권유받아 집필에 들어갔고 1952년 우즈베키스탄 안디잔으로 이주했다. 안디잔에서 그는 1957년 3월 소련공산당원으로 복권되었다. 이는 1956년 제20차 소련공산당 전당대회에서 흐루쇼프 서기장이 '스탈린 개인숭배'를 비판한 것을 계기로 촉발된 해빙의 여파였다. 그의 복권과 복당은 1936년 3월 하바롭스크에서 소련공산당 출당 처분을 받은 후 무려 20년 만에 찾아온 해빙이었다.

그는 소련공산당 하바롭스크 변강위원회 고문서보관소장 엘리자로바에게 편지를 보내 알렉산드라에 관한 자료가 있는지 수소문했고 이인섭은 엘리자로바로부터 1957년 5월 7일 답장을 받았다.

1927년 하바롭스크(해삼위의 오기)의 외국문출판사인 〈크니지에젤로〉(해삼위도서주식회사의 오기)에서 한글로 출판된 〈십월혁명십주년과 쏘베트고려민족〉 가운데 '한인사회당 적위군' 편에 김수라에 대한 최초의 사진과 함께 약간의 기록이 실려 있었습니다. 이 책은 모스크바 붉은광장 입구에 있는 레닌박물관 혁명전시실에 전시되었으며 동시에 하바롭스크 역사박물관에는 특별히 알렉산드라 페트로브나 김을 추모하는 개인 전시실이 설치되어 그녀의 사진과 소책자, 기타 문건들이 전시되고 있었던 것을 스탈린 개인숭배 당시에 '한인사회당' 당원들을 반혁명 분자라고 처리할 시에 개인 전시실까지 없애버렸습니다.

이인섭은 다시 엘리자로바에게 편지를 보냈다. 알렉산드라 일대기를 집필 중에 있으며 필요하다면 사진 자료를 보내겠다는 내용이었다. 1957년 7월 1일 엘리자로바는 이인섭에게 다시 답장을 보낸다.

소련공산당 하바롭스크 변강 위원회는 하바롭스크 아무르 공원에 후세에 전할 알렉산드라의 추모비를 건립함에 있어 당신의 도움을 절실히 요청합니다.

추모비라니! 이인섭이 뛸 듯이 기뻤을 것이다. 하지만 추모비 건립은 실현되지 않았다. 이인섭은 1962년 원동 해방 40주년을 맞아 소련 공산당 중앙위원회에 제출할 보고서를 쓰면서 하바롭스크에 김 알렉산드라 기념탑을 세워줄 것을 제의했다. 그로부터 1년이 지난 1963년 6월 하바롭스크 변강 문화국으로부터 알렉산드라가 하바롭스크 시 외무위원으로 활동했던 하바롭스크 마르크스 거리 22번지 건물 외벽에 알렉산드라의 부조(도스카)가 부착되었다는 통보가 왔다.

이인섭이 알렉산드라 일대기를 집필할 수 있었던 또 하나의 계기가 있다. 1957년 4월, 그는 카자흐스탄 침켄트에 살고 있는 알렉산드라의 둘째 아들 오가이 보리스의 주소를 알아내 그와 편지를 주고받으면서 새로운 사실을 알게 되었다. 그가 모스크바의 마리야 채를 방문한 것이 이듬해인 1958년 4월이고 보면 알렉산드라의 혈육을 극적으로 만난 것 자체가 숙명이라고밖에 말할 수 없다.

이인섭은 알렉산드라를 비롯해 홍범도, 이동휘 등의 회상기를 쓰는 데 여생을 바쳤다. 그의 여생은 살아남은 자의 슬픔을 스스로 감당하는 시간이었다.

　필자에게 이인섭의 비망록 〈알렉산드라 페트로비치 김 스탄케비치를 추억하면서〉를 비롯, 연해주 항일 빨치산 부대 참가자들의 수기 등 수십 건의 문건을 제공한 이는 고려인 작가 김세일(세르게이 표도로비치, 1912~1999) 선생이다. 그를 처음 찾아간 날이 지금도 기억에 생생하다. 그는 모스크바 세레메치예보 공항 근처의 아파트에 부인과 함께 살고 있었다.

　김세일을 필자에게 소개한 이는 1958년 모스크바 차이콥스키 음악원을 졸업하고 카자흐스탄 알마티에 정착한 작곡가 정추(러시아명 텐추, 1923~2013)이다. 1971년 김세일은 정추에게 '알렉산드라'를 주인공으로 한 오페라 〈국제주의자들〉 대본을 보내 작곡을 의뢰했다.

　존경하는 세일 선생.

　회답이 늦어져서 죄송하기 짝이 없습니다. 그간 병환 중에 있었다니 지금은 완쾌되시었는지. 저도 온 겨울 기침을 하는 형편에 있었습니다. 보내주신 가극 대본 〈국제주의자들〉은 대단히 만족하게 읽었습니다. 아무튼 큰 수고를 하신 것과 성공적인 시작에 대해 같이 기쁨을 나누고 싶습니다. 그간 몇 번 읽으면서 느낀 점들을 대략 적어보겠습니다.

　1. 1막의 1장은 몇 년대라는 것이 확정되지 않았는데 짐작키를 조선이 일본 통치하에 들어가고 독립운동이 시작된 1910~14년경이겠지요.

　2. 마루샤가 2막의 교회당 장면에서도 나오는데 앞으로의 가극

김세일.

발전에서도 등장할 여지가 없겠는지.

3. 이바노브가 전선으로 나가면서 장차 없어지고 마는지, 볼셰비키의 상징으로서 알렉산드라와 어디서나 동반할 수 있겠는지.

4. 2막 2장에서 오 신부의 질문에 대한 대답에서 조선 독립을 위해 나선 수라의 경력, 심정이 결핍된 감이 있음.

5. 제2막의 시작을 전쟁이 시작되는 1914년의 분위기로부터 하는 것이 더 인상적이지 않겠는지.

6. 제3장은 국제 친선을 위한 인민적 장면으로 하여 도중에 혁명 승리(1917년 2월 또는 10월 혁명인가를 선명히 할 것)가 보도되면서 미장 센하는 것으로 하면 어떻겠는지. 여기서 포로의 비참성이나 수라와 장교들과의 친근성 등이 그려졌으면 하는 의견이 있습니다. 왜냐하면 극적 갈등이 이 장면에선 조선 노동자들의 심리극이 입만

을 통해서 전개되며 준비된 혁명적 군중이 행진해오는 것을 방관 적으로 감수하며 국제적 친선이 각 민족 대표자들의 구호들을 통하여 발표되는 데서 극적 동기가 퍽 약하고 피상적으로 된 감이 있습니다.

이상의 몇 가지 문제들을 지적하면서 가극의 후반부를 쓰시는 데 혹시 도움이 될까 해서 기한 없는 말을 했습니다. 제가 기본적으로 접수하면서 세부에 들어가서는 직접 작곡하는 과정에서 밝혀 보겠습니다. 더욱 긴밀한 의견 교환이 있을 것과 후반부 완성을 하루 속히 기다리고 있겠습니다.

1971년 1월 23일

정추

김세일과 정추는 여러 차례에 걸쳐 가극 창작을 위한 의견을 교환했다. 사실 남한 출신의 정추는 필자의 중부仲父이다. 1989년 이산가족 상봉이라는 극적인 형식을 통해 만나게 된 중부는 필자에게 모스크바 유학을 권유했다. 이런 인연이랄까, 혹은 인과라고나 할까. 김세일과 정추가 편지를 주고받으며 터놓은 물길이 뒤늦게 필자에게 흘러들었다고 생각하면 역사에 우연은 없다는 것을 절감하게 된다. 하지만 오페라 〈국제주의자〉는 여러 곡절 끝에 무대에 오르지 못했다. 미완으로 끝난 두 사람의 노고를 필자가 이어받아 이 책을 집필할 수 있었던 것 역시 우연이 아닌 필연이었다.

작가의 말

1991년 3월 구소련 한글 신문 레닌기치사 초청으로 카자흐스탄 알마티를 방문했을 때의 일이다. 먼지 잔뜩 쌓인 열람실에서 《레닌기치》 영인본을 넘겨보던 중 한 장의 사진이 눈길을 끌었다. 고려인 작가 유크왜트콥스키가 1985년 2월 22일~3월 7일까지 9회에 걸쳐 연재한 〈기록 중편, 거룩한 생활〉의 주인공 알렉산드라 페트로브나 김 스탄케비치의 사진이었다. 이미 여러 사람의 손을 거쳤는지 수정 작업의 흔적이 역력한 사진에서 알렉산드라에 대한 고려인들의 존경과 추앙심이 느껴졌다.

1992년 러시아 외무성 외교과학원에서 〈10월 혁명시기 극동러시아에서의 한민족해방운동—알렉산드라 페트로브나 김 스탄케비치를 중심으로〉를 논문 주제로 정한 것은 이 때문이었다. 역사적 인물에 대한 전기적 접근은 이때부터 내 글쓰기의 중심이 되었다. 하지만 사료에 의한 글쓰기의 한계를 절감하곤 했다. 많은 인용과 논증에도 불구, 그건 건조한 역사서나 논문에 그치고 만다는 점에서 서술 방식에 회의가 들었다. 나는 영웅 혹은 우상으로서의 알렉산드라가 아니라 우리가 살고 있는 실감의 층위에 '인간 알렉산드라'라는 실체를 올려놓고 싶었다.

알렉산드라의 이미지엔 두 캐릭터가 겹쳐 있다. 러시아 작가 보리스 파스테르나크 원작 《닥터 지바고》(1957)의 주인공 '라라'와 폴란드 출신의 사회주의 이론가이자 혁명가인 로자 룩셈부르크(1871~1919)가 그들이다.

한 시대를 우랄이라는 한 공간에서 겪어낸 알렉산드라와 라라의 환영은 오래전부터 나를 사로잡았다. 닥터 지바고는 아름답고 정열적인 간호사 라라를 만나 사랑하게 되지만 러시아 혁명과 전쟁이 두 사람을 갈라놓는다. 어느 날 지바고는 전차 차창 밖의 라라를 발견하고 쫓아가지만 심장마비로 쓰러진다. 라라의 잔영은 사랑에 실패하고 혁명에 뛰어든 알렉산드라의 이미지에 다름 아니다.

독일공산당 전신인 스파르타쿠스단을 설립한 로자 룩셈부르크는 '마르크스 이래 최고의 두뇌'로 평가받는 인물이다. 그의 《자본축적론》은 마르크스주의에 소중한 기여를 했다. 그는 선진 공업국과 후진 농업국의 상호 관계를 다루면서, 제국주의는 오랜 기간에 걸쳐 자본주의를 안정시키는 동시에 인간성을 그 폐허 속에 파묻는 위협이 된다는 중요한 사상을 제시했다. 룩셈부르크는 독일 우파 민병대에 의해 총살됐고 시신은 베를린 운하로 내던져졌다. 이 비극적인 장면은 알렉산드라의 최후와 거의 일치한다.

룩셈부르크의 시신은 피살 5개월 뒤 발견되어 독일 프리드리히스펠데 공원묘지에 묻혔으나 진짜 시신은 따로 있다는 주장이 줄곧 제기됐다. 그런 그녀의 시신이 90년 만에 베를린의 한 병원에서 발견됐다는 소식이 2009년 5월 독일 시사주간지 《슈피겔》에 실렸다. 병원 부속 의학사박물관 지하에서 머리와 손발 없이 몸통이만 남은 시신 한 구를 엑스선 촬영한 결과, 소문으로 떠돌던 룩셈부르크의 시신이라는 확신을 얻었다는 것이다. 생전의 룩셈부르크는 뚜렷한 신체적 특징을 갖고 있었다. 그녀는 150센티미터 단신이었고, 엉덩이뼈 이상으로 인해 양쪽 다리의 길이가 달라 평생 절뚝거렸다. 시신은 룩셈부르크의 신체적 특징을 모두 함축하고 있었고 물에 잠겼던 흔적도 있었다. 탄소연대측정도 룩셈부르크의 사망 시기와 일치했다. 그게 사실이든 아니든 룩셈부르크의 시신 이야기는 모든 서사가 섬세하고 예리한 해부학의 영역이라는 사실을 일깨워주었다.

　사실 알렉산드라의 일대기는 한국어, 러시아어, 중국어 혹은 이 언어들을 모두 혼합한 다중 언어와 다민족의 시선으로 교직되어 있다. 만약 그럴 수만 있다면 어떤 역사적 사료보다 우선하여 우연과 무의식 속에서 칸델라 불빛처럼 확연한 섬광의 언어로 알렉산드라의 생애를 복원시킬 수도 있으리라. 나는 아득하고도 소름 끼치는 혁명의 시간으로 돌아가 알렉산드라가 과연 어떤 사람이었는지 떠올리며 꿈과 상상력 사이를 오갔다.

　그러자니 그녀를 실컷 울게 내버려두면서, 혹은 그녀의 침묵을 깨뜨리지 않고 지켜보면서 그녀의 생애가 하나의 캔버스 위에 처연히 그려지길 염원했다. 그러므로 서사적 영감을 불어넣은 건 내가 아니라 알렉산드라 자신이었다. 여전히 정의가 행해지길 기원하면서, 너무 쉽게 잊히는 망각에 저항하면서….

1992년 겨울, 하바롭스크 시 지역박물관에 알렉산드라에 관한 자료가 소장되어 있다는 정보를 입수했으나 짧은 유학 기간에 자료를 찾기 위한 탐사는 제한적일 수밖에 없었다. 그때 하바롭스크에 살고 있는 남봉식 선생을 알게 되었고 자료를 복사해줄 것을 부탁했다. 남 선생은 해방 직후 소 군정과 함께 평양에 진출한 고려인으로, 북조선 중앙방송위원장을 지내다 1956년 8월 종파 사건 직후 숙청을 피해 소련으로 귀환한 인물이었다. 흔쾌히 요청을 수락한 남 선생은 이내 자료를 복사해 보내주었다. 나는 러시아어 자료를 해석해 논문을 쓰느라 정작 하바롭스크에 가지 못했다.

그런 의미에서 2019년은 각별한 해였다. 8월엔 북만주에서 중-러 접경 도시 그로데코보를 거쳐 러시아 연해주 우수리스크 일대를, 10월엔 다시 우수리스크를 거쳐 알렉산드라가 태어난 시넬리코보 일대를, 그리고 12월엔 영하 20도의 혹한을 뚫고 하바롭스크와 아무르강 일대를 답사했다. 30년 가까이 멈칫거렸던 현장 답사를 연이어 세 차례나 갈 수 있었던 것도 어떤 인연의 이끌림 덕분이라고 말할 수 있을 것이다.

세 번째 답사에서 하바롭스크 지역박물관 수석연구원인 쇼스타코프 알렉세이 왜체슬라보비치는 나를 '시베리아 내전 전시실'로 안내했다. 적위군과 백위군의 각종 사료와 무기, 복장 등을 망라한 전시실에서 새삼스러운 감회가 느껴졌다. 러시아는 적위군과 백위군 간의 내전을 하나의 통사로 받아들일 뿐, 그 어느 쪽에도 우월한 입장을 부여하지 않고 다만 '이게 우리의 역사다'라고 당당하게 말하고 있었다. 전시실에서 나는 적위군에 가담했다가 희생된 알렉산드라를 바라보는 오늘의 의미는 무엇이어야 하는지 스스로 되묻지 않을 수 없었다.

소련이 해체된 지 30년. 러시아가 정신적 삶에서 극심한 혼란을 겪지 않고 과거의 경험을 완전히 털어낸 채 새로운 정치체제로 진입했을 리 만무하지만 전시실에서 적위군과 백위군에 대한 어떤 편향도 찾아볼 수 없었다. 그건 러시아가 역사적 실체였던 좌파와 우파의 피비린내 나는 전쟁을 성공적으로 극복했음을 보여주기에 충분했다.

이런 맥락에서 '한인 최초의 볼셰비키'로 상징되는 알렉산드라에 대한 오늘날의 의미는 어떻게 찾아져야 할 것인가. 요즘 노동계에선 노동자의 어머니로, 국제주의적 시각에선 민족의식의 경계를 극복한 인물이라는 데 주안점을 두고 알렉산드라를 재평가하고 있는 게 사실이다. 그것도 시대적 흐름에 따른 평가일 뿐, 시간이 흐르면 이런 평가도 얼마든지 바뀔 수 있을 것이다.

이런 한계를 극복하는 글쓰기란 무엇인가라는 질문에 골몰한 끝에 나는 한 인간의 내적 상태에 대한 진전된 양상을 드러내는 하나의 방법으로, 꿈과 상상력의 총화인 문학적 글쓰기를 시도했다. 거대한 시대적 폭풍에 휩쓸려 앞으로 떠밀려가면서도 경악과 근심, 슬픔으로 자꾸 뒤를 돌아다보는 천사의 모습을 나는 알렉산드라에게 부여하고 싶었다.

귀국을 하루 남겨놓은 2019년 12월 8일, 블라디보스토크 외곽의 오케안스크 역을 찾았을 때 모든 게 선명해졌다. 알렉산드라의 여동생 마리야가 "(1909년) 언니는 오케안스크 역(새관정거장) 근처 러시아 노파 집으로 옮겨가 공작하였다"고 말한 바로 그 장소였다.

블라디보스토크 나고르나야 14번지에 살던 알렉산드라가 차르 헌병대의 수색을 피해 피신한 오케안스크 역은 블라디보스토크 역에서 일곱 정거장 떨어진 작은 간이역이었다. 위급 시 얼마든지 서행하는 열차에 올라타 우수리스크나 혹은 다른 은신처로 이동하기엔 최적의 장소였다. 마을은 골목이 미로처럼 뻗어 있었고 역 바로 뒤 언덕엔 100년은 족히 되었을 판잣집이 남아 있었다. 러시아 노파 집에서 열차의 기적 소리를 들으며 삐라를 만들었을 알렉산드라의 모습이 선명하게 그려졌다. 그건 경이로운 체험이었다. 간이역 외벽엔 "김정일동지께서 2002년 8월 23일 로씨야 원동지역방문시 오께안스까야역에 머무르시였다"는 기념 표식이 걸려 있었다. 오케안스크 역은 김정일 위원장에게도 추억의 장소였다. 모든 것은 과거 속으로 사라지는 것이 아니라 과거 속에 보존되어 있었다.

부언하자면 이 책의 출간 연유가 있다. 필자의 졸저 《소설 김알렉산드라》(실천문학사, 2009)는 오래전에 절판되어 책을 구할 수 없다는 안타까움을 여성독립운동가협회 등으로부터 수차례 전해 들었고 강연 현장에서도 "시중에 책이 없다"는 볼멘소리가 있었다. 이에 즉각 응하지 못하고 차일피일하다가 내친 김에 새로운 평전을 써야겠다는 생각이 들어 사료를 추가하고 현지답사를 다녀온 후 책상머리에 앉을 수 있었다. 희소성 있는 여러 장의 사진은 현지답사에서 얻은 뜻밖의 수확이었다. 《김알렉산드라 평전》(도서출판 필담, 1996)은 유학 직후 펴낸, 아쉽고도 미흡한 나의 첫 저술이지만 이 역시 절판되었다. '평전'과 '소설' 사이를 오가는 동안 어느새 사반세기가 흘렀다. 이제 다시 '평

김정일 전 국방위원장의 오케안스크 역 방문 기념 패.

전'이라는 형식으로 알렉산드라의 영혼을 떠나보낸다.

그대 알렉산드라여, 혁명도 사랑도 다 지난 일이 되어버린 이 지상에 강으로 누워 있는 그대의 풍경은 얼마나 위대한가. 그 풍경에 매료되어 한 시절을 보낸 이 불가항력의 글쓰기 역시 그 강에 빈 배 하나를 띄우는 일에 지나지 않을 뿐이다.

정철훈

알렉산드라 가계家系

부	김두서(표트르 세묘노비치)
모	선산 김 씨(예카테리나 이바노브나)
큰삼촌	김홍재(알렉세이 세묘노비치)
작은삼촌	김양재(니콜라이 세묘노비치)
큰오빠	김새별 (어려서 사망)
작은오빠	와실리 김 페트로비치 추프로프
알렉산드라	페트로브나 김 스탄케비치(어릴 때 예명 수라, 별명 얼인네)
여동생	마리야 김 페트로브나 채(어릴 때 별명 오금네. 남편 채행길)
남동생	N. 페트로비치 김(1914년 1차 세계대전에 참전해 사망)
남동생	P. 페트로비치 김
시아버지	브세월로드 스탄케비치
첫 남편	마르크 이오시포비치 스탄케비치(일명 코스챠)
큰아들	왜체슬라브 마르코비치 스탄케비치(일명 왜체)
두 번째 남편	오가이 와실리 와실리예비치(오영준)
작은아들	오가이 보리스 와실리예비치
손자	오가이 스타니슬라브 보리소비치
증손자	오가이 세료자 스타니슬라보비치
조카	유리 이바노브나 채(마리야의 첫째 딸)
조카	류라 이바노브나 채(마리야의 둘째 딸)

알렉산드라 연보

1885년 2월 22일 러시아 연해주 쑤이펀허 지역 이주 한인 마을 시넬리코보(일명 대단재) 출생.

11세(1896년) 제정러시아가 청국과의 협상을 통해 블라디보스토크와 하얼빈을 연결하는 동청철도 건설 개시. 동청철도 건설 현장의 통역을 맡은 아버지 김두서를 따라 쑤이펀허에서 중국령으로 이동.

15세(1900년) 의화단 사건 발발. 이를 진압하기 위해 러시아를 비롯한 서구 8개국 다국적 간섭군 출동. 김두서는 러시아군 통역으로 징집됨. 아버지의 친구이자 아셰허 역장인 폴란드 출신 스탄케비치와 가깝게 지냄. 아버지를 대신해 통역.

17세(1902년) 의화단 진압 현장에서 입은 부상으로 아버지 김두서가 하얼빈에서 사망. 블라디보스토크에 살고 있던 오빠 추프로프 페트로비치 김의 집으로 옮겨가 여학교에 다님. 학교 도서관에서 체르니셉스키, 게르첸, 도브롤류보프, 플레하노프 등의 저작에 심취.

19세(1904년) 학교를 졸업하고 고향인 대단재에서 소학교 교사로 일함. 러일전쟁 발발(1904~1905), 일본군이 러시아 조차 지역인 뤼순 항 공격. 1905년 봉천 전투에서 일본군이 승리함으로써 일본은 조선에 대한 지배권을 확립하고 만주 진출의 발판을 마련.

20세(1905년) 블라디보스토크에 살던 스탄케비치의 아들 마르크 이오시포비치 스탄케비치와 결혼. 부르주아 출신인 마르크는 술과 도박으로 허송세월.

23세(1908년) 첫째 아들 왜체슬라브 마르코비치 태어남. 마르크와 별거. 알렉산드라는 블라디보스토크를 거점으로 동맹파업 주도. 러·중 접경지대의 쑤이펀강 건너 중국 길림성 동령현 산차거우 남가우령 한인촌에 피신. 일본군이 러시아 영토에 주둔. 포츠머스 강화회담 이후 일본과의 긴장 완화에 신경을 쓰던 러시아 당국은 반일 선동과 한인 무장 부대 조직을 금함. 이범윤, 이위종 퇴거 명령. 무기 몰수. 강제 퇴임당한 고종은 하바롭스크 외무성 관리 보고야블렌스키 총독과 회견, 러시아 내에서 조선인 무장을 허용해달라는 뜻을 전했으나 받아들여지지 않음.

24세(1909년) 안중근(1879~1910)이 12월 하얼빈에서 조선 침략의 주역 이토 히로부미 저격. 알렉산드라는 프롤레타리아의 정치적 총파업을 통해 차르 체제를 전복해야 한다는 레닌의 입장을 지지. 선진적 사상을 지닌 급진주의자와 교류하며 본격적으로 지하 노동운동에 참여. 신한촌 러시아정교회 신부 오가이 와실리 와실리예비치와 동거.

25세(1910년) 오가이와의 사이에 둘째 아들 보리스 탄생. 블라디보스토크 신한촌 한민회장을 겸하고 있던 오가이는 아이들의 양육을 맡으며 알렉산드라의 혁명운동을 도움. 오가이가 이동휘, 김립 등 한인 정치 망명자들을 도움.

29세(1914년) 제1차 세계대전 발발. 극동 연해주에서는 조선인과 중국인을 노동 부대로 징집. 블라디보스토크 인력 송출 회사에서 조-중 노동자 수천여 명을 우랄 페름의 나제진스크 벌목장으로 송출. 하얼빈에서도 4천여 명의 중국인 노동자들이 나제진스크 벌목장에 동원. 알렉산드라는 통역관을 자원. 우랄 현장에서 벌목 노동자로 모집된 당시 중국 나자거우 사관생 조우.

32세(1917년)

2월 우랄 지방에서도 러시아 2월 혁명에 고무되어 대중 집회와 시위가 전개됨. 알렉산드라는 우랄 노동자들의 지도자로 활동. 스베르들롭스크(현 예카테린부르크) 볼셰비키당에 입당.

3월 우랄노동자동맹 결성. 이 사건으로 통역원에서 해고당함. 노동자 사무실에서 서기 일. (이 시기에 모스크바와 페테르부르크를 방문한 것으로 알려지고 있으나 확인할 수 없음.) 우랄의 멘셰비키들이 알렉산드라 암살 시도. 윤의학과 채동욱의 증언에 따르면 노동자 처소에서 돌아오는 알렉산드라를 암살하려는 매복조가 숲속에 숨어 있었음. 이 사실을 먼저 안 러시아 노동자들이 알렉산드라에게 남자 노동복을 입히고 피가 묻은 붕대로 머리와 얼굴을 감싼 채 마차에 태운 뒤 "벌목장에서 나무에 치어 부상당한 사람인데 마을 병원으로 후송 중"이라며 멘셰비키를 따돌리고 목숨을 건짐.

7월 러시아사회민주노동당(볼셰비키)의 명령을 받고 연해주에서의 조직 사업을 위해 가던 중 치타를 경유하여 옴스크에서 열흘간 체류. 조선인애국청년회 '드루즈바(우정)'의 안경억, 최영훈, 순풍익, 이인섭 등을 만나 우랄노동자동맹 옴스크 지부를 조직하고 러시아사회민주노동당 강령과 규약, 〈공산당 선언〉을 러시아어에서 조선어로 번역. 이인섭은 "알렉산드라가 조선어로 불렀고 나는 받아 적었다"면서 "그게 조선어로 번역된 최초의 '공산당 선언'이다"라고 회고.

7월 말 옴스크–모고치–보치카레와를 거쳐 하바롭스크 도착. 이동휘는 자유시 감옥에 수감. 귀화 한인 2세들이 중심이 된 친볼셰비키 그룹이 이동휘 석방을 위해 알렉산드라에게 도움을 요청. 이동휘 석방. 이를 계기로 이동휘는 친볼셰비키 성향이 됨.

10월 5일(러시아 구력 10월 18일) 블라디보스토크에서 열린 러시아사회민주노동당 극동지방 대표자 대회에 알렉산드라는 무라비요프–아무르스키 대표로 참석. 극동 6개 지역(블라디보스토크, 소왕영–우수리스크, 무라비요프–아무르스키, 블라고베셴스크, 하얼빈, 키바리소프) 대표 15인 가운데 1명으로 참석해 연설. 레닌이 축하 전보 보냄.

10월 24일(러시아 구력 11월 6일) 러시아 10월 혁명 발발. 적위군이 페트로그라드의 주요 기관을 점령하고 케렌스키 정부 전복. 그러나 볼셰비키 세력이 상대적으로 약한 하바롭스크에서는 11월 3일 노동자농민병사소비에트가 레닌의 혁명 안을 부결. 이에 불만을 품은 하바롭스크 병기창 노동자, 수비대 병사들이 집회와 시위를 감행.

12월 15일 극동소비에트대회 개최. 대회 결과 극동소비에트 위원장에 크라스노쇼코프(훗날 완충국인 극동공화국 수상), 외교위원장 겸 하바롭스크 시 러시아사회민주노동당 서기에 알렉산드라 선출.

12월 19일 하바롭스크소비에트총회에서 볼셰비키 정권을 승인. 이 대회에서 극동소비에트 집행위원으로 알렉산드라는 골리온코, 폽코, 돈가, 벨로체로프 등과 함께 집행위원으로 선출.

33세(1918년)

3월 니콜스크–우수리스크에서 한인정치망명자대회 개최. 이동휘, 양기탁, 유동열, 이동녕 등 조선인 망명자를 비롯, 조선과 중국에서 온 수십 명의 한인 활동가들이 참석. 대회에서 알렉산드라는 마르크스·레닌주의의 입장에서 함경도 그룹(이동휘, 김립), 평양 그룹(유동열, 양기탁) 그리고 경성 그룹 (이동녕) 등 조선민족해방운동에 존재하는 파벌주의를 비판. 참석자들의 일부(이동녕과 그 지지자)가 '정의당'이란 이름의 민족해방조직을 결성할 것을 제안했으나 친볼셰비키 그룹은 이를 거절함.

4월 28일 하바롭스크에서 이동휘, 유동열, 이한영, 오성묵 등이 한인사회당을 결성. 알렉산드라는 자신을 위원장으로 추대하고자 한 이동휘의 요청을 사양함. 한인사회당은 출판사 보문사 운영(계봉우의 역사 교과서 발간 등), 기관지 《자유종》 발간, 군사학교 설립. 위원장 이동휘, 군사학교장 겸 군사부장 유동열, 부위원장 오가이 와실리, 청년부장 오성묵, 《자유종》 편집인 김립, 재정 담당 이인섭.

9월 2일 볼셰비키 정권 수립에 반대하는 백위군이 총공격 감행. 알렉산드라는 하바롭스크 부두에서 바론(남작) 코르프 호를 타고 아무르강 상류로 퇴각. 한인사회당 당원 이인섭, 김립, 유동열, 안홍근, 심백원, 박일량, 김상필, 마동무, 주용원, 전원산, 김동무 등 12인의 동지 탑승.

9월 4일 백위군이 일본군과 함께 하바롭스크 함락. 백위군의 아무르 함대에 나포된 바론 코르프는 농촌 마을인 예카테린-니콜스크에 정박. 알렉산드라를 비롯한 한인 볼셰비키들은 그 농촌의 한 학교에 감금.

9월 13일 백위군이 바론 코르프에 적위군 포로를 싣고 다시 하바롭스크에 정박. 백위군 장교가 탑승해 포로를 분류. 이인섭은 알렉산드라가 육지로 압송되는 것을 지켜봄. 이인섭, 전일 등은 알렉산드라가 마련해 준 중국 여권을 이용해 중국인으로 가장하여 탈출에 성공.

9월 14일 알렉산드라는 백위군 가운데서도 잔인하기로 유명한 칼미코프 부대에 인계되어 고문을 받음.

9월 15일 백위군 군사법정에서 열린 재판에서 검사인 칸지우로프 소위가 알렉산드라를 반역죄로 기소. 사형 확정.

9월 16일 하바롭스크에서 총살.

참고 문헌

⟨한글 수기·자서전·회상기⟩

1. 강상진, 〈군비단〉, 1964.

2. 강호여, 〈수청의병대의 연혁〉, 1962.

3. 김병하, 〈해외독립운동회상기(1~3부)〉, 1965. (모스크바)

4. 김생 회고기 〈연해주 해방 40주년을 맞으면서〉, 김병하 대필, 1962. (모스크바)

5. 박노순 회상기 〈소련원동에 침입한 외국 무장 간섭자들과 흰파를 반항하고 소베트주
   권을 옹호하며 1918~1922년도에 전투에 참가하던 사변을 회상하면서〉, 연대 미상.

6. 박청림, 〈혈성단에 대한 수기〉, 1962.

7. 방정욱, 〈수청 빨치산〉, 1964.

8. 이인섭 비망록(망명자의 수기) 〈러시아 3대 혁명에 참가한 알렉산드라 페트로브나 김
   스탄케비치를 추억하면서〉, 1954. (우즈베키스탄공화국 안지잔)

9. 이인섭, 〈최고려 자서전 연구〉, 1961. (우즈베키스탄공화국 안지잔)

10. 채 마리야 페트로브나 회상기, 1959. (모스크바)

11. 최계립의 수기·편지, 1960년대 중반.

12. 최고려 자서전(로어), 1955. (야쿠츠크)

13. 홍파(본명 이신)의 수기 〈군비단〉, 1957.

14. 홍파·최계립, 〈적기단 약사〉, 1965.

⟨러시아의 한글 문헌⟩

1. 〈현대조선〉, 남만춘, 《우리의 길》 13~14, 1923.

2. 《녀자 대표》, 러시아공산당 연해도 간부 여자부 편찬, 1925.

3. 《동방민족의 민족해방운동》, V. I. 레닌, 모스크바외국문서적국립출판사, 1957.

4. 《만주에 있어서의 일본》, 다신스끼 S., 최창호 옮김, 모스크바당출판부, 1932.

5. 《만주에서의 민족해방전쟁》(노동자-꼴호즈원 도서부용 팜플렛), 최염, 모스크바-레 닌그라드외국문출판부, 1935.

6. 《소베트국가 성립초기에 있어서의 소련의 대외정책(1917~1920)》, 데보린 G. A., 최 일용 옮김, 모스크바외국문서적국립출판사, 1952.

7. 《십월혁명십주년과 소베트고려민족》, 십월혁명십주년원동기념위원회, 해삼위도서출 판사, 1927.

8. 《압박받는 고려》, 남만춘, 이종일 옮김, 세계혁명가구제회해삼위원회, 1926.

9. 《원동변강》, 하바롭스크원동국립출판부, 1934.

10. 《전련맹 공산당(볼셰비키) 력사》, 전련맹공산당중앙위원회 내 특설위원회 편집, 모스 크바외국문출판사, 1950.

11. 《중동철도에서는 무슨 사변이 생기었는가》, I. 알렉세이예프, 1929.

12. 《중동철도와 제국주의자들의 대중정책》, 보이틴스키 G., 최니끼띄 옮김, 해삼현당간 부, 1930.

13. 《중동철도의 강탈자들은 누구의 이익을 옹호하는가》, 해삼현당간부, 1929.

14. 《해방전선의 고려노력녀자》, 러시아공산당 연해도 위원회 여자부 편찬, 1925.

〈러시아 신문·잡지〉

1. 〈기록 중편, 거룩한 생활〉(9회분), 《레닌기치》, 1985. 2. 22~3. 7. (한글)

2. 〈노동자 및 군인 대표단 크라스노야르스크 소베트 노보스티〉, 1917.

3. 〈달료카야 오크라이나〉, 1917.

4. 〈동방민족해방운동과 소베트 러시아〉, 《민족들의 생활》(제7호), 1920.

5. 〈동아시아의 상황〉, 《공산주의 인터내셔널》(13), 1920.

6. 〈러시아의 한국인 이민〉, 《민족들의 생활》(제11호), 1920.

7. 〈소련 조선인들이 걸어온 길〉, 《레닌기치》, 1988. 10. 28. (한글)

8. 〈조선청년연합 및 청년공산주의 세포 대표의 코민테른 2차 총회에서의 보고〉, 《극동 의 제민족》(3), 1921.

9. 〈첫 조선 여성혁명가〉, 《레닌기치》, 1988. 9. 14. (한글)

10. 〈탁월한 혁명가〉,《레닌기치》, 1973. 12. 13. (한글)

11. 〈한국에서의 혁명 7주년에 즈음하여〉,《농민인터내셔널》(제1~2호), 1926.

12. 〈한국의 경제적 상황〉,《인민경제》(제2호), 1922.

13. 〈한국의 사회주의 운동〉,《공산주의 인터내셔널》, 제7~9호, 1919.

14. 〈한국의 여성운동〉,《민족들의 생활》(제29호), 1920.

15. 〈혁명적 동방과 코민테른의 다음 과제〉,《공산주의 인터내셔널》(제12호), 1920.

16. 《동아공산》(제14호), 이르쿠츠크 한인공산당총회 선전과, 1921. 10. 10. (한글판)

17. 《동아공산》(창간호), 이르쿠츠크 한인공산당총회 선전과, 1920. 8. 14. (한글판)

〈한국 문헌〉

18. 강만길·성대경 엮음,《한국사회주의운동 인명사전》, 창작과비평사, 1996.

19. 계봉우,《꿈속의 꿈》, 김필영 옮김, 경남대학출판부, 2009.

20. 고송무,《쏘련 중앙아시아의 한인들》, 한국국제문화협회, 1984.

21. 고송무, 유네스코학국위원회 엮음,《쏘련의 한인들》, 이론과실천, 1990.

22. 공기두 외,《중국공산당사》, 첨성대, 1990.

23. 권희영, 〈소련의 부랴뜨와 한인에 있어서의 혁명과 내전(1917~1923)〉,《서양사론》
    (34호), 한국정신문화연구원, 1989.

24. 권희영, 〈한인사회당의 창립과 분열〉,《한국사학》(11집), 한국정신문화연구원, 1992.

25. 김구,《백범일지》, 고려선봉사, 1947.

26. 김세용, 〈시베리아의 조선인 활동〉,《삼천리》, 1937.

27. 김승화,《소련한족사》, 정태수 편역, 대한교과서주식회사, 1989.

28. 김준엽·김창순,《한국공산주의 운동사(1~5)》(제3판), 청계연구소, 1989.

29. 랴자노프스키 엔.베.,《러시아의 역사》, 김현택 옮김, 까치, 1982.

30. 마트베이 찌모피예비치 김,《일제하 극동시베리아의 한인사회주의자들》, 이준형 편
    역, 역사비평사, 1990.

31. 박영석, 〈이동휘의 국권회복운동(1905~1910)에 관한 고찰〉,《한민족독립운동사논
    총: 수촌박영석교수화갑기념》, 탐구당, 1992.

32. 박은식, 《한국독립운동지혈사》, 서울신문출판국, 1946.

33. 박은식, 《한국통사》, 삼호각, 1946.

34. 박태근, 《러시아의 동방경략과 수교이전의 한러교섭(1861년 이전)》, 《한러관계100년
　　사》, 한국사연구협의회, 1984.

35. 반병률, 〈김알렉산드라 페트로브나(스탄케비치)의 생애와 활동〉, 《윤병석교수화갑기
　　념한국근대사논총》, 지식산업사, 1990.

36. 반병률, 〈대한국민의회와 상해 임시정부의 통합정부 수립운동〉, 《한국민족운동사연
　　구》(제2집), 한국민족운동사연구회, 지식산업사, 1988.

37. 반병률, 〈러시아(소련)의 대한민국임시정부 인식〉, 《역사문화연구》(제35집), 2010.

38. 반병률, 《성재 이동휘 일대기》, 범우사, 1998.

39. 서대숙, 《쏘비에트 한인백년사》, 도서출판태암, 1989.

40. 서울대국제문제연구소, 《소련정치경제사전》, 민음사, 1990.

41. 소연방과학아카데미 역사연구소, 《러시아문화사》, 논장, 1989.

42. 스칼라피노·이정식, 《한국공산주의운동사(1~3)》, 돌베개, 1986.

43. 윤병석, 〈아령실기 해제〉, 《서울평론》(98~101), 서울신문사, 1975.

44. 윤상원, 〈시베리아내전기 러시아지역 한인의 군사활동〉, 《한국민족운동사연구》(제
　　66집), 2012.

45. 윤상원, 〈시베리아내전의 발발과 연해주 한인사회의 동향〉, 《한국사학보》(제41호),
　　2010.

46. 윤상원, 〈일제강점기 숀―의 생애와 독립운동〉, 《한국독립운동사연구》(제59집),
　　2017.

47. 이명화, 〈소련지역에서의 한인민족주의 교육운동〉, 《한국독립운동사》(3집), 한국독립
　　운동사연구소, 1989.

48. 이상우·하영선, 《현대국제정치학》(나남신서 226), 도서출판나남, 1992.

49. 이인섭, 반병률 엮음, 《망명자의 수기》, 한울, 2013.

50. 이인호, 《러시아 지성사 연구》, 지식산업사, 1980.

51. 이정식 면담, 김학준 편집해설, 《장건상·김창숙·정화암·이강훈―혁명가들의 항일

회고담》, 민음사, 1988.

52. 이철, 《시베리아 개발사》(대우학술총서 43), 민음사, 1990.

53. 임계순, 〈만주·노령동포사회(1869~1910)〉, 《한민족독립운동사 2》, 국사편찬위원회,
1987.

54. 임영상 편역, 《러시아 인텔리겐차론》, 탐구당, 1990.

55. 조지 세이빈·토마스 솔슨, 《정치사상사 2》, 성유보·차남희 옮김, 한길사, 1992.

56. 진장철, 〈러시아혁명과 아시아—레닌정권의 대외노선변화를 중심으로〉, 《고려대학교
평화연구소 연구논총》(제6집), 법문사, 1991.

57. 채근식, 《무장독립운동비사》, 대한민국공보처, 1947.

58. 최종기, 《소련외교정책론》, 법문사, 1991.

59. 카르포비치, 《제정러시아(1801~1917)》, 이인호 옮김, 탐구당, 1983.

60. 한소평화문제연구소, 《최신 소련극동지역 총람》, 제3문학사, 1990.

61. 현규환, 《한국유이민사 上》, 어문각, 1967.

62. V. I. 레닌, 《레닌의 청년·여성론》, 편집부 편역, 도서출판함성, 1990.

63. 〈한국 북방관계의 정치외교사적 재조명〉, 《한국정치외교사학회 논총》(제6집),
평민사, 1990.

64. 《해외동포의 현실과 정책과제》, (사)국제문화연구소, 1990.

〈한국 신문·잡지〉

1. 권희영, 〈코민테른의 민족·식민지 논쟁과 한국의 민족해방운동〉(4호), 《역사비평》,
1989. 봄.

2. 김병하, 〈해외독립운동회상기〉, 《국민일보》, 1991. 3. 1.

3. 뒤바보, 〈김알렉산드라 여사 小傳〉, 《독립신문》(상해판), 1920. 4. 17, 20, 22.

4. 뒤바보, 〈아령실기俄領實記〉, 《독립신문》(상해판), 1920. 2. 20(48호)~4. 12(62호).

5. 이균영, 〈김철수 연구〉(이균영), 《역사비평》(3호), 1988. 겨울.

6. 이동휘, 〈사랑하는 내지內地동포에게〉, 《동아일보》, 1925. 1. 19.

7. 이영일, 〈이동휘 전기〉, 《동아일보》, 1991. 6. 9~26.

8. 이지택, 〈시베리아의 3·1 운동〉, 《월간중앙》, 1971. 3.

9. H. M., 〈조선의 여류주의자 고 김알렉산드라 여사 약전〉, 《개벽》, 1925. 3.

10. W. 콜라즈, 〈재소한국인들의 실태〉, 《사상계》, 1958. 3.

11. 〈북방정책과 동방정책〉, 《세계일보》, 1989. 2. 14.

12. 〈원동 시베리아를 가다〉, 《조선일보》, 1989. 6. 17.

13. 〈재소한인의 어제와 오늘〉, 《월간조선》, 1989. 12.

14. 〈하바롭스크 한인사회당〉, 《문화일보》, 1992. 10. 14.

15. 《매일신보》(경성), 1914. 9. 16.

16. 《신한민보》(원동), 1917. 8. 16, 8. 23, 11. 5, 1918. 2. 7.

17. 《황성신문皇城新聞》(광무 4년), 1900. 7. 19.